OSTHOLSTEIN

Mit Lübecker Bucht, Fehmarn und Herzogtum Lauenburg

Tanja Schridde

TRESCHER VERLAG

1. Auflage 2023

Trescher Verlag
Reinhardtstr. 9
10117 Berlin
www.trescher-verlag.de

ISBN 978-3-89794-577-7

Herausgegeben von Bernd Schwenkros und
Detlev von Oppeln

Reihenentwurf und Gesamtgestaltung:
Bernd Chill
Lektorat: Frank Schüttig
Redaktionelle Mitarbeit: Hinnerk Dreppenstedt
Stadtpläne und Karten: Jette von Bodecker,
Bernd Chill

Das Werk einschließlich seiner Teile ist urheberrechtlich geschützt. Jede Verwertung ist ohne Zustimmung des Verlages unzulässig. Dies gilt insbesondere für den Aushang, Vervielfältigungen, Übersetzungen, Nachahmungen, Mikroverfilmung und die Einspeicherung und Verarbeitung in elektronischen Systemen.

Gedruckt auf chlorfrei gebleichtem Papier

Printed in Germany

Alle Angaben in diesem Reiseführer wurden sorgfältig recherchiert und überprüft. Dennoch können Entwicklungen vor Ort dazu führen, dass einzelne Informationen nicht mehr aktuell sind. Gerne nehmen wir dazu Ihre Hinweise und Anregungen entgegen. Bitte schreiben Sie an
post@trescher-verlag.de.

Titel: Fehmarn, Leuchtturm Flügge
Vordere Umschlagklappe: Kellenhusen, Strand
Hintere Umschlagklappe: Lübeck, Obertrave

LAND UND LEUTE

OSTHOLSTEIN

AUSFLUG NACH LÜBECK UND TRAVEMÜNDE

AUSFLUG IN DAS HERZOGTUM LAUENBURG

REISETIPPS VON A BIS Z

ANHANG

In Timmdorf

Inhalt

Vorwort	9
Das Wichtigste in Kürze	10
Herausragende Sehenswürdigkeiten	12
Unterwegs mit Kindern	14

LAND UND LEUTE 17

Das östliche Holstein im Überblick 18
Fläche und administrative Gliederung	18
Große Städte	18
Bevölkerung	19
Religion	19
Wichtige Wirtschaftszweige	19

Landschaft und Natur 36
Die Kraft der Gletscher	20
Die Küste, von Wind und Wellen geformt	22
Wälder	23
Vielfältige Vogelwelt	24
Naturschutzgebiete, Naturparke, Biosphärenreservat	24

Geschichte 29
Frühzeit und slawische Besiedlung	29
Mittelalterlicher Landesausbau und Christianisierung	30
Ritterburgen und Gutsherrschaft	31
Wechselnde Machtverhältnisse vom Mittelalter	32
bis zur Neuzeit	32
Entwicklung des Tourismus	33

Wirtschaft 36
Tourismus und Gesundheitswirtschaft	36
Landwirtschaft	36
und überregionale Verflechtungen	37
Fischerei	37
Verarbeitendes Gewerbe	37

Kultur und Lebensart 41
Berühmte Persönlichkeiten	45
Architektur	41

Die plattdeutsche Sprache	51
Feste, Festivals und Märkte	52
Essen und Trinken	56
Besondere Einkaufserlebnisse und Mitbringsel	60

HOLSTEINISCHE SCHWEIZ, FEHMARN, LÜBECKER BUCHT — 63

Holsteinische Schweiz — 64
Eutin	65
Bad Malente-Gremsmühlen	78
Plön	87
Bosau	96
Die Schwente, Paradies für Paddler	99
Bad Segeberg	100

Fehmarn und Wagrien — 104
Fehmarn	104
Großenbrode	122
Heiligenhafen	124
Oldenburg	131
Dahme	138
Grube und Umgebung	140
Kellenhusen	146
Grömitz und Cismar	149

Neustadt, Innere Lübecker Bucht und Lübecker Umland — 162
Neustadt, Pelzerhaken, Rettin	163
Altenkrempe	170
Güter Hasselburg und Sierhagen	170
Sierksdorf	175
Haffkrug, Scharbeutz und Pönitzer Seenplatte	181
Timmendorfer Strand	191
Brodtener Ufer	195
Ratekau	199
Bad Schwartau	202

AUSFLUG NACH LÜBECK UND TRAVEMÜNDE — 211

Lübeck — 212
Geschichte	213

Lübeck und die Hanse	214
Fünf Kirchen – sieben Türme	215
Weitere Sehenswürdigkeiten	221
Lübecker Museen	225
Lübeck per Schiff entdecken	230

Travemünde	235
Sehenswürdigkeiten	236

AUSFLUG IN DAS HERZOGTUM LAUENBURG 243

Das Herzogtum Lauenburg	242
Historische Handelsroute und Radfernweg Alte Salzstraße	243
Ratzeburg	245
Mölln	250
Sachsenwald mit Aumühle und Friedrichsruh	254
Schaalseeregion	258

REISETIPPS VON A BIS Z 262

Glossar	267
Literaturhinweise	270
Internethinweise	272
Die Autorin	274
Danksagung	274
Register	275
Bildnachweis	277
Kartenlegende/Zeichenlegende	277

EXTRAS

Knicks – wilde Hecken mit vielfältiger Funktion	28
Vom Badeleben früherer Zeiten	35
Fischerei im Wandel	39
Rezepte	59
Die Sage über den Ukleisee	75
Die feste Fehmarnbeltquerung	112
Die Sturmflut von 1872	145
Die Katastrophe der Cap Arcona	169
Seebrücken – mehr als nur ein ›Laufsteg‹	189

Ostseepanorama bei Grömitz

Vorwort

Die Gletscher der letzten Eiszeit und ihr Schmelzwasser sowie die Kraft von Wind und Wellen haben im östlichen Holstein eine ausgesprochen abwechslungsreiche Landschaft modelliert. Hier liegen die hügel-, seen- und waldreiche Holsteinische Schweiz, die flache Insel Fehmarn sowie die Lübecker Bucht mit kilometerlangen Sandstränden und urwüchsigen Steilufern. Hinzu kommen beschauliche Dörfer, prächtige Gutsanlagen, interessante kleine Städte und quirlige Seebäder. Eine mehr als 1000-jährige Siedlungsgeschichte hat vielerorts ihre Spuren hinterlassen.

Nicht ohne Grund ist Ostholstein eine der beliebtesten Urlaubsregionen Deutschlands. Hier gibt es vielfältige Angebote, für Natur- und Aktivurlauber ebenso wie für kulturell und historisch Interessierte. Zwar zieht es die meisten Gäste in die Küstenorte, doch das Binnenland ist nicht weniger attraktiv. Insbesondere die Holsteinische Schweiz erfreut sich bei Wassersportlern, Wanderern und Radlern großer Beliebtheit und stellt eine ruhige Alternative zum touristischen Trubel in den Ostseebädern dar. Hinzu kommt: Von jedem Standort aus ist die Ostsee in maximal einer halben Autostunde erreicht!

Sowohl an der Küste als auch im Binnenland wurde in den letzten Jahren kräftig in die touristische Infrastruktur investiert. Auch in der kalten Jahreszeit zieht die Region inzwischen vermehrt Erholungssuchende an. Viele Orte bieten ihren Gästen daher ein ganzjähriges Unterhaltungsprogramm: vom Osterfeuer am Strand im Frühjahr über geführte Rad- und Wandertouren im Sommer bis zu Drachenfesten im Herbst und Fackelwanderungen im Winter.

Wer seinen Urlaub in Ostholstein verbringt, besucht in der Regel auch die Hansestadt Lübeck, deren Altstadt 1987 zum UNESCO-Weltkulturerbe erklärt wurde. Für Naturliebhaber lohnt ein Ausflug in das Herzogtum Lauenburg, den südöstlichsten Zipfel Schleswig-Holsteins. Hier gibt es mehr als 40 kleine und große Seen, umgeben von ausgedehnten Waldgebieten. Im Schatten der ehemaligen innerdeutschen Grenze konnte sich die Natur über Jahrzehnte ungestört entwickeln. Auch die historische Handelsroute ›Alte Salzstraße‹ verläuft durch das Herzogtum Lauenburg, dessen Orte ursprünglich und authentisch wirken und noch nicht allzu sehr vom Tourismus geprägt sind.

Dieser Reiseführer möchte dazu animieren, den Facettenreichtum des östlichen Holsteins kennenzulernen.

Viel Freude dabei wünscht
Tanja Schridde

Das Wichtigste in Kürze

Auskunft/Informationen

Tourismuszentrale Holsteinische Schweiz, Bahnhofstraße 5, 24306 Plön, Tel. 04522/ 50950. www.holsteinischeschweiz.de
Tourismus-Service Fehmarn, Burgtiefe, Zur Strandpromenade 4, 23769 Fehmarn, Tel. 04371/506300. www.fehmarn.de
Tourismus-Service Heiligenhafen, Bergstraße 43, 23774 Heilgenhafen, Tel. 04362/ 90720. www.ostseespitze.de
OstseeFerienLand/Tourismus-Service Grömitz, Neuer Markt 1, 23743 Grömitz, Tel. 04562/256256. www.ostseeferienland.de
Tourismus-Agentur Lübecker Bucht, Strandallee 134, 23683 Scharbeutz, Tel. 04503/ 7794100. www.luebecker-bucht-ostsee.de
Timmendorfer Strand Niendorf Tourismus GmbH, Timmendorfer Platz 10, 23669 Timmendorfer Strand, Tel. 04503/ 35770. www.timmendorfer-strand.de
Herzogtum Lauenburg Marketing und Service GmbH, Hauptstraße 150, 23879 Mölln, Tel. 04542/856860.
www.herzogtum-lauenburg.de

Anreise

Die meisten Urlauber reisen mit dem Auto über die Autobahn A 1 in das östliche Holstein und von dort auf gut ausgebauten Bundesstraßen in die jeweiligen Ferienorte. Doch auch die Anreise mit öffentlichen Verkehrsmitteln ist gut möglich. Ab Hamburg verkehren Regionalzüge Richtung Lübecker Bucht, Holsteinische Schweiz sowie in das Herzogtum Lauenburg. Die Orte im nördlichen Ostholstein sind per Bus von Lübeck, Neustadt, Lensahn oder Oldenburg erreichbar.

Wer das Flugzeug wählt, landet in der Regel in Hamburg. Von verschiedenen deutschen Flughäfen gibt es außerdem Linienverbindungen nach Lübeck.

Regelmäßige Fährverbindungen aus dem Ausland gibt es von Rödby in Dänemark nach Puttgarden auf Fehmarn sowie von den schwedischen Städten Trelleborg und Malmö nach Travemünde.

Telefon und Internet

Grundsätzlich ist der Handyempfang in Schleswig-Holstein gut. In dünn besiedelten Gegenden können Funklöcher auftreten. Die meisten Unterkünfte bieten einen kostenlosen WLAN-Zugang an. WLAN gibt es auch an einigen Strand- und Promenadenabschnitten sowie an öffentlichen Plätzen und Gebäuden.

Klima und Reisezeit

Das Klima in Ostholstein ist maritim geprägt. Die Winter sind überwiegend mild. Gerade am Meer weht stets eine frische, manchmal auch ›steife‹ Brise. Selbst nach heißen Tagen kühlt es an der Küste abends deutlich ab. Das Wetter ist oft unbeständig, Regen und Sonne können sich binnen weniger Stunden abwechseln. Allerdings verzeichnet Ostholstein im Schnitt weniger Regentage als das übrige Schleswig-Holstein. Die am östlichsten Punkt gelegene Insel Fehmarn ist sogar eines der sonnenreichsten Gebiete Deutschlands.

Hauptreisezeit sind die Ferienmonate Juni bis August, wenn die Ostsee Badetemperaturen von 18 bis 20 Grad erreicht. Naturfans und Aktive schätzen jedoch auch andere Jahreszeiten. Selbst die Wintermonate, in denen oft ein kalter Ostwind weht, sind vor allem an der Küste durchaus attraktiv. Sich am Strand durchpusten zu lassen und den Spaziergang mit einem heißen Tee oder Glühwein und anschließendem Saunagang abzurunden, ist ein gleichermaßen erfrischendes wie entspannendes Erlebnis. Die Tage um Weihnachten und Silvester gelten inzwischen sogar als zweite Hauptsaison.

Unterkünfte und Preisniveau

Das Beherbergungsangebot ist vielfältig: von einfach bis luxuriös, von naturnah bis mondän. Ferienwohnungen und -häuser für mehr als sechs Personen sind allerdings selten. Für eine Übernachtung in direkter Küstenlage fallen während der Sommermonate schnell zwischen 50 und 100 Euro pro Person an. Entspannter ist es in der zweiten Reihe und im Binnenland, wo die Übernachtung in guten Unterkünften auch für weniger als 50 Euro pro Person zu haben ist.

Wer eine besondere Lage, Größe oder Ausstattung wünscht, sollte sein Feriendomizil für den Sommer spätestens im Januar buchen. Für Juli und August sind die Quartiere schnell ausgebucht. Einen Überblick geben die Internetseiten der lokalen Tourismusorganisationen. Buchungen sind hierüber ebenfalls möglich. Einige Orte geben zudem Gastgeberverzeichnisse in Katalogform heraus, die auf Wunsch zugesandt werden.

Kurabgabe

Alle Ostseebäder und einige Urlaubsorte in der Holsteinischen Schweiz kassieren von Übernachtungsgästen während der Saison eine Kurabgabe. Sie beträgt je nach Jahreszeit und Ort zwischen 1,50 Euro und 3,50 Euro pro Übernachtung und Person. Kinder bis zum vollendeten 18. Lebensjahr zahlen keine Kurabgabe. Im Gegenzug erhalten die Gäste eine Kurkarte oder die **ostseecard** und profitieren hiermit von Vergünstigungen bei zahlreichen Freizeiteinrichtungen und Veranstaltungen. Auch die Strandnutzung ist kostenlos. Mit den Einnahmen aus der Kurabgabe werden die Unterhaltung der touristischen Infrastruktur, der Rettungsdienst an den Stränden und das Veranstaltungsprogramm finanziert.

Öffentliche Verkehrsmittel

Das ÖPNV-Netz ist generell gut ausgebaut. Die Holsteinische Schweiz, die Insel Fehmarn, die Bäderorte an der Lübecker Bucht zwischen Neustadt und Travemünde sowie das Herzogtum Lauenburg sind mit der Regionalbahn erreichbar. Die übrigen touristisch relevanten Orte sowie viele Dörfer werden von Regionalbuslinien angefahren. Auf Fehmarn verkehrt von Frühjahr bis Herbst ein Bürgerbus, der auch die wichtigsten touristischen Ziele ansteuert.
Ausführliche Informationen bieten die Reisetipps von A bis Z (→ S. 262).

Blick auf die Seebrücke in Kellenhusen

Herausragende Sehenswürdigkeiten

Eutiner Schloss mit Schlossgarten ▼
Auf den Fundamenten einer ehemaligen Wasserburg entstand von 1717 bis 1722 das Barockschloss am Großen Eutiner See. Im klassizistischen Marstall befindet sich heute das Ostholstein-Museum. Der Schlossgarten wurde Ende des 18. Jahrhunderts in einen englischen Landschaftsgarten mit Teichen, Brücken, Tempeln und Wasserfällen umgewandelt. (→ S. 67)

Bungsberg ▼
Der 168 Meter hohe Bungsberg nahe Schönwalde ist ein Relikt der Eiszeit und die höchste Erhebung in Schleswig-Holstein. Die Hügellandschaft ist in diesem Bereich noch ausgeprägter als in der übrigen Holsteinischen Schweiz und vom Aussichtsturm auf dem Gipfel besonders gut zu überblicken. Bei guter Fernsicht reicht der Blick sogar bis zur Ostsee. (→ S. 76)

Graswarder Heiligenhafen ▶
Der bizarr geformte Graswarder verdankt seine Entstehung der Kraft von Wind und Wellen. Die Landzunge beeindruckt mit ihren Strandwällen, Lagunen und Salzwiesen. Das Gebiet ist ein wahres Vogelparadies, in dem der Naturschutzbund Deutschland (NABU) regelmäßig Führungen anbietet. Ein Blickfang sind die denkmalgeschützten reetgedeckten Sommerhäuser direkt am Strand. (→ S. 127)

Oldenburger Wall und Wallmuseum
Mitten im Oldenburger Stadtgebiet liegt eines der bedeutendsten Bodendenkmale Schleswig-Holsteins, ein mächtiger slawischer Ringwall aus dem 8. Jahrhundert. Er zeugt von der ehemaligen Bedeutung als slawisches Machtzentrum. Das nahe Wallmuseum informiert anschaulich über die Geschichte des Ringwalls und der Slawen in Ostholstein. (→ S. 132)

Kloster Cismar ▲
Das ehemalige Benediktinerkloster aus dem 13. Jahrhundert ist die zweitgrößte Klosteranlage in Schleswig-Holstein. Die Klosterkirche mit ihrem Flügelaltar von 1310/20 gilt als herausragendes Bauwerk norddeutscher Backsteingotik. Cismar ist heute Lebens- und Arbeitsort vieler Kunstschaffender und wird auch als Künstlerdorf bezeichnet. Auf dem Klostergelände finden regelmäßig kulturelle Veranstaltungen statt. (→ S. 155)

Herausragende Sehenswürdigkeiten

Gut Sierhagen
Sierhagen ist eines der größten adeligen Güter in Ostholstein. Das Gutsgelände darf besichtigt werden. Sehenswert sind die historischen Stallgebäude, die Torhäuser aus dem 18. und 19. Jahrhundert, das klassizistische Herrenhaus und die Gutsgärtnerei mit ihren Schaugärten. Das Café im ehemaligen Palmenhaus ist bekannt für seine leckeren Kuchen und Torten. (→ S. 172)

HANSA-PARK Sierksdorf
Deutschlands einziger Erlebnispark am Meer bietet Unterhaltung und Nervenkitzel für die ganze Familie. Die mehr als 125 Attraktionen, darunter mehrere Achter- und Wasserbahnen, verteilen sich auf zwölf Themenwelten. Eine wichtige Rolle spielt das Thema Hanse. (→ S. 179)

Niendorfer Hafen ▶
Pittoresk und familiär präsentiert sich der kleine Hafen mit seinen Fischerbooten, Segelyachten und bunten Fischverkaufsbuden. An mehreren Stellen gibt es Fischbrötchen und kleine Fischgerichte. Direkt hinter dem Hafenbecken beginnt der Niendorfer Strand, von wo man nicht nur das Aufgehen, sondern auch das Untergehen der Sonne besonders gut beobachten kann. (→ S. 193)

Brodtener Ufer
Bis zu 20 Meter erhebt sich das Brodtener Steilufer zwischen Niendorf und Travemünde. Oberhalb des Kliffs verläuft ein Wanderweg. Der Blick auf die Lübecker Bucht ist einmalig, ein Spaziergang unten am Strand lohnenswert und gerade für Kinder ein kleines Abenteuer. Das Steilufer ist Lebensraum einer der größten Uferschwalbenkolonien Deutschlands. (→ S. 195)

Lübecker Altstadt ◀
Die Hansestadt lohnt nicht nur für historisch Interessierte einen Besuch. Die mittelalterliche Altstadt ist UNESCO-Weltkulturerbe und steckt voller Geschichte und Geschichten. Die fünf Hauptkirchen und die prächtigen Kaufmannshäuser zeugen von Macht und Reichtum der einstigen ›Königin der Hanse‹. Hübsch anzusehen sind auch die vielen Wohngänge und Stiftshöfe. (→ S. 212)

Domhalbinsel Ratzeburg
Der historische Stadtkern von Ratzeburg liegt auf einer Insel, umgeben von vier Seen. Herausragend ist der im 12. Jahrhundert unter Heinrich dem Löwen erbaute romanische Dom. Er ist der älteste Backsteindom Norddeutschlands. (→ S. 245)

Unterwegs mit Kindern

Strand- und Wasserspaß

Wasser und Sand allein bieten bereits reichlich Unterhaltungsprogramm, mit Buddeln und Sandburgenbauen lassen sich mühelos halbe Tage füllen. Dank der flach abfallenden Küste gibt es genügend Platz zum Plantschen oder zum Üben erster Schwimmzüge. Vielerorts gibt es zudem Beachvolleyballfelder, Tretboot-, Kajak- oder SUP-Verleihstationen. Auch in der kalten Jahreszeit lohnt ein Besuch am Strand, um Drachen steigen zu lassen oder nach Fossilien und seltenen Steinen zu suchen.

Auch im Landesinnern muss man auf Wasserspaß nicht verzichten. An den Seen der Holsteinischen Schweiz und des Herzogtums Lauenburg gibt es schöne Badestellen und Naturfreibäder, teils ausgestattet mit Wasserrutschen oder Sprungtürmen. Flüsse und Seen können auch gut mit dem Kanu erkundet werden. Wer lieber rasant übers Wasser gleitet und coole Sprünge wagt, sucht die **Wakeboard- und Wasserskianlagen** in Weißenhäuser Strand oder Süsel (→ S. 136, 181) auf. Die Wellen- und Spaßbäder der Region sind ebenfalls sehr beliebt. Einige verfügen über spektakuläre Wasserrutschen, wie die **Ostsee Therme** in Scharbeutz (→ S. 183) oder das **Subtropische Badeparadies** in Weißenhäuser Strand (→ S. 137).

Spielen und Klettern

Abwechslung zu Strand und Wasser bieten zahlreiche Themen- und Abenteuerspielplätze. Einige von ihnen sind in den letzten Jahren neu entstanden und verfügen über besonders attraktive Spielgeräte. Für Kletterfans gibt es mehrere Hochseilgärten. Bei ›Schietwetter‹ können sich Kinder zum Beispiel im **Aktiv-Hus Heiligenhafen** (→ S. 130) austoben. Kleine Golferherzen schlagen beim Anblick der vielen Minigolfplätze höher. Wer etwas Neues ausprobieren möchte, versucht sich im Fußball- beziehungsweise Soccergolf in Weißenhäuser Strand oder auf Fehmarn. Gespielt wird mit einem Fußball, der über verschiedene Hindernisse mit möglichst wenigen Kicks eingelocht werden muss.

Tiere beobachten, Natur erleben

Die Tierwelt in Ostholsteins Wildgehegen, Zoos und Aquarien ist vielfältig. Sowohl heimische als auch exotische Arten können beobachtet und zum Teil sogar angefasst und gefüttert werden.

Das **Meereszentrum Fehmarn** (→ S. 120) gehört mit tausenden tropischen Meerestieren zu den größten Aquarien Europas. Auch im **SEA LiFE Timmendorfer Strand** (→ S. 193) können die Besucher die faszinierende Welt der Meere erleben. Die **Ostseestation Travemünde**, eine Kombination aus Aquarium und Meeresmuseum, hat sich auf die Welt heimischer Meerestiere spezialisiert. Fühlen, füttern und Fragen stellen ist hier ausdrücklich erwünscht (→ S. 238). Tiere aus der ganzen Welt, wie Löwen, Leoparden, Lamas, Schimpansen und Seerobben, leben im Zoo **Arche Noah** in Grömitz (→ S. 153). Deutschlands natürlichster **Vogelpark** liegt in Niendorf, in einer malerischen Schilflandschaft, und beherbergt rund 1000 Vögel aus 250 Arten, darunter Pelikane, Flamingos, Papageien, Adler und Geier (→ S. 195). Die Vogelwelt in ihrem natürlichen Lebensraum lässt sich bestens von einem der Beobachtungstürme studieren, zum Beispiel auf Fehmarn, auf dem Graswarder in Heiligenhafen oder an den Lauenburger Seen. Im Wildschweingehege des **Kellenhusener Forsts** tummeln sich Bachen, Keiler und Frischlinge (→ S. 147), im **Wildpark Malente** auch Rehe und Hirsche (→ S. 81). Im **Naturparkzentrum Uhlenkolk** in Mölln gibt es mehr als 30 heimische Tierarten zu entdecken (→ S. 252). Darüber hinaus thematisieren zahlreiche öffentlich zugängliche Lehrpfade die heimische Pflanzen- und Tierwelt, wie zum Beispiel die **WunderWelt Wasser** am Kellersee (→ S. 82). Verschiedene Naturmuseen warten mit beeindruckenden Details auf. Das **Haus der Natur** in Cismar beherbergt Deutschlands größte Ausstellung von Schnecken und Muscheln aus der ganzen Welt (→ S. 156).

Wer den ganzen Tag mit Tieren zusammen sein möchte, verbringt seinen Urlaub am besten auf einem Bauernhof. Allein auf Fehmarn gibt es mehr als 100 Ferienhöfe.

Technik zum Anfassen

An mehreren Orten des ländlich geprägten Ostholsteins ist es möglich, landwirtschaftliche Technik von gestern und heute zu bestaunen. Auf dem **Museumshof Lensahn** lebt die Landwirtschaft von früher wieder auf. An bestimmten Terminen kann man hier zum Beispiel bei der Bodenbearbeitung mit Arbeitspferden zuschauen (→ S. 136). Die landwirtschaftlichen Miniaturwelten **Farmworld** auf Fehmarn sowie **field & fun** in Sierhagen bieten die Möglichkeit, mit ferngesteuerten Fahrzeugen die Feldbewirtschaftung selbst zu organisieren (→ S. 121, 173).

Im Süden Schleswig-Holsteins wird es industrieller. Das **Elbschifffahrtsmuseum Lauenburg** zeigt die Entwicklung der Elbschifffahrt vom Einbaum bis zum Tankschiff und informiert über die schweren Arbeits- und Lebensbedingungen im Schiffbau und in der Schifffahrt (→ S. 244).

Zeitreisen

Steinzeitmenschen, Slawen, Mönche, Ritter, Fürsten und hanseatische Kaufleute – sie alle haben in vergangenen Zeiten im östlichen Holstein gelebt und ihre Spuren hinterlassen. Verschiedene große und kleine Museen thematisieren diese bewegte Geschichte. Viele sind auch für Kinder ansprechend gestaltet und bieten besondere Aktionen oder Thementage an. Hier einige Beispiele: Das **Oldenburger Wallmuseum** (→ S. 133) gibt Einblick in die slawische Herrschaft vor rund 1000 Jahren. Archäologische Funde und Nachbauten frühmittelalterlicher Siedlungen zeigen die damaligen Lebensbedingungen. Das Mitmachmuseum **zeiTTor** in Neustadt ist speziell auf Kinder und Jugendliche ausgerichtet und informiert über das Leben der Steinzeitmenschen und die Neustädter Stadtgeschichte (→ S. 166). Rund 800 Jahre Hansegeschichte vermittelt das **Europäische Hansemuseum** in Lübeck (→ S. 227). Entdeckungslustige können sich im nördlichen Ostholstein auf Spurensuche begeben und **Das Geheimnis der Steine** lüften. An 28 historischen Orten werden interessante Geschichten um Macht, Götter, Liebe und Mord enthüllt. Unter www.abenteuer-ostholstein.de kann man sich über die Standorte informieren und sich auf einen Besuch einstimmen.

Besondere Einrichtungen und Veranstaltungen

Wer spektakuläre Achter- und Wasserbahnen liebt, kommt am **HANSA-PARK SIERKSDORF** nicht vorbei. Der Freizeitpark bietet auch ruhigere Attraktionen sowie Vorführungen und Mitmachaktionen (→ S. 179). Jede Menge Spiel- und Fahrspaß rund um die Landwirtschaft gibt es in **Karls Erlebnis-Dorf** in Warnsdorf, zum Beispiel eine Kartoffelsackrutsche oder eine Traktorbahn (→ S. 202). Zwischen Ratzeburg und Hollenbek kann man mit einer **Handhebeldraisine** auf einer stillgelegten Bahntrasse ›entlangpumpen‹ (→ S. 249). Winnetou-Fans sollten einen Besuch der **Karl-May-Spiele** in Bad Segeberg einplanen, die jährlich von Juni bis August stattfinden. Die Arena am Kalkberg bietet die passende Kulisse für das Wild-West-Spektakel (→ S. 102).

Badespaß an der Ostsee

Das östliche Holstein ist gewissermaßen die ›Schutthalde Skandinaviens‹. Mächtige Gletscher verfrachteten während der letzten Eiszeit Unmengen an Sand und Geröll aus dem nordeuropäischen Raum hierher. Nach der Eisschmelze formten Wind und Wasser die abwechslungsreiche Landschaft, die wir heute vorfinden. Bereits während der Steinzeit siedelten sich hier Menschen an und trotzten dem rauen Klima.
Die Ostholsteiner sind, wie die Schleswig-Holsteiner im Allgemeinen bodenständig, naturverbunden und vor allem wettererprobt. Sie lieben es, Zeit im Freien zu verbringen, und das zu jeder Jahreszeit.

Strandgenuss in Heiligenhafen

LAND UND LEUTE

Das östliche Holstein im Überblick

Fläche und administrative Gliederung

Schleswig-Holstein ist mit einer Fläche von 15 800 Quadratkilometern das zwölftgrößte Bundesland und damit etwa halb so groß wie Brandenburg. Unter den Flächenländern ist nur das Saarland kleiner. Das Bundesland gliedert sich in elf Kreise und vier kreisfreie Städte, darunter die Hansestadt Lübeck. Die Region Ostholstein, zwischen der Hohwachter und der Lübecker Bucht gelegen, ist größtenteils identisch mit dem gleichnamigen Kreis. Dieser verfügt über eine Fläche von 1392 Quadratkilometern und eine Küstenlänge von 185 Kilometern. Im Westen grenzt er an den Kreis Plön, im Süden an die Kreise Segeberg und Stormarn sowie an die Hansestadt Lübeck.

Der Naturraum Ostholsteins zeichnet sich durch mehrere Superlative aus: Der Bungsberg (167 Meter) ist die höchste Erhebung, der Große Plöner See (29 Quadratkilometer) der größte See des Bundeslandes. Im Hemmelsdorfer See liegt bei 44 Metern unter NN Deutschlands tiefster Festlandspunkt, und die Insel Fehmarn zählt zu den sonnenreichsten deutschen Gegenden. Im äußersten Südosten Schleswig-Holsteins, zwischen den Landesgrenzen zu Hamburg, Niedersachsen und Mecklenburg-Vorpommern, erstreckt sich auf 1263 Quadratkilometern der Kreis Herzogtum Lauenburg.

Große Städte

Lübeck ist mit 217 000 Einwohnern die einzige Großstadt im östlichen Holstein und nach der Landeshauptstadt Kiel die zweitgrößte Stadt des Bundeslandes. Die größte Stadt im Kreis Ostholstein ist Bad Schwartau mit rund 20 000 Einwoh-

Die Lübecker Altstadt mit dem Dom

Der Rosengarten in Eutin

nern, gefolgt von Eutin (17 000 Einwohner) und Neustadt (15 000 Einwohner). Die größten Städte im Kreis Herzogtum Lauenburg sind Geesthacht (31 000 Einwohner), Mölln (19 000 Einwohner) und Schwarzenbek (17 000 Einwohner).

Bevölkerung

In Schleswig-Holstein leben rund 2,9 Millionen Menschen, davon jeweils rund 200 000 in den Kreisen Ostholstein und Herzogtum Lauenburg. Die Bevölkerungsdichte beträgt 183 Einwohner pro Quadratkilometer (Deutschland: 232).

Religion

Mit 51 Prozent ist rund die Hälfte der schleswig-holsteinischen Bevölkerung evangelisch. Die nächstgrößeren Gruppen sind Katholiken (sechs Prozent) und Muslime (drei Prozent). Der übrige Teil ist weitgehend konfessionslos.

Wichtige Wirtschaftszweige

Der Dienstleistungsbereich ist, wie in ganz Schleswig-Holstein, auch im östlichen Landesteil dominierender Wirtschaftsfaktor. Im Kreis Ostholstein wird er geprägt durch den Tourismus und die Gesundheitswirtschaft. Der Kreis ist mit rund 14,5 Millionen Übernachtungen pro Jahr eine der tourismusintensivsten Regionen Deutschlands. Die durchschnittliche Aufenthaltsdauer beträgt knapp fünf Tage. Im Kreis Herzogtum Lauenburg sowie in Lübeck sind vor allem der Wochenend- und der Tagestourismus von Bedeutung. Wichtigste Branchen des verarbeitenden Gewerbes in Ostholstein sind die Nahrungs- und Genussmittelindustrie, die elektrotechnische und die elektronische Industrie sowie die Medizintechnik. Rund 72 Prozent der Kreisfläche werden landwirtschaftlich genutzt.

Landschaft und Natur

Die großen Naturräume Schleswig-Holsteins gliedern sich von Westen nach Osten in die Marsch, die Geest und das Östliche Hügelland. Das Östliche Hügelland, zu dem auch Ostholstein, Lübeck und der überwiegende Teil des Herzogtums Lauenburg gehören, präsentiert sich besonders vielfältig. Hügelketten, Seen, Flüsse und Wälder prägen die Naturlandschaft. An der Küste wechseln sich Steilufer und kilometerlange breite Sandstrände ab.

Erdgeschichtlich gesehen waren mehrere ›Baumeister‹ an diesem Landschaftsrelief beteiligt: Die Gletscher der letzten Eiszeit legten den Grundstein. Im Laufe der folgenden Jahrtausende modellierten Wind und Wasser die Landschaft in ihrer heute typischen Gestalt. Der Mensch schließlich strukturierte und gestaltete sie zu einer unverwechselbaren Kulturlandschaft. Zahlreiche, teils seltene oder bestandsgefährdete Tier- und Pflanzenarten haben hier ihren Lebensraum gefunden. Die facettenreiche Natur wurde vielerorts unter Schutz gestellt und konnte sich an einigen Stellen über lange Zeit ungestört entwickeln.

Die Kraft der Gletscher

Vor 20 000 Jahren war das Östliche Hügelland von einer 300 bis 500 Meter mächtigen Eisschicht bedeckt. Es handelte sich um die Gletscher der Weichseleiszeit, die von Skandinavien bis an den heutigen Mittelrücken Schleswig-Holsteins vorgerückt waren und im Süden bis in die Gegend um Mölln reichten. Nach partiellem Rückzug und erneuten Vorstößen schmolzen die letzten Gletscher schließlich vor 10 000 Jahren ab. Die jeweiligen Eisrandlagen sind durch wallartige Endmoränen markiert, die von der enormen Kraft der Gletscher aufgeschoben wurden. Wir erkennen sie heute in Form unregelmäßiger, teils steil ansteigender Hügelketten, in Ostholstein unter anderem im Bereich der Holsteinischen Schweiz, des Gömnitzer Berges und des Pariner Berges.

Der äußerste Osten von Schleswig-Holstein wurde als letzter Teil eisfrei. Das eingebundene Geschiebe, das die Gletscher auf ihrem Weg von Skandinavien aus dem Untergrund herausgelöst, mitgeschleift und zerrieben hatten, konnte hier störungsfrei ausschmelzen. Der Geschiebemergel, ein Gemisch aus Gesteinsblöcken und -splittern sowie aus kiesigen, sandigen und tonigen Bestandteilen, setzte sich als kuppige, flachwellige oder flache Grundmoräne ab. Diese flache Grundmoränenlandschaft ist vor allem auf der Insel Fehmarn ausgeprägt.

In den von den Gletschern geschaffenen Hohlformen bildeten sich in der Nacheiszeit die zahlreichen Seen. Viele Vertiefungen waren nach dem Eisrückzug mit Toteis gefüllt, quasi plombiert. Dieses schmolz erst mit einer zeitlichen Verzögerung von einigen hundert oder gar tausend Jahren und konservierte so die Senken und ehemaligen Gletscherzungenbecken. Sehr schöne Beispiele sind der Plöner See, der Ratzeburger See und der Schaalsee. Auf Grund dieser Voraussetzungen liegen die meisten der rund 300 natürlichen Seen Schleswig-Holsteins im Östlichen Hügelland, davon etwa 250 in Ostholstein und im Herzogtum Lauenburg.

Die Kraft der Gletscher

Die ehemaligen Abflussrinnen des Schmelzwassers werden zum Teil von den heutigen Flüssen genutzt. Die einstigen Talformen sind an einigen Stellen noch gut zu erkennen. Nach dem Verschwinden des Toteises ergaben sich häufig neue Abflussverhältnisse und Fließrichtungen. Der Plöner See entwässerte zum Beispiel ursprünglich nach Südwesten Richtung Elbeurstromtal. Erst später bildete sich die heutige Schwentine mit Abfluss in die Kieler Förde aus. In abflusslosen Geländesenken entstanden häufig Feuchtgebiete und Moore.

Die eiszeitlichen Ablagerungen im Östlichen Hügelland ergeben fruchtbare Ackerböden von mittlerer bis hoher Ertragsfähigkeit. Die beste Qualität erreichen sie auf Fehmarn, wegen der hier vorhandenen tonigen und kalkreichen Sedimente der Grundmoräne. Die Insel galt lange Zeit als ›Kornkammer Schleswig-Holsteins‹. Im Bereich der Endmoränen sind die Böden ganz unterschiedlich zusammengesetzt, enthalten aber mehr sandige und steinige Komponenten, dafür weniger Kalk. Sie eignen sich aber immer noch gut für den Ackerbau. Die Verwitterung des graublauen Geschiebemergels zu bräunlichem Lehm lässt einen Braunen Waldboden entstehen, den kennzeichnenden Bodentyp des Östlichen Hügellandes.

Das eindrucksvollste und größte Transportgut, das die Gletscher aus Skandinavien mitbrachten, sind die Findlinge: tonnenschwere, meist rundgeschliffene Gesteinsblöcke. Häufig bestehen sie aus Granit und wurden vor allem im Mittelalter gern als Baumaterial für Kirchen genutzt. Auch als Begrenzungssteine fanden und finden sie nach wie vor Verwendung. Noch heute stoßen Landwirte bei ihren Feldarbeiten auf Findlinge von zum Teil beachtlicher Größe, die man gelegentlich an Ackerrändern aufgehäuft sehen kann. Im Zuge von Steiluferabbrüchen kommen ebenfalls immer wieder Findlinge zum Vorschein, die dann am Strand liegenbleiben.

Von der Eiszeit geformte Moränenlandschaft in der Holsteinischen Schweiz

Die Küste, von Wind und Wellen geformt

Beim Rückzug der Gletscher wurde das damals schon vorhandene Becken der Ostsee freigelegt und mit Schmelzwasser gefüllt. Als Folge entstand ein riesiger Süßwassersee, der Baltische Eisstausee. Allerdings reichte das Wasser noch nicht bis an die heutige Küstenlinie heran. Hierfür musste zunächst das Eis in Skandinavien vollständig abschmelzen. Dies geschah vor etwa 8000 Jahren, einhergehend mit der Hebung der Landmassen, die nun vom Druck des Eises befreit waren. Der Meeresspiegel stieg daraufhin weiter an, Zungenbecken der Gletscher füllten sich mit Wasser, und es bildeten sich Buchten und Förden.

Als das Meer vor etwa 4000 Jahren annähernd die heutige Küstenlinie erreichte, begann unter dem Einfluss von Wind und Wellen die Entwicklung der Küstenformen, die bis heute anhält. Durch Abtragung von Sand- und Gesteinssedimenten an vorspringenden Stellen entstanden Kliffs. Das abgebrochene Material wurde von der Strömung längs der Küste transportiert und in ruhigeren Abschnitten abgelagert. Es bildeten sich Strandwälle und Nehrungen. Die Verfrachtung des von den Steilufern abgetragenen Materials führte dazu, dass einige Buchten und Förden ganz oder teilweise vom Meer abgeriegelt wurden. In gleichem Zuge verlagerten sich die erodierten Vorsprünge zurück. Auf diese Weise entstand eine relativ ›ausgeglichene‹ Küstenlinie, die sogenannte Ausgleichsküste, die für Ostholstein charakteristisch ist. Ein typisches Beispiel für diese Prozesse sind das Brodtener Ufer bei Travemünde, das einst sechs Kilometer weiter in die Bucht hineinragte, und der Hemmelsdorfer See bei Niendorf: Das herangeführte Abbruchmaterial aus dem Steilufer baute an der Öffnung der ehemaligen Hemmelsförde eine Nehrung auf und trennte sie allmählich von der Ostsee ab.

Das Brodtener Ufer bei Travemünde

Weitere Nehrungen, die jedoch noch eine Verbindung zum Meer aufweisen, sind der Graswarder in Heiligenhafen und der Priwall bei Travemünde.

Wälder

Die ursprüngliche Vegetation auf den lehmhaltigen Böden des östlichen Holsteins war ein Eichen- und Buchenmischwald. Bis heute ist die Buche die vorherrschende Baumart. Menschliche Nutzungen haben den Waldbestand jedoch stark dezimiert. In vergangenen Jahrhunderten diente Holz aus den Wäldern als Brenn- oder Baumaterial, ganze Waldgebiete wurden in landwirtschaftliche Flächen umgewandelt. Mitte des 19. Jahrhunderts waren nur noch vier Prozent der Fläche Schleswig-Holsteins

Der Riesebusch in Bad Schwartau

von Wald bedeckt, inzwischen beträgt der Waldanteil dank gezielter Aufforstungsmaßnahmen elf Prozent. Dennoch ist Schleswig-Holstein das waldärmste Bundesland, wobei das östliche und insbesondere das südöstliche Holstein als vergleichsweise waldreich gelten. Der Sachsenwald an der Grenze zu Hamburg ist mit knapp 70 Quadratkilometern landesweit das größte zusammenhängende Waldgebiet. Mehrere hundert Jahre alte Wälder sind auf Grund der historischen Entwicklung selten, wirkliche ›Urwälder‹ so gut wie nicht vorhanden. Lediglich an Stellen, an denen die menschliche Nutzung erschwert war, konnten sich Waldbereiche in ihrer nahezu ursprünglichen Form erhalten. Zu diesen Gebieten zählen steile See- und Flussufer, Schluchten sowie Sümpfe und Brüche.

In der Vergangenheit wurden verstärkt Waldparzellen aus der Bewirtschaftung herausgenommen und als Naturwald ausgewiesen, beispielsweise im Dodauer Forst, am Ukleisee, in der Scharbeutzer Heide, im Schwartautal und in der Schaalseeregion. Hier kann sich der Wald nun ungestört und eigendynamisch zu einem ›Urwald von morgen‹ entwickeln. Die Bäume bleiben bis zu ihrer natürlichen Zersetzung im Wald. Ein hoher Anteil an Altbäumen und Totholz wirkt sich in den nicht forstwirtschaftlich genutzten Gebieten direkt auf die Vielfalt der Tier- und Pflanzenwelt aus. Zahlreiche Insekten- und Pilzarten finden hier ideale Bedingungen vor. Spechte und weitere Vogelarten bauen ihre Bruthöhlen bevorzugt in morschem Holz. In den verlassenen Höhlen fühlen sich wiederum Fledermäuse oder Eulen wohl.

Die Wälder in Ostholstein und im Lauenburgischen werden von Einheimischen und Gästen gleichermaßen als Freizeit- und Erholungsorte geschätzt. Ihre Lage in hügeligem Gelände, dazu häufig in See- oder Flussnähe, verleiht ihnen einen besonderen Charakter und landschaftlichen Reiz.

Vielfältige Vogelwelt

Das östliche Holstein ist ein bedeutendes Rast- und Überwinterungsgebiet für Zug- und Wasservögel. Die Bahn- und Straßenverbindung zwischen Hamburg und Kopenhagen über die Inseln Fehmarn, Lolland und Falster wird auch ›Vogelfluglinie‹ genannt, weil sie die Route der Zugvögel nachzeichnet. Viele Wasserflächen sind wegen ihres reichen Nahrungsangebotes wichtige Rastgebiete für die durchziehenden Vögel. Im Frühjahr und Herbst lassen sich Scharen von Gänsen, Enten und anderen Arten beobachten, beispielsweise im Wasservogelreservat Wallnau, auf dem Graswarder Heiligenhafen, am Neustädter Binnenwasser und auf dem Priwall bei Travemünde. Auch die Lauenburgischen Seen sind beliebte Rastplätze für Zugvögel und bieten attraktive Beobachtungspunkte.

Die Binnenseen und Küstenstreifen bieten darüber hinaus ideale Brut- und Nahrungsplätze für viele heimische Vogelarten. Allein auf dem Graswarder ziehen etwa 40 verschiedene Arten ihre Jungen auf. Als Charaktervogel gilt die Sturmmöwe. Nahe der Wasserkante brüten auch der Sandregenpfeifer sowie verschiedene Seeschwalbenarten, darunter die seltene Zwergseeschwalbe. Am Neustädter Binnenwasser sind Zwerg- und Haubentaucher, unterschiedliche Entenarten, Höckerschwan sowie Grau- und Brandgans als Brutvögel ansässig. An den Steilküsten legt die Uferschwalbe ihre Brutröhren an. Die größte Uferschwalbenkolonie in Schleswig-Holstein befindet sich am Brodtener Ufer. Das Kliff bildet zusammen mit der vorgelagerten Flachwasserzone ein Vogelschutzgebiet von europäischem Rang.

In den naturnahen Wäldern fühlen sich Seeadler, Specht und Eisvogel wohl. Der Seeadlerbestand in Schleswig-Holstein konnte sich nach weitgehender Ausrottung im 20. Jahrhundert inzwischen deutlich erholen. Die Spannweite dieser größten heimischen Greifvogelart beträgt bis zu 2,20 Meter. Für den Bau ihrer Horste sind die Vögel auf alte, stabile Bäume angewiesen. Seine Beute, zu der neben Fischen unter anderem Blässhühner, Enten und Graugänse gehören, jagt der Seeadler auf großen Wasserflächen, die in Ostholstein und dem Herzogtum Lauenburg reichlich vorhanden sind.

Naturschutzgebiete, Naturparke, Biosphärenreservat

Seit 1923 werden in Schleswig-Holstein Naturschutzgebiete ausgewiesen. Sie verfolgen das Ziel, die Lebensräume bedrohter Tier- und Pflanzenarten dauerhaft zu sichern. Von den aktuell etwa 200 Naturschutzgebieten liegt knapp ein Viertel im östlichen und südöstlichen Holstein. Die kleinsten von ihnen sind nur wenige Hektar groß. Der Schaalsee ist mit 1800 Hektar eines der größten Naturschutzgebiete des Bundeslandes.

Die Naturparke stehen für Erholung im Einklang mit der Natur. Sie bestehen zum großen Teil aus Natur- und Landschaftsschutzgebieten und verbinden den Schutz und die Nutzung von Natur und Landschaft. Die großflächigen Erholungsgebiete zeichnen sich nicht nur durch vielfältige Lebensräume, sondern vor allem durch eine besondere landschaftliche Schönheit aus. Die Naturparke leisten daher auch einen wichtigen Beitrag zur regionalen Identität. Insgesamt

Naturschutzgebiete, Naturparke, Biosphärenreservat

gibt es in Schleswig-Holstein sechs Naturparke. Seit 1976 werden darüber hinaus im Rahmen des UNESCO-Programms ›Man and the Biosphere‹ Biosphärenreservate anerkannt. Wertvolle Natur- und Kulturlandschaften stehen dabei als Modellregionen für ein ausgeglichenes Miteinander von Mensch und Natur und für eine nachhaltige Regionalentwicklung. In der Regel repräsentieren diese Regionen bestimmte Landschaftstypen. Das Biosphärenreservat Schaalsee mit seinen ausgedehnten Buchenwäldern vertritt im nördlichen Mitteleuropa das Biotop der sommergrünen Laubwälder.

Der Naturpark Holsteinische Schweiz

Die Holsteinische Schweiz zwischen Kiel und Lübeck ist mit 750 Quadratkilometern der größte Naturpark in Schleswig-Holstein. Er ist gekennzeichnet durch eine abwechslungsreiche, liebliche Hügellandschaft mit Wäldern, Feldern, Wiesen und rund 200 Seen. Der größte von ihnen ist mit 29 Quadratkilometern der Große Plöner See, gleichzeitig größter See Schleswig-Holsteins. Auch der Bungsberg, mit 167 Metern die höchste Erhebung des Bundeslandes, liegt in der Holsteinischen Schweiz nahe Schönwalde. Beschauliche Dörfer und die historischen Städte Plön und Eutin ergänzen das Landschaftsbild. Der Naturpark Holsteinische Schweiz wird außerdem von zwei größeren Flüssen durchzogen. Die Schwentine fließt von der Quelle in der Nähe des Bungsbergs bis zur Mündung in die Kieler Förde durch zahlreiche Seen. Einige davon sind der Große Eutiner See, der Kellersee, der Dieksee sowie der Kleine und der Große Plöner See. Der Schwentine, die an einigen Stellen eher seeartigen Charakter hat, ist auf Grund ihrer geringen Fließgeschwindigkeit ein beliebtes Revier für Wasserwanderer. Der zweite bedeutende Fluss in der Region ist die Schwartau, die im Bereich des Dodauer Sees entspringt und bei Lübeck in die Trave mündet.

Die teils unberührten Uferbereiche der Gewässer sind wichtige Lebensräume für Pflanzen und Tiere. Fischotter, Eisvogel, Seeadler sowie viele Enten- und Gänse-

Vogelbeobachtung auf dem Graswarder in Heiligenhafen

arten fühlen sich hier wohl. Rund um die vielen Seen und auf gut beschilderten Feld- und Waldwegen lässt es sich prima wandern. An vielen Stellen laden lauschige Picknickplätze zu einer Rast ein. Längere Wandertouren lassen sich gut mit einer Fahrt auf einem der Ausflugsschiffe kombinieren. Auch das Radwegenetz ist gut ausgebaut und beschildert. Themenrouten führen zu verschiedenen Sehenswürdigkeiten. Mehrere Umweltbildungseinrichtungen, wie zum Beispiel das Umwelt- und Informationszentrum auf dem Bungsberg, geben nähere Einblicke in die vielfältige Pflanzen- und Tierwelt.

Der Naturpark Lauenburgische Seen

Schleswig-Holsteins ältester Naturpark besteht seit 1960 und besticht vor allem durch seine Ursprünglichkeit und die idyllische, ländliche Kulturlandschaft. Auch die Städte Ratzeburg und Mölln, in deren Gassen ein Hauch von Mittelalter weht, liegen im Naturpark. Die mehr als 40 großen und kleinen Seen sind oft bis an die Ufer mit Wald bestanden. Die größten Gewässer sind der Ratzeburger See und der Schaalsee, der von der Landesgrenze zu Mecklenburg-Vorpommern durchzogen wird.

Entlang der ehemaligen innerdeutschen Grenze konnten sich über Jahrzehnte eine einzigartige Flora und Fauna nahezu ungestört entwickeln. Aussichtstürme am Schaalsee, Mechower See und Kittlitzer Hofsee laden zur Vogelbeobachtung ein. Neben zahlreichen Wasservögeln lassen sich mit etwas Glück auch Kraniche, ein Eisvogel oder ein Seeadler erspähen. Neben Lehrpfaden und Informationstafeln geben Führungen und andere Veranstaltungen Einblicke in die Landschaft und Lebensräume des fast 480 Quadratkilometer großen Naturparks. Beliebter Anlaufpunkt ist das Naturparkzentrum Uhlenkolk in Mölln mit dem Moorsee ›Grundloser Kolk‹, einem Findlingsgarten und einem Wildpark. Wie auch der Naturpark Holsteinische Schweiz bietet der Naturpark Lauenburgische Seen vielfältige Möglichkeiten für aktiven Landschaftsgenuss. Die Seen lassen sich

Am Kellersee bei Malente

Der Krebssee im Hellbachtal bei Mölln

am besten mit dem Kanu erkunden. Ein gut ausgeschildertes Rad- und Wanderwegenetz führt entlang der Ufer und durchzieht die Hügellandschaft mit ihren Wäldern, Bachtälern, Feldern, Weiden und Feuchtgebieten.

Biosphärenreservat Schaalsee

Der Schaalsee im ehemaligen innerdeutschen Grenzgebiet ist Kern des gleichnamigen Biosphärenreservates. Elf weitere Gewässer zählen dazu, darunter der Röggeliner See und der Mechower See. Das rund 310 Quadratkilometer große Gebiet an der Ostseite des Schaalsees wird vom Bundesland Mecklenburg-Vorpommern verwaltet. In den 22 zugehörigen Gemeinden leben rund 10 000 Menschen. Die Landschaft ist neben den klaren Seen und ausgedehnten Wäldern geprägt von Feuchtwiesen, Mooren, Feldern und Viehweiden. Rund 70 Prozent der Fläche sind Acker- und Grünland. Hinzu kommen 20 Prozent Waldanteil.

Aus der dichten Abfolge verschiedener Biotope resultiert eine hohe Artenvielfalt. Dies dokumentieren allein elf Fledermaus- und 55 Libellenarten. In den Feuchtgebieten, Mooren und Verlandungszonen der Seen fühlen sich außerdem Moorfrosch und Ringelnatter wohl. Mehr als 250 Vogelarten, darunter Kraniche und Seeadler, nutzen die Seenlandschaft als Brut-, Rast- oder Winterquartier. Der Schaalsee, mit bis zu 72 Metern der tiefste See Norddeutschlands, verfügt über eine gute Wasserqualität sowie einen hohen Sauerstoffgehalt. Er bietet ideale Bedingungen für mehr als 30 Fischarten. Eine von ihnen ist die lachsartige Maräne, die als Delikatesse gilt. Darüber hinaus gedeihen in der waldreichen Region etwa 70 Farn- und Blühpflanzenarten sowie mehr als 1000 Pilzarten.

Idealer Ausgangspunkt für Wander- und Radtouren durch die faszinierende Natur ist das Informationszentrum Pahlhuus in Zarrentin. Hinter dem Gebäude beginnt ein Erlebnispfad durch das angrenzende Kalkflachmoor.

Knicks – wilde Hecken mit vielfältiger Funktion

Mit Sträuchern und Bäumen bestandene Erdwälle, sogenannte Knicks, sind ein prägendes Element der schleswig-holsteinischen Landschaft. Diese Flurstücke umgrenzenden Wallhecken entstanden ab der zweiten Hälfte des 18. Jahrhunderts im Zuge umfangreicher Agrarreformen. Die bis dahin gemeinschaftlich genutzten Flächen in den gutsfreien Dörfern wurden vermessen, parzelliert und den Bauern als privates Eigentum zugewiesen. Zur Abgrenzung und als Schutz vor Viehtritt legten sie Erdwälle an und bepflanzten diese mit Sträuchern und einzelnen Bäumen. Damit ein undurchdringlicher ›Zaun‹ wachsen konnte, wurden die jungen Triebe der Gehölze seitlich angeritzt, nach unten geknickt und in die Erde gesteckt, wo sie neue Wurzeln bildeten. Die Bezeichnung ›Knick‹ leitet sich folglich von dem Verb ›knicken‹ ab. Die Knicks erfüllten aber auch weitere Funktionen: Die bei ihrer Pflege anfallenden Äste und Zweige dienten als Brennholz, die ausgewachsenen Bäume als Bauholz. Außerdem fungieren die Wallhecken seit jeher als natürlicher Windschutz für die Nutzflächen und verhindern Erosion und Austrocknung des Bodens. Darüber hinaus haben sie einen hohen ökologischen Wert und sind Lebensraum für viele, teils gefährdete Tier- und Pflanzenarten. Wege, die an beiden Seiten von einem Knick gesäumt werden, ›Doppelknicks‹ sozusagen, werden Redder genannt. Sie sind ökologisch besonders bedeutsam.

Typische Knickpflanzen sind schnell austreibende und dornige Gehölzarten wie Hainbuche, Hasel, Holunder, Weißdorn, Schlehe und verschiedene Brombeerarten. Die markanten Einzelbäume, oft mehr als 100 Jahre alte Eichen oder Buchen, heißen Überhälter. In einem einzigen Knick können bis zu 1800 Tierarten vorkommen, hauptsächlich Insekten. Viele Singvögel finden ein reiches Nahrungsangebot vor und nutzen die Knicks gern als Brutplatz. Auch Kleintiere wie Igel, Marder oder Haselmaus fühlen sich hier wohl. Um die wilden Hecken und ihre vielfältigen Funktionen zu erhalten, ist eine fachgerechte Pflege notwendig. Alle 10 bis 15 Jahre werden sie deshalb ›auf den Stock gesetzt‹. Dabei werden die Gehölze kurz über dem Erdboden abgesägt, damit sie wieder frisch austreiben. Die Überhälter dürfen nicht gefällt werden, es sei denn, auf dem Knick stehen andere Überhälter, die weniger als 60 Meter entfernt sind. Im Zuge der gestiegenen Nachfrage nach erneuerbaren Energien wird das Knickholz mittlerweile auch gern als Energielieferant in Biomassekraftwerken verwendet. Ursprünglich war das Netz der Knicks sehr viel dichter. Es wurde mit der Mechanisierung der Landwirtschaft im Zuge des Siedlungs- und Straßenbaus ausgedünnt. Inzwischen hat man jedoch den Wert der Knicks als Kulturdenkmal und Kleinbiotop erkannt Daher gibt es klare Regeln zu ihrem Schutz.

Knicklandschaft bei Ahrensbök

Geschichte

Steinzeitliche Hünengräber, slawische Burgwälle, mächtige Kirchen und prächtige Gutsanlagen verteilen sich im östlichen Holstein und sind Ausdruck einer jahrtausendealten Geschichte. Überlieferte Aufzeichnungen finden sich erstmals in der Slawenchronik des Priesters Helmhold von Bosau aus dem 12. Jahrhundert. Wechselnde Herrschaftsverhältnisse mit ebenfalls wechselnden Gebietszuschnitten, begleitet von zahlreichen kriegerischen Auseinandersetzungen, bestimmten die Jahrhunderte vom Mittelalter bis weit in die Neuzeit.

Frühzeit und slawische Besiedlung

Archäologische Funde belegen, dass das östliche Holstein bereits vor mehr als 5000 Jahren besiedelt war. Ab dem frühen 8. Jahrhundert wanderten slawische Stämme in das Gebiet ein. Ihre Herrschaft endete mit der fortschreitenden Christianisierung im 12. Jahrhundert.

Frühzeit

Die meisten Spuren menschlicher Siedlungstätigkeit gehen auf die Jungsteinzeit zurück (etwa 3000–1800 v. Chr.). Zahlreiche Grabstätten lassen darauf schließen, dass die Menschen sich bevorzugt in Wassernähe niederließen. Sie ernährten sich zunächst von der Jagd auf Enten und Wild sowie von Früchten, Nüssen und Kräutern. Noch in der Jungsteinzeit vollzog sich der Wandel vom Jäger und Sammler zum Bauern und Fischer. Das milde Klima, der natürliche Wasserreichtum und die fruchtbaren Böden boten hierfür die passenden Voraussetzungen.

Slawische Besiedlung

Das Gebiet der heutigen Kreise Plön, Ostholstein und Herzogtum Lauenburg war rund 400 Jahre lang slawisches Herrschaftsgebiet. Bereits ab dem 6. Jahrhundert wanderten slawische Stämme aus Osteuropa in die Regionen ein, die während der Völkerwanderung von ihren Bewohnern verlassenen worden waren. Gegen Anfang des 8. Jahrhunderts erreichten sie das heutige Schleswig-Holstein. Namentlich ließen sich zwei Teilstämme der Obodriten hier nieder, deren Kerngebiet um den Schweriner See lag: Die Wagrier siedelten in dem von der Ostsee umschlossenen Landstreifen zwischen Kiel und Lübeck, die Polaben im heutigen Kreis Herzogtum Lauenburg. ›Wagrier‹ ist die slawische Bezeichnung für ›Anwohner einer Bucht‹, ›labo‹ das slawische Wort für ›Elbe‹. Die Grenze zum Siedlungsgebiet der westlichen Nachbarn, den Holsten und Stormarn, verlief ungefähr auf der Linie Lauenburg-Bad Oldesloe-Bad Segeberg-Kiel (›Limes saxoniae‹). Das östliche Holstein bildete somit den westlichen Rand der slawischen Welt.

Zu den bedeutendsten sichtbaren Zeugnissen der slawischen Vergangenheit gehören mehrere ringförmige Burgwälle, die im gesamten östlichen Holstein verteilt liegen. Auch die Slawen wählten bevorzugt See- und Flussufer, Halbinseln und in späterer Zeit auch Inseln als Standorte für ihre Siedlungen und Burgen. Die Burgwälle bestanden aus einer Holz- und Erdkonstruktion und waren häufig durch einen breiten Graben zusätzlich geschützt. Über die detaillierte

Ausgestaltung dieser Anlagen, zum Beispiel mit Toren, Wallaufbauten oder Gebäuden im Innenbereich der Wälle, ist wenig bekannt. Die Burgen waren Verwaltungs- und Verteidigungsstandorte innerhalb des Herrschaftsgebietes, aber auch Zentren des Handwerks, des Handels und häufig des religiösen Kults. Der überwiegende Teil der Bevölkerung lebte in offenen Siedlungen, Weilern oder Dörfern im Umfeld der Burgen. Die größte und am besten erhaltene slawische Ringwallanlage ist der Oldenburger Wall (→ 132). Er datiert aus dem 8. Jahrhundert und ist nach Haithabu bei Schleswig das bedeutendste archäologische Bodendenkmal in Schleswig-Holstein. Hier befand sich einst die Festung ›Starigard‹, Hauptburg der Wagrier und politisches und religiöses Machtzentrum in Ostholstein. Weitere slawische Ringwälle wurden bei Plön (Insel ›Olsborg‹), Bosau (›Bischofswarder‹), Pansdorf (›Blocksberg‹, → 201), Pöppendorf und Alt-Lübeck nachgewiesen. Im Herzogtum Lauenburg finden sich Beispiele in der Nähe von Sirksfelde, Farchau und Horst.

Im Verlauf des 10. Jahrhunderts, insbesondere unter Heinrich I. und Otto I., kam es zu einer verstärkten religiösen und politischen Einflussnahme auf die Gebiete östlich der Elbe. Im Rahmen der Expansion des ostfränkischen Reiches wurden mehrere Bistümer gegründet und eine Reihe von Feldzügen geführt. Die Kontrolle über Wagrien erwies sich allerdings als schwierig. Erst im Jahr 972 erfolgte die Gründung eines Bischofssitzes in Oldenburg/Starigard. Viele Slawen waren nicht bereit, sich von ihrer heidnischen Tradition zu trennen und zum Christentum überzutreten. Insbesondere zwischen dem späten 10. Jahrhundert und dem frühen 11. Jahrhundert gab es eine Welle slawischer Aufstände zwischen Elbe und Oder. In Wagrien gipfelten sie 983 und 1066 in der Zerstörung des Bischofssitzes und der Vertreibung des Bischofs. Der Oldenburger Bischofsstuhl konnte erst 1149 wieder besetzt werden. Im 11. und 12. Jahrhundert führten darüber hinaus Konflikte innerhalb des obodritischen Herrschaftsgebietes zu dessen Destabilisierung und schließlich zum Zerfall. Ein Feldzug der sächsischen Holsten im Jahr 1139, der unter anderem mit der Eroberung der Olsborg im Großen Plöner See endete, brachte letztlich die Eingliederung in das sächsische Herzogtum. Wagrien kam unter die Herrschaft des Holstengrafen Adolf II. von Schauenburg, der sowohl Wagrien als auch die Grafschaft Holstein als Lehen erhielt.

Mittelalterlicher Landesausbau und Christianisierung

Die Regentschaft Graf Adolfs II. führte zu grundlegenden Veränderungen im ehemaligen slawischen Herrschaftsgebiet, vor allem aber zum allmählichen Verschwinden der slawischen Kultur. Diese Epoche wird auch als hochmittelalterlicher Landesausbau bezeichnet.

Zunächst warb Adolf II. neue Siedler an, vornehmlich aus Westfalen, Friesland, Holland und Flandern. Die Slawen passten sich der neuen Kultur an oder wurden in die Randgebiete an den Küsten verdrängt. Es kam zur Einrichtung von Marktorten und zur Gründung von Städten, unter denen Lübeck die älteste ist. Die Kolonisten brachten außerdem neue Techniken in das Land, wie zum Beispiel den Bau von Wassermühlen. Der hiermit verbundene Mühlenstau ließ den Wasserspiegel vieler Seen, unter anderem des Großen Plöner Sees, deutlich ansteigen und führte zu einer nachhaltigen Wandlung des Landschaftsbildes. Mit der Besiedlung einher ging die Christianisierung. Es entstanden Kirchen, Klöster und Konvente, begleitet von einer intensiven Missionstätigkeit. Maßgeblich hieran beteiligt waren der 1149 im Bistum Oldenburg eingesetzte Bischof Vicelin sowie sein Nachfolger Bischof Gerold. Die um 1150 in Bosau gegründete Kirche markierte den Beginn des Pfarrkirchenausbaus in Wagrien. Nach ihrem Vorbild entstanden im 12. Jahrhundert zahlreiche weitere Kirchen aus Feldsteinen, die sogenannten ›Vicelinkirchen‹ (→ S. 41), die dem sich ausbreitenden Christentum ein architektonisch einheitliches Erscheinungsbild gaben.

Ritterburgen und Gutsherrschaft

Die praktische Umsetzung der Kolonisationspolitik, also die Organisation der Besiedlung in den Dörfern, übernahmen von Graf Adolf II. eingesetzte sogenannte Lokatoren. Dabei handelte es sich in der Regel um treue Gefolgsleute des Grafen, die an der Eroberung Wagriens beteiligt waren. Diese Ritter erhielten größere Gebiete als Lehen und waren ihrem Herrn im Gegenzug zu Kriegsdiensten verpflichtet. Die Ländereien wurden von den Siedlern bewirtschaftet. Die ritterlichen Familien lebten von den Abgaben ihrer Pächter.

Zum Schutz ihres Besitzes und der ansässigen Bauern errichteten die Ritter hölzerne Wehranlagen auf Erdhügeln, sogenannte Turmhügelburgen oder Motten. Sie dienten der Bevölkerung im Angriffsfall als Zufluchtsorte und konnten mit einer kleinen Mannschaft über mehrere Tage verteidigt werden. Dieser Burgentyp, der bevorzugt in feuchten Niederungen, an Flüssen oder auf Halbinseln abseits der Siedlungen entstand, stammt vermutlich aus Nordfrankreich. Der Begriff ›Motte‹ leitet sich von dem französischen ›motte‹ ab, was im ursprünglichen Sinne soviel bedeutet wie ›Bodenerhebung‹ oder ›Erdaufschüttung‹. Einige Reste von Turmhügeln sind heute noch in der Landschaft zu sehen, die eigentlichen Burgen auf Grund des verwendeten Baumaterials allerdings nicht. Beispiele finden sich in Havekost bei Ahrensbök, am Ukleisee, im Ruppersdorfer See bei Ratekau sowie in der Nähe von Niendorf (›Räuberkuhle‹).

In den folgenden Jahrhunderten bildete sich, unterstützt durch verschiedene Privilegien, eine politisch einflussreiche holsteinische Ritterschaft heraus. Als sich im 16. Jahrhundert in ganz Westeuropa ein zunehmender Bedarf an landwirtschaftlichen Produkten abzeichnete, intensivierten die Ritter die Eigenbewirtschaftung ihrer Güter. Das 1524 von König Friedrich I. zugesprochene Privileg der ›Hals- und Handgerichtsbarkeit‹ über die Gutsangehörigen ebnete den Weg zur Gutsherrschaft und Leibeigenschaft. Auf diese Weise sicherten sich die adligen Gutsherren die notwendigen Arbeitskräfte für ihren immer größer werdenden Besitz. Ganze Dörfer verschwanden und wurden zu Gutsländereien umgewandelt. Lediglich in den Regionen, in denen Kirchenbesitz bewirtschaftet wurde, blieben die Dörfer erhalten und ihre Bewohner freie Bauern. Dies war vor allem im Süden Ostholsteins der Fall. Die Leibeigenschaft der Gutsangehörigen stellte sich folgendermaßen dar: Sie waren dem Gutsherrn zu bedingungslosem Dienst verpflichtet, was auch für ihre Familien und Nachkommen galt, und unterstanden seiner Gerichtsbarkeit. Auch im Falle einer Heiratsabsicht brauchten sie seine Einwilligung. Im Gegenzug wurden die Gutsarbeiter mit Nahrung und Brennholz entlohnt (Deputat) und wohnten in gutseigenen Häusern. Auch war der Gutsherr für die Versorgung seiner Leibeigenen im Alter und im Krankheitsfall verantwortlich, ebenso für die Übernahme ärztlicher Behandlungskosten. Zusammengefasst bedeutete die Leibeigenschaft einerseits eine starke Einschränkung der persönlichen Freiheit, andererseits aber auch soziale Sicherheit, die in Zeiten von Kriegen, Missernten und Seuchen nicht zu unterschätzen war. Erst 1805 endete die Leibeigenschaft offiziell.

Die Ritterschaft verlor ab dem 17. Jahrhundert mit dem politischen Erstarken der Landesherren zunehmend an Einfluss. Viele Güter sind heute moderne landwirtschaftliche Betriebe und befinden sich nach wie vor in adligem Besitz.

Wechselnde Machtverhältnisse vom Mittelalter bis zur Neuzeit

Bereits Ende des 12. Jahrhunderts zeichnete sich ein Ringen verschiedener Herrscher um die Macht im Gebiet des heutigen Schleswig-Holstein ab, das mehrere hundert Jahre andauern sollte. Vornehmlich stritten Deutsche und Dänen miteinander. Bald nach dem Sturz Heinrichs des Löwen 1180 nutzten die Dänen das entstandene Machtvakuum und rückten bis an die Elbe vor. In der Schlacht bei Bornhöved 1227 wurden sie schließlich besiegt und zogen sich daraufhin in das Gebiet nördlich der Eider zurück. In der folgenden Zeit kehrte jedoch keine Ruhe ein, es kam wiederholt zu wechselnder deutscher und dänischer Herrschaft, verbunden mit mehreren Landesteilungen. Im 17. Jahrhundert wurde das östliche Holstein darüber hinaus Schauplatz des Dreißigjährigen Krieges sowie An-

Reste einer Turmhügelburg (›Motte‹) bei Ratekau

fang des 18. Jahrhunderts der Napoleonischen Kriege. Ostholstein stellte sich in dieser Epoche als Flickenteppich kleinteiliger Territorien dar. Der nördliche Teil zwischen Neustadt und Oldenburg gehörte zum Herzogtum Holstein, die Insel Fehmarn und die Region um Heiligenhafen waren dänisches Gebiet. In Eutin, seit Ende des 13. Jahrhunderts Wohnsitz des Bischofs von Lübeck, residierten nach der Reformation die Herzöge von Schleswig-Holstein-Gottorf, die ab 1773 zu Herzögen von Oldenburg (Nds.) wurden. Das Amt Ahrensbök wiederum war Teil des Herzogtums Sonderburg-Plön (1622–1761).

Nachdem eine Erhebung gegen den dänischen Gesamtstaat im Jahr 1848 scheiterte, kam es letztlich unter Otto von Bismarck 1864 im Zuge des Deutsch-Dänischen Krieges zum Sieg über die Dänen. Daraufhin wurden die Herzogtümer Schleswig und Holstein zur preußischen Provinz Schleswig-Holstein. Lediglich das Gebiet zwischen Eutin und Lübeck blieb zunächst Teil des Fürstentums Lübeck, dem 1867 auch das Amt Ahrensbök zugeteilt wurde. Der Gebietszuschnitt änderte sich erst 1937, als der oldenburgische Landesteil Lübeck infolge des Groß-Hamburg-Gesetzes zum Kreis Eutin wurde und damit ebenfalls preußisch. In diesem Zuge verlor die Stadt Lübeck auch ihre staatliche Eigenständigkeit, ein Privileg, das seit dem 13. Jahrhundert Bestand gehabt hatte. Am 23. August 1946 erhielt die Provinz Schleswig-Holstein schließlich den Status eines Landes. Der heutige Kreis Ostholstein ist als Verwaltungseinheit noch ein sehr junges Gebilde. Er entstand 1970 durch Zusammenlegung der Kreise Oldenburg und Eutin.

Nach dem Ende des Zweiten Weltkrieges kamen rund 1,3 Millionen Flüchtlinge und Heimatvertriebene aus den ehemaligen deutschen Ostgebieten nach Schleswig-Holstein, vornehmlich aus Pommern, Ostpreußen und Schlesien. Angesichts der Tatsache, dass diese Zahl ungefähr der damaligen Bevölkerungszahl entsprach, wird schnell klar, vor welcher Herausforderung Schleswig-Holstein stand. Die Einwohnerzahlen stiegen in vielen Orten auf mehr als das Doppelte an, so auch in Ostholstein. Der Altkreis Eutin war der Kreis innerhalb Schleswig-Holsteins, der im Verhältnis zur Einwohnerzahl die meisten Menschen aufnahm. Insgesamt kamen 122 000 Flüchtlinge in das Gebiet des heutigen Kreises Ostholstein. Ein besonderes regionales Phänomen war die Unterbringung vieler Flüchtlinge in Hotels und Pensionen der Ostseebäder. Hier hatten bereits während des Krieges Evakuierte beziehungsweise Ausgebombte aus den Großstädten wie Kiel und Hamburg ein Notquartier gefunden. In Timmendorfer Strand und Niendorf wurden rund 8000 Menschen untergebracht, neben jeweils rund 1000 Einheimischen. Viele Ostflüchtlinge blieben in Schleswig-Holstein beziehungsweise Ostholstein. Zahlreiche Fischerfamilien aus Ostpreußen beispielsweise fanden in Niendorf eine neue Heimat. In den 1950er Jahren entstanden großflächig neue Wohnquartiere, eine Entwicklung, die auch zu einer deutlichen Veränderung der Infrastruktur im Kreisgebiet führte.

Entwicklung des Tourismus

Volle Strände, belebte Promenaden und vielfältige touristische Angebote bestimmen heute das Bild der Küste. Doch die Ostsee war keineswegs schon immer das bevorzugte Ziel von Reisenden, die Ostholstein besuchten. Viele Küstenabschnitte waren noch Mitte des 19. Jahrhunderts gänzlich unbebaut. Es war vielmehr das Binnenland, das die Gäste im Laufe des 19. Jahrhunderts verstärkt anzog. Dies lag zum einen an der guten Erreichbarkeit durch die 1866 eröffnete Eisenbahnlinie Neumünster/Kiel-Ascheberg-Neustadt, gefolgt von der 1873 fertiggestellten Bahnverbindung Lübeck-Eutin, aber auch an der veränderten Naturwahrnehmung. Aus der Vorstellung der ›unkultivierten Wildnis‹ hatte sich bereits im Zuge der Aufklärung eine wahre Naturbegeisterung entwickelt. Mit der beginnenden Industrialisierung verstärkte sich die Wertschätzung der natürlichen Landschaft. Vor allem das aufstrebende Bürgertum schätzte es, der schlechten Luft in den Städten für ein paar Tage entfliehen und die ›Sommerfrische‹ in der Natur genießen zu können. Die liebliche Hügellandschaft mit ihren Seen und Wäldern zwischen Kiel und Lübeck, die sich durch Reiseberichte, Literatur und Malerei als ›Ideallandschaft‹ herausgebildet hatte, war hierfür geradezu prädestiniert. Vor allem Ascheberg und Gremsmühlen waren zunächst beliebte Ziele von Tagesausflüglern und Sommergästen. 1885 eröffnete der Eutiner Kaufmann Johann Janus am Nordufer des Kellersees ein luxuriöses Hotel mit dem werbewirksamen Namen ›Holsteinische Schweiz‹. Einige Jahre später erhielt das Haus einen eigenen Bahnhaltepunkt mit eben diesem Namen an der neuen Strecke Gremsmühlen-Lütjenburg. Schließlich übertrug sich die Bezeichnung auf die gesamte Region, die zum touristischen Zentrum des östlichen Holsteins wurde.

Im Gegensatz zur sanften, harmonischen Landschaft der Holsteinischen Schweiz flößte das Meer den Menschen lange Zeit eher Angst ein, als dass es zu Badefreuden lockte. Noch um die vorletzte Jahrhundertwende konnten gerade einmal drei Prozent der Bevölkerung schwimmen. Erst als man die Heilwirkung des Meerwassers und der Seeluft, inspiriert durch die Seebadkultur Englands, auch in Deutschland erkannte, änderte sich das Verhältnis zu Meer und Küste. Es entstanden die ersten Seebäder, angefangen mit Heiligendamm (1793), gefolgt von Norderney (1797) und Travemünde (1802). In Travemünde wurde ein ganzes Viertel mit Einrichtungen nach englischem Vorbild errichtet.

Allerdings hemmte über lange Zeit die schlechte Erreichbarkeit die Entwicklung weiterer größerer Ostseebäder. Die meisten Gäste gelangten per Dampfschiff von Travemünde aus in die abgelegenen Orte im Norden, ab 1873 auch per Kutsche von den Bahnhöfen Pansdorf und Pönitz. An den meisten Küstenabschnitten begann eine spürbare touristische Entwicklung erst gegen Ende des 19. Jahrhunderts, vielerorts nach der Sturmflut von 1872. Viele Seebäder wie Sierksdorf, Grömitz, Kellenhusen, Dahme, Heiligenhafen und Burg auf Fehmarn erlangten sogar erst im 20. Jahrhundert wirklich große Bedeutung. Die Bäderbahnlinie Lübeck-Neustadt verbesserte ab 1928 die Verkehrsverhältnisse noch einmal deutlich, ebenso die Autobahn A1, die 1975 von Lübeck bis Neustadt und 2012 bis Heiligenhafen ausgebaut wurde.

Ab den 1960er Jahren vollzog sich an der Küste eine rasante Entwicklung hin zum Massentourismus. Hierzu trug neben wachsendem gesellschaftlichen Wohlstand und nunmehr guter Verkehrsanbindung auch die Tatsache bei, dass die beliebten Seebäder Mecklenburg-Vorpommerns nach der Teilung Deutschlands für die Bundesbürger unerreichbar geworden waren.

Vom Badeleben früherer Zeiten

Das Strand- und Badeleben stellte sich zur Anfangszeit des Tourismus noch völlig anders dar als heute. Die Damen der feinen Gesellschaft sowie heiratsfähige Mädchen hatten sich so zu kleiden, dass sie nicht die begehrlichen Blicke der Männer auf sich zogen. Das Tragen von Badekleidung am Strand war daher völlig undenkbar. Auch das Sonnenbaden war noch unbekannt, zudem galt sonnengebräunte Haut als unfein. Das Baden direkt vom Strand aus war streng verboten. Wer ein Bad in der Ostsee nehmen wollte, musste einen der Badekarren benutzen. Diese hölzernen Umkleidekabinen auf Rädern standen üblicherweise am Ufer und wurden von der Strandseite aus über einen Laufsteg betreten. Nach dem Anlegen der – selbstverständlich züchtigen – Badebekleidung wurde der Karren ins flache Wasser geschoben. An der Seeseite verließ man die Kabine über eine Treppe, um nach Belieben in das heilende Ostseewasser einzutauchen. Ein Schirm beziehungsweise eine Markise riegelten als Sichtschutz den Badebereich ab. Das Baden erfolgte nach Geschlechtern getrennt zu festgesetzten Zeiten. Bereits in der ersten Hälfte des 19. Jahrhunderts standen die ersten Badekarren in vielen Seebädern: Haffkrug bekam 1835 die Erlaubnis, die rollenden Kabinen am Strand aufzustellen, und auch Grömitz warb 1836 mit ›gut eingerichteten Badekarren‹ um Gäste. Hier sorgte 1904 die Idee eines Pensionswirtes für eine kleine Innovation: Er kaufte alle Badekarren am Strand auf und stellte sie in einer Reihe zusammen, zu einer ›Badeanstalt auf Rädern‹.

Nach einem landesweiten Skandal, ausgelöst durch eine Trauungszeremonie in Badebekleidung in der Badeanstalt Kellenhusen, wurden alle privaten Badeanstalten in öffentlichen Besitz überführt und fortan von den Gemeinden betrieben. Das freie Baden direkt vom Strandkorb aus wurde erst um 1920 erlaubt. Der Aufenthalt am Strand war lange Zeit nur in vollständiger Bekleidung gestattet. Für die Herren gehörten beispielsweise Kopfbedeckung und Jackett dazu.

Viele Orte boten außerdem warme Meerwasserbäder an. Diese Prozedur funktionierte folgendermaßen: Von der Ostsee wurde Meerwasser in Eimern zum Logierhaus getragen, dort erwärmt und in große Kübel gefüllt. Hier durften die Badegäste dann gegen Entrichtung einer Gebühr Platz nehmen.

Der Strand von Niendorf um 1910 mit Dampfer und Badekarren

Wirtschaft

Über Jahrhunderte war Ostholstein vor allem landwirtschaftlich geprägt. Auf den fruchtbaren Böden wurde überwiegend Ackerbau betrieben. Im 19. und 20. Jahrhundert kamen neue Erwerbszweige hinzu, insbesondere der Tourismus und die Gesundheitswirtschaft.

Tourismus und Gesundheitswirtschaft

Dominanter Wirtschaftsfaktor in Ostholstein ist mit 85 Prozent an der Wertschöpfung und 78 Prozent der Beschäftigten der Dienstleistungsbereich. Seine tragende Säule ist der Tourismus, bestehend aus Beherbergungs- und Gastgewerbe. Jährlich 3,1 Millionen Gäste und 14,5 Millionen Übernachtungen verdeutlichen den Stellenwert Ostholsteins als eine der tourismusintensivsten Regionen Deutschlands. In den vergangenen Jahren wurde die Infrastruktur in vielen Orten grundlegend modernisiert, zum Beispiel in Form neuer Promenaden und Seebrücken. Auch gegenwärtig wird in den Ausbau bestehender sowie in die Schaffung neuer touristischer Angebote investiert, sowohl an der Küste als auch im Binnenland. Eine besondere Nachfrage verzeichnete in der Vergangenheit und insbesondere seit 2020 der Campingtourismus. Ostholstein verfügt über mehr als 70 Campingplätze, von denen viele einen hohen Standard aufweisen. Ein wichtiger Aspekt in der touristischen Entwicklung ist die Saisonverlängerung. Mit passenden Angeboten für die kalte Jahreszeit möchte sich die Region als Ganzjahresdestination profilieren.

Ein weiterer bedeutender Sektor ist die Gesundheitswirtschaft. Dies spiegelt sich in einer Vielzahl an Krankenhäusern, Vorsorge- und Rehabilitationseinrichtungen sowie einem überdurchschnittlich hohen Anteil an Einrichtungen der Seniorenbetreuung und -pflege wider.

Landwirtschaft

Auch die Landwirtschaft spielt mit mehr als 1000 Betrieben eine wichtige Rolle. Rund 70 Prozent der Fläche des Kreises Ostholstein werden landwirtschaftlich genutzt. Vor allem der Norden des Kreisgebietes und die Insel Fehmarn weisen außerordentlich fruchtbare Böden auf, die sich hervorragend für den Ackerbau eignen. Dominierende Ackerfrüchte sind Gerste, Weizen und Raps.

Angesichts des steigenden Preisdrucks auf den Märkten seit den 1970er Jahren haben sich viele Betriebe inzwischen breiter aufgestellt. Neben der Einrichtung von Hofläden haben sie vor allem den Tourismus als Nebenerwerbsquelle professionalisiert. Ferienwohnungen und Cafés gehören mittlerweile zum gewohnten Bild auf ostholsteinischen Höfen. Auch eine Reihe von Gutsbetrieben hat den Tourismus als Einkommensquelle entdeckt und Wirtschaftsgebäude an gastronomische Betriebe, Kunsthandwerker oder Künstler vermietet. Die Durchführung unterschiedlicher Veranstaltungen gehört ebenfalls zum Konzept einiger Gutshöfe und gewährt der Öffentlichkeit auf diese Weise Einblick in diese historischen Orte.

Getreideernte bei Großenbrode

Verarbeitendes Gewerbe und überregionale Verflechtungen

Im industriellen Sektor sind vor allem die Nahrungs- und Genussmittelindustrie, die elektrotechnische und elektronische Industrie sowie die Medizintechnik zu nennen. In den letzten Jahren haben sich außerdem die digitale Wirtschaft und der Sektor der erneuerbaren Energien, basierend auf Windkraft und Biogas-Technologie, rasant entwickelt. Seit 2012 ist der Kreis Ostholstein offiziell Teil der Metropolregion Hamburg. Zwischen Ostholstein und dem Hamburger Raum bestehen vielfältige Beziehungen, die zukünftig insbesondere in den Bereichen Tourismus, Verkehr und Wirtschaft weiterentwickelt werden sollen.

Viele Hoffnungen hinsichtlich der Stärkung Ostholsteins als Wirtschaftsstandort ruhen auch auf der festen Fehmarnbeltquerung (→ S. 112) und der damit entstehenden leistungsfähigen Verkehrsverbindung zwischen Hamburg und Kopenhagen. Entlang der Autobahn A1 konzentrieren sich mehrere Gewerbegebiete mit einem bunten Branchenmix, die bereits jetzt stark nachgefragt werden und eine Ansiedlung weiterer Unternehmen erwarten lassen.

Fischerei

Vor der größten Herausforderung ihrer Geschichte steht dagegen die Fischerei, einer der ältesten Erwerbszweige an der Ostsee. Traditionell werden in der hier vorherrschenden Küstenfischerei vor allem Dorsch, Hering und Plattfische wie Scholle, Flunder und Kliesche gefischt. Um die Erholung der Bestände zu sichern, legt die Europäische Union jährlich Fangquoten fest und limitiert damit die Fangmengen für bestimmte Fischarten. Die Fangquoten haben in Verbindung mit weiteren Vorschriften bereits viele Fischer in wirtschaftliche Schwierigkeiten gebracht und zum Aufgeben ihrer Betriebe gezwungen. Nachwuchs ist an-

Kutter im Niendorfer Hafen

gesichts der schwierigen Rahmenbedingungen schwer zu finden. Nach einem dramatischen Einbruch der Dorschbestände verschärft sich die Situation aktuell. Die EU reduzierte die Fangquote für 2022 gegenüber dem Vorjahr noch einmal drastisch. Der gezielte Dorschfang wurde damit de facto in der westlichen Ostsee verboten und ist nur noch als Beifang bei der Fischerei auf andere Fischarten erlaubt. Auch der Fang von Hering wurde stark eingeschränkt. Die Fangquoten für Scholle und Sprotte wurden zwar leicht angehoben, können die Verluste jedoch nicht kompensieren.

Während Umweltschützer das Verbot der gezielten Fischerei begrüßen, kämpfen die Fischereibetriebe um ihre Existenz. Die Gründe für den anhaltenden Rückgang der Fischbestände liegen zudem nicht ausschließlich in der Überfischung. Auch Faktoren wie die Meereserwärmung und der Nährstoffeintrag aus der Landwirtschaft, der wiederum zu Sauerstoffmangel führt, tragen zu einer Verschlechterung bei. Um von den stark schwankenden Marktpreisen unabhängig zu sein und angemessene Erlöse zu erzielen, setzen viele Fischer bei einem Teil ihres Fangs bereits seit Jahren auf die Direktvermarktung. Die Fischereigenossenschaften betreiben hierfür Verkaufsräume in Burgstaaken auf Fehmarn und in Heiligenhafen. Im Niendorfer Hafen organisieren die Fischer die Vermarktung eigenständig in kleinen Verkaufsbuden. An diesen drei Orten konzentriert sich auch die ostholsteinische Berufsfischerei.

Die meisten Betriebe verdienen ihr Geld inzwischen nicht mehr allein mit dem Fischfang. Hier sind gewisse Parallelen mit der Entwicklung in der Landwirtschaft erkennbar, die sich bereits seit langem diversifiziert hat. Angesichts der aktuellen Entwicklungen wird es weitere kreative Ideen brauchen, um den Berufsstand der Fischer zu sichern und das Bild der Fischkutter in den Häfen als Kulturgut zu bewahren.

Fischerei im Wandel
- Aus dem Alltag eines Berufsfischers

Der kleine Niendorfer Fischereihafen an der Inneren Lübecker Bucht ist ein beliebtes Ausflugsziel für Gäste und Einheimische. Doch regelmäßigen Besuchern fällt auf, dass die Zahl der Fischkutter im Hafenbecken gegenüber den hier liegenden Segelyachten in den letzten Jahren deutlich zurückgegangen ist. Lars Hauswald bestätigt diese Entwicklung. Er stammt aus einer Niendorfer Fischerfamilie und ist hier aufgewachsen. Auch er ist Fischer, begann 1992 die Ausbildung bei seinem Vater, absolvierte die Prüfung zum Fischereimeister und übernahm 2010 den väterlichen Betrieb.»Als ich anfing, waren in Niendorf dreizehn Berufsfischer tätig, 2015 waren es noch sieben Betriebe, heute bin ich einer der letzten. Außer mir gibt es nur noch einen weiteren Kollegen im Haupterwerb, dazu einige Nebenerwerbsfischer«, schildert Hauswald den Niedergang. Viele Betriebe mussten auf Grund der zunehmend schwierigen Bedingungen aufgeben oder fanden keinen Nachfolger.

Jährlich neue limitierende Fangquoten von der EU, steigende Betriebskosten, schließlich die eingebrochenen Dorschbestände treiben die Fischer um. Lars Hauswald stellt zunächst klar: »Als Fischer muss man flexibel sein. Geregelte Arbeitszeiten gibt es nicht, ebenso wenig wie Planungssicherheit, allein schon deshalb nicht, weil wir in und mit der Natur arbeiten und Natur nicht planbar ist. Beispielsweise halten sich die Fische nicht jedes Jahr am gleichen Ort auf. Auch die Fischbestände schwanken von Jahr zu Jahr. Erschwerend kommen die Fangquotenregelungen dazu, die natürlich grundsätzlich notwendig sind, auf die wir uns aber jedes Jahr neu ausrichten müssen.«

Hauswald besitzt zwei Kutter, 14 und 10 Meter lang, dazu ein kleines Fischerboot. Bis vor kurzem hat er vor allem Dorsch und Hering, aber auch Butt, Scholle, Meerforellen und sogar Makrelen gefangen. Für jede Fischart gibt es unterschiedliche Fangzeiten und Fangmethoden. Der Fischer setzt auf seinen Fahrten in der Lübecker Bucht und in Teilen der Mecklenburger Bucht Stellnetze und Schleppnetze ein. Die Ausbeute beziehungsweise die gesetzlich erlaubte Fangmenge war in letzter Zeit gerade auskömmlich. Doch nun hat die EU gerade den Dorsch- und Heringsfang massiv eingeschränkt und stellt die kleinen Berufsfischer wie Lars Hauswald vor ein ernsthaftes Problem. Zwar wurden finanzielle Hilfen angekündigt, wie Abwrackprämien für Kutter oder temporäre Stillegungsprämien, aber langfristig kann dies keine Lösung sein.

Fischer Hauswald hat Glück im Unglück, denn mit seinem kleinen Kutter profitiert er von einer Ausnahmeregelung: Fischkutter mit weniger als 12 Metern Länge dürfen auch weiterhin gezielt auf Heringsfang gehen, allerdings nur mit passivem Fanggerät wie Stellnetzen, um den Beständen Erholungschancen zu bieten. Die Netze werden frühmorgens wie ein großer Vorhang auf dem Meeresgrund positioniert. Am nächsten Morgen werden sie eingeholt und neu gesetzt. Ein weiterer Glücksfall ist es, dass Familie Hauswald seit einigen Jahren in einer der Verkaufsbuden im Hafen einen kleinen Fischimbiss betreibt. »Als wir damit anfingen, hatten wir nur an den Wochenenden und bei Hafenveranstaltungen geöffnet. Unsere Dorschfrikadellen und Kartoffelsalate kamen so gut an, dass wir das Angebot und die Öffnungszeiten erweitert haben«, sagt Lars Hauswald. In Anbetracht der aktuellen Entwicklungen in der Fischerei hat sich der Imbiss inzwischen vom zweiten zum ersten Standbein entwickelt. Mittlerweile reicht der eigene Fang schon nicht mehr aus, um den Bedarf zu decken. Daher hat sich der Fischer entschieden, ausschließlich zugekauften Dorsch aus der Nordsee und dem Nordatlantik zu verwenden. Der Fisch wird bereits auf dem Kutter tiefgekühlt und sofort weiterverkauft. So ist er quasi fangfrisch. Die Zubereitung der Speisen ist jedoch nach wie vor fest in Familienhand: Für die Fischfrikadellen ist der Vater von Lars Hauswald verantwortlich, für die Salate seine Frau. Auch beim Verkauf ist die Familie eingebunden, dazu kommen mehrere Voll- und Teilzeitkräfte. Lars Hauswald selbst kümmert sich verstärkt um die Logistik, was bedeutet, dass sein Mitarbeiter nun häufig ohne ihn mit dem kleinen Kutter zu den Fangplätzen fährt. Fast 95 Prozent des Fangs vermarktet Lars Hauswald direkt an einer weiteren Bude im Hafen. Früher hat er größere Mengen an die Fischereigenossenschaft in Travemünde zum Weiterverkauf geliefert. Heute ist dies angesichts der reduzierten Fangmengen nur noch zeitweise der Fall.

Die Zukunft der Fischerei in der westlichen Ostsee beurteilt Lars Hauswald pessimistisch. Um als Betrieb rentabel wirtschaften zu können, braucht es seiner Meinung dauerhaft mehrere Standbeine, von der Fischerei allein kann man nicht mehr leben. Doch als Karrieresprungbrett sieht er den Fischerberuf durchaus positiv: »Zusammen mit dem Kapitänspatent gibt es viele Möglichkeiten, zum Beispiel in der Seefahrt«.

»Heute bin ich einer der letzten«: Fischer Lars Hauswald in Niendorf

Kultur und Lebensart

Neben gemütlichen kleinen Städten mit oft jahrhundertealter Vergangenheit und teils mittelalterlicher Prägung ist es vor allem das ›gediegene Landleben‹, das Ostholstein auszeichnet. Viele Veranstaltungen finden, nicht selten unter freiem Himmel, auf alten Gutsanlagen oder an anderen historischen Orten statt und verknüpfen Tradition und Moderne. Die Ostholsteiner lieben zudem ihre Land- und Hofcafés, welche dörfliche Atmosphäre, Natur, Heimeligkeit und kulinarischen Genuss auf hohem Niveau miteinander verbinden.

Architektur

In den historischen Stadtkernen und in den Dörfern Ostholsteins dominiert, wie in Schleswig-Holstein allgemein, das typische Rot der Backsteinziegel. Unabhängig davon finden sich vielerorts Gebäudetypen und Baustile, die nicht nur unterschiedliche Epochen widerspiegeln, sondern auch eine mehr als 800-jährige kulturgeschichtliche Entwicklung nachzeichnen.

Sakralbauten in Ostholstein

Die ersten Bauwerke, die sich über mehrere Jahrhunderte bis in die heutige Zeit erhalten haben, sind die ortsbildprägenden romanischen Feldsteinkirchen, die ab Mitte des 12. Jahrhunderts entstanden. Das Baumaterial für diese Zeugnisse der beginnenden Christianisierung war mit den eiszeitlichen Gletschern in den norddeutschen Raum gelangt und somit zahlreich vorhanden. Schnell bildete sich ein Kirchenbautyp nach dem Vorbild in Bosau heraus, der nach dem Missionar der ostholsteinischen Slawen als ›Vicelinkirche‹ bezeichnet wird. Charakteristisch ist eine gestaffelte Anordnung der einzelnen Bauteile: Dem westlichen Rundturm folgt ein hohes, einschiffiges Langhaus mit Satteldach, danach ein niedrigeres, eingezogenes Chorquadrat, ebenfalls mit Satteldach, und schließlich eine halbrunde Apsis. Die mächtigen Mauern der Feldsteinkirchen, die nicht nur als Gotteshäuser, sondern auch als Zufluchtsorte dienten und feindlichen Angriffen standhalten mussten, wurden schichtweise im Gipsmörtelverfahren errichtet. Ihr Äußeres ist in der Regel schmucklos, auch der Innenraum beschränkt sich auf die liturgisch zentralen Bereiche. Einige dieser Kirchen wurden von Bischof Vicelin noch in seinen letzten Lebensjahren geplant und gegründet, wiesen wohl aber zunächst die Gestalt einfacher Taufkapellen auf. Untersuchungen kommen zu dem Ergebnis, dass ihre heutige Gestalt erst um 1200 entstanden sein kann. Beispiele von Vicelinkirchen sind außer in Bosau unter anderem in Neukirchen bei Malente, in Süsel und Ratekau zu sehen. Die Ratekauer Feldsteinkirche gilt als die am besten erhaltene dieses Typs in Ostholstein.

In der zweiten Hälfte des 12. Jahrhunderts entstanden außerdem die ersten Kirchen aus dem neuen Baustoff Backstein. Die älteste unter ihnen ist die St.-Johanniskirche in Oldenburg. Heinrich der Löwe trug entscheidend zur Einführung des Backsteinbaus in seinem neuen Herrschaftsgebiet bei. Als Leitbauten der Backsteinkirchen im norddeutschen Raum galten die romanischen Dome in Ratzeburg und Lübeck sowie die Stiftskirche in Bad Segeberg.

Ab dem ausgehenden 12. Jahrhundert kam mit der dreischiffigen Basilika in Altenkrempe zudem ein weiterer Kirchenbautyp hinzu, dem unter anderem die St.-Michaelis-Kirche in Eutin folgte. Mit der Etablierung der Backsteinbauweise hielt bald auch der gotische Baustil Einzug. Eines der ersten gotischen Bauprojekte in Ostholstein war ab 1245 die Klosterkirche in Cismar. Vielen ostholsteinischen Sakralbauten diente das an neuen Architekturstilen reiche Lübeck als Vorbild. Sofern die direkte Übernahme der Bauformen für die auf dem Land meist kleineren Gebäude nicht möglich war, entwickelte man abgewandelte, individuelle Lösungen. Im Laufe der Jahrhunderte fanden an vielen Kirchen Um- und Anbauten statt, als Folge von Zerstörungen oder veränderten Platzansprüchen. Da die Kirchen außerdem wichtige Prestigeobjekte waren, wurden sie nicht selten den architektonischen Weiterentwicklungen angepasst.

Backsteingotik

Die Hansestadt Lübeck gilt als Geburtsstätte der norddeutschen Backsteingotik, die ab Mitte des 13. Jahrhunderts errichtete Marienkirche als ihr Prototyp. Seitdem verbreitete sich dieser Architekturstil, der eigentlich aus der Not heraus entstanden war, vom gesamten südlichen Ostseeraum bis nach Flandern. Impulsgeber waren die imposanten gotischen Sandsteinkirchen Frankreichs. Die reichen Lübecker Kaufleute hatten diese Gotteshäuser auf ihren Reisen kennengelernt und strebten diesen Baustil auch für ihre Kirche in Lübeck an. Da Naturstein in der norddeutschen Ebene jedoch kaum vorhanden und in der benötigten Menge schwer zu beschaffen war, blieb nur, das Baumaterial selbst herzustellen. Beim Bau der romanischen Kirchen hatte sich der Backstein bereits etabliert, und so

Rote Backsteinhäuser sind typisch für Ostholstein

nutzte man ihn nun erstmals für den Bau einer Kirche im gotischen Stil. Die Tradition der Backsteinherstellung aus Lehm wurde aus Italien übernommen, wo dieser Baustoff bereits in der Antike bekannt war.

Die große Ausbreitung der Backsteingotik ist eng mit der Hanse verknüpft. Deren weitreichende Wirtschaftsbeziehungen brachten auch einen Austausch kultureller Entwicklungen mit sich. Viele Hansestädte wählten den neuen Architekturstil für ihre Hauptkirchen. Bald darauf entstanden ebenfalls Rathäuser, Stadttore sowie repräsentative Wohn- und Geschäftshäuser mit charakteristischen Treppengiebeln in gotischem Stil. Backstein wurde zum bevorzugten Baumaterial der aufstrebenden Städte und der Stil der Backsteingotik zum identitätsstiftenden Element der Hanse.

Gutsanlagen und Katen

Prägend für die ländlichen Gebiete Ostholsteins sind die Gutshöfe, die vor allem im nördlichen Bereich zahlreich vorhanden sind. Auf ganz Schleswig-Holstein bezogen ist Ostholstein die Region mit den meisten Gutsanlagen. Die Voraussetzung für die Entwicklung der Gutswirtschaft war der hochmittelalterliche Landesausbau ab dem 12. Jahrhundert. Die damit verbundene Etablierung der Ritterschaft führte im Laufe des 16. Jahrhunderts zur Herausbildung des ›adligen Gutes‹. Mittelpunkt dieser agrarischen Wirtschaftseinheiten war das repräsentative Wohnhaus der Gutsherren. Als Baumaterial für die Herrenhäuser wurde neben Findlingen für die Kellergeschosse zumeist Backstein verwendet. Importierter Kalk- oder Sandstein zierte häufig Fassaden und Giebel. Auch Fachwerk wurde vielfach verbaut, ist jedoch heute nur noch auf Gut Brodau bei Neustadt erhalten. An den beiden Längsseiten der meist rechteckigen Gutsanlage befanden sich die Scheunen und Ställe, häufig mit Dächern aus Reet. Den Abschluss des Rechteckes bildete das Torhaus gegenüber dem Herrenhaus. Hier waren Pferdeställe, Remise, Gutsverwaltung, aber auch Wohnräume für Bedienstete untergebracht. Im 18. Jahrhundert erfüllten die Torhäuser, von denen viele inzwischen unter Denkmalschutz stehen, zunehmend auch repräsentative Zwecke. Dies ist zum Beispiel auf Gut Hasselburg bei Neustadt eindrucksvoll zu sehen.

Zu den charakteristischen historischen Gebäuden vieler Dörfer gehören heute noch die Katen, ehemals meist Wohn- und Werkstätten von Handwerkern. Die Räucherkate zählt ebenfalls zu diesem Haustyp. Die meist reetgedeckten Fachwerkhäuser verfügen in der Regel über eine zentrale Diele sowie Wohn- und Wirtschaftsbereiche zu beiden Seiten.

Heimatschutzarchitektur

Anfang des 20. Jahrhunderts entstand als Gegenpol zur schnell voranschreitenden Industrialisierung und den damit verbundenen Übergriffen auf Mensch und Natur die sogenannte Heimatschutzbewegung. Diese deutschlandweite Initiative kritisierte die falschen Prunkelemente der Gründerzeitarchitektur, wie vorgeklebte Fassaden oder aufgesetzte Türme, und propagierte die Pflege örtlicher, handwerklich geprägter Bautraditionen. In Schleswig-Holstein etabliert sich 1907 eine Gruppe junger Architekten, die an die vorindustrielle Backsteinbauweise anknüpfte. Backstein und Fachwerk entwickelten sich zum Markenzeichen

44 Kultur und Lebensart

Holsteinische Räucherkate in Harmsdorf

dieses Architekturstils in Schleswig-Holstein, der für Bodenständigkeit und Regionalität steht. Bis in die 1930er Jahre entstanden auch im östlichen Holstein einige Bauten im Heimatschutzstil, vornehmlich im ländlichen Bereich. Bereits Ende der 1920er Jahre nutzten die Nationalsozialisten die Heimatschutzbewegung für ihre Ideologie, was jedoch zu keiner besonderen Ausprägung dieses Architekturstils führte.

Weitere bauliche Entwicklungen im 20. und 21. Jahrhundert

Nach dem Zweiten Weltkrieg löste der Flüchtlingsstrom aus dem Osten eine Flächenbebauung in großem Stil aus. Angesichts einer ›Explosion‹ der Einwohnerzahlen in vielen Orten hatte die Schaffung von Wohnraum oberste Priorität. In den 1950er Jahren entstanden daher ganze Quartiere mit kleinen Siedlungshäusern und funktionalen Wohnblocks. Häufig wurden die Straßen nach den Herkunftsgebieten der neuen Bewohner benannt.

Die Hoteltürme und Appartementanlagen, die ab Ende der 1960er Jahre in den Küstenorten emporwuchsen, demonstrieren wiederum unverkennbar die Forcierung des Massentourismus. Damals galten Hochhäuser, in Anlehnung an die futuristischen Wolkenkratzer in den USA, als zukunftsweisend und chic. Heute blickt man meist kritisch auf diese ›Bausünden‹ und bemüht sich stattdessen um architektonisch ansprechendere Konzepte zur weiteren Entwicklung des Tourismus. Sofern keine Baulücken vorhanden sind, weichen nicht selten sanierungsbedürftige Altbauten den modernen Hotels, Wohn- und Freizeitanlagen. Allerdings ruft diese Entwicklung an einigen Orten erneut Kritiker auf den Plan, die eine unzureichende Einbeziehung des Charakters der umliegenden Bebauung sowie der örtlichen Rahmenbedingungen bemängeln.

Berühmte Persönlichkeiten

Das östliche Holstein wird mit einer Reihe bekannter Persönlichkeiten aus Vergangenheit und Gegenwart in Verbindung gebracht. Einige wurden hier geboren, andere ließen sich in der Region nieder oder nutzen sie bei zeitweiligen Aufenthalten als Inspirationsquelle für ihr künstlerisches Schaffen. Vor allem kreative Geister aus Musik, Kunst und Literatur haben ihre Spuren hinterlassen und einen Beitrag zur überregionalen Bekanntheit einzelner Orte geleistet. Die folgende Übersicht, sortiert nach Orten beziehungsweise Teilregionen, stellt einige dieser Personen vor.

Eutin

Im Jahr 1808 kam der Maler und Poet **Johann Heinrich Wilhelm Tischbein** (1751–1829), der das weltbekannte Porträt ›Goethe in der Campagna di Roma‹ schuf, nach Eutin. Der auch als ›Goethe-Tischbein‹ bezeichnete Maler war von Herzog Peter Friedrich Ludwig von Oldenburg (1755–1829) zum Galeriedirektor und Hofmaler ernannt worden. Tischbein war ein vielseitiger Künstler. Er malte neben Porträts auch Tierbilder, fertigte Vasen und Skulpturen und widmete sich während seiner Eutiner Zeit einem neuen Kunststil, dem Verzieren von Ofen-Kacheln. Viele dieser ›Tischbeinöfen‹ sind im Eutiner Schloss zu sehen, unter anderem mit Motiven aus der klassischen Antike. Werke des Malers werden außerdem in einer Dauerausstellung des Ostholstein-Museums am Schlossplatz gezeigt. Tischbein lebte bis zu seinem Tod in Eutin, ab 1817 in einem großzügigen Haus mit Garten in der Stolbergstraße 8–10. Der Garten ist öffentlich zugänglich. Informationstafeln führen dort durch das Leben und Werk des Künstlers, dessen Grab sich auf dem Friedhof in der Plöner Straße befindet.

Eine der Hauptpersonen des literarischen Lebens zur Regierungszeit Herzog Peter Friedrich Ludwigs war **Johann Heinrich Voss** (1751–1826). Er kam 1782 nach Eutin, um seinen Dienst als Direktor der Lateinschule anzutreten. Während seines Aufenthaltes in der Stadt, der bis 1802 dauerte, hatte er seine wichtigste Schaffenszeit und übersetzte hier unter anderem Homers Epen ins Deutsche. Ein weiterer bekannter Lyriker, Dramatiker und Übersetzer antiker Schriften, der in Eutin wirkte, war **Friedrich Leopold Graf zu Stolberg** (1750–1819). Er wohnte in demselben Haus in der Stolbergstraße wie später der Maler Tischbein. Nach ihm ist auch die Straße, die vorher Pfaffenstraße hieß, benannt. Eutins bekanntester Sohn ist der Komponist **Carl Maria von Weber** (1786–1826). Er wurde als Sohn des Hofkapellmeisters Franz An-

Carl Maria von Weber in Eutin

ton von Weber in Eutin geboren und in der Schlosskirche getauft. Obwohl seine Eltern die Stadt schon wenige Monate später verließen, blieb der jung berühmt gewordene Komponist ihr eng verbunden. Die vielen Ehrenfeiern nach seinem Tod gipfelten in der Gründung der *Eutiner Festspiele* im Jahr 1951. Über lange Zeit war die deutsche Nationaloper›Der Freischütz‹, das wohl bekannteste Werk Carl Maria von Webers, fester Bestandteil der Festspiele. In seinem Geburtshaus in der Lübecker Straße Nummer 48 befindet sich heute ein Café. Im Weber-Hain zwischen der Charlottenstraße und der Carl-Maria-von-Weber-Straße erinnert eine Büste an den Komponisten. Ein äußerst ungewöhnliches Denkmal in Form eines überdimensionalen Kopfes ziert seit 2022 den Seepark. Per QR-Code lassen sich dort Informationen über den Komponisten und seine Verbindung zu Eutin abrufen. Die ›jüngsten‹ Prominenten, die diese Reihe fortsetzen und an dieser Stelle nicht unerwähnt bleiben sollen, sind der Schauspieler Axel Prahl und der Popstar Wincent Weiss. Beide sind gebürtige Eutiner.

Fehmarn

Der Maler und Grafiker **Ernst Ludwig Kirchner** (1880–1938) kam 1908 zur Sommerfrische auf die Insel Fehmarn, es folgten drei weitere Sommer von 1912–1914. Er schätzte vor allem die Abgeschiedenheit und Unberührtheit der Insel. Hier wurde er zu neuer Farb- und Formgebung inspiriert und malte bevorzugt Landschaften, Bauernhäuser sowie Strandansichten. Kirchner gilt als Wegbereiter der klassischen Moderne und ist einer der Hauptvertreter des deutschen Expressionismus. Er war Mitbegründer der Künstlergemeinschaft ›Brücke‹.

Sierksdorf

Der weltbekannte Maler, Grafiker und Plastiker **Karl Schmidt-Rottluff** (1884–1976) verbrachte von 1951–1973 die Sommermonate in Sierksdorf. Hier entstand ein wesentlicher Teil seines Spätwerkes. Schmidt-Rottluff gilt als Klassiker der Moderne und als einer der wichtigsten Vertreter des Expressionismus weltweit.

Der Maler Karl Schmidt-Rottluff verbrachte viele Sommer in Sierksdorf

Die realen Motive waren für ihn weniger Vorlage als vielmehr Inspiration für das Spiel mit Farben und Formen, die er verfremdete und vereinfachte. Als junger Architekturstudent gründete er 1905 in Dresden die Künstlergemeinschaft ›Brücke‹, der unter anderem Ernst Ludwig Kirchner, Erich Heckel, Emil Nolde und kurzzeitig auch Max Pechstein angehörten.

Während seiner Aufenthalte an der Ostsee wohnte Karl Schmidt-Rottluff im Haus seines Freundes **Günter Machemehl** (1911–1970) im Vogelsang, wo dieser ihm ein eigenes Atelier einrichtete. Machemehl, ebenfalls ein nicht unbedeutender expressionistischer Maler, der sich allerdings mehr der gegenständlichen Malerei widmete, war seit 1946 in Sierksdorf ansässig. Seine zentralen Motive waren die Natur und der Mensch. Zu Ehren Schmidt-Rottluffs wurde die Sierksdorfer Seehofallee, eines seiner vielen Motive, in Schmidt-Rottluff-Allee umbenannt. Hier weist neben einer Gedenktafel auch ein mit dem bekannten Allee-Motiv verzierter Stromkasten auf den Künstler hin. Im Haus des Gastes befindet sich eine ständige Dokumentation über sein Leben und Werk.

Bad Schwartau

Der Bildhauer und spätere Kunstprofessor **Paul Peterich** (1864–1937) ist der bekannteste in Bad Schwartau geborene Künstler. Als Sohn eines Drechslers erlernte er hier zunächst ebenfalls dieses Handwerk. Im Anschluss ermöglichte ihm ein herzogliches Stipendium das Studium an der Kunstgewerbeschule in Hamburg und an der Kunstakademie in Berlin. Er war weit über die Grenzen Bad Schwartaus bekannt. Eines seiner besten Werke, die Bronzeplastik ›Im Spiel der Wellen‹, schenkte er seiner Geburtsstadt anlässlich des 80. Geburtstags seines Vaters im Jahr der Stadtgründung 1912. Sie zierte bis 1943 den Marktbrunnen, bevor sie für Kriegszwecke eingeschmolzen wurde. Seit 1997 befindet sich eine Rekonstruktion des Brunnens auf dem Bad Schwartauer Marktplatz. Weitere bedeutende Arbeiten Peterichs sind die Büste Carl Maria von Webers im Weber-Hain in Eutin sowie das Bellmann-Chemnitz-Denkmal in Schleswig. 1937 starb er, international bekannt und mehrfach ausgezeichnet, in Rotterdam.

Lübeck

Bernt Notke (1435–1509) war der wohl bedeutendste Maler und Bildhauer des Ostseeraums in der Zeit des ausgehenden Mittelalters. Seit 1467 lebte er nachweislich in Lübeck. In den 1480er Jahren reiste er mehrmals nach Schweden und war seit 1491 für einige Jahre in Stockholm ansässig, wo er das Amt des schwedischen Münzmeisters ausübte. Ab 1498 ist er wieder in Lübeck nachweisbar, wo er auch starb. Seit 1505 war er als Werkmeister der Kirche St. Petri tätig. Notke schuf unter anderem das Triumphkreuz im Dom zu Lübeck und den Lübecker Totentanz für die Marienkirche, der im Original jedoch nicht erhalten ist.

Dieterich Buxtehude (1637–1707) gilt als bedeutendster Vertreter der norddeutschen Orgeltradition des Barock. Der weltbekannte Organist und Komponist, der vermutlich in Oldesloe oder Helsingborg geboren wurde, wirkte von 1668–1707 in der Lübecker Kirche St. Marien. Neben seiner Tätigkeit als Organist bekleidete er dort das Amt des Werkmeisters. 1668 heiratete er Anna M. Tunder, eine Tochter seines Vorgängers Franz Tunder. Die Ehe mit einer Tochter des beruflichen Vorgängers war zur damaligen Zeit Bedingung, um die Stelle des Organisten zu erhalten. Buxtehude hatte sieben Töchter, von denen ihn nur drei überlebten. Einige namhafter Musiker suchten den ›Meister der Orgel‹ in Lübeck auf, um von ihm zu lernen, darunter auch Johann Sebastian Bach, der den Weg dorthin zu Fuß zurücklegte.

Der Lyriker Franz Emanuel August Geibel, bekannt als **Emanuel Geibel** (1815–1884) wurde als siebtes von acht Kindern in der Lübecker Fischstraße geboren. Er besuchte das Katharineum zu Lübeck, das er als Klassenbester verließ, und veröffentlichte bereits als Schüler sein erstes Gedicht. Mit mehr als 3000 Kompositionen auf knapp 300 seiner Gedichte gehört er zu den am häufigsten vertonten deutschen Lyrikern. Zu den bekanntesten Liedern zählen ›Der Mai ist gekommen‹ und ›Wer recht in Freuden wandern will‹. 1835 ging Geibel zunächst zum Studium nach Bonn. Es folgten Aufenthalte in Berlin, Athen und München. 1852 heiratete er in Lübeck die fast 20 Jahre jüngere Amanda Trummer, die jedoch früh verstarb. Schließlich kehrte Geibel 1868 in seine Geburtsstadt zurück und wurde dort 1869 zum Ehrenbürger ernannt. Die Sommermonate 1873–1875 verbrachte er in Schwartau, wo er in der Natur wanderte. Das Grab Emanuel Geibels befindet sich auf dem Lübecker Burgtorfriedhof. Auf dem Geibelplatz nahe dem Koberg erinnert ein Denkmal an den Lyriker.

Lübeck ist bis heute eng mit Heinrich und Thomas Mann verbunden, obwohl die beiden Brüder, die einer angesehenen Lübecker Kaufmannsfamilie entstammten, ihrer Geburtsstadt schon früh den Rücken kehrten. **Heinrich Mann** (1871–1950) lebte zunächst in München und war einer der einflussreichsten Autoren der 1920er Jahre. Er kritisierte in seinen Werken die bürgerliche Doppelmoral sowie die autoritären Strukturen des Deutschen Kaiserreichs. Die bekanntesten Beispiele sind der Lübeck-Roman ›Professor Unrat‹, der 1930 unter dem Titel ›Der blaue Engel‹ verfilmt wurde, sowie ›Der Untertan‹, der kurz nach dem Ersten Weltkrieg erschien. Als früher Gegner des Nationalsozialismus emigrierte er 1933 zunächst nach Frankreich, danach in die USA und wandte sich politisch immer mehr dem Sozialismus zu. In den USA stieß diese Gesinnung zur Zeit des Kalten Krieges auf wenig Sympathie und verhinderte letztlich auch weitere literarische Erfolge. **Thomas Mann** (1875–1955) erlangte mit seinem Roman ›Buddenbrooks‹, der den Verfall einer Lübecker Kaufmannsfamilie schildert, Anfang des 20. Jahrhunderts weltweiten Ruhm. In seiner Geburtsstadt brachte ihm das Werk allerdings den Ruf des Nestbeschmutzers ein. Grund hierfür

Emanuel-Geibel-Gedenkstein in Lübeck

war, dass er reale Persönlichkeiten der Lübecker Gesellschaft in Gestalt einiger Romanfiguren schonungslos vorführte. Mehrere Charaktere entstammten sogar der eigenen Familiengeschichte. Es ist gut nachvollziehbar, dass die meisten Personen, die sich in der ironischen Darstellung wiedererkannten, nicht begeistert waren. Als Vorlage der Romanhandlung diente das Haus der Großeltern von Thomas und Heinrich Mann in der Mengstraße. Heute ist das ›Buddenbrookhaus‹ eines der beliebtesten Museen der Stadt und beherbergt das Heinrich-und-Thomas-Mann-Zentrum. Thomas Mann erhielt 1929 den Nobelpreis für Literatur. Auch er emigrierte 1933, erst in die Schweiz und später in die USA. 1955 wurde er zum Ehrenbürger der Stadt Lübeck ernannt. Heinrich und Thomas Mann nahmen in ihrem literarischen Schaffen immer wieder Bezug auf ihre Geburtsstadt Lübeck.

Willy Brandt (1913–1992) kam im Lübecker Arbeiterviertel St. Lorenz zur Welt, wo er auch aufwuchs. Sein bürgerlicher Name war Herbert Ernst Karl Frahm. Gefördert durch den Lübecker Intellektuellen und SPD-Repräsentanten **Julius Leber** (1891–1945), der auch Chefredakteur des ›Lübecker Volksboten‹ war, arbeitete Frahm schon früh als Journalist. Mit 16 Jahren trat er in die SPD ein. 1933 floh er ins Exil, erst nach Dänemark, dann nach Norwegen und Schweden. 1938 entzogen ihm die Nationalsozialisten die deutsche Staatsbürgerschaft. Das Pseudonym Willy Brandt legte er sich im norwegischen Exil zu, wo er als Korrespondent für skandinavische Zeitungen arbeitete. Nach Kriegsende kehrte Willy Brandt nach Deutschland zurück, wo er weiterhin als Journalist arbeitete. Es folgten die Wiedereinbürgerung und die offizielle Namensänderung. 1949 wählten ihn die West-Berliner in den Bundestag. Kurzzeitig hatte Brandt erwogen, in Lübeck Bürgermeister zu werden, stattdessen wurde er 1957 Regierender Bürgermeister von Berlin, später Außenminister und 1969 schließlich vierter Kanzler der Bundesrepublik. 1971 erhielt er den Friedensnobelpreis. Auf der Lübecker Altstadtinsel gewährt heute das Willy-Brandt-Haus Einblicke in sein bewegtes Leben und in die jüngere deutsche Geschichte.

Herzogtum Lauenburg

Otto von Bismarck (1815–1898), Gründer des Ersten Deutschen Reiches und dessen Kanzler, bekam 1858 eine besondere Bedeutung für die schleswig-holsteinische Geschichte. Als preußischer Gesandter beim Deutschen Bund unterstütze er mit Erfolg die damals vom Herzogtum Lauenburg eingereichte Beschwerde gegen die dänische Gesamtverfassung. Nach der Gründung des Deutschen Reiches in den Fürstenstand erhoben, schenkte ihm der Kaiser außerdem den Sachsenwald als Dank für seine Verdienste. Von dort aus führte er zunächst zeitweise die Regierungsgeschäfte und siedelte nach seiner Entlassung 1890 ganz nach Friedrichsruh über, wo er auch starb und seine letzte Ruhe fand. Die Familie von Bismarck ist noch heute in Friedrichsruh ansässig. Bismarck wurde bereits zu Lebzeiten, vor allem aber in den Jahrzehnten nach seinem Tod hoch verehrt. Man setzte ihm vielerorts Denkmäler in Form von Türmen und Säulen, so auch in Groß Parin bei Bad Schwartau und in Aumühle im Sachsenwald.

Einer der bedeutendsten Künstler des deutschen Expressionismus, der in Wedel geborene Bildhauer, Zeichner und Schriftsteller **Ernst (Heinrich) Barlach** (1870–1938), lebte von 1876–1884 in Ratzeburg. Das Familiendomizil neben

Kultur und Lebensart

Skulptur ›Mädchen am Südstrand‹ in Burgtiefe auf Fehmarn

der Stadtkirche St. Petri nannte er liebevoll das ›alte Vaterhaus‹. Dort ist heute das Barlach-Museum untergebracht. Von 1885–1891 besuchte Barlach die Kunstgewerbeschule in Hamburg und studierte bis 1895 an der Kunstakademie in Dresden. Er beschäftigte sich zeitlebens mit Fragen des modernen Humanismus. Das zügellose Streben nach Fortschritt, Wohlstand, Konsum und Expansion betrachtete er mit Argwohn. Seine Vision war die einer friedlichen Welt unter Berücksichtigung der Gesetze der Natur und der Würde des Menschen. Barlachs Skulpturen, von denen zahlreiche im norddeutschen Raum zu sehen sind, spiegeln vor allem die Facetten menschlicher Emotionen wider. Als Reaktion auf den Ersten Weltkrieg thematisierte er auch Not, Elend, Verzweiflung und Trauer in seiner Kunst. Als Schriftsteller verfasste Barlach eine Reihe von Dramen, die jedoch eine untergeordnete Rolle in seinem Gesamtwerk spielen. Während der Zeit des Nationalsozialismus zählte der Kriegsgegner und Querdenker zu den ›entarteten Künstlern‹, erhielt keine Aufträge mehr und wurde mit einem Ausstellungsverbot belegt. Der in Rostock verstorbene Künstler ist auf dem Ratzeburger Vorstadtfriedhof in der Seedorfer Straße beigesetzt.

Der satirische Graphiker Andreas Paul Weber (1893–1980), bekannt als **A. Paul Weber**, wurde in Arnstadt geboren und lebte viele Jahrzehnte in der Nähe von Mölln, wo er auch starb. Nach seiner Teilnahme als Soldat am Ersten Weltkrieg schuf der Autodidakt vor allem kritische Arbeiten, in denen er Missstände in Gesellschaft und Politik anprangerte. 1928 schloss er sich einem Widerstandskreis an, der sich auch gegen die Nationalsozialisten richtete. 1937 wurde Weber auf Grund seiner regimekritischen Zeichnungen inhaftiert. Ab den 1950er Jahren bildete vor allem die Zerstörung der Umwelt einen Schwerpunkt seiner warnenden Werke. Auch Tierzeichnungen für Buchillustrationen gehören zu seinem Werk. Anlässlich des 80. Geburtstages des Künstlers wurde 1973 in Ratzeburg das A. Paul Weber-Museum eröffnet, in dem viele seiner Lithographien, aber auch Handzeichnungen, Holzschnitte und Ölgemälde zu sehen sind.

Karlheinz Goedtke (1915–1995) wurde in Kattowitz (Katowice) geboren und kam nach dem Zweiten Weltkrieg, den er verwundet überlebte, zunächst nach Ratzeburg. Vor dem Krieg hatte er in Stettin die Werkkunstschule besucht und gleichzeitig das Handwerk des Steinbildhauers gelernt. Bekannt wurde er durch den Eulenspiegel-Brunnen in Mölln, der sein erster offizieller Auftrag war. Die Figur ›Der Rufer‹ in Lauenburg ist ebenfalls ein Werk Goedtkes. Im Jahr 1951 ließ er sich in Mölln nieder, wo er auch verstarb. Seine zeitlosen Skulpturen sind in ganz Schleswig-Holstein zu finden, in Ostholstein zum Beispiel in Burgtiefe auf Fehmarn (›Mädchen am Südstrand‹) und Eutin (›Der Dumm Hans‹, ›Die Schauende‹, ›Die Lesende‹).

Den Schriftsteller und Zeichner **Günter Grass** (1927–2015), geboren in Danzig, zog es nach vielen Jahren in Berlin 1987 in das idyllische Behlendorf in der Nähe des Elbe-Lübeck-Kanals. Dort verbrachte er mit seiner Frau Ute die letzten Lebensjahrzehnte, während er im nahen Lübeck sein Büro unterhielt. Sein Grab befindet sich auf dem Behlendorfer Friedhof. Seit dem Frühjahr 2021 ruht seine Frau neben ihm. Eine mannshohe Hand, die einen Butt umklammert, Reminiszenz an den gleichnamigen Roman des berühmten Dorfbewohners, steht in der Nähe des Feuerwehrhauses. Die Ausstellung des Günter Grass-Hauses in der Lübecker Altstadt zeigt einige seiner Arbeiten und führt durch das Leben des Literaturnobelpreisträgers von 1999. Das Grass-Haus hat außerdem die App ›Tour de Grass‹ entwickelt. Die 46 Kilometer lange Route von Lübeck nach Mölln umfasst 24 Stationen mit Bezug zu Grass und seinem vielfältigen Werk.

Die plattdeutsche Sprache

Viele Ostholsteiner verstehen es, doch immer weniger nutzen es noch als Alltagssprache: Plattdeutsch, offiziell ›Niederdeutsch‹, oder kurz ›Platt‹ genannt. Dabei hatte das Niederdeutsche einst internationale Bedeutung. Im Mittelalter war es nicht nur Rechts- und Amtssprache im norddeutschen Raum, sondern auch Verkehrssprache der Hanse (→ S. 212). Die Kaufleute verwendeten es von Brügge bis Novgorod zur Verständigung. Allerdings klang es damals noch deutlich anders als das heutige Plattdeutsch. Denn sprachgeschichtlich handelte es sich um das sogenannte Mittelniederdeutsch.

Nach dem Niedergang der Hanse verlor auch die niederdeutsche Sprache an Bedeutung als Hochsprache und wurde allmählich durch das Hochdeutsche verdrängt. Lediglich als Volkssprache hielt sie sich bis heute und wandelte sich im Laufe der Zeit zum ›Neuniederdeutschen‹, zum heutigen ›Platt‹. Übrigens ist Plattdeutsch kein Dialekt, sondern gehört wie Englisch und Friesisch zu den westger-

Plattdeutscher Straßenname

manischen Sprachen. Noch in den 1960er Jahren, nach einem weiteren Rückgang als Umgangssprache, insbesondere in den Städten, wurde Plattdeutsch in Teilen der Gesellschaft abschätzig als ›Sprache der einfachen Leute‹ betrachtet. Viele Eltern sprachen bewusst Hochdeutsch mit ihren Kindern. Erst ab Ende des 20. Jahrhunderts erlebte die plattdeutsche Sprache in Schleswig-Holstein eine spürbare Renaissance und hat als Kultursprache neben dem Hochdeutschen mittlerweile einen festen Platz. Im Jahr 1999 wurde Plattdeutsch sogar in die Europäische Charta der Regional- und Minderheitensprachen aufgenommen.

Heutzutage wird die plattdeutsche Sprache vor allem in Theatergruppen, Vereinen, Medien sowie in Kindergärten und Schulen gepflegt. Einige Volkshochschulen bieten sogar Sprachkurse an. Außerdem gibt es ein umfangreiches historisches wie auch modernes plattdeutsches Liedgut und nicht wenige Musikgruppen, die sich der Sprache verbunden fühlen. Wer sich auf Spurensuche begibt, wird dem Plattdeutschen an vielen Stellen Ostholsteins, wie auch des übrigen Schleswig-Holsteins, auf unterschiedliche Weise begegnen: als historische Inschrift, als Bezeichnung für Straßen und Gastronomiebetriebe, manchmal als modernes Marketinginstrument oder auch ganz authentisch im (touristischen) Alltag. Dies zeigt, dass Plattdeutsch nach wie vor ein fester, wenn auch kein dominierender Bestandteil der schleswig-holsteinischen Identität ist und zumindest als Kultursprache eine wichtige Rolle spielt.

Übrigens: In Schleswig-Holstein wird gern das Wort ›Moin‹ als Begrüßung verwendet. Es leitet sich ebenfalls aus dem Niederdeutschen ab, nämlich von ›moi‹, was ›gut‹ oder ›schön‹ bedeutet. Dieser Gruß ist folglich zu jeder Tageszeit angebracht und nicht etwa, wie viele glauben, nur am Morgen.

Feste, Festivals und Märkte

Stadtfeste, Musik- und Kulturfestivals, Konzerte bekannter Stars, Kunsthandwerkermärkte, Sportwettkämpfe und, und, und… Das Veranstaltungsspektrum im östlichen Holstein ist vielfältig. Viele Ereignisse sind überregional bekannt, einige genießen sogar internationalen Ruf.

Ein Konzert während der JazzBaltica in Timmendorfer Strand

Feste, Festivals und Märkte 53

Sandskulpturenausstellung in Travemünde

Musik, Theater, Kunst und Film

Das **Schleswig-Holstein Musik Festival (SHMF)** bietet alljährlich im Juli und August Musikerlebnisse an außergewöhnlichen Orten. Die Darbietungen, die neben dem Schwerpunkt Klassik auch andere Genres bedienen, finden in festlichem Rahmen in Schlössern, Herrenhäusern, Scheunen, Ställen, Kirchen oder auch Industriehallen statt. Die Spielorte liegen in Schleswig-Holstein, Hamburg sowie in Teilen von Dänemark und Niedersachsen. Einer der Publikumsmagneten sind die Musikfeste auf dem Lande, die auf altehrwürdigen Gutshöfen stattfinden und sich gut mit einem Picknick auf dem Gelände der Hofanlagen verbinden lassen.

Die **Eutiner Festspiele** wurden 1951 zu Ehren des 1786 in Eutin geborenen Komponisten Carl Maria von Weber gegründet. Anlass war dessen 125. Todestag. Kurz darauf war die Nationaloper ›Der Freischütz‹ zum Inbegriff der Festspiele geworden. Heute stehen auf der Freilichtbühne im Schlossgarten, direkt am Ufer des Großen Eutiner Sees, von Juni bis August Opern, Operetten und Musicals auf dem Programm. Der Publikumsbereich umfasst knapp 2000 Sitzplätze. Auf Grund der Kombination aus musikalischer Qualität und dem besonderen Veranstaltungsort zählen die Festspiele zu den bekanntesten und schönsten Kulturveranstaltungen in Schleswig-Holstein.

Vor allem für Jazz-Liebhaber ist die **JazzBaltica** in Timmendorfer Strand ein Muss. Jeweils am letzten Juni-Wochenende treffen an verschiedenen Spielorten Jazz-Größen aus aller Welt auf junge Talente der baltischen und regionalen Musikszene. Das Programm des ungezwungenen und familiären Festivals bietet eine bunte Mischung. Viele Konzerte sind kostenlos und finden unter freiem Himmel statt, einige sogar direkt am Strand. Künstlerischer Leiter ist der bekannte schwedische Posaunist Nils Landgren, der auch auf der Bühne zu erleben ist. Fans ›populärer‹ Musik kommen Anfang September auf ihre Kosten. Dann findet die dreitägige Konzertreihe Konzertreihe **Stars am Strand in Timmendorfer Strand** statt.

Einen Monat voller Musik, Literatur, Theater und bildender Kunst in rund 90 Veranstaltungen bietet der **Kultursommer am Kanal** im Herzogtum Lauenburg. Ein Höhepunkt ist das Kanu-Wander-Theater, bei dem Profis und Amateure Szenen eines bekannten Theaterstückes an verschiedenen Stationen entlang des Schaalseekanals aufführen. Die Zuschauer erleben die Aufführung vom Kanu aus und paddeln von Station zu Station.

Künstler aus mehreren europäischen Ländern treffen sich jedes Jahr zur **Sandskulpturen-Ausstellung** in Travemünde. Mit viel Liebe zum Detail erschaffen sie vor Ort unter einem bestimmten Motto Wunderwerke aus dem feinkörnigen Naturmaterial. Von Ende Mai bis Ende Oktober ist die mehr als 2500 Quadratmeter große Ausstellung für Besucher geöffnet.

Die **Nordischen Filmtage Lübeck** haben sich auf die Präsentation von Filmen aus Skandinavien und dem Baltikum spezialisiert, übrigens als einziges Festival auf dem europäischen Kontinent. An fünf Tagen Anfang November werden neue Spiel-, Dokumentar- und Kurzfilme gezeigt. Die Filmtage haben seit Jahren eine treue Fangemeinde und sind ein wichtiger Treffpunkt der nordischen Filmbranche. Was man jedoch wissen sollte: Die Filme sind nicht synchronisiert und laufen zum Teil mit englischen Untertiteln.

Sport

Die **Travemünder Woche** ist nach der Kieler Woche die zweitgrößte Segelveranstaltung der Welt. Die Symbiose aus Segelsport und Festival mit Partymeile, Beachclubs und Live-Bands zieht alljährlich Ende Juli mehrere Tausend Segler und etliche Feierlustige an die Travemündung. Das Segelprogramm bietet sportliche Höhepunkte in zahlreichen Leistungs- und Bootsklassen, darunter auch Welt- und Europameisterschaften. Jedes Ende August finden die **deutschen Beach-Volleyball-Meisterschaften** in Timmendorfer Strand statt. Hierfür wird eine Arena am Strand mit mehreren Tausend Sitzplätzen aufgebaut.

Märkte und Messen

Ob Kunsthandwerker- oder Trödelmarkt, Gartenmesse oder Weihnachtsmarkt, das Angebot ist bunt. Die bei Einheimischen und Gästen beliebten Märkte finden das ganze Jahr über statt, häufig an besonderen Orten wie Gutshöfen, dem Kloster Cismar, dem Niendorfer Hafen oder dem Lübecker Marktplatz. Gutsbetriebe, die für diese Events ihre Tore öffnen, sind zum Beispiel das Gut Sierhagen (→ S. 172) sowie die Güter Stockseehof, Pronstorf und Traventhal nahe Bad Segeberg. Zahlreiche Aussteller bieten Schönes und Nützliches an, wie Antiquitäten, Kleidung, Schmuck, Töpferwaren, hochwertige Dekoration für Haus und Garten, Seifen, Spielzeug und vieles mehr. Gut besucht sind auch die Kunst- und Kulturtage in Cismar im Juni, bei denen ortsansässige Künstler ihre Ateliers und Werkstätten öffnen. Das Klosterfest im August bietet neben einem mittelalterlichen Markt auch Kunsthandwerk und Live-Musik.

In der Adventszeit zieht es Einheimische und Gäste in die Hansestadt Lübeck, die sich mit mehreren Weihnachtsmärkten als ›Weihnachtsstadt des Nordens‹ präsentiert. Besonders sehenswert ist der Kunsthandwerkermarkt im Heiligen-Geist-Hospital. Wer es maritim mag, besucht ›Fischers Wiehnacht‹ im Niendorfer Hafen.

Feste, Festivals und Märkte 55

Der kleine Markt mit Kunsthandwerk sowie süßen und herzhaften Leckereien findet jeweils an einem Wochenende Anfang Dezember statt. Der Weihnachtsmann landet per Boot im Hafen an, mit einer Ladung kleiner Geschenke für die Kinder.

Sonstige Veranstaltungen

Gartenfreunde treffen sich am dritten Juniwochenende zur Aktion **Offener Garten**. Unter dem Motto ›Geteilte Freude am gemeinsamen Hobby‹ öffnen Privatpersonen und Gartenbetriebe im gesamten Bundesland ihre grünen Oasen für Gleichgesinnte. Die Aktion bietet reichlich Gelegenheit für Fachsimpelei und neue Inspirationen. Einige Mitwirkende verkaufen zu diesem Anlass auch Kaffee, Kuchen und Produkte aus dem eigenen Garten.

Das **Midsummer Bulli Festival** zaubert alljährlich Ende Juni unbeschwertes Lebensgefühl an den Südstrand von Fehmarn. Eine endlose Karawane herausgeputzter Bullis rollt dann über die Fehmarnsundbrücke. Naturverbundene, Badenixen, Autoschrauber und Partyhungrige leben ein Wochenende lang das Gefühl von motorisierter Freiheit. Das bunte Rahmenprogramm mit Live-Bands, Disco, Vorträgen, Kinderprogramm und Midsommer-Bräuchen steht jedem offen.

Von Ende Juni bis Anfang September finden in Bad Segeberg vor der einzigartigen Kulisse des Kalkbergs die **Karl-May-Spiele statt**. Jedes Jahr steht ein anderes Stück des Bestsellerautors mit Winnetou und Old Shatterhand auf dem Programm. Die Hauptrollen werden von bekannten Schauspielern besetzt. Die Statisten kommen aus der Region. Nicht nur Kinder sind begeistert von den Vorstellungen mit echten Pferden, Schießereien und Explosionen.

Das 20-minütige Feuerwerk **Ostsee in Flammen,** das von der Grömitzer Seebrücke gezündet wird, bildet am letzten Freitag im August Höhepunkt und Abschluss der Hauptsaison. Das Spektakel wird begleitet von passender Musikuntermalung. Die Kurpromenade verwandelt sich bereits am Nachmittag in eine Festmeile mit Kleinkunstvorführungen, Musikdarbietungen und Verkaufsständen.

Stets gut besucht: die Karl-May-Spiele in Bad Segeberg

Essen und Trinken

Wie die schleswig-holsteinische Küche generell, ist auch die Küche Ostholsteins geprägt durch deftige, bodenständige Kost, gespickt mit unterschiedlichen Raffinessen.

Deftige und süße Speisen

Typisch für das nördlichste Bundesland ist die Kombination herzhafter und süßer Zutaten. Bedingt durch die harte Arbeit auf dem Feld oder auf See entstanden nahrhafte Gerichte, für die Produkte verwendet wurden, die regional und saisonal zur Verfügung standen. Früher war der Wohlstand in der Bevölkerung zudem längst nicht so ausgeprägt wie heute. In den Dörfern wurde noch Hausschlachtung betrieben, und beim Schlachten wurde alles verwertet, was sich als Nahrungsmittel oder für den Hausgebrauch verwenden ließ. Aus dieser Zeit stammen Gerichte mit wenig verlockenden Namen: ›Snuten un Poten‹ (›Schnauzen und Pfoten‹), eine Suppe, für die Fleischabfälle verwendet wurden, sowie ›Schwarzsauer‹, eine Suppe aus Schweineblut, angereichert mit Fleischstücken. Beide Gerichte galten als absolute ›Arme-Leute-Essen‹, insbesondere ›Schwarzsauer‹ fand aber auch mit steigendem Lebensstandard noch treue Anhänger. Mittlerweile sind diese Gerichte allerdings weitgehend aus dem Speiseplan verschwunden. Auch die zahlreichen Flüchtlingsfamilien aus Schlesien, Ostpreußen und Pommern, die nach dem Zweiten Weltkrieg in Schleswig-Holstein eine neue Heimat fanden, haben die regionale Küche beeinflusst.

Auf Grund der weit verbreiteten Rinder- und Schweinehaltung sowie der Küstenlage und der zahlreichen Binnenseen spielen Rezepte mit Fleisch und Fisch traditionell eine große Rolle. Neben Rinder- und Schweinefleisch haben auch Wild und Geflügel ihren festen Platz auf norddeutschen Tellern. Bekannte regionale Spezialitäten, die sich auf den Speisekarten der Restaurants finden, sind unter anderem **Sauerfleisch**, **Brathering in Sauer** oder **Matjesfilets Hausfrauenart**. Zu diesen und vielen weiteren Gerichten werden Bratkartoffeln serviert, idealerweise mit Speckwürfeln und Zwiebeln.

Weiterhin typisch für die Holsteiner Küche sind würzige Suppen und Eintöpfe, wie Kartoffelsuppe, Steckrübeneintopf, Rübenmus oder auch Birnen, Bohnen und Speck. Eine Besonderheit, die auch von vielen Kindern geschätzt wird, ist die fruchtige **Fliederbeersuppe** (auch Holunderbeersuppe) mit Apfelstücken und Grießklößen. Sie wird aus dem Saft der Beeren des schwarzen Holunders zubereitet, der in den zahlreichen Knicks wächst. Blüten und Früchte dieses Wildstrauchs können außerdem zu Sirup, Likör und Gelee verarbeitet werden.

Fischbrötchen, der Klassiker im Norden

Ein einfacher und kalt servierter Klassiker, der in vielen Landgasthöfen das ganze Jahr über auf der Karte steht, ist das Holsteiner Schinkenbrot, mit einer Gewürzgurke als Garnitur. **Holsteiner Katenschinken** ist eine der bekanntesten Schleswig-Holsteiner Spezialitäten. Er wird meist über Buchenholz geräuchert, was ihm einen milden Geschmack verleiht. Der Begriff ›Katenschinken‹ bezieht sich auf die reetgedeckten Katen, in denen die Schinken traditionell geräuchert wurden. Das Reetdach ist für das Räucherverfahren wegen seiner Luftdurchlässigkeit besonders gut geeignet. In Ostholstein gibt es nur noch wenige Katen, in denen nach alter Tradition geräuchert wird, unter anderem in Timmdorf bei Malente und in Harmsdorf bei Lensahn.

Zu den meist verzehrten Fischarten gehören vor allem typische Ostseefische wie Scholle, Butt, Dorsch und Hering. Insbesondere für den Hering gibt es unterschiedliche Verarbeitungs- beziehungsweise Zubereitungsvarianten: geräuchert, gebraten oder auch sauer eingelegt. In den klaren, sauerstoffreichen Seen des Herzogtums Lauenburg ist zudem die seltene lachsartige Maräne verbreitet. Diese regionale Delikatesse wird in den Restaurants um den Schaalsee und den Ratzeburger See serviert, meist in Butter gebraten, aber auch geräuchert oder sauer eingelegt. Auch im Großen Plöner See kommt die Maräne vor und findet sich in einigen Betrieben auf der Speisekarte.

Weniger in der heimischen Küche als vielmehr an den Strandpromenaden und in den Häfen an der gesamten Küste hat sich das **Fischbrötchen** etabliert. Einfach und pragmatisch mit Fisch nach individuellem Geschmack belegt, ist das Sandwich die ideale Mahlzeit ›für zwischendurch‹. Nicht fehlen dürfen reichlich Zwiebeln und ein Salatblatt als Garnitur. Die Klassiker sind Bismarck- und Matjesbrötchen. Je nach Kreativität der Verkäufer haben sich die Fischbrötchen an einigen Buden mittlerweile zu kleinen Gourmethappen entwickelt, mit variantenreichen und teils exotischen Zutaten. Einige Fischer betreiben eigene Verkaufsbuden und nutzen für die Zubereitung zum Teil ihren eigenen Fang. Der Bismarck-Hering ist übrigens tatsächlich nach dem Reichskanzler Fürst Otto von Bismarck benannt. Nachdem Bismarck den säuerlich eingelegten Hering eines Stralsunder Fischkonservenfabrikanten probiert und für gut befunden hatte, holte dieser die Erlaubnis des Reichskanzlers ein, dessen Namen für das Rezept verwenden zu dürfen. Einmal im Jahr wird das Fischbrötchen im Rahmen des ›Weltfischbrötchentages‹ entlang der gesamten schleswig-holsteinischen Ostseeküste mit vielen Aktionen rund um den ›maritimen Burger‹ gefeiert. Außerdem präsentieren mehrere regionale Gastronomen jährlich kurz vor Osten ihr ›Ostseegericht‹, ein Fischgericht nach eigener Inspiration. Das Ostseegericht wird den Gästen anschließend während der gesamten Saison im jeweiligen Restaurant serviert.

Besondere saisonale Spezialitäten, die aus den Erntezeiten in der Landwirtschaft resultieren, sind **Spargel mit Katenschinken** im Frühjahr, **Birnen, Bohnen und Speck** im Spätsommer und **Rübenmus** im Herbst. Nach dem ersten Frost steht **Grünkohl** auf dem Speiseplan, traditionell mit Kohlwurst, Schweinebacke und Kassler. Der Grünkohl wird mit Zucker abgeschmeckt. Als Beilage gibt es Kartoffeln, wahlweise als Bratkartoffeln oder karamellisiert. Längst baut man aber nicht mehr ausschließlich auf Tradition. Viele Restaurants werben mit ›gehobener Landhausküche‹. Dahinter verbergen sich häufig Gerichte auf traditioneller Basis, jedoch kreativ interpretiert. Auch halten zunehmend neue Trends Einzug in die Holsteiner Küche, wie Gerichte mit Fleisch von Galloway-Rindern, die in mehreren Gegenden Ostholsteins gezüchtet werden. Selbstverständlich ist auch die vegetarische und vegane Küche vielerorts präsent. Einige Restaurants haben sich auf die sogenannte ›Cross over-Küche‹ spezialisiert, die Kombination von heimischen mit internationalen Einflüssen.

Ein in Schleswig-Holstein beliebtes Dessert ist **Rote Grütze**. Hierfür werden unterschiedliche Gartenfrüchte verwendet, meist süße Beeren. Klassisch wird die Rote Grütze mit flüssiger Sahne übergossen, als Variante auch mit geschlagener Sahne oder Vanillesauce. Eine weitere süße Leckerei, die von der Insel Fehmarn stammt und auch nur dort zu bekommen ist, sind die sogenannten Kröpel, in Fett gebackene und in Zucker gewendete Hefeteigbällchen. Traditionell wurden sie während der Erntezeit an die Helfer auf den Feldern zur Stärkung ausgegeben. Heute kann man sie ganzjährig in vielen Cafés probieren. Ebenfalls eine lange Tradition hat die Fehmarnsche Kaffeetafel, auf der neben mehreren Torten auch ein Butterkuchen nicht fehlen darf.

Getränke

In Ostholstein gibt es mehrere kleine Brauereien, die ihre Biersorten in der eigenen Gastronomie ausschenken und zum Teil auch in regionalen Supermärkten verkaufen. Das Bier dieser Betriebe kann man unter anderem im Neustädter und Niendorfer Hafen, in Eutin sowie auf Fehmarn frisch gezapft genießen. Darüber hinaus versuchen sich einige Nebenerwerbswinzer recht erfolgreich im Weinanbau. Die ersten Rebstöcke in Schleswig-Holstein wurden 2009 auf dem Ingenhof in Malkwitz bei Malente gepflanzt. Seitdem sind weitere Weinberge hinzugekommen, unter anderem an der Grebiner Mühle. Bevorzugt wird die widerstandsfähige Rebsorte Solaris, die mit weniger Sonnenstunden auskommt als im Süden angebaute Sorten. Auch Hochprozentiges wird in Ostholstein produziert. Die Edelobstbrennerei und Likörmanufaktur des Obsthofes Münster in Eutin stellt Destillate aus verschiedenen Früchten her und bietet auch Verkostungen an. Eine typische Spezialität aus Lübeck, die auf die Hansezeit zurückgeht, ist der Lübecker Rotspon. Dabei handelt es sich um französischen Rotwein, der lose nach Lübeck transportiert wird. Dort lagert er zwischen drei Monaten und zwei Jahren in Holzfässern und wird schließlich auf Flaschen gefüllt. Der niederdeutsche Begriff ›Rotspon‹ bedeutet soviel wie ›roter Span‹ und bezieht sich auf das vom Wein rot gefärbte Holz der Fässer.

Vielerorts wird lokales Bier gebraut

Rezepte
(Alle Rezepte für vier Personen)

Birnen, Bohnen und Speck
Zutaten: 600 g durchwachsener Speck (alternativ eignet sich Kasseler-Bauch, der etwas milder im Geschmack ist), 600 g grüne Bohnen, 1 kg Kartoffeln, 8 Kochbirnen, 1 Prise Salz, 1 EL Bohnenkraut, 1 Bund Petersilie.
Zubereitung: Die Bohnen waschen und in Stücke schneiden. Die Kartoffeln schälen, in einen Topf mit Salzwasser geben und gar kochen. Derweil den Speck mit etwas Wasser in einem großen Topf zum Kochen bringen. Die Bohnen und das Bohnenkraut hinzufügen. Die Birnen von der Blüte befreien und auf die Bohnen legen. Alles etwa 15–20 Minuten garen. Den Speck aus dem Topf nehmen und in Scheiben schneiden, zusammen mit den Birnen und Bohnen anrichten. Dazu die gekochten Kartoffeln reichen und mit gehackter Petersilie bestreuen.

Fliederbeersuppe mit Apfelstücken und Grießklößchen
Fliederbeeren sind in der Knicklandschaft Ostholsteins sehr verbreitet und können ab Ende September geerntet werden. Die Beeren sind reif, wenn sie eine dunkelviolette bis schwarze Farbe aufweisen. Roh sollten sie allerdings nicht verzehrt werden. So funktioniert das Entsaften im Topf: Die gewaschenen Fliederbeeren von den Rispen abstreifen, in einem Topf erhitzen und einige Minuten köcheln lassen. Wenn die Beeren weich genug sind, diese durch ein feines Metallsieb passieren (sofern kein Passiergerät vorhanden ist).
Zutaten: Für die Suppe: 750 ml Fliederbeersaft (Holunderbeerensaft), 500 ml Apfelsaft, 125 g Zucker, 1 Stange Zimt, 4 säuerliche Äpfel, Saft einer Zitrone, 40 g Speisestärke. Für die Klöße: 500 ml Milch, 30 g Butter, 1 Prise Salz, 1 Päckchen Vanillezucker, 1 TL abgeriebene Zitronenschale, 150 g Weichweizengrieß, 1 Eigelb.
Zubereitung: Fliederbeersaft mit 400 ml Apfelsaft, Zucker und Zimtstange in einen Topf geben. Äpfel schälen, vierteln, entkernen und würfeln. Mit Zitronensaft mischen. Die Hälfte der Apfelstücke zur Suppe geben und alles aufkochen. Die Suppe mit Speisestärke binden und zehn Minuten köcheln lassen. Restliche Apfelwürfel in 100 ml Apfelsaft etwa drei Minuten garen und zur Fliederbeersuppe geben. Milch mit Butter, Salz, Vanillezucker und abgeriebener Zitronenschale zum Kochen bringen, Grieß unter Rühren einstreuen. Topf vom Herd nehmen, Grießmasse etwas abkühlen lassen und Eigelb unterrühren. Mit zwei Teelöffeln Klöße abstechen und in siedendem Salzwasser etwa zehn Minuten ziehen lassen. Abgetropfte Klöße mit der heißen Suppe anrichten.

Rote Grütze
Zutaten: 1 kg Beeren (zum Beispiel rote und schwarze Johannisbeeren, Himbeeren, Erdbeeren, Kirschen), 250 ml Johannisbeer-Nektar, 120 g Zucker, 30 g Speisestärke.
Zubereitung: 250 ml Wasser mit dem Johannisbeer-Nektar, Zucker und zwei Drittel der Beeren aufkochen. Fünf Minuten köcheln lassen. Speisestärke mit kaltem Wasser anrühren und zugeben. Unter Rühren kurz aufkochen. Die restlichen Früchte zur heißen Masse geben und erkalten lassen. Mit flüssiger Sahne, geschlagener Sahne oder Vanillesauce servieren.

Kultur und Lebensart
Besondere Einkaufserlebnisse und Mitbringsel

Möglichkeiten für einen Einkaufsbummel gibt es in Ostholstein viele. Angebot und Attraktivität variieren jedoch von Ort zu Ort. In den Städten findet man viele inhabergeführte, teils liebevoll eingerichtete Läden und Lädchen.

Einkaufsmöglichkeiten

Das Angebot reicht von Antiquitäten und Kunst über Bekleidung, Schmuck, Bücher, Haushalts- und Dekorationsartikel bis zu Feinkost und regionalen Produkten. In Eutin beispielsweise konzentrieren sich die Geschäfte in der Fußgängerzone und in den kleinen Gassen um den historischen Marktplatz. In teils uralten Gebäuden lässt es sich dort in persönlicher Atmosphäre gemütlich stöbern.

Die meisten Ostseebäder überraschen mit einer Vielzahl an Geschäften, die in anderen Orten vergleichbarer Größe kaum vorstellbar wäre. Doch die Touristen lassen die Einwohnerzahlen in der Hauptsaison nicht selten auf mehr als das Doppelte ansteigen und sorgen für die nötige Kaufkraft. Zudem haben die Geschäfte in den Tourismusorten während der Saison auch am Sonntag geöffnet. Anspruchsvolle und Designverliebte kommen in den Boutiquen hochwertiger Marken in Timmendorfer Strand auf ihre Kosten. Das Sortiment der mehr als 200 Shops ist auf die kaufkräftige Kundschaft aus dem nahen Hamburg eingestellt, die den Tagesausflug an die Ostsee gern mit einem Einkaufsbummel verbindet. Heiligenhafen verfügt seit einigen Jahren neben den kleinen Altstadtpassagen über eine neue Geschäftsmeile mit maritimem Flair direkt am Jachthafen. Auch Scharbeutz und Grömitz sind beliebte Adressen für einen Bummeltag am Meer.

Entlang der Küste gibt es zudem einige interessante Galerien, die klassische Werke, Pop-Art, typisch Maritimes oder auch moderne Kunst anbieten. Liebhaber von Kunst und Kunsthandwerk sollten einen Besuch auf Gut Görtz in der Gemeinde Heringsdorf einplanen. Die Ausstellungen, Verkaufsräume und Werkstätten befinden sich in den ehemaligen Scheunen und anderen Gebäuden der historischen Hofanlage. Ein nicht alltägliches Einkaufserlebnis ist der Besuch des Bordershops in Puttgarden auf Fehmarn. Das schwimmende Einkaufszentrum mit sieben Decks und 6000 Quadratmetern Fläche wird überwiegend von Skandinaviern aufgesucht, die sich hier vor allem mit Hochprozentigem eindecken. Doch auch viele Deutsche kommen gern hierher, um zum Beispiel skandinavische Süßigkeiten zu erstehen. Für einen ausgiebigen Shopping-Ausflug bietet sich die Lübecker Altstadt an. Besonders beliebte Einkaufsstraßen sind die Hüxstraße und die Fleischhauerstraße mit kleinen, inhabergeführten Geschäften und zum Teil nicht alltäglichen Sortimenten. Hier lässt es sich in vielen Cafés und Restaurants außerdem prima pausieren. Weitaus weniger breit aufgestellt, aber dennoch attraktiv ist das Warenangebot in Bad Schwartau vor den Toren Lübecks. Hier geht es wesentlich entspannter zu als in der Großstadt und in den vollen Küstenorten. Nach oder vor dem Einkaufsbummel bleibt obendrein noch genügend Zeit für einen ausgedehnten Spaziergang durch den Wald oder den weitläufigen Kurpark. Wer regionale Spezialitäten kennenlernen möchte oder gern Lebensmittel direkt beim Erzeuger kauft, besucht am besten einen der vielen Hofläden. Einige von ihnen verfügen über ein breites, teils biologisch erzeugtes

Sortiment. Darüber hinaus bieten Warenautomaten, Milchtankstellen oder die ›Kasse des Vertrauens‹ am Straßenrand vielerorts Möglichkeiten zur Selbstbedienung. Einen guten Überblick über die Angebote regionaler Produzenten inklusive Produktinformationen, Rezeptideen sowie Terminen von Märkten und Veranstaltungen gibt die Internetseite www.gutes-vom-hof.de

Obst wie Erdbeeren, Himbeeren, Kirschen und Äpfel können während der Saison auf mehreren Obstplantagen selbst gepflückt werden, zum Beispiel in Grömitz, Malkwitz, Stocksee und Hemmelsdorf. Vielfach sind Feldcafés an die Plantagen angeschlossen, die mit leckeren Kuchen- und Torten zu einer Erntepause einladen, aber natürlich auch alle anderen Besucher willkommen heißen.

Authentische und originelle Mitbringsel

Typisch für die Urlaubsregion sollen sie sein, vielleicht auch originell, auf keinen Fall kitschig, dazu den Geschmack der Beschenkten treffen. Ob nun für die Lieben zu Hause oder als Erinnerung für einen selbst, ein passendes Mitbringsel zu finden, ist manchmal eine wahre Herausforderung. Beliebte und zugleich authentische Souvenirs von einem Urlaub im ländlich geprägten Ostholstein sind regionale Produkte und Spezialitäten. Einige wurden bereits im Kapitel ›Essen und Trinken‹ genannt, wie zum Beispiel der weit über die Landesgrenzen hinaus bekannte Holsteiner Katenschinken. Auch aus regionalen Früchten hergestellte Marmeladen oder der milde Rapshonig lokaler Imker eignen sich gut zum Verschenken. Diese Produkte werden häufig in Hofläden oder auf Wochenmärkten angeboten. Weiterhin gefragt sind lokal gebrautes Bier, heimische Obstbrände oder auch Wein aus der Holsteinischen Schweiz. Gerade in dieser Region gibt es auffallend viele kleine Manufakturen, die schmackhafte Produkte in Handarbeit herstellen. Wer die Hansestadt Lübeck besucht, wird an dem beliebten Marzipan nicht vorbeikommen, sei es von dem weltbekannten Unternehmen mit dem Holstentor im Firmenlogo oder auch von kleineren Produzenten (→ S. 213). Auch die Natur hält viele Geschenke bereit. Vor allem während der Wintermonate spülen die Wellen Treibholz und Bernstein an die Strände. Abbrüche an den Steilküsten bringen seit Jahrtausenden in den Kliffs verborgene Steine und Fossilien zum Vorschein. Wer aufmerksam den Strand absucht, findet vielleicht einen Hühnergott, einen Donnerkeil oder gar einen versteinerten Seeigel. Exkursionen, unter anderem in Travemünde, am Brodtener Ufer, an der Grömitzer Steilküste und auf Fehmarn, vermitteln nützliche Suchtipps und interessante Informationen zu den hier vorkommenden natürlichen Schätzen. Einige Kreative verarbeiten ausgewählte Fundstücke zu individuellem Schmuck oder zu Dekorationsobjekten, die sie in Ateliers, Geschäften oder auf Kunsthandwerkermärkten verkaufen.

Kunsthandwerk in der Eutiner Altstadt

Die Region Ostholstein zeichnet sich durch ihre besondere landschaftliche Vielfalt aus. An der 185 Kilometer langen Küstenlinie, die auch Deutschlands drittgrößte Insel Fehmarn einschließt, wechseln urwüchsige Steilufer und breite Sandstrände einander ab. Im überwiegend hügeligen Binnenland prägen Felder, Wiesen, bewaldete Flächen und zahlreiche Seen das Bild. Hinzu kommen eindrucksvolle Gutsanlagen und Schlösser, beschauliche Dörfer, historisch interessante Städte sowie quirlige, aber auch ruhige Ostseebäder.

Ostseepanorama bei Heiligenhafen

HOLSTEINISCHE SCHWEIZ, FEHMARN, LÜBECKER BUCHT

Holsteinische Schweiz

Sanfte Hügelketten, knickgesäumte Felder, dichte Laubwälder, dazwischen rund 200 große und kleine Seen – die eiszeitlich geformte Landschaft der Holsteinischen Schweiz mit dem gleichnamigen Naturpark mutet an wie aus dem Bilderbuch. In dieser malerischen Region zwischen Kiel und Lübeck, einem der seenreichsten Gebiete Norddeutschlands, gibt es vielfältige Möglichkeiten, um Natur, aber auch Kultur zu erleben oder einfach nur zu entspannen. Die Region mit langer touristischer Tradition verfügt über 27 beschilderte Rundwanderwege. Ihre ganze Bandbreite erschließt sich auf dem 53 Kilometer langen Holsteinische-Schweiz-Weg zwischen Plön und Eutin. Hier verläuft auch ein Teil des Europäischen Fernwanderweges E1. An vielen Ausflugszielen weisen Tafeln mit Übersichtskarten auf schöne Wandermöglichkeiten in der jeweiligen Umgebung hin.

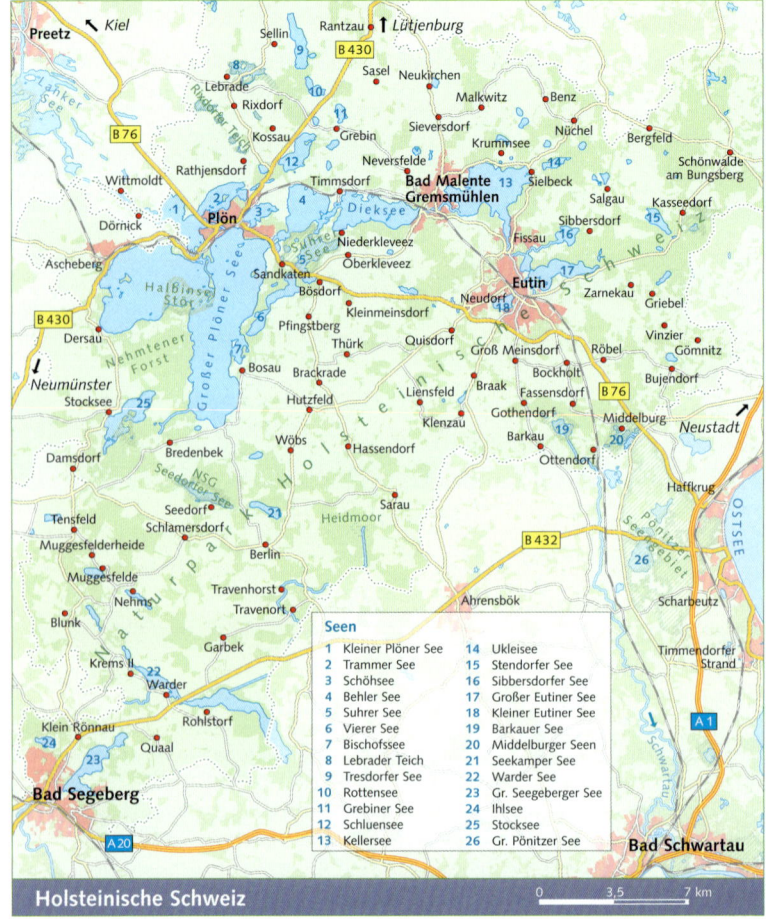

Seen

1. Kleiner Plöner See
2. Trammer See
3. Schöhsee
4. Behler See
5. Suhrer See
6. Vierer See
7. Bischofssee
8. Lebrader Teich
9. Tresdorfer See
10. Rottensee
11. Grebiner See
12. Schluensee
13. Kellersee
14. Ukleisee
15. Stendorfer See
16. Sibbersdorfer See
17. Großer Eutiner See
18. Kleiner Eutiner See
19. Barkauer See
20. Middelburger Seen
21. Seekamper See
22. Warder See
23. Gr. Seegeberger See
24. Ihlsee
25. Stocksee
26. Gr. Pönitzer See

Holsteinische Schweiz

Am Marktplatz in Eutin

Gerade an heißen Sommertagen laden die schattigen Wälder zu ausgedehnten Touren ein. Besonders schön sind die Wanderwege entlang der Seeufer. Die Seen- und Flusslandschaft der Holsteinischen Schweiz ist außerdem prädestiniert für ausgedehnte Paddeltouren. Auch für Segler sind insbesondere der Große Plöner See, der Dieksee und der Kellersee attraktiv. Besonders bequem lässt sich die Region mit einem der vielen Ausflugsschiffe erkunden. Wanderungen und auch Radtouren können gut mit Schiffsetappen kombiniert werden. Auch ein Besuch der Städte Eutin und Plön mit ihren hübschen Altstadtkernen und einem bedeutenden kulturellem Erbe ist absolut lohnenswert.

Eutin

Keine 20 Kilometer von der Ostseeküste entfernt liegt Eutin, das kulturhistorische Zentrum der Holsteinischen Schweiz. Die Stadt zählt rund 17 000 Einwohner und ist Sitz der Kreisverwaltung Ostholstein. Auffällig sind die üppigen Rosenstöcke, die an vielen Häuserfassaden emporranken. Eutin trägt daher auch den Beinamen ›Rosenstadt‹. Die hübsche Altstadt mit ihren schmalen Gassen, historischen Fachwerkhäusern sowie kleinen Geschäften, Ateliers und Cafés lädt zum Flanieren und Bummeln ein. Der Marktplatz, das Schloss mit seinem weitläufigen Schlossgarten und die Promenade am Großen Eutiner See liegen dicht beieinander.
Wer gut zwei Stunden Fußmarsch einplant, kann von der Stadtbucht aus den gesamten See umrunden. Die Strecke misst etwas mehr als acht Kilometer. Am Nordufer führt der Weg durch dichten Laubwald, teils auf und ab. Dazwischen gibt es immer wieder schöne Ausblicke auf den See und die Stadtsilhouette. Wer nur die halbe Strecke wandern möchte, nutzt an der Anlegestelle Redderkrug das Ausflugsschiff der Eutiner Seenrundfahrt.

■ Geschichte

Der Name ›Eutin‹ geht auf eine slawische Siedlung zurück, die sich im Bereich der heutigen Fasaneninsel im Großen Eutiner See befand. Am Grund des Sees sowie an Land wurden Siedlungsspuren aus dem 9. bis 10. Jahrhundert gefunden, samt einer hölzernen Brückenanlage, die zum heutigen Schlossbereich führte. Im Zuge des Landesausbaus im 12. Jahrhundert ließen sich Siedler hier nieder, vornehmlich aus Holland, und

Holsteinische Schweiz

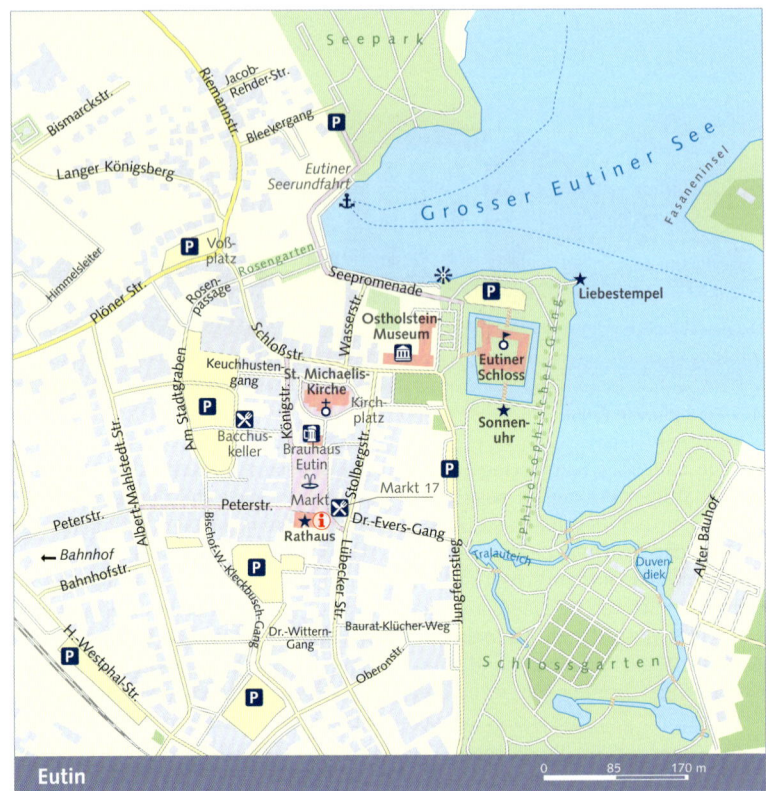

Eutin

übernahmen die slawische Bezeichnung ›Utin‹ für ihren Ort. Mit dem 1257 verliehenen Stadtrecht durch den Lübecker Bischof Johann von Diest erfuhr Eutin einen deutlichen Aufschwung. Der Stellenwert wuchs Anfang des 14. Jahrhunderts, als der Lübecker Bischof Burkhard von Serckem (reg. 1276–1317) wegen anhaltender Auseinandersetzungen mit dem Rat der aufstrebenden Hansestadt schließlich nach Eutin übersiedelte. 1309 gründete er hier ein Kollegiatstift. Seit Beginn des 14. Jahrhunderts war Eutin damit Bischofssitz.

Seine Glanzzeit erlebte Eutin ab dem ausgehenden 18. Jahrhundert zu Zeiten des Fürstbischofs und Herzogs von Oldenburg Peter Friedrich Ludwig (1751–1829). Der Kunst- und Kulturfreund rief renommierte Maler, Dichter und Denker an seinen Hof. Eutin entwickelte sich zu einem bedeutenden Ort kulturellen Lebens und wurde bald sogar als ›Weimar des Nordens‹ bekannt. Einige Persönlichkeiten wirkten hier über Jahrzehnte, wie der Goethe-Maler Johann Heinrich Wilhelm Tischbein oder der Literat Johann Heinrich Voß, der in Eutin Homers Epen übersetzte. Andere hielten sich zeitweilig in der Stadt auf, wie Johann Georg Schlosser, Freund und Schwager Goethes, Friedrich Gottlieb Klopstock oder der Philosoph Friedrich Heinrich Jacobi. Berühmtester Sohn der Stadt ist der Komponist Carl Maria von Weber, der hier 1786 das Licht der Welt erblickte. Sein Geburtshaus, in dem sich heute ein Café befindet, steht in der Lübecker Straße 48. Anfang des 19. Jahrhunderts zählte die Stadt lediglich 297 Häuser, die sich auf die Straßen um den Markt herum verteilten. Doch mit dem Anschluss an das Eisenbahnnetz 1866 begann im Zuge des wirtschaftlichen Wachstums die Ausdehnung des Stadtgebietes.

Heute ist Eutin eine moderne Kleinstadt mit hohem Kultur- und Freizeitwert, die sich ihr historisches Bewusstsein bewahrt hat. Die Stadtbucht, der Seepark und Teile des Schlossgartens erfuhren anlässlich der Landesgartenschau 2016 eine grundlegende Neugestaltung.

■ Schloss und Schlossgarten

Nordöstlich des Marktplatzes, auf einem kleinen Landvorsprung am Großen Eutiner See, liegt das vierflügelige **Schloss**, von einem Wassergraben umgeben. Es ist Eutins bekannteste Sehenswürdigkeit und hat als ehemalige Residenz die kulturelle Entwicklung der Stadt entscheidend beeinflusst. Von der Stadtseite führt eine steinerne Brücke in den Schlosshof. Wichtig zu wissen ist, dass es ursprünglich nicht als das spätbarocke Schloss errichtet wurde, als das es heute erscheint. Seine Geschichte geht bis in das 12. Jahrhundert zurück. Im Laufe der Zeit erfuhr es immer wieder Erweiterungen und Umbauten verschiedener Stilrichtungen. Als erster Bewohner eines um 1157 hier errichteten bescheidenen Hauses wird Bischof Gerold genannt, Nachfolger des Missionars Vicelin, dem ersten Bischof im Bistum Lübeck. Die Basis für die spätere Burg- und Schlossanlage legte jedoch Bischof Johann von Tralau (reg. 1260–1276) gut 100 Jahre später. Er ließ ein steinernes Haus errichten, dessen Kern in den Mauern des heutigen Ostflügels liegt. Südlich davon entstand unter seinem Nachfolger Burkhard von Serckem eine erste Kapelle, die 1293 geweiht wurde.

In den folgenden Jahrhunderten wurde die Bischofsburg, die zunächst aus einzelnen, um einen Hof gruppierten Gebäuden bestand, stetig erweitert. Im Zuge veränderter Herrschaftsverhältnisse nach der Reformation bekleideten ab 1586 die

Das Geburtshaus von Carl Maria von Weber

Schloss Eutin

Herzöge von Schleswig-Holstein-Gottorf das Bischofsamt im nun evangelischen Bistum Lübeck. Unter ihnen entwickelte sich die noch mittelalterlich geprägte Burg schnell zu einer Nebenresidenz von Schloss Gottorf in Schleswig. Nach weiteren Baumaßnahmen entstand Mitte des 17. Jahrhunderts die heute noch vorhandene geschlossene vierflügelige Anlage. Im Jahr 1689 wurde sie bei einem Stadtbrand jedoch vollständig zerstört, in den Folgejahren aber zügig wieder aufgebaut.

Nach einem weiteren grundlegenden Umbau von 1716 bis 1726 nach Entwürfen des schwedischen Architekten Rudolph Matthias Dallin erhielt das Schloss unter Fürstbischof Christian August schließlich seine heutige Gestalt. Lediglich eine Aufstockung des Ost- und Nordflügels veränderte in den 1830er Jahren noch einmal sein Erscheinungsbild. Einzelne Bauabschnitte sind in dem mediterran anmutenden Innenhof noch an den Portalen erkennbar. Das älteste erhaltene Portal trägt die Jahreszahl 1619 und befindet sich im Nordflügel. Als 1773 die Grafschaften Oldenburg und Delmenhorst an die Eutiner Linie der Gottorfer Herzöge übertragen wurden, stiegen diese zu Herzögen von Oldenburg auf. Nach Umwandlung des Bistums Lübeck in ein weltliches Fürstentum 1803 wurden sie zu erblichen Fürsten von Lübeck. Mit dem Umzug der Herzöge nach Oldenburg (Niedersachsen) gegen Mitte des 19. Jahrhunderts wurde das Schloss zur herzöglichen Sommerresidenz.

Heute betreibt die Stiftung Schloss Eutin die ehemalige Residenz als Museum. Im Rahmen von Führungen sind unter anderem die ursprüngliche Schlossküche, die Gemächer der Herzöge und die Schlosskapelle zu besichtigen. Über dem Altar der Kapelle befindet sich die Fürstenloge, auf der Westempore eine Arp-Schnitger-Orgel von 1750. Einer der Räume im Schloss ist Katharina der Großen gewidmet, die in Eutin ihrem späteren Gemahl, Zar Peter III., erstmals begegnete. Die Stuckarbeiten aus dem frühen 18. Jahrhundert gehören zu den besten im Lande. Im Schloss befinden sich außerdem kostbares Mobiliar aus dem 18. und 19. Jahrhundert sowie die größte Porträtsammlung Norddeutschlands, die eine Vorstellung von der weitverzweigten Verwandtschaft des Gottorfer Fürstenhauses vermittelt.

Karte S. 66

Zu sehen sind zahlreiche Werke des Hofmalers Johann Heinrich Wilhelm Tischbein, inklusive der bemerkenswerten Tischbeinöfen, sowie fünf Schiffsmodelle des frühen 18. Jahrhunderts.

Auf dem heutigen Schlossvorplatz lag einst die schützende Vorburg. Anfang des 19. Jahrhunderts wurde sie abgerissen, um hier einen repräsentativen Eingangsbereich zum Schloss zu schaffen. Zunächst entstanden Marstall und Remise, der Bauzeit um 1831 entsprechend, im klassizistischen Stil. Die beiden langgestreckten, gegenüber liegenden Gebäude rahmten den Platz ein. Im Jahr 1840 folgte das Kavaliershaus mit Wohnungen für Gäste und Hofbeamte. Heute befinden sich in den Gebäuden öffentliche Einrichtungen: im Kavaliershaus die Landesbibliothek Eutin, in der Remise die Kreisbibliothek und im Marstall das **Ostholstein-Museum**. Das Museum präsentiert neben wechselnden Ausstellungen eine umfangreiche Dauerausstellung zu den Hauptthemen ›Eutin um 1800‹, ›Landschaftsmalerei des 18. und 19. Jahrhunderts‹ sowie ›Silber, Zinn und Fayencen‹. Die Sammlung beinhaltet auch Werke des Malers Johann Heinrich Wilhelm Tischbein.

Südlich des Schlosses erstreckt sich der frei zugängliche weitläufige **Schlossgarten**, dessen Anfänge auf das 14. Jahrhundert zurückgehen, vermutlich in Form eines kleinen Gewürz- und Kräutergartens. Ein Lustgarten ist seit Ende des 16. Jahrhunderts nachgewiesen, zunächst als Winkelgarten um den Schlossgraben. Südlich des Schlosses befand sich zu diesem Zeitpunkt noch sumpfiges Gelände, das erst zu Beginn des 17. Jahrhunderts trockengelegt wurde und die Anlage größerer Gärten ermöglichte. Ab 1716 entstand unter Fürstbischof Christian August ein prächtiger Barockgarten von überregionaler Bedeutung. Herzog Peter Friedrich Ludwig ließ ihn ab 1787 auf 14 Hektar vergrößern und, dem damaligen Zeitgeist entsprechend, in einen englischen Landschaftsgarten mit Teichen, Brücken, Tempeln und Wasserfällen umgestalten. In seiner Form fast unverändert erhalten, ist er heute das bedeutendste Gartendenkmal der Aufklärung in Schleswig-Holstein und zählt zu den schönsten klassischen Landschaftsgärten Norddeutschlands. Gestalterische Elemente symbolisieren Stationen einer Lebensreise, beginnend mit dem schlichten Seepavillon in der Nähe des Schlosses. Am höchsten Punkt liegt der Monopterus, auch **Sonnentempel** genannt, der als Ort der Weisheit und Erfüllung das Ziel des Lebenswegs darstellt. Beeindruckend ist auch die 335 Meter lange **Lindenallee**, Symbol der Jugend, die zwischen Schloss und Seeufer auf der Grundlage eines barocken Heckenweges gepflanzt wurde. Ein Stück weiter am Seeufer entlang liegt, umrahmt von Bäumen, die **Freilichtbühne** der Eutiner Festspiele. Im Zentrum des Schlossgartens befindet sich der 1,8 Hektar große **Küchengarten** Der Garten wurde 1790 für den Obst- und Gemüseanbau angelegt. Nach einem langen Dornröschen-

Der weitläufige Schlossgarten ist frei zugänglich

schlaf wurde er zur Landesgartenschau 2016 nach historischem Vorbild revitalisiert. Hier wachsen nun wieder alte Obst- und Gemüsesorten.

■ **Weitere Sehenswürdigkeiten**
Bis heute sind um den zentral gelegenen Markt zahlreiche Stadthäuser aus dem 17. bis 19. Jahrhundert erhalten. Sie wurden zum Teil liebevoll saniert. Die historischen Häuser verschiedener Baustile, die den **Markt** einrahmen, bilden ein hübsches Ensemble. Ältestes Gebäude des Platzes ist vermutlich das Haus mit der Nummer 10, ein Fachwerkbau aus der ersten Hälfte des 17. Jahrhunderts. Das **Rathaus** (Nummer 1) von 1791 ist das erste Gebäude im klassizistischen Stil, der zur Glanzzeit Eutins die Bebauung prägte. An der Nordwestseite des Marktes steht das **Witwenpalais** (Hausnummer 9). Es wurde 1786 für die Witwe des Herzogs Friedrich August errichtet und befindet sich heute in Privatbesitz. Rathaus und Witwenpalais stammen vom damaligen Hofbaumeister Peter Richter.

Direkt hinter dem Markt, durch eine Häuserreihe abgeriegelt, erhebt sich der etwas schiefe Turm der **St. Michaeliskirche**. Die im Verhältnis zur umliegenden Bebauung imposante romanische Backsteinkirche wurde vermutlich Anfang des 13. Jahrhunderts fertiggestellt und ist das älteste Gebäude der Stadt. Aus der Entstehungszeit stammt nur noch ein Teil des Mittelbaus. Die Kirche wurde im Laufe der Jahrhunderte mehrfach verändert. Eine wesentliche Vergrößerung erfuhr sie um 1309, als der Bischof von Lübeck in Eutin ein Kollegiatstift gründete und die Kirche zur Kollegiatskirche wurde. Chor und Apsis der ursprünglichen romanischen Basilika wurden durch einen größeren, gotischen Chor ersetzt. Die St. Michaeliskirche birgt einige kunsthistorische Schätze. Am Triumphkreuz aus dem 13. Jahrhundert soll sich unter einem Bergkristall in der Brust Jesu ein Splitter vom Kreuz Christi befinden, den Bischof Burkhard von Serckem von einer Italienreise mitgebracht hatte. Weitere Besonderheiten sind der Marienleuchter

▲ *Historische Hausfassaden in der Stolbergstraße*

Stadtbucht mit Promenade

von 1322, die spätgotische Bronzetaufe von 1511 sowie die Spätrenaissancekanzel von 1653.

Eine der hübschesten Straßen der Stadt und gleichzeitig eine der ältesten ist die kopfsteingepflasterte **Stolbergstraße**, die fast vollständig unter Denkmalschutz steht. Sie bildete einst mit der Lübecker Straße die südliche Zufahrt zum Schloss. Vor allem hier findet man die traditionsreichen Rosenstöcke an den historischen Häuserfassaden. Im Frühsommer blühen sie in bunter Pracht.

Auch kulturgeschichtlich ist die Stolbergstraße, die früher Pfaffenstraße hieß, interessant. An ihrer Ostseite fallen vor allem einige herrschaftlich anmutende Gebäudekomplexe auf. Bei den Hausnummern 14, 16 und 18 handelt es sich um ehemalige Kapitelshöfe. Nach der Gründung des Kollegiatstifts erhielten die neuen Stiftsherren hier großzügige Grundstücke zugesprochen. Die ursprünglichen Wohnhäuser sind allerdings nicht mehr erhalten. Sie wurden ab dem 18. Jahrhundert klassizistisch überbaut. Die heutigen dreiflügeligen Anlagen mit einem zurückgesetzten Haupthaus und zwei flankierenden Nebengebäuden erinnern in ihren Grundzügen an ostholsteinische Gutshöfe. Dies erklärt sich vermutlich damit, dass ihre Bewohner häufig nicht erbberechtigte Söhne des Gutsadels waren, die nunmehr eine Laufbahn in fürstbischöflichen Diensten einschlugen. Ihren repräsentativen Wohnstil übertrugen sie in verkleinerter Form auf den städtischen Raum. Später lebten auch andere hochrangige Persönlichkeiten in den ehemaligen Kapitelshöfen. Die kleineren, dicht an dicht gebauten Häuser auf der gegenüber liegenden Straßenseite, die ebenfalls meist aus dem 18. Jahrhundert stammen, wurden überwiegend von Handwerkern und Kaufleuten bewohnt. Hervorzuheben ist außerdem das Gebäude mit der Nummer 8–10. Hier waren schon mehrere Berühmtheiten zu Hause, zuletzt der Maler Johann Heinrich Wilhelm Tischbein. Ab 1817 war Tischbein Mieter der Haushälfte Nummer 8, bis er schließlich 1823 beide Haushälften kaufte. Er lebte dort bis zum seinem Tod im Jahr 1829.

Die Bräutigamseiche im Dodauer Forst

Hinter dem Haus befindet sich der **Tischbein-Garten** mit dem Gartenhaus. Die Anlage ist frei zugänglich, entweder durch die Einfahrt des Hauses oder durch das Gartentor am Jungfernstieg. Insgesamt 14 Schautafeln informieren hier über das Leben und Werk Tischbeins. Im Gartenhaus und im Garten organisiert der Kreis der Künste monatlich wechselnde Ausstellungen.

Über die Treppen am Schlossplatz, von der Wasserstraße oder durch den Rosengarten erreicht man die **Stadtbucht** am Großen Eutiner See mit der breiten Seepromenade. Auf den Sitzmöbeln des vorgebauten Holzdecks lässt es sich wunderbar entspannen. Von hier schweift der Blick über den See, die Fasaneninsel und das Schloss. Die Skulptur **Die Schauende** des Bildhauers Karlheinz Goedtke (→ S. 50), unweit des Ufers auf einem Findling platziert, weckt Assoziationen mit der Kopenhagener Meerjungfrau. Im Eutiner Stadtgebiet sind noch weitere Skulpturen von Goedtke zu finden, wie der ›Dumm Hans‹ am Wilhelm-Wisser-Platz oder ›Die Lesende‹ vor der Landesbibliothek. Die Stadtbuchtpromenade führt weiter bis zum **Seepark** mit Blumenbeeten, einem Rhododendronhain sowie Aufenthalts- und Spielflächen. Ein Stück weiter, an der Fissauer Bucht, liegt die **historische Badeanstalt** von 1913, die nach wie vor in Betrieb ist.

Im Bereich der Stadtbucht, des Seeparks und des Schlossgartens verteilen sich acht unauffällige Stelen, die zum **Hörspaziergang Eutiner Erinnerungen** gehören. Hier erzählen Eutiner Bürger auf Knopfdruck von ihren persönlichen Erlebnissen aus vergangenen Jahrzehnten. Nebenbei erfährt man Interessantes über die Stadtgeschichte. Wer sich lieber einer **geführten Tour** anschließt, kann zwischen verschiedenen Angeboten der Tourist-Information wählen.

In der Wilhelmstraße, auf einem der höchsten Punkte des Stadtgebietes, befindet sich der 39 Meter hohe **Wasserturm**, der seit 1985 unter Denkmalschutz steht. Der überwiegend in rotem Ziegelmauerwerk gehaltene Turm wurde 1909 erbaut und war noch bis 2006 an das Versorgungsnetz angeschlossen. Über eine Wendeltreppe mit 156 Stufen, wovon 53 mitten durch den alten Wassertank führen, gelangt man auf das Dach. Der Umgang zwischen dem verzierten Zinnenkranz und der kupfergedeckten Spitze bietet eine schöne Aussicht auf die Stadt und ihre Umgebung. Bei guter Sicht sind die Ostsee und die Lübecker Kirchtürme zu erkennen. Im Innern des Turms befindet sich eine Fotoausstellung aller Wassertürme Schleswig-Holsteins.

■ **Umgebung**

Im Dodauer Forst nahe der B 76, etwa fünf Kilometer westlich des Eutiner Stadtzentrums, steht die **Bräutigamseiche**. Der etwa 500 Jahre alte Baumriese verdankt seinen Namen einem liebenden Paar, das 1891 hier Hochzeit feierte. Die Romanze begann jedoch weniger glücklich. Der Vater des Mädchens, der damalige Oberförster, missbilligte die Verbindung seiner Tochter mit dem Auserwählten, einem Leipziger Schokoladenfabrikanten. Daraufhin schrieben sich die Verliebten heimlich Briefe und nutzen ein Astloch in der Eiche als Briefkasten. Die Liebe war am Ende stärker als der Widerstand des Vaters.

Bis heute wird das Postfach im Astloch als Kontaktbörse genutzt. Die Eiche hat seit 1927 sogar eine eigene Zustelladresse und erhält Post aus aller Welt: Bräutigamseiche, Dodauer Forst, 23701 Eutin. Jeder, der vorbeikommt, darf die Briefe herausnehmen, lesen und bei Interesse mitnehmen und beantworten. Natürlich können Kontaktfreudige auch selbst eine

Der Ukleisee

Nachricht hinterlassen. Es soll tatsächlich eine respektable Anzahl an Paaren geben, die dank der Bräutigamseiche zueinander gefunden haben.

Der Ukleisee

Von Hügeln dicht umschlossen, geheimnisvoll / Verhüllt in Waldnacht dämmert der Ukleisee / Ein dunkles Auge, das zur Sonne / Nur um die Stunde des Mittags aufblickt.
Weltfremdes Schweigen waltet umher, es regt / Kein Hauch des Abgrunds lauteren Spiegel auf / Nur in des Forsthangs Wipfeln droben / Wandelt wie ferner Gesang ein Brausen...

Diese Verse des Lübecker Lyrikers Emanuel Geibel (1815–1884, → S. 48) charakterisieren diesen sagenumwobenen Ort sehr treffend. Komplett von bewaldeten Hügeln umgeben und etwas versteckt, liegt der **Ukleisee** nördlich von Eutin bei Sielbeck. Einst mit einem Toteisblock gefüllt, entstand er nach dem Abschmelzen der Gletscher der letzten Eiszeit. Der Sage nach verdankt er seine Entstehung allerdings der Untreue eines jungen Ritters (→ S. 75). Wie dem auch sei, eine besondere Atmosphäre herrscht hier allemal. Ein etwa vier Kilometer langer Spazierweg führt rund um den kleinen Waldsee. Lediglich an einigen Stellen und meist nur ausschnittsweise geben die Bäume am Ufer den Blick auf das dunkle, unbewegte Wasser frei. Ein sehr schöner Weitblick eröffnet sich an der Westseite von der weißen Angelbrücke oder vom Landschaftsgarten des Jagdschlösschens oberhalb der Brücke. Friedrich August, Fürstbischof von Lübeck und Herzog von Oldenburg, ließ den spätbarocken Bau 1776 von seinem Hofbaumeister Georg Greggenhofer auf dem höchsten Punkt zwischen Ukleisee und Kellersee errichten. Nicht nur Emanuel Geibel, sondern auch andere bekannte Persönlichkeiten wie Wilhelm von Humboldt oder Johann Heinrich Voß, profitierten von diesem Rückzugsort in der Natur. Heute ist das Gebäude ein Ort für Konzerte und andere Veranstaltungen. Am Ufer des Ukleisees konnten außerdem eine slawische Burganlage und eine spätmittelalterliche Turmhügelburg aus dem 14. Jahrhundert nachgewiesen werden, deren Spuren heute zum Teil noch erkennbar sind.

Karte S. 64

Die Sage über den Ukleisee

Mehrere Sagen ranken sich um die Entstehung des Ukleisees. Die bekannteste ist die folgende:

»Nicht weit von Eutin in einem kleinen Buchengehölz liegt ein kleiner See, der Uklei. Sein dunkles Wasser ist immer still und unbewegt, und es sieht alles um ihn her so recht traurig und schwermütig aus. Der See ist nicht immer da gewesen, doch ist es schon lange her, dass er entstanden ist.

Oben auf dem Hügel, wo jetzt das Sommerhaus steht, stand früher eine Burg, in der ein junger schöner, aber wilder Ritter hauste. Er liebte nichts mehr als die Jagd, und jeden Morgen früh begab er sich in den Wald. Da begegnete ihm oft eines armen Bauern Tochter. Sie musste jeden Morgen ihres Vaters Pferde durch den Wald auf die Weide treiben. Der Ritter ward bald durch ihre Schönheit von heftiger Liebe entzündet, aber das Mädchen wies seine Bitten und Geschenke zurück, und auf all seine Bewerbungen gab sie zur Antwort, dass sie doch nimmer seine Frau werden könnte, da sie nur eines armen Mannes Tochter sei. Und doch hatte das schöne Mädchen den Ritter längst liebgewonnen.

Eines Morgens, da er sie wieder mit seinen Bitten und Versprechungen verfolgte, waren sie zu einer Senkung im Wald gekommen, wo eine kleine Kapelle stand. Da führte der Ritter das Mädchen hinein, und vor den Altar tretend sprach er: »Hier vor Gottes Angesicht nehme ich dich zu meinem Ehegemahl, und der Himmel soll mich an dieser Stätte vernichten, wenn ich dir nicht treu bleibe und mein Wort halte.« Das Mädchen glaubte seinem Schwur, und an jedem Morgen trafen sie sich nun im Wald. Als das Mädchen aber den Ritter an sein Versprechen erinnerte, vertröstete er sie anfangs, bald blieb er ganz aus und kam nicht wieder. Als sie sich nun verlassen sah, da legte sie ein schwarzes Kleid an, grämte sich, ward krank und starb in kurzer Zeit.

Der Ritter hatte sich unterdessen mit einer reichen Gräfin verlobt und der Hochzeitstag ward bestimmt. Sie sollten in der kleinen Kapelle im Wald getraut werden. Als der Prediger aber seine Rede gehalten hatte und das Brautpaar eben zusammengeben wollte, da ist der Geist des unglücklichen Mädchens erschienen, hat drohend gegen den Bräutigam den Finger erhoben, und als dieser vor Schrecken umsank, brach augenblicklich ein solches Unwetter mit Donner und Regen los, als wenn der Himmel einstürzen wollte.

Da ist die Kapelle mit allen, die darin waren, versunken und der See steht seit der Zeit an dem Ort. Nur der Prediger, die Braut und ein kleines unschuldiges Mädchen, das auf die hölzernen Stufen des Altars getreten war, wurden gerettet. Zuweilen aber, bei stillem Wetter gegen Abend, klingt noch der Ton des Glöckleins der Kapelle aus dem Wasser herauf.«

Mitunter schimmert der Ukleisee mystisch

Rund zehn Kilometer nordöstlich von Eutin, nahe Schönwalde, liegt der 167 Meter hohe **Bungsberg**, eine markante Hinterlassenschaft der letzten Eiszeit und die höchste Erhebung Schleswig-Holsteins. Fast etwas unscheinbar überragt er die umliegende Moränenlandschaft, die hier noch einmal ausgeprägter ist als im übrigen Ostholstein. Auf dem Gipfelplateau befindet sich neben einem Restaurant und einem Waldspielplatz der mehr als 150 Jahre alte, denkmalgeschützte **Elisabethturm**. Auffällig sind seine achteckige Form und seine bunten Fenster. Der 22 Meter hohe Turm kann montags bis donnerstags von 9–16 Uhr sowie freitags von 9–13 Uhr besichtigt werden. Einen beeindruckenden Rundumblick auf die Hügellandschaft mit ihren Feldern und Knicks, bei klarer Sicht sogar bis zur Ostsee, genießt man von der 40 Meter hohen Aussichtsplattform des benachbarten **Fernmeldeturms**. Er wurde Mitte der 1970er Jahre von der Deutschen Post auf dem Berg errichtet und ist von April bis Oktober montags bis sonntags von 9–19 Uhr geöffnet.

Im Winter erfreut sich der Bungsberg, soweit die Schneeverhältnisse es zulassen, großer Beliebtheit bei Skifahrern, Snowboardern und Rodlern. Es gibt sogar einen Skilift. Ebenfalls auf dem Berg informiert der außerschulische Lernort **Erlebnis Bungsberg** über die Geschichte des Berges und seiner Lebensräume. Ein paar Kilometer entfernt, in der ehemaligen Dorfschule von Schönwalde, befindet sich das kleine **Dorf- und Schulmuseum**. Es bietet Einblicke in den Alltag der Bauern, Handwerker, Hausfrauen und Kinder im späten 19. und frühen 20. Jahrhundert. Auch ein alter Klassenraum mit historischem Schulmobiliar ist vorhanden.

Eutin

PLZ: 23701. **Vorwahl:** 04521.
Tourist-Information, Markt 19, Tel. 04521/70970. www.eutin-tourismus.de Die Tourist-Information bietet von Mitte Mai bis Mitte Oktober historische Stadtführungen und Rundgänge zu unterschiedlichen Themen an, wie eine Altstadt-, Schlossgarten-, Kirchen- und Nachtwächterführung sowie einen Anekdoten- und Schlossrundgang. Die einzelnen Termine werden im Veranstaltungskalender bekanntgegeben. www.holsteinischeschweiz.de/eutinfuehrungen

Eutin liegt an der Bahnstrecke Lübeck–Kiel. Regionalzüge verkehren im Halbstundentakt in beide Richtungen.

Hotel Seeloge, Bleeker Gang 4-6 (an der Stadtbucht am Großen Eutiner See), 23701 Eutin, Tel. 04521/799330; Hotel, Restaurant und Café. Das Hotel in skandinavischem Stil liegt nur 250 Meter vom Schloss entfernt und bietet 44 Zimmer für Gäste mit und ohne Beeinträchtigung. www.seeloge.de
Brauhaus Eutin, Markt 11, 23701 Eutin, Tel. 04521/766777; tägl. 11-22 Uhr. Rustikales Kneipenrestaurant mit Marktterrasse in historischem Gebäude. Naturtrübes, unfiltriertes und nicht pasteurisiertes Bier aus der eigenen Privatbrauerei (auch zum Mitnehmen!), schmackhafte und bodenständige Gerichte zu fairen Preisen. Sehr netter, kundenfreundlicher Service. www.brauhaus-eutin.de
Bacchuskeller Eutin, Königstraßenpassage 2, 23701 Eutin, Tel. 04521/6860; Mo-Sa 12-14 Uhr, Mo sowie Mi-Sa 18-22 Uhr. Gemütliches, Restaurant mit abwechslungsreichem Speiseangebot und vielfältiger Weinauswahl.
www.bacchuskeller-eutin.de
Markt 17, Markt 17, 23701 Eutin, Tel. 04521/830837; Mo-Sa 8.30-22 Uhr, So 9-22 Uhr. Gemütlich-rustikales Restaurant direkt am Markt. Frühstücks-, Mittags-,

Nachmittags- und Abendkarte.
www.markt17-eutin.de

Natur-Camping Prinzenholz, Prinzenholzweg 20, 23701 Eutin, Tel. 04521/5281. Sehr schöner kleiner Campingplatz am Südufer des Kellersees.
www.naturpark-camping-prinzenholz.de
Reisemobilpark im Süduferpark direkt am Großen Eutiner See (Oldenburger Landstraße). 24 Stellplätze, nur wenige Gehminuten von der Altstadt entfernt, Strom-, Ver- und Entsorgungsanschlüsse, barrierefreies Servicegebäude mit Toiletten und Duschen, WLAN.
www.reisemobilpark-eutin.de

Kunst und Kaffee, Stolbergstraße 18, 23701 Eutin, Tel. 04521/71319; Do–So 14–18 Uhr. Gediegenes kleines Café in historischem Ambiente eines ehemaligen Kapitelshofes, hausgebackener Kuchen nach traditionellen Rezepten sowie französische Tartes. Stilvolle Präsentation von Einrichtungskunst, Silber, Porzellan, Schmuck und Second-Hand-Mode (zum Teil auch zum Verkauf).

Ostholstein-Museum, Schlossplatz 1, 23701 Eutin, Tel. 04521/788520; März–Okt. Di–So 11–17 Uhr, Nov.–Jan. Di–Fr 14–17 Uhr, Sa/So/feiertags 11–17 Uhr. Wechselnde Ausstellung zu Malerei, Grafik, Fotografie und angewandter Kunst. www.oh-museum.de
Schloss Eutin, Schlossplatz 5, 23701 Eutin, Tel. 04521/70950; März–Juni sowie Okt. Di–So 11–17 Uhr, Juli–Sept. tägl. 10–18 Uhr, Nov.–Dez. Di–So 12–17 Uhr. www.schloss-eutin.de
Wasserturm Eutin, Wilhelmstraße 12, 23701 Eutin, Tel. 04521/70970; Mitte Mai–Mitte Okt. Di–So 11–16 Uhr.
Erlebnis Bungsberg, Bungsberg 3, 23744 Schönwalde, Tel. 04537/707000.
www.erlebnis-bungsberg.de

Dorf- und Schulmuseum Schönwalde, Am Ruhsal, 23744 Schönwalde, Tel. 04528/910775, mobil 0173/3614327; 15. Mai–30. Sept. Di und Fr 16–18 Uhr, Juli/Aug. auch So 16–18 Uhr, Erw. 3 Euro, Kinder 1 Euro, Gruppen nach Vereinbarung. www.dorfmuseum-schoenwalde.de

Eutiner Festspiele gGmbh, Alter Bauhof 11, 23701 Eutin, Tel. 04521/80010 (Info-Hotline und Konzertkasse); Mo–Fr 9–12 Uhr. Die 1951 zu Ehren des Komponisten Carl Maria von Weber gegründeten Festspiele finden jedes Jahr von Juni bis August auf der Seebühne im Schlossgarten statt. Ein einzigartiges Klassik-Open-Air-Erlebnis! www.eutiner-festspiele.de
Eutiner Bluesfest. Das mehrtägige Open-Air-Festival findet jedes Jahr im Mai unter Beteiligung internationaler Bands auf dem Eutiner Marktplatz statt. Es zählt zu den größten und bedeutendsten Festivals der europäischen Blues-Szene.
www.baltic-blues.de

Programmkino Binchen (Kommunales Kino), Albert-Mahlstedt-Straße 2a, 23701 Eutin, Tel. 04521/779538.
www.koki-eutin.de

Tourist-Information Eutin, s. o.

Holsteiner Kutschfahrten, Braaker Straße 18, 23701 Eutin, Tel. 04521/2692. Ausflüge mit dem Planwagen oder in einer historischen Kutsche zu verschiedenen Zielen in der Holsteinischen Schweiz.
www.holsteiner-kutschfahrten.de

Kleingolf am Seescharwald, auf einer Lichtung im Wald am Großen Eutiner See, wenige Gehminuten von der Altstadt entfernt, Tel. 04521/409510; Ostern–Okt. Di–Do 10–19 Uhr, Fr–Sa 10–20 Uhr, So/

feiertags 11–19 Uhr.
www.kleingolfplatz-eutin.de

Große Eutiner Seenrundfahrt, Tel. 04521/3344.
www.eutiner-seenrundfahrt.
Boote-Keusen, Sielbecker Landstraße 17, Tel. 04521/4201. Kanuvermietung.
www.boote-keusen.de
SUP-Board-Verleih an der Eutiner Stadtbucht, Eingang Seepark (Container der Firma kolula). Mit dem zugesandten Link kann das jeweilige Schließfach des Containers per Smartphone geöffnet und das Board herausgenommen werden.
www.kolula.com.

Gesundheitswanderung um den Großen Eutiner See. Zehn Stationen mit Impulsen und Aufgaben entlang des 8,6 Kilometer langen Wanderweges stärken das Naturerlebnis mit allen Sinnen und fördern Bewegung, Entspannung und Achtsamkeit. www.holsteinischeschweiz.de

Unikat, Stolbergstraße 15, 23701 Eutin, Tel. 04521/1803. Edelsteine, Schmuck, Kunsthandwerk und kreative Mode in einem der ältesten Häuser der Stadt.
www.unikat-eutin.de
Münsters Edelobstbrennerei und Likörmanufaktur, Plöner Landstraße 16 (an der B 76 Nähe Bräutigamseiche), 23701 Eutin, Tel. 04521/3598, Mai–Okt. Mo–Fr 8–18 Uhr, Sa 8–16 Uhr, Nov.–April Mo–Fr 8–18 Uhr, Sa 8–14 Uhr. Hofladen mit Obstprodukten aus eigenem Anbau sowie Wurstwaren, Käse, Eiern und Honig. Obstbrände und Liköre aus eigener Brennerei. Regionale Spezialitäten sind der Holsteiner Cox-Brand und der Rosenlikör. Brennereibesichtigungen und Verkostungen auf Anfrage. www.münsters.de

Bad Malente-Gremsmühlen

Etwa sechs Kilometer von Eutin entfernt, zwischen Dieksee und Kellersee, liegt der heilklimatische Kurort Bad Malente-Gremsmühlen (7700 Einwohner), der sich aus den beiden Ortsteilen Malente und Gremsmühlen zusammensetzt. Er ist Zentralort der Großgemeinde Malente, zu der weitere neun Dörfer gehören.
Beim Schlendern durch den kleinen Kurort schwingt beim Anblick einiger architektonischer Relikte aus den 1950er und 1960er Jahren unweigerlich ein Hauch von Nostalgie mit. Doch gerade dies macht den Ort liebenswert, denn Bad Malente-Gremsmühlen hat es geschafft, Altes zu bewahren und für moderne Ansprüche zu nutzen. Das Kneipp-Heilbad hat sich zu einem Eldorado für Aktivurlauber entwickelt, die sich abseits des Trubels der Ostseebäder erholen, ihnen aber dennoch nah genug für einen spontanen Ausflug sein möchten. Wanderer, Radfahrer, Reiter und Wassersportler finden hier ideale Bedingungen vor. Badegäste schätzen insbesondere das Strandbad am Dieksee. Auch die Trendsportart ›Stand-up-Paddling‹ (SUP) hat sich etabliert. Die Stehpaddler gehören mittlerweile zum Alltagsbild auf den Seen und der Schwentine. Wasserseitig lässt sich die umliegende Landschaft außerdem bequem von den Ausflugsschiffen der 5-Seen-Fahrt und der Kellerseefahrt genießen. Die Anleger befinden sich an der Dieksee- und an der Kellerseepromenade.
Fußballfans werden sich an den ›Geist von Malente‹ erinnern, der hier während der Fußball-Weltmeisterschaft 1974 geboren wurde und der deutschen Nationalmannschaft zum finalen Sieg verhalf. Die Nationalelf, die in der Sportschule des Schleswig-Holsteinischen Fußballverbandes ihr WM-Quartier hatte, nutzte die Einrichtung danach wiederholt als Trainingslager. Ebenso beschworen ande-

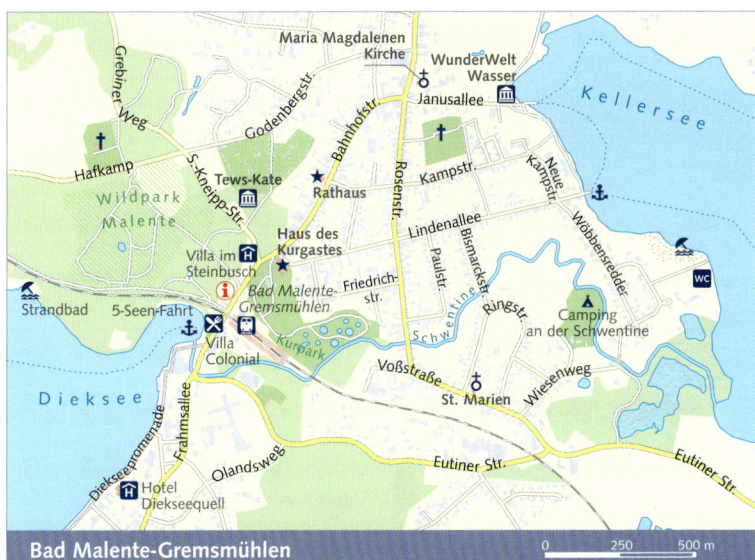

re Mannschaften den ›Geist von Malente‹. Heute trägt die Anlage, inzwischen umfangreich saniert und ausgebaut, den Namen **Uwe Seeler Fußballpark** und wird außer als Trainingslager und Talentschmiede auch für Tagungen und Feierlichkeiten genutzt.

■ **Geschichte**

Der auf eine wendische Siedlung zurückgehende Ort Malente wurde 1215 erstmals urkundlich erwähnt, blieb aber bis zur Mitte des 19. Jahrhunderts weitgehend bedeutungslos. Gremsmühlen dagegen besaß bereits 1280 eine wasserbetriebene Getreidemühle an der Schwentine, der früheren Gremsau, daher der Ortsname Gremsmühlen. Die Mühle befand sich damals, wie die anderen Wassermühlen auch, im Besitz der Lübecker Bischöfe. Sie war ein einträgliches Geschäft, denn auf Grund des Mühlenzwanges durften die Bauern der Umgebung ihr Korn ausschließlich hier mahlen lassen. Die Mühle hielt sich mehrere Jahrhunderte und gehört zu den ältesten in Holstein. 1956 wurde ihr Betrieb wegen fehlender Wirtschaftlichkeit eingestellt. Das Gebäude befindet sich heute in Privatbesitz. Das Mühlenrad wurde 2006 restauriert.

Die Eröffnung der Eisenbahnlinie Kiel-Neustadt im Jahr 1866 gab einen wichtigen Impuls für die Entwicklung des Fremdenverkehrs in Malente und Gremsmühlen, die sich später zu einem Ort zusammenschlossen. 1925 wurde Malente-Gremsmühlen zum Kurort ernannt. Seit 1955 trägt der Ort den Titel Kneipp-Heilbad, damals das einzige seiner Art in Norddeutschland. Im Jahr 1996 kam das Prädikat ›Bad‹ hinzu.

Malente kann als ›Wiege der Holsteinischen Schweiz‹ bezeichnet werden. Denn hier, genauer gesagt im Ortsteil Krummsee am nördlichen Ufer des Kellersees, gab der findige Unternehmer Johann Janus seinem 1885 eröffneten Hotel eben diesen Namen. Es war die Zeit, als die Schweiz in ihrer Urwüchsigkeit und Er-

Anlegestelle für die 5-Seen-Fahrt

habenheit als Inbegriff landschaftlicher Schönheit galt. Andere Gegenden wurden gern an ihr gemessen, so auch die idyllische Seen- und Hügellandschaft in Schleswig-Holstein. Diesen Trend griff der Hotelier auf, und als der nahe Bahnhaltepunkt wenig später ebenfalls den Namen ›Holsteinische Schweiz‹ erhielt, entwickelte sich der Begriff zum Synonym für die gesamte Region. Das alte Hotelgebäude in Krummsee existiert noch immer, allerdings befindet sich hier heute kein Hotel mehr, sondern ein Bildungszentrum.

■ **Sehenswürdigkeiten**
Unmittelbar nördlich des Bahnhofs, liegt der rund sechs Hektar große, denkmalgeschützte **Kurpark**. Er wurde Anfang der 1960er Jahre von Karl Plomin geschaffen, der auch den Hamburger Park ›Planten un Blomen‹ plante. Der renommierte Landschaftsarchitekt bezog die vorhandene Topographie geschickt in die Parkgestaltung ein und schuf eine Komposition aus üppigem, dichtem Grün. Im schattigen Bereich des Brahmbergs, einem Moränenhügel mit altem Buchen- und Eichenbestand, wachsen nun Rhododendren und Waldstauden. Bergab Richtung Schwentinewiese wird es lichter. Holzstege durchziehen die feuchte Niederung und machen die Pflanzenvielfalt auf besondere Weise erlebbar. An den kreisrunden Teichen tummeln sich auch Wasservögel, Frösche und Lurche. Am Fluss gibt es eine Anlegestelle für Paddler. Im Jahresverlauf ziehen jeweils andere Pflanzen mit ihrem Farbspiel die Blicke auf sich. Besonders schön ist der Park zur Zeit der Rhododendronblüte im Mai oder auch im Herbst, wenn sich die Sumpfzypressen, Schildblätter und Flügelnüsse in der Schwentineniederung in Rot-, Orange- und Gelbtönen präsentieren.

Das **Haus des Kurgastes**, die **Liegehalle** und der **Konzertpavillon** entstanden ab Mitte der 1960 Jahre und stammen aus der Feder des Eutiner Architekten Peter Arp. Geprägt von klaren Linien und schlichter Eleganz repräsentieren sie die Architektur der damaligen Zeit. Neben

Am Kellersee

Im Kurpark von Malente

Ruhe, Entspannung und Naturgenuss bieten ein Wassertret- und ein Armtauchbecken für Kneipp-Anwendungen, mehrere Schachfelder und eine Boulebahn Möglichkeiten zur körperlichen und geistigen Betätigung. Für die Nutzung der Kaminhäuschen liegt in den Sommermonaten Brennholz bereit.

Der Verein ›Freunde des Kurparks e.V.‹ bietet von Mai bis September Führungen zu den botanischen und architektonischen Besonderheiten an. Während des Sommers finden auf der Freilichtbühne und im Konzertpavillon außerdem Veranstaltungen wie musikalische Darbietungen oder Lesungen statt. Der Kurpark ist täglich von 9 bis 20 Uhr geöffnet, in den Wintermonaten bis 18 Uhr. Bedingt durch das vorhandene Landschaftsrelief und die daran angepasste Gestaltung ist der Park allerdings nur begrenzt barrierefrei nutzbar. Der Konzertpavillon, die Freilichtbühne und die Liegehalle sind jedoch vom Haupteingang am Haus des Kurgastes problemlos zu erreichen.

Weitere barrierefreie Zugänge befinden sich am Bahnhof und am Ende der Auguststraße.

Westlich des Kurparks, in einem Waldgebiet oberhalb des Diekseeufers, befindet sich der etwa 12 Hektar große **Wildpark**. Rot- und Damwild kann sich hier frei bewegen. Außerdem gibt es ein Schwarzwildgehege. Im angrenzenden **Arboretum** lassen sich mehr als 100 Baumarten entdecken. Der Wildpark ist ganzjährig geöffnet und frei zugänglich. Von Juni bis Oktober besteht die Möglichkeit, an einer Führung mit Abendfütterung teilzunehmen und den Tieren ganz nah zu kommen).

Die nach der ehemaligen Eigentümerfamilie benannte reetgedeckte **Tews-Kate** in der Sebastian-Kneipp-Straße stammt aus der Zeit vor 1650 und gilt als älteste erhaltene Räucherkate in Ostholstein. Typisch für diese frühen Kleinbauernhäuser sind der rundbogige Eingang, die ›Grotdöör‹, und der mit Holz verschalte Giebel. Mensch und Vieh lebten dort un-

WunderWelt Wasser an der Malenter Au

ter einem Dach. Noch bis 1967 wurde die Kate bewohnt und als Räucherkate genutzt, worauf der Herd ohne Schornstein hinweist. Im Jahr 1969 wurde sie von der Godenbergstraße/Marktstraße an ihren heutigen Standort versetzt. Heute ist in der Tews-Kate das **Malenter Heimatmuseum** untergebracht. Historisches Mobiliar, Haushaltsgegenstände sowie landwirtschaftliche und handwerkliche Geräte geben einen Einblick in die Lebens- und Arbeitswelt früherer Generationen.

Eine weitere historische Kate, die **Thomsen-Kate**, steht in der Marktstraße. Sie wurde dort, am ehemaligen Dorfplatz, um 1740 in Fachwerkbauweise mit Reetdach erbaut. Ihre Besitzer waren ausschließlich Handwerker, wie Schneider, Schuster, Böttcher und Wollspinner. Im Nebenerwerb betrieben sie Landwirtschaft. Entsprechend gab es Stallungen für die Tiere im hinteren Bereich und einen Dachboden als Strohlager. Im vorderen Teil, zu beiden Seiten der Diele, befanden sich die Wohnräume. Nach 1910 wurde die Kate nur noch zu Wohnzwecken genutzt. 1988 verkaufte sie der damalige Besitzer Hans-Hermann Thomsen schließlich an den Heimat- und Verschönerungsverein Malente. Im Jahr 1991 brannte das Gebäude bis auf die Grundmauern ab. Die Vorderwand und die vorderen Dielenwände blieben erhalten. Der Verein ließ die Kate mit kleineren Veränderungen im Inneren wieder aufbauen Das Gebäude steht seitdem unter Denkmalschutz. Heute befindet sich im Erdgeschoss das Trauzimmer des Standesamtes. In der Diele und im Obergeschoss finden regelmäßig kulturelle Veranstaltungen statt. Der hinter der Kate liegende Bauerngarten ist frei zugänglich. Er wurde im Stil historischer Bauerngärten angelegt, mit rundem Mittelbeet, von Buchsbaum eingefassten Wegen, Blumenbeeten, Nutz- und Kräutergarten, Obstbäumen und Beerensträuchern. Der Naturlehrpfad **WunderWelt Wasser** an der Malenter Au lädt vor allem Kinder und Jugendliche dazu ein, spielerisch das Element Wasser zu erforschen. Ein Rundweg, gesäumt von Schautafeln, Insekten- und Fischmodellen sowie kindgerechten Installationen, führt durch das

Der Holzbergturm in Neversfelde

Riesenfindling in Kreuzfeld

großenteils naturbelassene Erlenbruchgebiet. Ausführliche Informationen, ergänzt um kleine Aufgaben, erklären die hier vorkommenden Tiere und Pflanzen sowie deren Lebensräume an, im und auf dem Wasser.

■ Umgebung

Auf dem 90 Meter hohen Holzberg im Ortsteil Neversfelde steht seit Frühjahr 2020 der neue **Holzbergturm**. Diese 32 Meter hohe Stahlkonstruktion mit einer Aussichtsplattform in 29 Metern Höhe hatte bereits zwei hölzerne Vorgänger. Von der Plattform überblickt man die umliegenden Seen sowie die Wald-, Feld- und Knicklandschaft der Holsteinischen Schweiz. An klaren Tagen reicht die Sicht sogar bis zu den Werftkränen der Landeshauptstadt Kiel im Westen und bis zu den Hoteltürmen von Timmendorfer Strand und Travemünde im Osten. Beim Erklimmen der 147 Stufen informieren kleine Schautafeln über die verschiedenen Vegetationszonen des Waldes.

Unscheinbar nahe der Straße am Kieswerk Kreuzfeld liegt ein interessanter **Findlingsgarten**. Hier werden verschiedene Gesteinsabteilungen anschaulich präsentiert. Beeindruckend ist vor allem der 126 Tonnen schwere, fast vier Meter hohe **Riesenfindling**, der mit eiszeitlichen Gletschern aus dem rund 600 Kilometer entfernten südlichen Schweden hierher gelangte. Er wurde 1983 in der benachbarten Kiesgrube gefunden und ist einer der größten Findlinge, die in Schleswig-Holstein je zu Tage befördert wurden.

Umgeben von idyllischer Natur liegt am südlichen Ufer des Kellersees das **Gut Rothensande**. Der Gutshof ›Rodesand‹ wurde erstmals 1361 urkundlich erwähnt. In den folgenden Jahrhunderten wechselte die Großbauernstelle mehrmals den Besitzer. 1911 kaufte ein Kieler Ziegeleibesitzer das Gut und ließ das repräsentative Herrenhaus, ein neues Torhaus sowie den großen Kuhstall errichten. Zu dieser Zeit erhielt die Anlage weitestgehend ihr heutiges Erscheinungsbild. Bundesweit bekannt wurde Gut Rothensande Mitte der 1950er Jahre als Hauptdrehort der ›Immenhof‹-Filmtrilogie um Dick, Dalli, Oma Jantzen und deren Ponygestüt.

Nach einer anschließenden Nutzung als Pferdezuchtbetrieb und mehrjährigem Leerstand kaufte 2012 ein Schweizer Investor das Gut. Er sanierte es umfangreich und eröffnete hier 2021 eine luxuriöse Hotelanlage, inklusive Boxen für Gastpferde.

⊙ Wanderung von Bad Malente um den Dieksee

Start/Ziel: Bahnhof Bad Malente-Gremsmühlen. **Länge:** 15 Kilometer.
Die Wanderung mit Abstecher zum Holzbergturm führt nicht nur am See entlang, sondern auch durch Wald-, Feld- und Wiesenlandschaft sowie verträumte Dörfer. Die Strecke ist teils hügelig, aber nicht zu anstrengend. Einen halben Tag sollte man jedoch einplanen. Nördlich des Bahnhofs, kurz hinter der Tourist-Information, zweigt ein unscheinbarer Weg Richtung **Wildpark** ab. Wir erreichen das 12 Hektar große Gehege über eine Treppe. Mit etwas Glück treffen wir auf der Lichtung ein paar Rehe oder Hirsche an. Wir durchstreifen den Park, überqueren hinter dem Parkplatz die Straße und zweigen an der nächstmöglichen Stelle wieder links hinunter in den Wald ab. Der Wegweiser ›Labyrinth‹ führt uns nach etwa 300 Metern zu einer kleinen Kuriosität, dem ›Labyrinth der Männer‹, das linker Hand auf einer Wiese liegt. Das **Steinlabyrinth** wurde 2005 von einer Gruppe Männer nach historischem Vorbild angelegt. Es ein Ort der Einkehr und der Meditation, aber auch der Begegnung. Selbstverständlich ist es nicht nur Männern gestattet, diesen besonderen Ort zu betreten. Verlaufen kann man sich hier nicht. Vom einzigen Eingang führt ein Weg in vielen Windungen bis zur Mitte. Auf demselben Weg wird das Labyrinth wieder verlassen. Anschließend folgen wir dem ansteigenden Waldweg bis zur Grebiner Straße. Auf der anderen Straßenseite liegt versteckt im Wald der 32 Meter hohe **Holzbergturm** auf dem gleichnamigen Berg. Von der Aussichtsplattform, insgesamt 120 Meter über dem Meeresspiegel und hoch über den Baumwipfeln, können wir in der Ferne, zwischen Dieksee und Behler See, bereits unser nächstes Etappenziel Timmdorf erahnen. Bis dahin haben wir aber noch eine gute Stunde Weg vor uns. Wir wandern auf dem Grebiner Weg weiter bis zum Ortseingang von Neversfelde und biegen dort in die erste Straße links (Am Holzberg) ein. Diese führt uns auf einen wunderschönen Streckenabschnitt. Hinter der eingezäunten Wiese nehmen wir rechts den Pfad in Richtung Wald. Ein Stück bergan und wieder aus dem Wald heraus, finden wir uns an einem Feldrand wieder. Weiter geradeaus, kommen wir wieder auf den Grebiner Weg. Wir halten uns links auf dem Fuß- und Radweg und biegen nach einigen Hundert Metern ab in Richtung Radlandsichten. Wir passieren den Ferienhof mit Hofladen, Café und Hochseilgarten und zweigen hinter der Kurve nochmals links in den Eutiner Forst ab. Hier säumen beeindruckende, schlanke Baumriesen den Weg, die den Wald fast märchenhaft erscheinen lassen.
Nach dem Überqueren der Dorfstraße und der Bahngleise nähern wir uns dem Dieksee. Wir halten uns rechts und folgen dem Weg bis in das beschauliche **Timmdorf** mit seinen rund 500 Einwohnern. Vorher lädt noch eine idyllische Wiese mit Bootssteg an einer kleinen Bucht zu einer Ruhepause ein. Das Gelände wird von der Bootssteg-Gemeinschaft Timmdorf ehrenamtlich gepflegt. Im Dorfzentrum des heilklimatischen Erholungsortes liegt der Landgasthof Kasch, der bekannt ist für seine Holsteiner Spezialitäten.
Etwa 200 Meter weiter Richtung Niederkleveez, am Durchfluss der Schwentine vom Dieksee in den Behler See, befindet sich der Anleger der 5-Seen-Fahrt. Von hier besteht die Möglichkeit, abzukürzen und mit dem Schiff zurück nach Malente zu fahren. Wer weiter wandern möchte, folgt der Straße nach Niederkleveez. Hier hat man

Bad Malente-Gremsmühlen 85

vom Restaurant ›Fährhaus Niederkleveez‹ mit Kaffeegarten direkt am Diekseeufer einen herrlichen Panoramablick. Die letzten drei Kilometer führt der Weg durch den Uferwald Holm.

Kurz vor Malente kommen wir an den **Spiegelteichen** vorbei, in deren Wasser sich die umgebende Natur spiegelt. Großherzog Nicolaus Friedrich Peter ließ die Teiche in der zweiten Hälfte des 19. Jahrhunderts anlegen, um Edelfische zu züchten, allerdings ohne nachhaltigen Erfolg. Als Malente 1955 Kneipp-Heilbad wurde, entstand im Auslauf eines der Teiche eine Wassertretstelle. Müde Füße freuen sich hier zum Abschluss über eine kühle, gesundheitsfördernde Erfrischung. Links des Weges befindet sich ein Armtauchbecken. Entlang der Diekseepromenade erreichen wir schließlich unseren Ausgangspunkt im Zentrum von Malente.

Bad Malente-Gremsmühlen
PLZ: 23714. **Vorwahl:** 04523.
Tourist-Information: Bahnhofstraße 3, Tel. 04523/9842730.
www.malente-tourismus.de

Bad Malente-Gremsmühlen liegt an der Bahnstrecke Lübeck–Kiel. Regionalbahnen in beide Richtungen verkehren im Halbstundentakt.

Hotel Villa im Steinbusch, Sebastian-Kneipp-Straße 1, 23714 Bad Malente, Tel. 04523/2637. Familiengeführtes Hotel in zentrumsnaher, aber ruhig gelegener Jugendstilvilla von 1906, geschmackvoll eingerichtete Zimmer, teils mit Balkon, sehr herzliche Gastgeber.
www.villa-im-steinbusch.de

Hotel Diekseeqell, Diekseepromenade 21, 23714 Bad Malente, Tel. 04523/880833. Drei-Sterne-Hotel direkt am Dieksee. Für das hoteleigene Schwimmbad wird Wasser aus den Diekseequellen genutzt.
www.diekseequell.de

Hotel Gut Immenhof, Rothensande 1, 23714 Malente, Tel. 04523/88280. Luxuriöse Hotelanlage am Südufer des Kellersees. www.gut-immenhof.de

Landgasthof Kasch, Dorfstraße 60, 23714 Timmdorf, Tel. 04523/3383; Mi-So 11.30–21 Uhr, Mo und Di Ruhetag. Rustikal gestalteter Innenbereich, schöner Garten mit direktem Wasserzugang, Holsteiner Küche mit leichtem internationalen Flair; viele verwendete Produkte kommen aus der Region, umfangreiches Angebot an hausgebackenen Kuchen und Torten, unbedingt probieren: hausgemachte Holunderblütenschorle. Auch Vermietung von Zimmern und Ferienwohnungen.
www.landgasthof-kasch.de

Fährhaus Niederkleveez, Am Dieksee 6, 24306 Niederkleveez, Tel. 04523/984 8989. Familiengeführtes Hotel mit Panoramarestaurant und Café direkt am Dieksee. Regionale und saisonale Küche
www.faehrhaus-dieksee.com

Villa Colonial, Hindenburgallee 2, 23714 Bad Malente, Tel. 04523/207815; Di-Sa 12–22 Uhr, So 12–20 Uhr. Restaurant am Dieksee mit schönen Terrassenplätzen und abwechslungsreicher Speisekarte.
www.villa-colonial.de

Seehütte am Kellersee – Fischbrötchen-Café, Kellerseestraße 52, Tel. 04523/ 988178, 23714 Malente; Mi-Sa 11–18 Uhr. Frisch zubereitete Fischbrötchen und hausgebackene Blechkuchen in traumhafter Lage direkt am Anleger der Kellerseefahrt, beliebter Zwischenstopp bei Paddlern. www.fischbroetchen-cafe.de

To'n Windbüdel, Alte Mühle Grebin, Behler Weg 1, 24329 Grebin, Tel. 0174/6794745; Mai-Mitte Okt. Mi-So und Feiertags 11–18 Uhr, uriges Café und

Bistro in einer historischen Windmühle; schöner Garten mit Blick über die Hügellandschaft; leckere selbstgebackene Torten und Windbeutel; Wein aus eigenem Anbau. Regelmäßig finden Konzerte und andere kulturelle Veranstaltungen statt. www.windbuedel.de

Ingenhof, Dorfstraße 19, 23714 Malkwitz, Tel. 04523/202159. Weingut mit der größten zusammenhängenden Rebfläche zwischen Nord- und Ostsee. Weinverkauf, Feldcafé und Ferienwohnungen. Weinbergführungen mit Kellereibesichtigung und Weinprobe. Im Juni und Juli Erdbeeren und Himbeeren zum Selbstpflücken. www.ingenhof.de

Camping An der Schwentine, Wiesenweg 14, 23714 Bad Malente, Tel. 04523/ 4327. Der Campingplatz liegt direkt am Ufer der Schwentine in der Nähe des Kellersees.
www.camping-bad-malente.de

Immenhof-Filmtour, April–Okt. Sa 10–13 Uhr. Die Tour führt zu ehemaligen Drehorten der Immenhof-Filme. Anmeldung unter Tel. 0151/10212951.
www.immenhofmuseum.de
Tews-Kate/Heimatmuseum, Sebastian-Kneipp-Straße, 23714 Bad Malente, Tel. 04523/990341, Ostern–Okt. Fr–So 14–17 Uhr, Eintritt frei.
www.heimatverein-malente.de
Wildpark Malente, Mitte April–Mitte Okt. 8–22 Uhr, Mitte Okt.–Mitte April 8–18 Uhr. Wildpark-Führungen mit Abendfütterung 14-tägig Do 17 Uhr, Buchung über die Tourist-Information. Termine: www.holsteinischeschweiz.de/wildpark-fuehrung
WunderWelt Wasser, Janusallee/Anleger Kellerseefahrt, 23714 Bad Malente; April–Nov. 8–18 Uhr.
www.malente-tourismus.de

Wöllert, Marktstraße 1, 23714 Bad Malente, Tel. 04523/1642; Mo–Fr 9–18 Uhr, Sa 9–13 Uhr. Fachgeschäft und Werkstatt, Verleih von Fahrrädern und E-Bikes. www.woellert-malente.de
Tourist-Information Malente, s.o.

Ferienhof Radlandsichten, 23714 Bad Malente-Gremsmühlen (einige Kilometer westlich des Ortes!). Hofcafé in rustikalem Ambiente mit Kaffeegarten, Hochseilgarten und Kinderspielplatz. Im Hofladen werden eigene Produkte verkauft.
www.radlandsichten.de

Strandbad am Dieksee, Tel. 04523/1633; Mitte Mai–Mitte Sept. Mo 12–18 Uhr, Do–So 10–18 Uhr. Das Freibad verfügt über einen Sprungturm, eine Liegewiese und einen Kiosk mit Seeterrasse. Die Badestelle ist bewacht, der Eintritt frei.

5-Seen-Fahrt & Kellersee-Fahrt GmbH, Bahnhofstraße 5, 23714 Bad Malente, Tel. 04523/2201. www.5-seen-fahrt.de
Kanucenter Malente, Godenbergstraße 7b, 23714 Bad Malente, Tel. 04523/7389. Verleih nur an Gruppen.
www.kanucenter-malente.de
Bottervogel Outdoor, Hindenburgallee 1, 23714 Bad Malente, Tel. 04523/ 403605. Vermietung von Kanus und SUP-Boards.
www.bottervogel-outdoor.de
SUP-Board-Verleih am Kellersee, Anleger Janusallee (Container der Firma kolula), 23714 Bad Malente. Mit dem zugesandten Link kann das jeweilige Schließfach des Containers per Smartphone geöffnet und das Board herausgenommen werden. Buchung: www.kolula.com.
SUP Adventures Malente, Tel. 01523/1777266. Mobiler SUP-Board-Verleih. www.sup-adventures-malente.de

Petersen, Bahnhofstraße 23, 23714 Bad Malente, Tel. 04523/2296; Di–Sa 7:30–18 Uhr. Schlachterei, Schinkenräucherei und Wurstherstellung. Verkauf von regionalen Spezialitäten und Holsteiner Klassikern wie Katenrauchschinken, und -mettwurst, Landleberwurst und Sauerfleisch. Geräuchert wird in einer Räucherkate von 1788 im nahen Timmdorf.

Plön

Die kleine Stadt Plön (9000 Einwohner), Kreisstadt des gleichnamigen Landkreises, ist komplett von Wasser umgeben. Nur gut ein Viertel des Stadtgebietes ist Landfläche, der Rest verteilt sich auf ein Dutzend Seen.

Hoch über dem Ufer des Großen Plöner Sees thront majestätisch und weithin sichtbar das strahlend weiße Schloss aus dem 17. Jahrhundert, das Wahrzeichen Plöns.

Charakteristisch ist außerdem die Altstadt zwischen Bahnhof und Schloss mit ihren schmalen, kopfsteingepflasterten Gassen, den sogenannten Twieten. Die Twieten führten einst bis zu den Seeufern hinab und spielten eine wichtige Rolle als Löschwege im Brandfall sowie für die Wasserversorgung.

■ Geschichte

Der Ursprung der Stadt Plön liegt im Großen Plöner See, genauer gesagt auf der Insel Olsborg, etwa 150 Meter von seinem nordöstlichen Ufer entfernt. Hier befand sich in spätslawischer Zeit eine Burg mit dem Namen Plune, was soviel bedeutet wie ›eisfreie Stelle‹ und auf den nahen Schwentinedurchfluss zurückzuführen ist. Die Insel, deren Fläche auf Grund des damals niedrigeren Seespiegels wesentlich größer war als heute, war durch eine hölzerne Brücke mit dem Festland verbunden.

Nachdem die Slawenburg im Zuge der Eroberung Wagriens 1139 zerstört worden war, ließ Graf Adolf II. hier 1159 eine neue Burg bauen. 1173 entschied man sich jedoch für die Verlegung des Standortes auf den heutigen Schlossberg

Blick auf die Altstadt

Holsteinische Schweiz

Plön

und errichtete dort eine primitive Burg aus Holz und Stein. Am Fuße des Bergs, im Bereich der heutigen Langen Straße, hatte sich zwischenzeitlich eine kleine Marktsiedlung entwickelt.
Bald entstanden die ersten Wassermühlen und Aalwehre im Bereich der Zu- und Abflüsse des Großen Plöner Sees. Durch das aufgestaute Wasser kam es zu einem Anstieg des Seespiegels, wodurch mehr und mehr Inseln überflutet wurden, so auch die Olsborg. Sie tauchte erst nach einer künstlichen Absenkung des Seespiegels 1882 wieder auf. Graf Adolf IV. verlieh Plön 1236 das Lübische Stadtrecht und verhalf dem Markt- und Handwerkerort damit zu einem starken Aufschwung. In den folgenden Jahrhunderten hatten verschiedene deutsche und dänische Herrscher das Sagen.
Wesentliche Bedeutung erlangte Plön im 17. Jahrhundert, als im Zuge von Landesteilungen viele Kleinstaaten entstanden.

Die Stadt wurde im Jahre 1622 Residenz des souveränen Herzogtums Schleswig-Holstein-Sonderburg-Plön, das zunächst aus der Stadt und dem Amt Plön sowie den Ämtern Ahrensbök und Reinfeld bestand. Später kamen verschiedene Güter hinzu. Infolge reger Bautätigkeit der Herzöge Joachim Ernst (reg. 1622–1671), Johann ›Hans‹ Adolf (reg. 1671–1704) und Friedrich Carl (reg. 1729–1761) erhielt die Stadt ihr heutiges Bild: Das Plöner Schloss wurde an Stelle der vorhandenen Burg zwischen 1633 und 1636 erbaut. Im Jahr 1685 gründete Herzog Johann Adolf vor den Toren der damaligen Stadt eine Handwerkersiedlung, die ›Neustadt‹, und siedelte dort protestantische Glaubensflüchtlinge aus katholischen europäischen Ländern an. Es entstand die Johannisstraße. Unter der Regentschaft von Herzog Friedrich Carl kamen im Schlossgebiet weitere Gebäude mit unterschiedlicher Funktion hinzu.

Nach dem Tod Friedrich Carls im Jahr 1761 fiel das Herzogtum mangels legitimer männlicher Erben wieder an Dänemark. Dies hatte der Herzog zu Lebzeiten so bestimmt. Der dänische König übernahm im Gegenzug dessen gesamte Schuldenlast. 1840 wählte König Christian VIII. Plön als offizielle Sommerresidenz.

Mit dem Anschluss Schleswig-Holsteins an Preußen 1867 wurde es preußische Kreisstadt. Im Zuge der Eröffnung der Eisenbahnlinie Kiel-Neustadt im Jahr 1866 erhielt auch das knapp 2000 Einwohner zählende Plön einen Bahnhof. Damit war die Voraussetzung für eine weitere wirtschaftliche Entwicklung gegeben.

■ Schloss und Schlossgebiet

Knapp einen Kilometer vom Bahnhof entfernt liegt auf einer Moränenkuppe am Großen Plöner See das weithin sichtbare **Schloss**. Über das weitläufige Schlossgebiet verteilen sich einige Nebengebäude, die aus unterschiedlichen Epochen stammen. Vom Schlossberg eröffnet sich ein eindrucksvoller Blick auf den See, die Prinzeninsel und die Dächer der Stadt. Das dreiflügelige Schloss selbst ist ein herausragendes Beispiel der Architektur zwischen Renaissance und Barock. Interessant sind vor allem seine wechselvolle Geschichte und die verschiedenen Nutzungen über die Jahrhunderte. Das repräsentative Residenzschloss entstand von 1633–1636, nach Abriss der mittelalterlichen Burg, anlässlich der Hochzeit von Herzog Joachim Ernst mit der Gottorfer Prinzessin Dorothea Augusta. Der Bau wurde im Wesentlichen von der Mitgift der Braut finanziert, die diesen auch initiiert hatte. Unter Herzog Friedrich Carl, dem letzten der Plöner Herzöge, wurde es im Stil des Rokoko ausgebaut. Als Plön 1840 nach dem Tod Friedrich Carls zur Sommerresidenz des dänischen Königs wurde, ließ Christian VIII. das Schloss umfangreich sanieren und weiß streichen, ganz nach dänischer Tradition. Nach dem Ende des Deutsch-Dänischen Krieges kam das Schloss in preußischen Besitz und wurde 1868 zu einer Kadettenanstalt umfunktioniert. Direkt vor dem Schlossgebäude entstand 1895 das Pförtnerhaus, das als Zugangskontrolle und als Karzer diente. Mit dem Ende des Ersten Weltkrieges wurden Militärschulen verboten. Dar-

Am Großen Plöner See

Im Schloss ist heute eine Fortbildungsstätte für Optiker untergebracht

aufhin fungierte das Schloss zunächst als staatliche Bildungsanstalt (›Stabila‹) mit humanistischem Bildungsideal, im Dritten Reich dann als Nationalpolitische Erziehungsanstalt (›Napola‹).

Nach dem Zweiten Weltkrieg übernahm das Land Schleswig-Holstein das Schloss. Ab 1946 war hier das staatliche Internat Schloss Plön untergebracht. Schließlich wurde der Sanierungsbedarf so groß, dass die Landesregierung den Internatsbetrieb 2001 einstellte und 2002 mit der gemeinnützigen Fielmann GmbH einen Käufer für das Gebäude fand. Mit großzügigen Fördermitteln richtete der neue Eigentümer das Gebäude her und betreibt hier seit 2004 eine Fortbildungsstätte für die Optikerbranche.

Eine Auflage für den Erhalt der Fördermittel war es, das Schloss auch der Öffentlichkeit zugänglich zu machen. Dies geschieht nun im Rahmen von Führungen, die direkt über die Fielmann Akademie gebucht werden können. Zu besichtigen sind unter anderem der herzogliche Wohnbereich, der Gartensaal, der Rittersaal und die Kapelle. Darüber hinaus wird das Schloss für kulturelle Veranstaltungen wie Konzerte oder Lesungen genutzt.

Unweit des Schlosses befindet sich die ehemalige **Reitbahn** mit Marstall und Uhrenhaus aus der Zeit Herzog Friedrich Carls. Das Ensemble entstand zwischen 1745 und 1750 nach Entwürfen des berühmten Barockbaumeisters Johann Gottfried Rosenberg. Während im Marstall die wertvollsten Reitpferde des Herzogs standen, diente das Uhrenhaus als herzogliche Reithalle. In dänischer Zeit war es Wagenremise und Pferdestall, 1882 wurden Dienstwohnungen der Kadettenanstalt eingebaut, und die Hallenstruktur ging verloren. Die Uhr im Giebeldreieck geht ebenfalls auf diese Epoche zurück und gab dem Gebäude seinen heutigen Namen. Die ehemalige Reitbahn, die in der Vergangenheit auch als Turnier- und Exerzierplatz diente, ist heute eine große Rasenfläche.

Zwei Alleen führen auf das etwas abseits liegende **Prinzenhaus** zu. Herzog Friedrich Carl ließ es 1744–1751 ebenfalls von seinem Hofbaumeister Johann Gottfried Rosenberg als Gartenhaus und privaten Rückzugsort errichten. Es gilt als eines der bedeutendsten Rokokogebäude in Schleswig-Holstein. Der dazugehörige ursprüngliche Barockgarten wurde ab 1840 im Stil eines englischen

Landschaftsparks neu angelegt. Nur die beiden eindrucksvollen Lindenalleen, die den Lustgarten einrahmten, blieben erhalten und wurden in die Neugestaltung einbezogen.

Ab 1896 zogen die Söhne Kaiser Wilhelms II. in das Gartenhaus ein. In dieser Zeit wurden auch die beiden Seitenflügel angebaut. Die Prinzen waren von Berlin in diese ländliche Umgebung geschickt worden, um fernab städtischer Ablenkungen ungestört lernen zu können. Der Kaiser dokumentierte mit dieser Entscheidung außerdem die Verbundenheit Preußens mit der Provinz Schleswig-Holstein. Das Gebäude trägt seitdem den Namen Prinzenhaus.

In den darauffolgenden Jahrzehnten diente das Haus als Wohnsitz der dänischen Hofbeamtenfamilie von Rosen sowie als Lazarett, Schul- und Internatsgebäude. Seit 1999 ist das Baudenkmal im Besitz der Deutschen Stiftung Denkmalschutz, die es aufwändig sanierte und in einen lebendigen Kulturort verwandelte. Im Rahmen von Führungen kann man die prächtigen Räume besichtigen, unter anderem das Vestibül, den Gartensaal und das Marmorkabinett. Eine kleine Ausstellung informiert über die Geschichte des Gebäudes und zeigt Erinnerungsstücke aus der Plöner Schulzeit der Kaisersöhne. Im Jahr 1908/09 wurde im Schlossgebiet eine **Schwimmhalle** für die Prinzen und die im Schloss ausgebildeten Kadetten errichtet. Bis dahin hatte der Schwimmunterricht im Plöner See stattgefunden. Kaiserin Auguste Viktoria soll sich für den Bau des Hallenbades eingesetzt haben, um ihrem gesundheitlich labilen jüngsten Sohn das Schwimmen im kalten See zu ersparen. Später erhielten die Plöner Gymnasiasten in dem Jugendstilgebäude Schwimmunterricht, bis die Halle 1994 geschlossen wurde. 1999 kaufte die Marius-Böger-Stiftung das Gebäude und sanierte es. Seitdem befinden sich in der **Alten Schwimmhalle** ein Kulturforum und ein empfehlenswertes Restaurant.

Ebenfalls im Schlossgebiet, zwischen Marstall und Schlossgarten, liegt die **Alte Schlossgärtnerei**. Neben einem Melonengarten und einem Hofgärtnerhaus gab es hier in herzoglicher Zeit auch eine Orangerie. Sie war Winterquartier für die frostempfindlichen exotischen Kübelpflanzen, die damals als wichtiges Statussymbol galten. Vor allem Zitrusgewächse waren bei Hofe beliebt. Während der Sommermonate wurden

Das Prinzenhaus

Prinzeninsel mit Badestelle

die Pflanzen im barocken Lustgarten platziert. Heute befindet sich auf dem Gelände der ehemaligen Schlossgärtnerei ein privater Gärtnereibetrieb, der auf Kräuter, Gemüse- und andere Nutzpflanzen spezialisiert ist. In der Kräutermanufaktur werden Marmelade, Pesto, Saft und Sirup hergestellt und verkauft.

■ Prinzeninsel

Durch den Schlosspark und ein Waldgebiet, aber auch über den Strandweg am Seeufer, erreicht man die **Prinzeninsel**, allerdings nur zu Fuß oder per Fahrrad. Für Passagiere der Großen Plöner Seerundfahrt gibt es außerdem einen Anleger. Die anderthalb Kilometer lange und an einigen Stellen nur 30 Meter breite bewaldete Landzunge ragt mitten in den Großen Plöner See hinein. Ein Wanderweg führt bis zu ihrer Spitze, wo sich auch das historische Niedersächsische Bauernhaus, die ehemalige ›Prinzenfarm‹, befindet. In ihrer heutigen Gestalt ist die Prinzeninsel erst seit einer künstlichen Absenkung des Seespiegels im Jahr 1882 existent.

Im Jahr 1901 pachtete Kaiser Wilhelm II. die Insel für seine Söhne, bis er sie schließlich 1910 erwarb. Die Prinzen erlernten hier im Rahmen ihrer schulischen Ausbildung landwirtschaftliche Grundkenntnisse. Ihre Mutter, Kaiserin Auguste Victoria, soll sich bei Besuchen besonders gern an einem Platz am südlichen Ufer aufgehalten haben, mit Blick auf den See und die vorgelagerten Inseln. Nicht weit entfernt, an einer Stelle mit idyllischem Sandstrand und flach abfallendem Seegrund, lernten die Prinzen schwimmen.

Seit dem Ende der Monarchie ist die Prinzeninsel, nach wie vor im Besitz des Hauses Hohenzollern, wieder öffentlich zugänglich. Das ehemalige ›Prinzenbad‹ ist heute eine der schönsten Badestellen der Holsteinischen Schweiz. Am Strand stehen einige Strandkörbe, ein Bistro bietet kleine Snacks, Cocktails und andere Getränke an. Im Niedersächsischen Bauernhaus mit Restaurant, Café und Biergarten wird Holsteiner Küche in historischem Ambiente serviert.

Am Weg zur Prinzeninsel befindet sich das historische Gartendenkmal **Alter Apfelgarten** mit historischen Sorten. Die etwa 100 Bäume auf dem einen Hektar großen Areal sind an Baumpaten vermietet, weshalb die Äpfel nicht gepflückt werden dürfen. Der Garten wurde bereits zu Zeiten von Herzog Joachim Ernst als Nutzgarten angelegt und gehörte später zum Schloss-Internat. Seit 2007 ist er an den Verein der Freunde des Plöner Prinzenhauses verpachtet, der ihn auch revitalisierte. Hinter dem Apfelgarten liegt der 1871 angelegte **Kadettenfriedhof**. Hieran anschließend befand sich einst ein von Herzog Johann Adolf angelegtes Jagdgehege.

■ Weitere Sehenswürdigkeiten

Zentral am Marktplatz steht die **Nikolaikirche**. Bis Ende des 18. Jahrhunderts befand sich um die Kirche herum der Friedhof. Der alte Markt lag ursprünglich einige Meter weiter am Fuße des Burgbergs. Die erste, mittelalterliche Kirche ließ Herzog Johann Adolf um 1690 durch ein barockes Gotteshaus ersetzen, das jedoch 1864 durch Blitzschlag zerstört wurde. Die heutige Marktkirche wurde von 1866–1868 in neuromanischem Stil auf ihren Grundmauern errichtet. Der schlicht wirkende Kirchenraum ist in hellen Farben gehalten und strahlt eine freundliche Atmosphäre aus. Eine Besonderheit sind das Tonnengewölbe, an dem kleine goldene Drei- und Vierecke den Sternenhimmel symbolisieren, und die tribünenartig angeordneten Kirchenbänke in den Seitenschiffen. Der Kirchturm misst 60 Meter und ist damit so hoch wie der Große Plöner See maximal tief ist.

Westlich und östlich des Marktplatzes (Markttage: Dienstag und Freitag) erstrecken sich die **Fußgängerzone** Lange Straße und die verkehrsberuhigte Lübecker Straße mit den quer verlaufenden Twieten. In diesem Bereich gibt es viele kleine Geschäfte, Restaurants und Cafés. Ein beliebtes Fotomotiv, nicht nur für Berliner Gäste, ist das **Brandenburger Tor**. Es wurde auf Veranlassung des Bürgermeisters Brandenburg im Jahr 1929 erbaut und bildet den Eingang zur Rathaustwiete.

In der Johannisstraße befindet sich das **Museum des Kreises Plön.** Das Gebäude wurde als Adelshaus errichtet und hatte seitdem unterschiedliche Funktionen. Zur Gründungszeit der Handwerkersiedlung ›Neustadt‹ wurde hier ein Waisenhaus eingerichtet, von 1803–1928 war das Gebäude Sitz der Hofapotheke. Herzstück des Museums ist eine umfangreiche Glassammlung, eine der größten in Norddeutschland. Ende des 16. Jahrhunderts kamen Glasmacher aus Hessen und Südniedersachsen in die Gegend und betrieben zahlreiche Waldglashütten, denn das als Rohstoff benötigte Buchenholz war hier reichlich vorhanden. Das Museum zeigt außerdem vor- und frühgeschichtliche Funde, den Silberschatz der Plöner Schützengilde von 1621 sowie den alten Apothekenverkaufsraum (Offizin) von 1842. Auch die Geschichte der Kadettenanstalt im Plöner Schloss findet Berücksichtigung. Auf dem Museumsvorplatz wurde 2014 ein Apothekergarten mit 94 Heilkräutersorten angelegt.

Gegenüber steht die **Johanniskirche**, ein kleiner barocker Fachwerkbau. Herzog Johann Adolf ließ sie 1685 nach dem Vorbild der Johanniskirche in der Auguststadt in Wolfenbüttel für die neue Handwerkersiedlung errichten. Die Auguststadt war die Heimat der Herzogin und diente als Vorbild für die gesamte Plöner Neustadt. Eine Besonderheit der Kirchenausstattung sind die sechs Wandleuchter (Blaker), die Kaiserin Auguste Victoria für jeden ihrer in Plön ausgebildeten Söhne stiftete.

Entlang des Strandweges am Großen Plöner See, zwischen den Schiffsanlegern Marktbrücke und Prinzeninsel, verläuft der **Planetenpfad**. Das originelle Projekt erklärt mittels Schautafeln die

Altstadt mit Nikolaikirche

einzelnen Planeten unseres Sonnensystems. Die Standorte der Tafeln spiegeln die Entfernungen der jeweiligen Planeten zur Sonne im Maßstab 1 :2 Milliarden wider. Ein Meter Wegstrecke entspricht zwei Millionen Kilometern am Himmel. Im Norden des Stadtgebietes, auf dem 60 Meter hohen Parnassberg, befindet sich der 1888 errichtete **Parnassturm**. Der Aussichtsturm besteht aus einem eingeschossigen Sockel aus Backsteinmauerwerk und einer darüber liegenden offenen Stahlkonstruktion. Die Aussichtsplattform befindet sich in 20 Metern Höhe. Besonders schön ist der Ausblick auf die Stadt und die umliegende Seenlandschaft zur Rapsblüte im Mai. An der Südseite des Turms befindet sich eine Gedenkstätte für die Gefallenen der Kriege 1848–1851 sowie 1870/71.

Mit dem **Seekieker** lässt sich die Umgebung Plöns näher erkunden. Dieser ‹Hop-on-Hop-off-Bus› fährt stündlich im Uhrzeigersinn um den Großen Plöner See und steuert verschiedene Orte an. Die attraktivsten Ausflugsziele werden auf diese Weise bequem erreicht. Die Fahrt kann an den Haltepunkten beliebig oft für eine Ortsbesichtigung unterbrochen und mit einer der nächsten Touren fortgesetzt werden. Auch für die Kombination mit einer Wanderung, Rad- oder Schiffstour bietet sich der Seekieker an. Start ist zwischen 9 und 17 Uhr am ZOB in Plön.

Plön

PLZ: 24306. **Vorwahl:** 04522.
Tourist-Information: Bahnhofstraße 5, Tel. 50950. Bietet neben konventionellen Stadt- und Gebäudeführungen auch außergewöhnliche Stadtführungen an, wie zum Beispiel per Kanu um die Altstadt oder mit Fackeln durch das Schlossgebiet. www.touristinfo-ploen.de

Plön liegt an der Bahnstrecke Lübeck–Kiel. Regionalbahnen in beide Richtungen verkehren im Halbstundentakt.

Seekieker, Hop-on-Hop-off-Bus um den Großen Plöner See (Niederflurbus). Fahrkartenverkauf im Bus oder in den Tourist-Informationen Plön und Bosau. Tarife für Rundfahrt mit Unterbrechungsmöglichkeit sowie Teilstrecken, Fahrradmitnahme möglich, Ermäßigung mit der ostseecard Plön und Bosau, Gruppen- und Familientarife. www.seekieker-bus.de

Landhaus Hohe Buchen, Lütjenburger Straße 34, 24306 Plön, Tel. 04522/789410 oder -11. Hotel mit hübschen Zimmern im Landhausstil, 15 Gehminuten vom Zentrum entfernt. www.landhaus-hohe-buchen.de
Hotel Seeufer, Prinzenstraße 9, 24306 Plön, Tel. 04522/2015. Im Villenstil erbautes Hotel am Kleinen Plöner See. Geschmackvoll eingerichtete Zimmer; parkähnliche Liegewiese mit Gartenmöbeln und Badesteg. www.hotel-seeufer.de
Hotel Seeblick, Rodomstorstraße 70, 24306 Plön, Tel. 04522/3993. Kleines Hotel, zehn Gehminuten vom Zentrum entfernt, in der Nähe der Badestelle am Trammer See. Freundlich und funktional eingerichtete Zimmer. www.hotel-seeblick-ploen.de

Naturcamping Spitzenort, Ascheberger Straße 76, 24306 Plön, Tel. 04522/2769. Einer der beliebtesten Campingplätze in der Region, auf einer Landzunge am Nordufer des Großen Plöner Sees. www.spitzenort.de
Campingpark Gut Ruhleben, Missionsweg 2, 24306 Bösdorf/Plön, Tel. 04522/8347. Von Laubwald umgebener Campingplatz am Großen Plöner See. www.camping-ruhleben.de
Naturcamping Kirchsee, Kahlbrook 25a, 24211 Preetz, Tel. 04342/309549. Cam-

pingplatz in parkähnlicher Umgebung am Ufer der Schwentine, nahe dem Zentrum von Preetz.

Concilium Culinarium, Lange Straße 30, 24306 Plön, Tel. 0173/6182436; Di-Sa ab 17 Uhr. Tapas-Bar mit spanischen Spezialitäten, mediterranes Flair auf der Innenhofterrasse. www.concilium-culinarium.de
Restaurant Alte Schwimmhalle, Schlossgebiet 1a, 24306 Plön, Tel. 04522/593630; Okt.–Mai Mo-Fr 12-14:30 Uhr und ab 17 Uhr, Sa ab 17 Uhr, So/feiertags ab 12 Uhr, Di Ruhetag, Sommer- bis Herbstanfang tägl. ab 12 Uhr, kein Ruhetag. Vielseitiges, sehr gutes Speisenangebot, wechselndes Tagesgericht, Außenbereich mit netter Biergarten-Atmosphäre in historischem Ambiente, regelmäßig Live-Musik. www.restaurantalteschwimmhalle.de
Prinzeninsel, Große Insel 1, 24306 Plön, Tel. 04522/508700; Di-So 12-21 Uhr, Mo Ruhetag. Café und Restaurant im traditionsreichen Niedersächsischen Bauernhaus. Holsteiner Spezialitäten mit Einflüssen aus der italienischen und französischen Küche. Verwendung von Produkten regionaler Erzeuger. www.prinzeninsel-ploen.de
Brasserie am Schloss, Schlossberg 1-2, 24306 Plön, Tel. 04522/1837; Mo und Do-Sa ab 17 Uhr, So/feiertags ab 12 Uhr. Beliebtes Restaurant mitten in der Plöner Altstadt. Auswahl an Fleisch- und Fischgerichten, Pizza, Pasta sowie vegetarischen Speisen. www.brasserieploen.de

Tarte Café & Bistro, Lübecker Straße 10, 24306 Plön, Tel. 04522/7464452; Mo–Do 10-18 Uhr, Fr und Sa 9-17 Uhr. Hübsches, helles Café und Bistro mit Außenplätzen direkt an der Schwentine in der Innenstadt; französisch inspirierte Kleinigkeiten wie hausgebackene Quiches und Tartelettes, außerdem Frühstück und wechselnde Tagesgerichte. Es werden auch vegetarische und vegane Speisen angeboten.

Seaside – Strandcafé und Stand Up Paddling, Fegetasche 1a (am Badestrand), 24306 Plön. Burger, Hot Dogs, Sandwiches, Fischbrötchen, Salate und Bowls sowie süße Leckereien; Verleih von SUP-Boards und Wasserfahrrädern. www.seasideploen.de

Fielmann Akademie Schloss Plön, Schloss, 24306 Plön, Tel. 04522/8010. www.fielmann-akademie.com
Prinzenhaus, Schlossgebiet 10, 24306 Plön. Führungen Mi und So 15 Uhr. www.prinzenhausploen.de
Museum des Kreises Plön, Johannisstraße 1, 24306 Plön, Tel. 04522/744391; Di-So 12-17 Uhr. Regelmäßige Führungen und wechselnde Sonderausstellungen. www.kreismuseum-ploen.de
Parnassturm, Langenbusch 12, 24306 Plön; Ostern bis 31. Okt. tägl. 9.30-19 Uhr.

Wittich Fahrradvermietung, Lange Straße 39, 24306 Plön, Tel. 04522/2748. Touren- und Trekkingräder. www.fahrrad-wittich.de
Tourist-Information, (s.o.!), E-Bike-Verleih.

Urlaubsfischereischein: Plöner Bürgerbüro, Lange Straße 22 oder Tourist-Information (s.o.!)
Angelkartenausgabe, Fishing-Pirate, Lübecker Straße 6, Tel. 04522/7649138.

Minigolf- und Bouleanlage, Fegetasche, Strandweg, Tel. 0151/54741906.

Familienstrand an der Fegetasche **Prinzenbad/Strandbad**, an der Westseite der Prinzeninsel. Sehr idyllisch gelegener kleiner Strand mit einigen Strandkörben und Bistro. Nur zu Fuß, per Fahrrad oder per Schiff erreichbar.

Badestellen Trammer See und **Schöhsee**
www.holsteinischeschweiz.de/ploen-baden

Plöner Motorschifffahrt GmbH, Fegetasche-Strand 1, 24306 Plön, Tel. 04522/6766; Mai–Okt. Große Plöner See-Rundfahrt und Bosau-Fahrt.
www.grosseploenersee-rundfahrt.de
5-Seen-Fahrt & Kellersee-Fahrt GmbH, Bahnhofstraße 5, 23714 Bad Malente, Tel. 04523/2201; Mai–Okt.
www.5-seen-fahrt.de
Segelschule und Kanuvermietung Plön, Ascheberger Straße 6, Tel. 04522/4111.
www.segelschuleploen.de
www.kanuvermietungploen.de
Kanucenter Preetz-Plön, Kahlbrook 25a, 24211 Preetz, Tel. 04342/309549.
www.kanucenter-ploen.de
Seaside – Strandcafé und Stand up Paddling, (s.o.)

Alte Schlossgärtnerei, Schlossgebiet 9a, 24306 Plön, Tel. 04522/789818; März–Okt. Sa/So 12–18 Uhr.
www.alte-schlossgaertnerei-ploen.de

Bosau

Das beschauliche Bosau (3400 Einwohner) liegt am südöstlichen Ufer des Großen Plöner Sees. Der anerkannte Luftkurort mit dörflichem Charme überrascht mit seinem kleinen, aber feinen kulturellen und touristischen Angebot.

Bereits vor gut 1000 Jahren befand sich im Bereich der nördlich liegenden Insel Bischofswarder eine slawische Siedlung. Damals war die Insel auf Grund des niedrigeren Seespiegels noch mit dem Festland verbunden. Das heutige Bosau entwickelte sich etwas weiter südlich ab dem 12. Jahrhundert im Rahmen der Christianisierung. Bischof Vicelin gründete hier seinen ersten Missionsstandort im slawischen Siedlungsgebiet. Heute ist Bosau ein touristisches Kleinod und verfügt unter anderem über einen 200 Meter langen bewachten Sandstrand samt Spielplatz, Beachvolleyballfeld, Boulebahn und Bistro. Der Anleger der Plöner Motorschifffahrt bietet eine direkte Verbindung nach Plön.

■ Sehenswürdigkeiten

Bosaus bekanntestes Bauwerk ist die **St. Petri-Kirche**, die auch den Titel ›kleinster Bischofsdom der Welt‹ trägt. Die mit Gipsmörtel überzogene Feldsteinkirche entstand ab 1150. Gut sichtbar auf einer Anhöhe am Ufer des Großen Plöner Sees strahlte sie in reinem Weiß als Zeichen des neuen Glaubens. Bischof Vicelin, der 1149 vom Bischofssitz in Oldenburg nach Bosau übergesiedelt war, weihte sie zu Ehren des Apostels Petrus. Der ursprüngliche Kirchenbau ist nicht erhalten. Archäologische Untersuchungen belegen jedoch eine Rundkirche von 15 Metern Durchmesser samt Kastenchor. Seitdem wurde die Kirche mehrfach umgebaut, nur die strahlend weiße Farbe blieb erhalten. Bis 1200 entstand die heutige Raumgliederung, die Vorbild für viele weitere Pfarrkirchen im Missionsgebiet war und den Bautyp der sogenannten Vicelinkirchen begründete. Charakteristisch sind ein westlicher Rundturm, ein flachgedecktes, einschiffiges Langhaus sowie ein eingezogener Kastenchor mit Halbrundapsis. Der runde Turm der St. Petri-Kirche wurde im Dreißigjährigen Krieg stark zerstört, worauf der heutige quadratische Turm entstand.

Im Innenraum befinden sich mehrere bemerkenswerte Details. Die älteste Sehenswürdigkeit ist der mittelalterliche Taufstein aus schwedischem Granit, der auf das 12. oder 13. Jahrhundert datiert wird. Der Flügelaltar ist einer der ältesten und bedeutendsten in Ostholstein, wenn auch seine Vorderansicht nicht mehr dem ursprünglichen Erscheinungsbild entspricht. Das Triumphkreuz vor dem Chorbogen lässt den Einfluss des bekannten Lübecker Meisters Bernt Notke (→ S. 47) erkennen, der auch das Triumphkreuz im dortigen Dom schuf. Alljährlich finden in der Kirche die *Bosauer Sommerkonzerte* statt, die weithin bekannt sind.

Im Ortszentrum befindet sich die liebevoll restaurierte **Dunkersche Kate** aus dem 17. Jahrhundert mit einem hübschen Bauerngarten, der besichtigt werden kann. Die von Buchsbaumhecken umrahmten Beete wurden in ehrenamtlicher Arbeit nach historischem Vorbild angelegt. Hier wachsen Kräuter, Stauden, und Gemüse. Es gibt auch einen kleinen Obstgarten. Die Kate, die ursprünglich als Schmiede und Leineweberkate diente, ist heute Veranstaltungsort für Ausstellungen und Kunsthandwerkermärkte. Auch Trauungen werden durchgeführt. Im historischen Backhaus finden gelegentlich Brotbacktage statt.

Zu einem kleinen lokalhistorischen Spaziergang rund um Bosau laden sieben **rote Bänke** ein. Von jeder der Bänke entlang der sechs Kilometer langen Strecke eröffnet sich ein besonderer Blick. Der Rundgang kann am Bistro des Badestrandes am Großen Plöner See beginnen. Als letzte Station fungiert eine beliebige Kirchenbank in der St. Petri-Kirche. In der Tourist-Information liegen Broschüren aus, die über die Sehenswürdigkeiten im Sichtbereich der einzelnen Bänke informieren.

Die Dunkersche Kate aus dem 17. Jahrhundert mit dem Bauerngarten

Holsteinische Schweiz

Bosau

PLZ: 23715. **Vorwahl:** 04527.
Tourist-Information: Bischof-Vicelin-Damm 11, Tel. 97044. www.luftkurort-bosau.de

Bosau liegt auf der Route des Busses ›Seekieker‹, der von Plön aus im Stundentakt den Großen Plöner See umrundet. www.seekieker-bus.de

Camping Bosau, Strandweg 10, 23715 Bosau, Tel. 04522/9490. www.camping-bosau.de

Gasthaus ›Zum Frohsinn‹, Bischof-Vicelin-Damm 16–18, 23715 Bosau, Tel. 04527/269. Familiengeführtes Hotel und Restaurant mit Biergarten. www.zum-frohsinn.de

Brooks Café Achter de Mur, Achter de Mur 2, 23715 Bosau, Tel. 04527/202; März–Okt. Mi–So 12–18 Uhr. Hausgebackene Kuchen- und Tortenkreationen, englisches Teegebäck sowie herzhafte Snacks; stilvolles, gemütliches Café mit überdachter Terrasse in einem hübschen Blumengarten; Verkauf von Dekoration für Haus und Garten, Schmuck, Porzellan und Tee. www.brooks-cafe.de

Dunkersche Kate, Bischof-Vicelin-Damm 11, 23715 Bosau

Bosauer Sommerkonzerte, in der St. Petri-Kirche. www.kirche-bosau.de

200 Meter langer bewachter Sandstrand am Großen Plöner See mit Spielplatz, Beach-Volleyballfeld, Boulebahn und Bistro.

Der Anleger der Plöner Motorschifffahrt befindet sich direkt im Ort und bietet eine direkte Verbindung nach/von Plön. Auf der Route werden auch Fahrräder transportiert. www.grosseploenersee-rundfahrt.de

Rote Bänke Bosau, Plan und Informationen zu den einzelnen Stationen des sechs Kilometer langen Rundwegs unter: www.rote-baenke.de

◉ Wanderung von Bosau nach Plön

Start/Ziel: Bosau, St. Petri-Kirche.
Länge: 11/16 Kilometer.

Wir starten die Wanderung mit einer Besichtigung der **St. Petri-Kirche**, die idyllisch auf einer Anhöhe am Bischofsee liegt. Bischof Vicelin ließ sie im 12. Jahrhundert zu Beginn seiner Missionstätigkeit im ehemaligen slawischen Herrschaftsgebiet errichten. Bevor wir in den Gerold-Damm Richtung Plön einbiegen, begeben wir uns noch auf einen kleinen Abstecher zur **Dunkerschen Kate** im Bischof-Vicelin-Damm. Mit etwas Glück treffen wir dort auf eine Ausstellung oder einen Kunsthandwerkermarkt. Auf jeden Fall lohnt aber ein Gang durch den **Bauerngarten**, der nach historischem Vorbild angelegt wurde.

Am Ortsausgang an der Plöner Straße kommen wir am **Kleinen Warder** vorbei. Ein anderthalb Kilometer langer Weg führt hier durch einen Bruchwald um die Halbinsel herum. Er bietet neben viel Natur mehrere Bänke an lauschigen Plätzen, mit Ausblick auf den Bischofsee und die Insel Bischofswarder. An einer kleinen Naturbadestelle lädt eine Wassertretstelle zum Kneippen ein. Informationstafeln am Weg erklären die Flora und Fauna sowie die Umgebung. Auf der weiteren Strecke nach Plön können wir nach Überquerung der Straße für einige Hundert Meter den parallel verlaufenden Waldweg nutzen. An der Straßenbiegung wechseln wir wieder die Straßenseite und kommen auf den Wanderweg zum **Vierer See**.

An der Abzweigung halten wir uns links, um auf den schmalen Landstreifen zwischen dem **Großen Plöner See** und dem **Vierer See** zu gelangen. Hier führt der Weg zunächst durch Felder, später durch Wald.

Kurz nach der Überquerung einer kleinen Brücke eröffnet eine unscheinbare Stelle am Ufer des Großen Plöner Sees einen weiten Blick bis zum **Plöner Schloss**. Wir folgen den Wegweisern Richtung Plön/Ruhleben und kommen hinter dem Campingplatz zur Bundesstraße B 76, wo wir links abbiegen. Wir müssen ein kurzes Stück an der Straße entlanglaufen, um den Anleger der Großen Plöner Seerundfahrt und der Bosau-Fahrt zu erreichen.

Nach rund zweieinhalb Stunden Gehzeit bringt uns das Schiff von hier aus zurück nach Bosau (vor der Wanderung empfiehlt sich ein Blick auf den Fahrplan!).

Wer mag, wandert noch ein paar Kilometer weiter am Seeufer entlang, am Schlossgebiet vorbei bis zur **Prinzeninsel**. Die an einigen Stellen nur 30 Meter breite Landzunge ragt anderthalb Kilometer in den Plöner See hinein. Auf dem Weg dorthin passieren wir die kleine **Insel Olsborg**, auf der sich im 10./11. Jahrhundert die spätslawische Siedlung Plune befand. Fast am Ende der Prinzeninsel befindet sich ein weiterer Anleger der Bosau-Fahrt.

Tipp: Für Bahnreisende bietet es sich an, die erste Etappe per Schiff von Plön nach Bosau zurückzulegen. Vom Bahnhof erreicht man in wenigen Minuten die Anlegestellen Plön-Segelzentrum und Plön-Marktbrücke. Die Anlegestelle Prinzeninsel ist etwa zweieinhalb Kilometer vom Bahnhof entfernt.

Die Schwentine, Paradies für Paddler

Auf knapp 70 Kilometern schlängelt sich die Schwentine von ihrer Quelle am Bungsberg, die jedoch nicht sichtbar ist, bis in die Kieler Förde. Ihr ursprünglicher Name ›Sventana‹ ist slawischen Ursprungs und bedeutet ›Die Heilige‹. Sie durchfließt 17 kleine und große Seen sowie verschiedene Orte der Holsteinischen Schweiz. Zwischen Eutin und Preetz liegen die Seen so dicht beieinander, dass die Schwentine nur abschnittsweise als Fluss in Erscheinung tritt. Teile des Flusses bildeten früher die Grenze zum sächsischen Siedlungsgebiet im Westen.

Das Wasser der Schwentine wurde seit dem frühen 13. Jahrhundert intensiv für den Betrieb von Mühlen genutzt. Zahlreiche Staustufen bremsen ihre Strömung und sorgten für den Anstieg der Seespiegel. Der Fluss und seine Ufer sind wichtige Lebensräume für zum Teil seltene Tier- und Pflanzenarten. Unter anderem sind Bachforellen, Bachneunaugen, Pech-, Smaragd- und Prachtlibellen anzutreffen. Auch der farbenprächtige Eisvogel und der mächtige Seeadler haben hier ihr Revier. Viele Bereiche stehen unter Naturschutz.

Die Schwentine ist der beliebteste Wasserwanderweg Schleswig-Holsteins. Das liegt neben der geringen Strömung und der schönen umgebenden Naturlandschaft vor allem an ihrer Vielfältigkeit. Zwischen dem Goßen Eutiner See und der Kieler Förde ist sie auf rund 55 Kilometern auch für Anfänger gut befahrbar. Um den gesamten Weg von Eutin bis nach Kiel zu bewältigen, sind vier Tagesetappen realistisch. Auf der Strecke liegen mehrere schöne Naturcampingplätze. Für eine kürzere Paddeltour auf

Die Schwentine ist ein Paradies für Kanuten

der Schwentine bieten sich viele Varianten an, ob auf einem der großen Seen, von einem See zum anderen oder nur auf Abschnitten mit Flusscharakter. Idyllische Rastplätze und Badestellen sowie kulturelle Sehenswürdigkeiten laden zu Zwischenstopps ein.

Mehrere Kanuverleihe in Eutin, Malente und Plön, von denen einige auch einen Rückholservice anbieten, helfen mit Tourenvorschlägen und Informationen weiter. Daneben gibt es geführte Touren, die in den Tourist-Informationen oder bei den Kanuverleihen buchbar sind. Gleich fünf Seen, einige urwüchsige Abschnitte der Schwentine sowie eine kleine Etappe durch die Plöner Innenstadt deckt die Kanu-Stadtführung um das Plöner Stadtzentrum ab.

Bad Segeberg

Am südlichen Rand der Holsteinischen Schweiz liegt Bad Segeberg (17 000 Einwohner), Kreisstadt des gleichnamigen Kreises und bedeutender Klinikstandort. Im Jahr 1134 ließ Kaiser Lothar III., angeregt durch Missionar Vicelin, auf dem Kalkberg die Siegesburg errichten, von der sich der Name der Stadt ableitet. An der Grenze zum slawischen Siedlungsgebiet sollte sie als Stützpunkt für die Christianisierung dienen. Am Fuße des Berges entstanden eine Kirche und ein Kloster. Hier entwickelte sich auch das spätere Stadtgebiet. Die Burg wurde allerdings 1643 im Dreißigjährigen Krieg von den Schweden zerstört.

■ Altstadt

Die Altstadt lässt sich in weniger als einer Stunde erkunden. Sehenswert ist die **Marienkirche**, ein spätromanischer Backsteinbau, dessen Errichtung 1156 begann und rund 60 Jahre dauerte. Er ersetzte die 1138 von den Slawen zerstörte Holzkirche. Im Innenraum ist ein reich verzierter, klappbarer spätgotischer Schnitzaltar von 1515 zu bewundern.

Das klassizistische **Rathaus** stammt von 1826/28. Hier fand unter anderem die Trauung des bekannten Schriftstellers Theodor Storm (›Der Schimmelreiter‹) mit Constanze Esmarch, der Tochter des damaligen Bürgermeisters, statt.

Hübsch anzusehen sind außerdem die überwiegend eingeschossigen Giebelhäuser in der **Lübecker Straße**, die sich im Norden um den Kalkberg zieht. Hier steht auch das älteste Wohnhaus der Stadt. Heute beherbergt das Fachwerkgebäude von 1541 ein interessantes kleines Museum zur Wohnkultur und Stadtgeschichte.

■ Kalkberg und Kalkberghöhle

Der 91 Meter hohe **Kalkberg**, der eigentlich aus Gips besteht, ist das Wahrzeichen von Bad Segeberg. Anders als die anderen Erhebungen des Landes ist er nicht eiszeitlichen Ursprungs, sondern stammt aus dem Erdaltertum. Vom Gipfel hat man einen schönen Blick auf die Stadt und die umliegende Natur. Einst war der Berg 20 Meter höher und hatte einen wesentlich größeren Durchmesser. Im 17. Jahrhundert begann man jedoch damit, das Gipsgestein in großem Stil abzubauen. Die Gipsgewinnung dauerte bis in die erste Hälfte des 20. Jahrhunderts an, und der Berg wurde bis auf sein heutiges Ausmaß abgetragen. In den 1930er Jahren legten die Nationalsozialisten in dem ehemaligen Steinbruch eine Freilichtbühne in Form eines Amphitheaters an, die sie als sogenannte ›Thingstätte‹ nutzten. Heute finden hier kulturelle Veranstaltungen statt, insbesondere die bekannten Karl-May-Spiele. Bereits im Jahr 1913 hatten Kinder, die auf dem Berg spielten, die darunter liegende **Höhle** entdeckt. Sie ist Deutschlands nördlichste Naturhöhle und mit ihrem mehr als zwei Kilometer langen Gangsystem Nordeuropas größtes Winterquartier für Fledermäuse. Mehr als 20 000 Tiere nutzen sie als Unterschlupf. Die konstante Temperatur von neun Grad Celsius und die hohe Luftfeuchtigkeit bieten auch ideale Bedingungen für den Segeberger Höhlenkäfer, der nur hier vorkommt. Von April bis September kann ein Teil des Höhlensystems auf Führungen besichtigt werden. Kalkberg und Kalkberghöhle bilden heute zusammen mit dem Kleinen Segeberger See, einer durch Lösung von Steinsalz entstandenen Hohlform, ein einzigartiges Naturdenkmal. Das benachbarte Fledermauszentrum **Noctalis** informiert in einer 560 Quadratmeter großen interaktiven und multimedialen Ausstellung über die Welt der außergewöhnlichen Säugetiere.

Vom Kalkberg eröffnen sich schöne Blicke

Die Karl-May-Spiele finden vor traumhafter Kulisse statt

■ Karl-May-Spiele

Durch die Karl-May-Spiele, die 1952 zum ersten Mal im Freilichttheater am Kalkberg stattfanden, wurde Bad Segeberg deutschlandweit bekannt. Während zwischen 1955 und 1978 auch mehrere Orient-Stücke des Autors aufgeführt wurden, stehen seit 1979 ausschließlich Abenteuer von Winnetou und Old Shatterhand auf dem Programm. Jedes Jahr von Juni bis Anfang September wird ein anderes Stück gespielt. Die Inszenierungen mit echten Pferden, knallenden Colts, waghalsigen Stunts, Explosionen und Feuerzauber ziehen nahezu alle Altersgruppen in ihren Bann. Der Kalkberg bildet eine einzigartige Kulisse für das Wild-West-Spektakel. Im Freilichttheater finden 7700 Zuschauer Platz. Das angrenzende **Indian Village** vermittelt einen Eindruck von einer Westernstadt des späten 19. Jahrhunderts, mit Barber-Shop, Drugstore, Saloon, Sheriff-Büro und Gefängniszelle. Das **Nebraska-Haus** zeigt eine Ausstellung zur indianischen Kultur inklusive einer Dokumentation über die Unterdrückung der nordamerikanischen Ureinwohner.

■ Großer Segeberger See und Ihlsee

Nur wenige Gehminuten von der Fußgängerzone entfernt liegt der **Große Segeberger See**, der als Landschaftsschutzgebiet ausgewiesen ist. An seinem Südufer befinden sich ein Freibad, ein Bootsverleih und eine Minigolfanlage, an der Seepromenade am Westufer laden Sonnendecks mit Drehliegen zum Entspannen ein. Ein attraktiver Spielplatz erfreut die Kleinsten. Der etwa acht Kilometer lange Rundweg um den See eignet sich gut für eine Wanderung, eine Jogging- oder Fahrradrunde.

Auch die Umrundung des kleineren **Ihlsees**, seines Zeichens Naturschutzgebiet, ist lohnenswert. Eine fünf Kilometer lange Route bezieht das angrenzende Landschaftsschutzgebiet Ihlwald ein. Am See selbst befindet sich ein schönes Strandbad.

 Bad Segeberg
PLZ: 23795. **Vorwahl:** 04551.
Tourist-Information, Oldesloer Straße 20, Tel. 04551/96490. www.bad-segeberg.de

Bad Segeberg liegt an der Bahnstrecke Neumünster–Bad Oldesloe.

Hotel-Restaurant Bürgerstuben, Lübecker Straße 12a, 23795 Bad Segeberg, Tel. 04551/7475. Gemütliches Restaurant in einem denkmalgeschützten Gebäude in der Altstadt. Gutbürgerliche Küche mit Holsteiner Spezialitäten und saisonalen Gerichten. Ruhige Hotelzimmer.
www.buergerstuben-segeberg.de

Der Gutschmecker, Kurhausstraße 63, 23795 Bad Segeberg, Tel. 04551/908994. Internationales Restaurant, Café, Bar, Lounge. www.der-gutschmecker.com

Goldmarie am See, Große Seestraße 18, 23795 Bad Segeberg, Tel. 04551/9084457; Di-So 9.30-18 Uhr (im Winter bis 17 Uhr). Frühstücksangebot, sehr gute hausgebackene Kuchen sowie herzhafte Snacks, schöne Terrasse direkt am Großen Segeberger See.
https://goldmarieamsee.de
Café Ehrgarten, Immrader Weg 2, 23821 Quaal, Tel. 04559/550; Febr., März, Nov. Sa und So, Apr. Fr-So, Mai-Okt. Mi-So, jeweils 14-18 Uhr. Einige Kilometer nordöstlich von Bad Segeberg in einem historischen Gebäude, Sitzecken in einem liebevoll angelegten, weitläufigen Garten. Hausgebackene Kuchen und Torten. Verkauf von Steinfiguren und Dekoartikeln.
www.cafe-ehrgarten.de

Kalkberghöhle, Apr.-Sept. Mo-Fr 9-18 Uhr, Sa, So, feiertags 1018 Uhr, an Tagen mit Spätvorstellungen der Karl-May-Spiele bis 19.30 Uhr.
Noctalis – Welt der Fledermäuse, Oberbergstraße 27, 23795 Bad Segeberg, Tel. 04551/80820; Mo-Fr 9-18 Uhr (Okt.-März 9-17 Uhr), Sa, So, Feiertage 10-18 Uhr, an Tagen mit Spätvorstellung der Karl-May-Spiele bis 19.30 Uhr. www.noctalis.de I
Indian Village und Nebraska-Haus, Karl-May-Platz, Tel. 04551/95210; Mo-Mi 10-18 Uhr, Do-Sa 10-20 Uhr (nur während der Karl-May-Spiele!)
Museum Segeberger Bürgerhaus, Lübecker Straße 15, 23795 Bad Segeberg, Tel. 04551/964204; Apr.-Okt. Do-So 12-17 Uhr. Eintritt frei, Spende möglich.
www.museum-badsegeberg.de

Karl-May-Spiele, Karl-May-Platz, 23795 Bad Segeberg, Ticket-Hotline und Informationen 01805/952111.
www.karl-may-spiele.de

Minigolf am Großen Segeberger See, Winklersgang 2, 23795 Bad Segeberg, Tel. 04551/93751; Apr.-Sept. Mo-Fr ab 14 Uhr, Sa ab 12 Uhr, So/feiertags ab 10 Uhr bis zum Einbruch der Dunkelheit.
Bootsverleih am Südufer des Großen Segeberger Sees.

Fehmarn und Wagrien

Die Insel Fehmarn und die Halbinsel Wagrien zählen zu den ländlichsten Gebieten Ostholsteins. Weite Felder, teils gespickt mit hohen Windrädern, dominieren die kuppige bis flache Grundmoränenlandschaft, dazwischen verteilen sich kleine Dörfer und Siedlungen. Die Städte Heiligenhafen und Oldenburg sind die größten Orte in der Region. Nicht selten überraschend eröffnen sich bei einer Fahrt durch die Landschaft beeindruckende Panoramablicke über die Feldfluren und die Ostsee.

Fehmarn

Fehmarn ist die drittgrößte Insel Deutschlands und die einzige Ostseeinsel in Schleswig-Holstein. Mit bis zu 2200 Sonnenstunden pro Jahr ist sie zudem die sonnenreichste Region des Bundeslandes. Fehmarn bildet den nordöstlichsten Teil des Kreises Ostholstein. Auf einer Fläche von 185 Quadratkilometern leben rund 15 000 Menschen. Die Hansestadt Lübeck und die Landeshauptstadt Kiel liegen jeweils 90 Kilometer entfernt, die Kreisstadt Eutin 65 Kilometer.

Die Stadt Burg und die Inselgemeinden Bannesdorf, Landkirchen und Westfehmarn schlossen sich 2003 zur Stadt Fehmarn zusammen. Rund 40 Dörfer liegen über die Insel verteilt, die von der Vogelfluglinie durchschnitten wird und im Gegensatz zum übrigen Ostholstein auffallend flach ist. Die höchste Erhebung, der Hinrichsberg im Südosten, ist gerade einmal 27 Meter hoch. Das Inselinnere wird im Frühling von leuchtend gelben Rapsblüten und im Sommer von wogenden Getreidefeldern bestimmt. Die kalkhalti-

Einzigartige Silhouette: die Fehmarnsundbrücke

gen Böden sind äußerst ertragreich. Die Landwirtschaft hat neben dem Tourismus nach wie vor eine große Bedeutung. In keiner anderen Gegend Ostholsteins ist der Übergang zwischen Siedlungen und Feldflächen so abrupt wie hier.

Die geographische Insellage Fehmarns bildete sich erst um 2000 v. Chr. im Zuge des nacheiszeitlichen Meeresspiegelanstiegs heraus. An der 78 Kilometer langen Küstenlinie sind alle für Ostholstein typischen Küstenformen vertreten: wild-romantische Steilufer im Osten, Salzwiesen und Strandseen im Norden, Haken und Nehrungen mit feinen Sandstränden im Süden sowie schmale Naturstrände im Westen.

Wegen ihres besonderen Umrisses, der von oben betrachtet an einen Brotkanten erinnert, wird die Insel auch ›Knust‹ genannt. Ihr Wahrzeichen ist die knapp einen Kilometer lange **Fehmarnsundbrücke**. Auch sie hat einen Beinamen: ›Kleiderbügel‹. Der Grund hierfür wird bei ihrem Anblick schnell klar. Der charakteristische und weithin sichtbare Netzwerkbogen zählt mit 45 Metern Spannhöhe zu den größten seine Art. Die Brücke hat eine Durchfahrtshöhe von 23 Metern und steht seit 1999 als technisches Bauwerk unter Denkmalschutz. Allein ihre Überquerung ist ein besonderes Erlebnis.

■ **Touristische Angebote allgemein**
In der Tat erreichen die meisten Gäste die beliebte Ferieninsel über die Fehmarnsundbrücke, sei es per Auto, Zug oder Fahrrad. Darüber hinaus zeichnen sich die Sehenswürdigkeiten Fehmarns allerdings kaum durch besondere ›Schwergewichte‹ aus. Stattdessen gibt es viel Ursprünglichkeit und Natur, darunter mehrere Naturschutzgebiete.

Die flache Landschaft und die meist verkehrsarmen Straßen eignen sich wunderbar zum **Fahrradfahren**. Rund 300 Kilometer ausgebaute Radwege gibt es hier. Die naturräumlichen Bedingungen und die zuverlässigen Windverhältnisse bieten darüber hinaus ideale Bedingungen für Surfer und Kitesurfer. Vor allem die ausgedehnten Flachwasserzonen der Orther Reede und des Grünen Brink sind beliebte Surfspots. Das von der offenen Ostsee abgeschirmte Stehrevier des Burger Binnensees eignet sich gut für Anfänger. Zahlreiche Urlaubsangebote sind auf Familien mit kleineren Kindern ausge-

Strandbar am Südstrand

richtet, angefangen mit der Unterkunft. Mehr als 100 professionell aufgestellte Ferienhöfe bieten ›Urlaub auf dem Bauernhof‹, vielfach mit Spielscheunen für Schlechtwettertage. Hinzu kommen mehrere Erlebniseinrichtungen auf der Insel sowie kleine Museen.

Fehmarn verfügt über 16 Campingplätze, größtenteils in direkter Küstenlage, die aber keineswegs nur von Wassersportlern nachgefragt werden. Die Insel gilt als **Campingparadies**. Der Campingplatz am Wulfener Hals zählt zu den modernsten in ganz Ostholstein und bietet neben Gastronomie ein breites Sport- und Unterhaltungsprogramm für die ganze Familie. In den Tourist-Informationen sowie in Infozellen in mehreren Orten liegt umfangreiches und sehr gut aufbereitetes Prospektmaterial zu den Angeboten und Sehenswürdigkeiten kostenlos aus.

■ **Geschichte**

Fehmarn war bereits vor mehr als 5000 Jahren von Menschen bewohnt. Dies belegen archäologische Funde alter Siedlungsplätze sowie zahlreiche Steingräber, von denen jedoch viele im Laufe der Zeit verloren gegangen sind. Zur Zeit der Einwanderung slawischer Stämme nach Ostholstein wurde auch Fehmarn slawisches Siedlungsgebiet. ›Ve morje‹, was soviel bedeutet wie ›im Meer‹, wurde die Insel damals genannt. Die Jahrhunderte nach der Christianisierung waren geprägt durch wechselnde Herrschaftsverhältnisse. Lange Zeit stand die Insel unter dänischem Einfluss. Das Jahr 1420 stellt einen besonders blutigen Meilenstein in der wechselvollen Geschichte Fehmarns dar. Der dänische König Erich VII. belagerte die Insel mit mehreren Hundert Schiffen, verwüstete sie fast vollständig und tötete dabei, so heißt es, fast die gesamte Bevölkerung. Nachdem der Schauenburger Graf Adolf VIII. Fehmarn 1424 zurückerobert hatte, kam es zu einer Neubesiedlung, überwiegend mit Dithmarscher Bauernfamilien. Während des Dreißigjährigen Krieges fiel Fehmarn, nach kurzer schwedischer Besatzung, erneut an Dänemark. 1867 wurde es schließlich Teil der preußischen Provinz Schleswig-Holstein. Insbesondere zur Zeit der Hanse nutzten Seeräuber die Insel als Stützpunkt, unter anderem Klaus Störtebeker und seine ›Vitalienbrüder‹. Eine prägende Konstante in der Geschichte Fehmarns ist die Tatsache, dass die adelige Gutsherrschaft, anders als im übrigen Ostholstein, hier nie Fuß fassen konnte. die Fehmaraner waren stets freie Bauern und nie Leibeigene. Sie waren lediglich dem jeweiligen Landesherrn unterstellt und darauf bedacht, dass dies auch so blieb. Im Jahr 1617 wurde es Adeligen sogar verboten, auf der Insel Land zu erwerben. In den Dörfern entstanden statt prächtiger Güter stattliche Bauernhäuser. Schon früh entwickelte sich der Getreideexport zu einer lukrativen wirtschaftlichen Basis. Diese Faktoren führten nicht nur zur Herausbildung eines bis heute selbstbewussten Bauerntums, sondern auch zur Entstehung ländlicher Eliten. Hiervon zeugen letztlich die für dörfliche Strukturen imposanten Kirchen in Bannesdorf, Burg, Landkirchen und Petersdorf. Mit dem Ende des Zweiten Weltkrieges wurde Fehmarn 1945 britisches Besatzungsgebiet. Dem Abgesandten Lord William Strang of Stonesfield ist es zu verdanken, dass die Insel damals nicht an die Russen fiel, die sie ebenfalls beanspruchten.

Noch bis weit in das 20. Jahrhundert hinein war Fehmarn auf Grund seiner isolierten Lage, aber auch infolge des besonderen historischen Erbes eine Welt für sich. ›Wi föhrt na Europa‹ (›Wir fahren nach Europa‹), sagten die Fehmaraner gewöhnlich, wenn sie ihre Insel verließen, die auch gern als ›sechster Kontinent‹ bezeichnet wurde. Der Bau der Fehmarnsundbrücke beendete 1963 schlagartig die Abgeschiedenheit und gab den entscheidenden Impuls für die Entwicklung des Tourismus, der das Landschaftsbild und das Leben der Insulaner in nur wenigen Jahrzehnten nachhaltig verändert hat. Aus der Bauerninsel wurde eine Ferieninsel.

■ Burg und Umgebung

Burg, der größte Ort der Insel, ist Dienstleistungszentrum und Verkehrsknotenpunkt zugleich. Auf dem Weg nach Burgstaaken oder in das Ferienzentrum Burgtiefe kommt man als Autofahrer an Burg nicht vorbei. Blechkarawanen, die sich durch die Altstadt ziehen, und teils kilometerlange Staus gehören während der Sommermonate zum Alltagsbild. Am Samstag, dem traditionellen Tag des Bettenwechsels, sind die Supermarktregale nachmittags nicht selten nahezu

In der Altstadt von Burg

›leergefegt‹. Doch zu einem Besuch auf der Insel gehört der hübsche Stadtkern mit Bürgerhäusern aus dem 17. und 18. Jahrhundert, kopfsteingepflasterten Straßen und zahlreichen Lindenbäumen einfach dazu.

Die **Breite Straße** und der **Marktplatz** mit Restaurants, Cafés und Geschäften laden trotz des Autoverkehrs zum Bummeln und Verweilen ein. Herausragende Bauwerke sind die **Nikolaikirche** aus dem 13. Jahrhundert und das **Rathaus** von 1901. Sehenswert sind auch die kleinen, ruhigeren Seitenstraßen, die zum Teil an dänische oder schwedische Kleinstädte erinnern. Einige Häuser in der Ohrtstraße, wo sich einst der Hafen befand, gehören zu den ältesten der Stadt.

Der Name ›Burg‹ geht übrigens auf eine slawische Burganlage aus dem 11. Jahrhundert zurück. Im Jahr 1329 erhielt Burg als wichtigster Handels- und Hafenort das Lübische Stadtrecht und nahm dadurch eine Sonderstellung ein, denn auf der übrigen Insel galt das Fehmarnsche Landrecht. Dies führte immer wieder zu Konflikten. Im 15. Jahrhundert erlebte die Stadt eine kurze Blütezeit. Die Versandung des Hafens im 16. Jahrhundert und ein Stadtbrand im Jahr 1787 führten jedoch zum wirtschaftlichen Niedergang. Erst mit dem Ausbau des Hafens Burgstaaken in der zweiten Hälfte des 19. Jahrhunderts erfolgte wieder ein Aufschwung für Handel und Gewerbe.

Burg und seine Umgebung haben unter anderem den bekannten expressionistischen Maler Ernst Ludwig Kirchner (→ S. 46) inspiriert. Er verbrachte insgesamt vier Sommer auf der Insel und war fasziniert von der unberührten Natur dieses ›irdischen Paradieses‹. Viele Motive, die der Künstler für seine Bilder wählte, sind teils unverändert in der Landschaft erkennbar. Die jeweiligen ›Malorte‹ wurden inzwischen mit Schautafeln ausgestattet und können auf verschiedenen Routen zu Fuß oder per Rad erkundet werden. Die Ernst-Ludwig-Kirchner-Dokumentation in Burg, die gleichzeitig Ausgangspunkt der Touren ist, zeigt Reproduktionen ausgewählter Gemälde und informiert über seine Zeit auf Fehmarn. Auch andere renommierte Künstler kamen auf die Insel, um hier zu malen, wie Karl Schmidt-Rottluff, Erich Heckel, Otto Müller und Lyonel Feininger.

Wer den knapp zwei Kilometer südlich des Stadtzentrums gelegenen **Hafen**

▲ *Von Puttgarden verkehren die Fähren nach Dänemark*

Hafen Burgstaaken

Burgstaaken besucht, bekommt den Eindruck eines geschäftigen Arbeitshafens. Fischkutter dümpeln im Hafenbecken, Fischernetze liegen auf der Kaimauer, und während der Erntezeit laden große Schiffe das von den Landwirten frisch angelieferte Getreide für den Export. Für das leibliche Wohl der Hafenbesucher sorgen Verkaufsstände mit Fischbrötchen und regionalen Produkten. In den Räumen und auf der Terrasse der Fischereigenossenschaft kann man frischen Ostseefisch und Räucherspezialitäten genießen. Doch der Schein von unbeschwerter Fischerromantik trügt. Auch in Burgstaaken kämpfen die Fischer mit den erschwerten beruflichen Rahmenbedingungen. Viele haben deshalb bereits aufgegeben.

Im südlichen Hafenbereich befindet sich unübersehbar ein aufgebocktes, ausgemustertes **U-Boot**, das von innen besichtigt werden kann. Der 44 Meter lange und 4,60 Meter breite Koloss mit dem Namen ›U 11‹ wurde 1968 von der ehemaligen ›Howaldtswerke Deutsche Werft GmbH‹ in Kiel gebaut. Er stand 35 Jahre im Dienst der Bundesmarine. Maschinenraum, Mannschaftskojen und Kombüse vermitteln einen Eindruck, wie die 22 Besatzungsmitglieder hier auf engem Raum zusammenlebten. Eine ergänzende Ausstellung im benachbarten Museumsgebäude dokumentiert die deutsche U-Boot-Flottengeschichte der Nachkriegszeit.

Nur ein paar Schritte entfernt liegt der 1965 erbaute **Seenotrettungskreuzer Arwed Emminghaus,** der ebenfalls besichtigt werden kann. Die Ausstellung ›Abenteuer Seenotrettung‹ im Museumsgebäude gegenüber zeigt Rettungstechniken von damals und heute. Hierzu gehören auch Fotos und Filmdokumente von der Arbeit an Bord.

Touristisches Zentrum Fehmarns ist **Burgtiefe** mit dem knapp zwei Kilometer langen, feinsandigen Südstrand. Das 1972 fertiggestellte Ferienzentrum auf der Nehrung, die den Burger Binnensee im Südosten begrenzt, wird geprägt von drei 17-stöckigen Hochhäusern. Sie entstammen einem Entwurf des bedeutenden dänischen Architekten und Designers Arne Jacobsen, der 1965 den international ausgeschriebenen Wettbewerb um die Errichtung des Ferienzentrums gewonnen hatte. Als der Tourismus auf Fehmarn nach Eröffnung der Fehmarnsundbrücke schnell Fahrt aufnahm, sollte

Südstrand mit Fernblickhäusern

ein modernes Ferienzentrum die große Nachfrage bedienen. Die Idee Arne Jacobsens von zentralen, gemeinsamen Erlebniswelten, kombiniert mit einer funktionalen Bauweise, überzeugte die Entscheidungsträger. Neben den sogenannten Fernblickhäusern gehören das Haus des Gastes, das Kurmittelhaus, das Meerwasserwellenbad sowie in geschwungenen Linien angelegte, drei- bis fünfstöckige Appartementkomplexe zu der Anlage. Das Besondere an den Hochhäusern, in denen sich unter anderem das IFA Hotel und Ferien-Centrum befindet, ist der Meerblick von allen Appartements. Die drei Gebäude sind über eine 3000 Quadratmeter große Passage mit Gastronomie, kleinen Läden und einem Spielplatz verbunden.

Eingebettet in das Areal des Ferienzentrums liegen die bescheidenen Überreste der mittelalterlichen **Burg Glambek**, die allerdings nicht öffentlich zugänglich sind. Der dänische König Waldmar II. ließ die Festung auf dieser strategisch wichtigen Landzunge errichten. Bis in das 17. Jahrhundert diente sie als Sitz der Amtmänner, bevor sie 1628 im Zuge kriegerischer Auseinandersetzungen zerstört wurde.

An der nördlichen, dem Burger Binnensee zugewandten Seite der Nehrung liegt der Jachthafen Burgtiefe. Hier wurde im Herbst 2021 eine Erlebnispromenade mit Grillplätzen, Schutzpavillons, Spielplätzen, drehbaren Holzliegen und bis an das Wasser reichenden Sitzstufen eröffnet. An der Westseite steht ein 16,5 Meter hoher barrierefreier Aussichtsturm, der neben einer Wendeltreppe über einen Aufzug verfügt.

An der südwestlichen Seite des Burger Binnensees liegt der **Wulfener Berg**. Hier entwickelte sich in der Zeit um 3600–3200 v. Chr. ein bedeutendes steinzeitliches Gräberfeld, bestehend aus mehreren Großsteingräbern, sogenannten Langbetten. Auch an anderen Stellen der Insel gab es solche Grabanlagen. Viele wurden jedoch in den vergangenen Jahrhunderten zerstört, da die Steine der Hünengräber als Baumaterial Verwendung fanden, insbesondere für

Protest gegen den Tunnel: blaues Andreaskreuz in Klingberg

Rekonstruierte Grabanlage: Langbett auf dem Wulfener Berg

den Deichbau. Auch die Grabanlage auf dem Wulfener Berg fiel dem Deichbau zum Opfer. Allerdings existierte eine genaue Beschreibung, die der Altertumsforscher und Pastor Diederich Harries 1836 vor ihrer endgültigen Zerstörung angefertigt hatte. Auf dieser Grundlage wurde 2010 ein Langbett auf dem Wulfener Berg originalgetreu rekonstruiert. Es besteht aus einem 60 Meter langen und 7 Meter breiten Steinrahmen sowie aus zwei Grabkammern. Die Anlage ist über einen Wanderweg südlich von Wulfen nahe des Golfplatzes zu erreichen.

■ Puttgarden

Der **Fährhafen Puttgarden** im Norden Fehmarns ist das Sprungbrett nach Dänemark. Er wurde zeitgleich mit der Fehmarnsundbrücke als Teil der ›Vogelfluglinie‹ eröffnet. Vier moderne Hybridfähren pendeln im 30-Minuten-Takt über den 18 Kilometer breiten Fehmarnbelt. Die Überfahrt nach Rødbyhavn dauert 45 Minuten. Ab 2029 soll an dieser Stelle ein Tunnel die beiden Länder verbinden. Tagesausflügler nutzen die Fähren auch gern mit einem Fußgängerticket für eine kleine Seereise.

Ein weiterer Grund für einen Besuch des Hafens von Puttgarden ist der schwimmende **Bordershop**. Vor allem Skandinavier lieben die reiche Auswahl an Weinen, Whiskeys und anderen Spirituosen auf der 8000 Quadratmeter großen Ladenfläche des Pontons. Aber auch deutsche Besucher schätzen das Angebot, das ebenfalls vielfältige skandinavischen Süßigkeiten umfasst.

Einige Kilometer westlich von Puttgarden, am **Gammendorfer Strand**, erinnern ein Mast und ein Gedenkstein an den Untergang des Segelschulschiffes Niobe am 26. Juli 1932. Auf Grund eines plötzlichen Wetterumschwungs kenterte der Viermastschoner mit unerfahrenen Offiziersanwärtern an Bord vor der Küste Fehmarns. 69 Besatzungsmitglieder kamen dabei ums Leben, 40 Männer wurden gerettet. Jedes Jahr am Tag des Unglücks wird am **Niobe-Denkmal** ein Kranz niedergelegt.

Die feste Fehmarnbeltquerung – Jahrhundertbauwerk und umstrittenes Infrastrukturprojekt

Noch pendeln Fährschiffe im 30-Minuten-Takt auf der ›Vogelfluglinie‹ zwischen dem deutschen Puttgarden und dem dänischen Rödbyhavn über den Fehmarnbelt und transportieren Passagiere sowie Personen-, Lastkraftwagen und Reisebusse. Eine Überfahrt dauert knapp 45 Minuten. Auch Tagesausflügler nutzen die Fähren gern für eine kleine Seereise. An Bord gibt es Gastronomie, Einkaufsmöglichkeiten und ein Sonnendeck. Doch Europa soll weiter zusammenwachsen.

Voraussichtlich ab 2029 wird ein 18 Kilometer langer Straßen- und Eisenbahntunnel die Inseln Fehmarn und Lolland miteinander verbinden. Die Überquerung des Belts durch den dann weltweit längsten Absenktunnel wird mit dem Auto in rund zehn Minuten möglich sein. Die Fahrtzeit der Züge zwischen Hamburg und Kopenhagen soll sich um bis zu zwei Stunden verkürzen. Die geschätzten Baukosten für die feste Fehmarnbeltquerung liegen bei mehr als 7 Milliarden Euro, eine Summe, die Dänemark alleine trägt. Deutschland finanziert dafür den Ausbau der Straßen- und Schienenanbindung auf deutscher Seite in Höhe von rund 3,5 Milliarden Euro. Der Tunnel soll über eine vierspurige Bundesstraße und eine zweigleisige, elektrifizierte Bahntrasse angebunden werden. Vor allem die Skandinavier hatten dieses Infrastrukturprojekt forciert, das die effiziente Anbindung Nordeuropas an die zentrale Verkehrsachse bis zum Mittelmeer darstellt. Nach jahrelanger Planung unterzeichneten die Verantwortlichen schließlich 2008 den entsprechenden deutsch-dänischen Staatsvertrag.

Die Befürworter sehen in der schnellen Verbindung der Metropolen Malmö, Kopenhagen und Hamburg insbesondere große Chancen für mehr Investitionen und wirtschaftliches Wachstum sowie neue Möglichkeiten für Beschäftigung und interkulturellen Austausch. Doch der Baubeginn verzögerte sich über Jahre, denn vor allem auf deutscher Seite ist das Vorhaben in Teilen der Bevölkerung nach wie vor stark umstritten. Kommunen, Bürgerinitiativen, Umweltschützer und Reedereien führten etliche Prozesse. Kaum ein Thema ist in Ostholstein während der letzten Jahre so kontrovers diskutiert worden.

Die Gegner beurteilen das Projekt angesichts der hohen Kosten als unverhältnismäßig, unwirtschaftlich und darüber hinaus als ökologisch äußerst fragwürdig. Der Widerstand richtet sich sowohl gegen die negativen ökonomischen und ökologischen Auswirkungen des Tunnelbauwerks als auch gegen die geplante Bahntrasse zwischen Lübeck und Puttgarden, die sogenannte Schienenhinterlandanbindung. Befürchtet werden Lärmbelästigungen durch täglich bis zu 220 prognostizierte Güterzüge, die Abkoppelung der Tourismusorte infolge der Stilllegung der Bäderbahn sowie die Zerstörung touristisch und ökologisch wertvoller Flächen. Zeichen des Protests gegen das Gesamtprojekt sind blaue Andreaskreuze, die in Vorgärten und an Straßen stehen. Immerhin konnten Austausch und Dialog der verschiedenen Interessengruppen erreichen, dass die Bahntrasse weitgehend parallel zur Autobahn geführt wird und 232 Millionen Euro für zusätzlichen Lärmschutz eingeplant wurden.

Im November 2020 wies das Bundesverwaltungsgericht alle Klagen gegen die Planfeststellung ab und gab damit grünes Licht für den Beginn der Bauarbeiten in

Deutschland. Mittlerweile ist das Projekt auf beiden Seiten des Fehmarnbelts real geworden, in Form der größten Baustelle Nordeuropas. Bis zu 1300 Beschäftigte werden zu Spitzenzeiten in den nächsten Jahren hier arbeiten. Die Verlegung der ersten von insgesamt 89 Tunnelelementen ist für 2024 geplant. Die Fertigung der jeweils 200 Meter langen und 73 000 Tonnen schweren Teile erfolgt in einer eigens hierfür errichteten Fabrik auf Lolland. Insgesamt müssen 2,5 Millionen Tonnen Beton und 360 000 Tonnen Stahl verbaut werden. Gelbe Markierungstonnen kennzeichnen den Arbeitsbereich im Belt.

Die dänische Gesellschaft Femern A/S, verantwortlich für Planung, Bau und Betrieb des Tunnels, hat derweil im Danhotel in Rödbyhavn ein Info-Center eingerichtet. Interessierte können sich dort in einer multimedialen Ausstellung einen Eindruck verschaffen, wie das Bauwerk einmal aussehen wird. Ein kleineres Info-Center betreibt Femern A/S außerdem in Burg auf Fehmarn.

Klar ist schon jetzt, dass die feste Fehmarnbeltquerung Ostholstein verändern wird. Die Fährverbindung zwischen Puttgarden und Rödbyhavn soll zwar auch nach Fertigstellung des Tunnels erhalten bleiben, allerdings mit geringerer Frequenz. Es ist davon auszugehen, dass sich rund 70 Prozent des Grenzverkehrs auf den Tunnel verlagern werden. Für die Anbindung der Küstenorte der Lübecker Bucht an die zukünftigen Bahnhaltepunkte der Schienenhinterlandanbindung nahe der Autobahn müssen dagegen noch passende Mobilitätslösungen gefunden werden. Zeitgleich mit der Inbetriebnahme des Belttunnels soll ein Sundtunnel zwischen Großenbrode und Strukkamp die 1963 eröffnete Fehmarnsundbrücke entlasten und den bestehenden Verkehrsengpass beseitigen. Hierfür wird eine Bauzeit von fünf Jahren veranschlagt. Die Brücke wird nach grundlegender Sanierung und Befreiung vom Schienenverkehr dem langsameren örtlichen Straßenverkehr sowie Radfahrern und Fußgängern vorbehalten sein.

So soll die Fehmarnbeltquerung einmal aussehen

Wasservogelreservat Wallnau und Flügger Strand

An der Westküste Fehmarns liegt das **Wasservogelreservat Wallnau**, eines der wertvollsten und interessantesten Naturschutzgebiete an der schleswig-holsteinischen Ostseeküste. Es entstand auf dem Gelände eines ehemaligen Teichgutes. Die kleinräumig gegliederte Landschaft aus Teichen, Schilfröhrichten, Feuchtwiesen, Gräben, Gehölzen, Strandwällen und dem davor liegenden Küstenstreifen bietet hervorragende Bedingungen für Brut- und Rastvögel sowie für Lurche. Infolge der Lage auf der Zugvogelroute nach beziehungsweise von Skandinavien werden über das Jahr verteilt bis zu 200 Vogelarten gezählt. Regelmäßig brüten mehr als 60 Arten in Wallnau. Charakteristisch sind die Graugans und der Säbelschnäbler. Auf dem Gelände stehen mehrere in Sichtschutzwälle integrierte Beobachtungshütten (sogenannte ›hides‹) sowie ein Aussichtsturm.

Ein Besuch des Wasservogelreservates ist aber keineswegs nur für Ornithologen lohnenswert, sondern auch für naturinteressierte Kinder jeden Alters. Ein Naturerlebnispfad vermittelt anhand von Schautafeln, Themensäulen und interaktiven Stationen einen Eindruck von Flora und Fauna. Es gibt beispielsweise einen Tast- und Schnupperpfad sowie einen Weitsprungplatz, auf dem man die eigenen Sprungkünste mit denen verschiedener Tiere vergleichen kann. Auch in der Dauerausstellung zum Vogelzug können Kinder vieles auf spielerische Art erfahren.

Noch vor rund 700 Jahren befand sich an der Stelle des heutigen Naturschutzgebietes Wallnau eine Bucht, während das Gebiet um Flügge eine Insel war. Beständig verfrachtete die südwärts gerichtete Meeresströmung Sandmaterial entlang der Küste und baute westlich von Bojendorf eine Nehrung auf, die um 1700 Flügge erreichte. Seitdem wurde der vom Meeresgrund stammende Sand an der Halbinsel Flügge vorbeitransportiert und baute an ihrer Südküste den Haken **Krummsteert** auf, der noch immer weiterwächst. In der abgeriegelten Meeresbucht bildeten sich Binnenseen. Der

▲ *Der Jimi-Hendrix-Gedenkstein auf Fehmarn*

Haken Krummsteert wurde zusammen mit der Sulsdorfer Wiek wegen der großen Bedeutung für den Vogelschutz und die natürliche Küstendynamik ebenfalls zum Naturschutzgebiet erklärt.

Auf einer Wiese in der Nähe des Flügger Leuchtturms hatte Rocklegende Jimi Hendrix beim Love-and-Peace-Festival am 6. September 1970 seinen letzten großen Auftritt. Zwölf Tage später starb er in einem Hotel in London infolge einer Überdosis Tabletten. Rund 25 000 Fans lockte der Star auf die Insel, die damals erst seit wenigen Jahren mit dem Festland verbunden war. Gerade ältere Fehmaraner, die noch die Abgeschiedenheit der Insel gewohnt waren, sahen dem Hippies-Spektakel mit gemischten Gefühlen entgegen. Auf Fehmarn ist die Erinnerung an das Festival, das sich übrigens organisatorisch wie finanziell als Desaster erwies, bis heute lebendig geblieben. Am Flügger Strand steht seit 1997 ein **Jimi-Hendrix-Gedenkstein**.

■ Orth und Lemkenhafen

Nur etwas mehr als zwei Kilometer östlich des Flügger Leuchtturms liegt die kleine **Siedlung Orth**, die von ihrem idyllischen Hafen geprägt wird. Der erst 1881 fertiggestellte Hafen wurde ursprünglich für die Verschiffung landwirtschaftlicher Produkte genutzt. Hiervon zeugt noch ein Speicher auf dem Gelände. Darüber hinaus gab es Passagierverbindungen nach Kiel, Heiligenhafen und Lübeck. Als 1905 die Eisenbahnlinie auf Fehmarn bis nach Orth gebaut wurde, verlor die Personenschifffahrt jedoch an Bedeutung und wurde schließlich eingestellt. Noch in den ersten Jahrzehnten des 20. Jahrhunderts warb das kleine Inselbad Orth mit ungezwungenem Strandleben, hohem Erholungsfaktor und einem bescheidenen Sport- und Kulturprogramm um Sommergäste. Seit Beginn der 1980er Jahre dient

Am Sportboothafen in Orth

der Orther Hafen fast ausschließlich als Sportboothafen. An der Westseite, wo auch ein ›Kaiser-Wilhelm-Denkmal‹ an den Hafenbau erinnert, befindet sich ein kleines Surfgebiet.

Von Orth aus ist das benachbarte **Lemkenhafen** zu Fuß oder per Rad über den Deich bequem zu erreichen. Der Hafen wurde von der Landbevölkerung im 15. Jahrhundert für den Getreideexport angelegt, denn mit der Stadt Burg kam es wegen des dort geltenden Lübischen Rechts permanent zu Streitigkeiten. Letztlich trug dieser Konkurrenzhafen entscheidend zum wirtschaftlichen Niedergang von Burg bei.

Attraktion von Lemkenhafen ist eine noch voll funktionsfähige **Segelwindmühle** aus dem 18. Jahrhundert. In dem Galerie-Holländer wurden hauptsächlich Gerste und Weizen zu Graupen vermahlen und exportiert. Die Mühle war noch bis 1954 in Betrieb und beherbergt heute ein kleines **Mühlen- und Landwirtschaftsmuseum**.

Weithin sichtbar: der Flügger Leuchtturm

■ Leuchttürme

Vier ganz unterschiedliche Leuchttürme an den äußeren Landspitzen der Insel Fehmarn sowie ein Leuchtfeuer am Fehmarnsund bieten der Schifffahrt Orientierung. Die Landmarken sind außerdem beliebte touristische Ausflugsziele. Im Südwesten steht der **Leuchtturm Flügge**. Der 37 Meter hohe Turm ersetzte 1916 einen kleineren Vorgängerbau und markiert die Einfahrt in den Fehmarnsund. Er ist nicht nur der höchste Leuchtturm der Insel, sondern auch der einzige, der zur Besichtigung freigegeben ist. Nach dem Erklimmen der 162 Stufen eröffnet sich von der Galerie ein herrlicher Ausblick auf Land und Meer. Der achteckige Backsteinturm steht seit 2003 unter Denkmalschutz. Da die Zufahrtstraße zum Flügger Leuchtturm für den motorisierten Verkehr gesperrt ist, muss ein Weg von knapp zwei Kilometern zurückgelegt werden. Ein gebührenpflichtiger Parkplatz befindet sich am Hof Flügge. Mit dem Fahrrad ist der Leuchtturm problemlos von Flügge oder über den Deich von Orth aus zu erreichen. Fehmarns kleinster Leuchtturm steht in **Strukkamphuk**, unweit der Fehmarnsundbrücke. Er stammt aus dem Jahr 1935 und misst gerade einmal fünf Meter. Bereits 1872 war an dieser Stelle ein Leuchtfeuer in Form einer Laterne eingerichtet worden die an einem Mast hochgezogen wurde. An der Südostspitze, direkt an der Steilküste, befindet sich der **Leuchtturm Staberhuk**. Der stämmige Turm von 1903 ist 22 Meter hoch. Er trägt keine gewöhnliche Laterne, sondern die des alten Leuchtturms von Helgoland. Der Maler Ernst Ludwig Kirchner wohnte während seiner Sommeraufenthalte 1912–1914 in Staberhuk bei der Familie des Leuchtturmwärters. Der ursprüngliche Leuchtturm **Marienleuchte** an der Nordostspitze der Insel wurde in den 1830er Jahren zu Ehren der dänischen Königin Marie Sophie Frederikke errichtet und nach ihr benannt. Die Königin nahm an der Einweihung persönlich teil. Allerdings wurde der Leuchtturm in den 1960er Jahren durch einen höheren, schlanken Stahlbetonturm ersetzt. Der **Leuchtturm Westermarkelsdorf** an der nordwestlichen Inselspitze erhebt sich hinter dem Deich und weist den Weg in den Fehmarnbelt. Der Turm stammt von 1902 und ist 17 Meter hoch. Der erste Leuchtturm an dieser Stelle wurde bereits 1881 errichtet.

■ Fehmarns Kirchen

Die vier Hauptkirchen Fehmarns befinden sich in Landkirchen, Petersdorf, Bannesdorf und Burg. Sie entstanden im Laufe des 13. Jahrhunderts weitgehend zeitparallel und orientierten sich architektonisch zum Teil an den Hallenkirchen der Hansestadt Lübeck. Hieran wird das große Interesse der Fehmarner Landgemeinden an repräsentativen Bauten deutlich, die großstädtischen Maßstäben folgen sollten, und sich dadurch von den Dorfkirchen in Wagrien abhoben.

Die **St.-Petri-Kirche** in **Landkirchen**, deren Bau 1220 begann, ist die älteste der vier Pfarrkirchen. Der separat stehende hölzerne Glockenturm entstand 1638. Die dreischiffige Hallenkirche aus Backstein beherbergt neben einigen sakralen Schätzen auch den ›Landesblock‹, eine Archivtruhe aus dem 14. Jahrhundert. In der Holztruhe wurden die Siegel und Urkunden mit den Privilegien der Landschaft Fehmarns verwahrt. Der Ort Landkirchen war damals das Verwaltungszentrum des ländlichen Fehmarn. Eine Besonderheit ist auch eine Kogge von 1617, eines der wertvollsten Votivschiffe weltweit und das älteste Modellschiff in Deutschland. Sechs Logen waren einflussreichen Bauernfamilien vorbehalten.

Die **St.-Johannis-Kirche** in **Petersdorf** entstand ab 1240 zunächst als zweischiffige Kirche in spätromanischem Stil. Der ehemalige Kastenchor wurde um 1300 durch einen großen Chorbereich ersetzt. Der 64 Meter hohe Kirchturm ist bis zu 20 Seemeilen weit zu sehen und war einst als Tageslandmarke in Seekarten verzeichnet. Zu den herausragenden Elementen der Innenausstattung gehören ein gotischer Dreiflügelaltar, ein gotländisches Kalkstein-Taufbecken aus dem 13. Jahrhundert und ein Sakramentshaus aus dem 15. Jahrhundert, das einem gotischen Turm nachempfunden ist.

Die **Bannesdorfer St.-Johannis-Kirche** präsentiert sich am bescheidensten unter den vier Pfarrkirchen. Das einschiffige Langhaus besteht teils aus Feldsteinen, teils aus Backsteinen, der quadratische Kastenchor ausschließlich aus Backsteinen. Der hölzerne Glockenturm wurde 1701 ergänzt. Die Chorwaußenwand weist Reste einer spätgotischen Bemalung auf. An der Nordwand befinden sich drei Logen aus dem frühen 18. Jahrhundert für die angesehensten Familien des Kirchspiels. Die dreischiffige **St.-Nikolai-Kirche** in **Burg** wird auf 1238 datiert und folgt dem Stil der Backsteingotik. Sie wurde mehrmals baulich erweitert. Der ursprüngliche Kastenchor wurde im 14. Jahrhundert zunächst durch einen einschiffigen Chor ersetzt und später zu

Die St.-Petri-Kirche in Landkirchen

einem dreischiffigen Langchor ausgebaut. Der 48 Meter hohe mächtige Kirchturm entstand 1513. Den Innenraum zieren ein dreiflügeliger, vergoldeter Schnitzaltar aus der Zeit um 1370, eine Bronzetaufe von 1391 sowie ein Taufbecken aus gotländischem Stein von 1270. An der Kirche erinnert außerdem eine Steintafel, das Fehmarnsche Memorial, an die Eroberung Fehmarns durch den Dänenkönig ›Erich den Pommern‹ im Jahr 1420. Alle vier Kirchen sind von April bis Oktober täglich bis mindestens 16 Uhr geöffnet.

 Fehmarn

PLZ: 23769. **Vorwahl:** 04371.
Tourist-Informationen: Burgtiefe, Zur Strandpromenade 4, Tel. 04371/506300. Burg, Bahnhofstr. 30, Tel. 04371/506358 oder -359.
www.fehmarn.de

Mit dem Auto über die Autobahn A 1 und die Fehmarnsundbrücke. Die Bundesstraße B 207 durchzieht die Insel von Süden nach Norden bis zum Fährhafen Puttgarden.

Die **Bahnhaltepunkte** in Burg und Puttgarden werden bis zur Fertigstellung der festen Fehmarnbeltquerung durch einen Schienenersatzverkehr angefahren. Die Buslinie X85 verkehrt im Stundentakt zwischen Lübeck und Fehmarn.
Ein ehrenamtlich betriebener **Bürgerbus** verkehrt zwischen Ostern und Ende Oktober Mo–Fr (in den Sommermonaten auch Sa) als Linienbus und steuert unter anderem viele Campingplätze und touristisch interessante Orte an. Von Nov. bis Ostern wird der Bürgerbus als Anrufbus eingesetzt. www.buergerbus-fehmarn.de

Zwischen dem Fährhafen Puttgarden und dem dänischen Rödbyhavn pendeln Schiffe der Reederei Scandlines im 30-Minuten-Takt. Die Überfahrt dauert 45 Minuten. www.scandlines.de

Wisser's Hotel, Burg, Am Markt 21, 23769 Fehmarn, Tel. 04371/3111. Das traditionsreiche Drei-Sterne-Superior-Hotel bietet modernes Ambiente in einem historischen Haus direkt am Markt, dazu ein Restaurant mit sehr guter Küche.
www.wissers-hotel.de
IFA Hotel und Ferien-Centrum, Burgtiefe, Zur Südstrandpromenade 1, 23769 Fehmarn, Tel. 04371/890. Drei-Sterne-Hotelzimmer und Ferienwohnungen bis zu sechs Personen in den von Arne Jacobsen entworfenen Fernblickhäusern. Alle Zimmer verfügen über einen Balkon mit Meerblick. www.ifa-fehmarn-hotel.com

Fehmarn verfügt über 16 Campingplätze, die fast alle direkt an der Küste liegen. Einer der beliebtesten und zugleich komfortabelsten ist der mit fünf Sternen ausgezeichnete **Camping- und Ferienpark Wulfener Hals**.
Informationen zu allen Campingplätzen: www.campingparadies-fehmarn.de

Beltbude, Gammendorf, Krögenweg 100, Tel 0179/5436512; Ostern–Okt. 11 Uhr –Sonnenuntergang. Imbiss im Inselnorden am Grünen Brink, mit wunderbarer Aussicht auf den Fehmarnbelt. Das kulinarische Angebot umfasst Burger, Fischbrötchen, frisch gebackene Kuchen sowie heiße und kalte Getränke inklusive Cocktails. Abends regelmäßig Live-Musik. www.beltbude.de
KNUST-Braumanufaktur, Avendorf, Sundstraat 33, 23769 Fehmarn, Tel. 04371/2213. Fehmarns erste und einzige Craftbier-Brauerei mit schönem Biergarten. Hier kann man verschiedene vor Ort gebraute Biersorten genießen. www.knustbier.de
Fischlädchen, Burgstaaken 81, 23769 Feh-

marn-Burgstaaken, Tel. 04371/860123. Verkaufsraum und Gastronomie der Fischereigenossenschaft Fehmarn.
Taverne Syrtaki, Orth, Am Hafen 2d, 23769 Fehmarn, Tel. 04372/806870; in der Saison tägl. 11.30–23 Uhr. Schmackhafte griechische Spezialitäten, Mittagstischangebot. Große Sonnenterrasse mit Hafenblick. Freundliche Bedienung.

Hof-Café Albertsdorf, Albertsdorf 13, Tel. 04371/502524; Mo–Fr (außer Di) 11–18 Uhr, Sa/So 7–18 Uhr. Liebevoll eingerichtetes Café mit schön gestalteten Außenplätzen auf dem Hof. Selbstgebackene Blechkuchen und Torten, Fehmarnsche Kröpel (süße Hefeteigkugeln); täglich frisch gebackenes Brot, an Wochenenden und Feiertagen frische Brötchen und reichhaltiges Frühstück ab 7 Uhr; kleiner Hofladen. www.hofcafe-albertsdorf.de
Allee-Café Katharinenhof, Katharinenhof, Haus Nummer 3, 23769 Fehmarn, Tel. 04371/503838; März–Okt. tägl. 11–18 Uhr. Das Café befindet sich auf einer alten Hofanlage mit hübsch angelegtem Garten und bietet eine Auswahl an hausgebackenen Torten sowie kleine herzhafte Gerichte. www.alleecafe-katharinenhof.de
Café ›Die Villa‹, Orth, Am Hafen 4, 23769 Fehmarn, April–Okt.; das unkomplizierte Café in einer alten Villa am Orther Hafen bietet verschiedene Kuchen (auch vegan), Kaffee aus einer regionalen Rösterei und Limonaden. Innenbereich sowie schöne Außenplätze unter Wallnussbäumen.
Tortenbotschaft Fehmarn, Am Yachthafen Burgtiefe, Tel. 0171/6953008; April–Okt. Sa/So ab 14 Uhr. Mobiles Café mit Backstube in einem umgebauten Zirkuswagen, Sitzplätze am Kai des Jachthafens. Die Kuchen und Torten werden direkt aus dem Wagen gereicht. Hierzu gehören regionale Spezialitäten wie Fehmarnsche Nusstorte, Eierlikörtorte, Stachelbeer-Baiser-Torte, Butterkuchen und Kröpel, alles auch zum Mitnehmen. www.tortenbotschaft-fehmarn.de
Radden's Eis, Burg, Süderstraße 40, 23769 Fehmarn, Tel. 04371/1255. Älteste Eismanufaktur Fehmarns. Um in den Genuss der selbst hergestellten Softeises zu kommen, muss in der Regel etwas Zeit in der Warteschlange eingeplant werden. Das Sortiment umfasst klassische bis ausgefallene Sorten sowie Milchshakes. www.raddenseis.de
Café Traube, Burg, Ohrtstraße 9–11, 23769 Fehmarn, Tel. 04371/6049445; April–Sept. tägl. 9–18 Uhr. Mehr als nur ein Café ist der bio-zertifizierte Betrieb in einer der hübschesten Straßen von Burg. Zum Angebot gehören Frühstück, hausgebackene Kuchen, wechselnde Tagesgerichte und Flammkuchen. Außer dem gemütlichen Innenraum verfügt das Café über einen begrünten Innenhof. www.cafe-traube-fehmarn.de

360-Grad-Bar, Burgtiefe, Zur Strandpromenade 6a, 23769 Fehmarn, Tel. 0174/4012425; Hauptsaison 10–22 Uhr, Vor- und Nebensaison 10–18 Uhr beziehungsweise 10–20 Uhr. Die kleine Bar mit entspannter Atmosphäre hat ihren Standort direkt auf dem Südstrand. Cocktails, Bier, Wein, Limonaden, Kaffee, Tee und Eis können im Liegestuhl, in der Hängematte oder auf der hölzernen Dachterrasse genossen werden. An Sommerabenden gibt es gelegentlich Live-Musik. www.360gradbar.de

Leuchtturm Flügge, 23679 Fehmarn, Tel. 04372/761; April–Okt. Di–So 10–17 Uhr. www.leuchtturm-fluegge.de
Ernst-Ludwig-Kirchner-Dokumentation, Burg, Bahnhofstraße 47 (Obergeschoss der Bücherei). Die Ausstellung zeigt Reproduktionen ausgewählter Werke sowie Fotografien aus Kirchners Zeit auf Fehmarn. In den Sommermonaten finden So um 11.15 Uhr Führungen statt. Eintritt frei. www.kirchnervereinfehmarn.de

U-Boot-Museum U 11, Burgstaaken 89, 23769 Fehmarn, Tel. 04371/8891055; März–Apr. tägl. 10–17 Uhr, Mai–Okt. tägl. 10–18 Uhr, Nov.–Feb. Sa und So 10–17 Uhr. www.ostsee-u-boot.de
Seenotrettungsmuseum Fehmarn, Burgstaaken 89, 23769 Fehmarn, Tel. 04371/8797777. Aktuelle Öffnungszeiten und Preise:
www.seenotrettungsmuseum-fehmarn.de
Meereszentrum Fehmarn, Burg, Gertrudenthaler Straße 12, 23769 Fehmarn, Tel. 04371/4416; März–Okt. 10–18 Uhr, Nov.–Feb. 10–17 Uhr, 24.–26. Dez. und 1. Jan. geschlossen. Tropisches Meeresaquarium mit Korallengärten, Unterwassertunnel und großem Ozeanaquarium. www.mega-meereswelten.de
NABU Wasservogelreservat Wallnau, Wallnau 4, 23769 Fehmarn, Tel. 04372/1002; März–Okt. 10–17 Uhr, Führungen 11, 13 und 15 Uhr. Ausstellung, Naturerlebnispfad, Spielplatz, Café/Bistro. www.nabu-wallnau.de
Galileo Wissenswelt, Burg, Mummendorfer Weg 11b, 23769 Fehmarn. Unterhaltsame Ausstellung zu Themen der Naturkunde, Technik und Kultur mit Fakten über die Entstehung der Erde und das Zeitalter der Dinosaurier. Es gibt Möglichkeiten zum Experimentieren und zum spielerischen Erkunden. Das Angebot ist insbesondere geeignet für Kinder im Alter von 5–15 Jahren. www.galileo-fehmarn.de
Schmetterlingspark Fehmarn, Burg, Mummendorfer Weg 11a, 23769 Fehmarn. Auf einer mit Palmen, Orchideen, Zitronenbäumen und einem uralten Olivenbaum bestandenen Fläche von fast 1000 Quadratmetern leben rund 1000 Schmetterlinge aus 100 Arten.
www.schmetterlingspark-fehmarn.de
Mühlen- und Landwirtschaftsmuseum Lemkenhafen, Lemkenhafen, Mühlenweg 45, Tel. 04372/1894; Ostern–Ende Okt. Kleine Ausstellung mit Fotografien und historischen Arbeitsgeräten der Landbevölkerung. www.museum-fehmarn.de/muehlenmuseum

Infocenter Fehmarnbelt-Tunnel, Burg, Ohrtstraße 40, 23769 Fehmarn, Tel. 04371/8888892. Informationen rund um den geplanten Absenktunnel sowie über die Planungs- und Bauphasen. www.femern.com

Surf-Festival, viertägige Windsurf-Messe am Südstrand, zum Auftakt der Wassersportsaison im Mai; Präsentation neuer Marken und Produkte namhafter Hersteller, auch zum Testen; Rahmenprogramm mit Vorträgen, Filmvorführungen, Live-Bands und DJs. www.surffestival.de
Midsummer-Bulli-Festival, Deutschlands größtes und einziges Bulli-Festival am Meer, jährlich am letzten Juniwochenende am Südstrand, mit Live-Musik, Tanz und jeder Menge Bullis.
www.midsummerfestival.de
Burg Filmtheater, Burg, Breite Straße 13a, 23769 Fehmarn, Tel. 04371/6728. Kinosaal im Stil der 1970er Jahre mit plüschiger Atmosphäre und Lampen an jedem Platz. www.burgfilmtheater.de

Conny's Fahrradverleih, Burg, Süderstraße 24 sowie Burgtiefe, IFA Ferien-Centrum (Haus Kopenhagen), 23769 Fehmarn, Tel. 04371/1303.
2Rad-Fehmarn, Landkirchen, Kirchblick 4, 23769 Fehmarn, Tel. 04371/8898044 oder 0151/41295931; Mo–Sa 9:30–13 Uhr und 17–18 Uhr, So telefonische Bestellung und Lieferung möglich. www.2rad-fehmarn.de

Hochseeangeln, Reederei Thomas Lüdtke, Burgstaaken,/Hafen, 23769 Fehmarn, Tel. 04371/2149 oder 0172/3860346. www.hochseeangeln-fehmarn.de

Auf Fehmarn gibt es zahlreiche **Reiterhöfe** mit unterschiedlichen Angeboten, vom Reitunterricht für Anfänger bis zu Gastboxen für eigene Tiere. Übersicht zu Höfen, Urlaubsangeboten mit dem eigenen Pferd sowie Reitsportveranstaltungen: www.reiten-auf-fehmarn.de

Farmworld, Burg, Gertrudenthaler Str. 10, 23769 Fehmarn, Tel. 04371/8897960, tägl. 10–17 Uhr. Landwirtschaftliche Modellausstellung im Maßstab 1:32 mit Innen- und Außenspielbereich. Auf einer Siku-Control-Spielfläche können Minitraktoren und Bagger ferngesteuert werden. Zur Erkundung des Außengeländes stehen elektrische Aufsitztrecker zur Verfügung. www.farmworld-fehmarn.de
Silo Climbing Fehmarn, Burgstaaken; April–Okt. Kletterlebnis mit unterschiedlichen Schwierigkeitsgraden. Eine der 16 Kletterrouten an der Silowand führt bis auf eine Höhe von 40 Metern. www.siloclimbing.com
Dunkelexperiment, Burgstaaken; April–Okt. tägl. 10.30–17.30 Uhr. Ausgestattet mit Blindenstock und Augenmaske können Besucher auf 1000 Quadratmetern Fläche verschiedene Umgebungen aus der Perspektive einer blinden Person erkunden und sich von Gerüchen oder Geräuschen leiten lassen. www.dunkelexperiment.de
Bimmelbahn zwischen Burg, Burgstaaken und Burgtiefe. Unterwegs erfahren die Fahrgäste Interessantes über die Insel. www.bimmelbahn.sh
Inselrundflüge, Flugplatz Neujellingsdorf, 23769 Fehmarn, Tel. 0171/9910931. www.fehmarn-air.de

Bewachte Strandabschnitte befinden sich am Südstrand, in Meeschendorf, Bojendorf/Wallnau und am Grünen Brink. Der Hauptbadestrand ist der Südstrand in Burgtiefe. Hier gibt es von Ostern bis Ende Oktober auch Animationsangebote für Kinder. Darüber hinaus verfügt die Insel über mehrere schöne, teils abgelegene Naturstrände.

Schaufischen Von Burgstaaken werden Fahrten auf einem Fischkutter angeboten. Unterwegs wird das Netz ausgeworfen, der Fang erklärt. Die einstündigen Touren führen über den Burger Binnensee und die offene Ostsee. Reservierung per WhatsApp oder SMS: Tel. 0151/58519904. www.inselfischer-fehmarn.de

Geologische Bestimmungskurse, Juni–Aug. Do 11 Uhr, jeweils an einem anderen Strandabschnitt. Nach kurzer Einführung in die Gesteinskunde und die Entstehung Fehmarns suchen die Teilnehmer gemeinsam nach besonderen Steinen, die anschließend bestimmt werden. Anmeldung: Umweltrat der Stadt Fehmarn, Tel. 04371/506654. Während der übrigen Monate können individuelle Führungen für Gruppen gebucht werden. Termine, Treffpunkte und Preise: www.fehmarn.de

Golfpark Fehmarn, Wulfener-Hals-Weg 80, Wulfen, 23769 Fehmarn, Tel. 04371/6969. Ganzjährig bespielbarer 18-Loch-Golfplatz mit schönen Ausblicken auf die Ostsee sowie öffentlicher 9-Loch-Platz; kostenlose Schnupperkurse für Anfänger. www.golfpark-fehmarn.de
Golfschule Fehmarn, Wulfener-Hals-Weg 80, Wulfen, 23769 Fehmarn, Tel. 04371/6969 oder 0179/7407203. Verschiedene Kursangebote. www.golfschule-fehmarn.de
Adventure Golf Fehmarn, Meeschendorf; Ostern–Ende Okt. www.adventure-golf-fehmarn.de
FUNTASIA Adventure Minigolf, Burgstaaken, Hafenstraße 69, 23769 Fehmarn, Tel. 01520/3141429; April–Ende Okt., 22 Bahnen in einer 1400 Quadratmeter großen Bootshalle. www.funtasia-golf.de
Soccergolf, Burg; Ostern–Okt. Der Fußball wird mit möglichst wenigen Kicks an den Hindernissen vorbei gespielt und eingelocht.

Fehmare, Burgtiefe, Zur Strandpromenade 6, 23769 Fehmarn, Tel. 04371/889960. Das Meerwasser-Wellenbad mit Wasserfall und Wasserrutsche verfügt über ein Innen- und Außenbecken, einen Kinderbereich sowie eine Wellness- und Saunalandschaft. www.fehmare.de

Windsurfing Fehmarn, Orth, Am Hafen 2, 23769 Fehmarn, Tel. 04372/1052. www.windsurfing-fehmarn.de
Windsurfing Wulfen, Camping- und Ferienpark Wulfener Hals, Wulfen, 23769 Fehmarn, Tel. 04371/86280. www.windsurfing-wulfen.de
Wingsurfschule Fehmarn, Tel. 0157/56647246. Der neue Trendsport wird an verschiedenen Schulungsorten auf der Insel gelehrt. www.wingsurf-fehmarn.de

Verleih von SUP-Boards und Tretbooten, Südstrand (vor der DLRG-Hauptwache); Mai–Sept. www.wasserspassfehmarn.de

Größere Supermärkte befinden sich in Burg und Petersdorf. Die meisten Campingplätze verfügen über kleine Läden zur Grundversorgung. Auf der gesamten Insel werden regionale Produkte in kleinen Hofläden oder am Straßenrand ›per Kasse des Vertrauens‹ angeboten. Frischen Fisch gibt es im Hafen von Burgstaaken entweder bei der Fischereigenossenschaft oder, je nach Fang, direkt bei den Fischern.
Fehmarnsteine, Petersdorf, Erlengrund 14, 23769 Fehmarn, Tel. 04372/991390 oder 0160/7221001; Mitte Mai–Mitte Sept. Mo–Fr 11–18 Uhr. Schmuck und Accessoires aus Ostseesteinen, auch individuelle Anfertigungen. www.fehmarnsteine.de

Großenbrode

Das kleine Ostseebad Großenbrode (2200 Einwohner) liegt an der nordöstlichen Festlandspitze Ostholsteins und bildet mit seinen Ortsteilen Klaustorf, Lütjenbrode und Großenbroderfähre eine eigene kleine **Halbinsel**. Nur der Sund trennt die Landspitze von der Insel Fehmarn. Das touristische Angebot ist überschaubar, oder anders gesagt, auf das Wesentliche konzentriert, doch gerade deshalb wirkt der Ort angenehm entschleunigt und familiär.

Im Sommer 2021 wurde die neu gestaltete **Promenade** am 1,5 Kilometer langen und besonders breiten Südstrand eröffnet. Sie ist das Herzstück des Ortes. Der **Seebrückenvorplatz**, der auch über verschiedene kulinarische Angebote verfügt, ist an warmen Tagen bis weit in den Abend hinein beliebter Treffpunkt für Groß und Klein. Kinder freuen sich vor allem über das große Piratenschiff auf dem **Abenteuerspielplatz** am Strand. Entlang der Promenade befinden sich außerdem drehbare Holzliegen und ein Bewegungsplatz mit Fitnessgeräten.

Verkehrstechnisch hatte Großenbrode bis in die Mitte des 20. Jahrhunderts eine wichtige Bedeutung. Vom Hafen Großenbroderfähre legten die Fähren nach Fehmarn und Dänemark ab. Dies änderte sich schlagartig 1963 mit der Eröffnung der Fehmarnsundbrücke. Die

Piratenschiff auf dem Abenteuerspielplatz

Großenbrode

Schiffsverbindung wurde von der Vogelfluglinie abgelöst. In Großenbrode entstand daraufhin ein kleines Ferienzentrum mit Appartements, Campingplatz und Segelschule. In Großenbroderfähre befindet sich heute eine idyllische Marina im Schatten der Fehmarnsundbrücke.

■ Ostsee-Erlebniswelt

Bis Mitte der 1990er Jahre war das strategisch günstig gelegene Großenbrode außerdem Militärstandort. In einem ehemaligen Horchturm zwischen Klaustorf und Lütjenbrode befindet sich heute die Ostsee-Erlebniswelt, ein Ableger des Meereszentrums Fehmarn. Mehrere Aquarien zeigen die Pflanzen- und Tierwelt der Ostsee, eine Ausstellung informiert über die Entstehungsgeschichte des Meeres. Die **Aussichtsplattform** des Turms ermöglicht einen weiten Rundumblick über die Halbinsel Wagrien bis nach Fehmarn. Besonders zur Rapsblüte im Mai bietet sich bei sonnigem Wetter ein traumhaftes Panorama in strahlendem Gelb und Blau.

Am Strand von Großenbrode

Großenbrode

PLZ: 23775. **Vorwahl:** 04367
Tourist-Information: Teichstraße 12 (Rathaus), 23775 Großenbrode, Tel. 04367/997130, Mo–Fr 9–17 Uhr. Während der Ferienzeiten ist darüber hinaus die Tourist-Information am Südstrand 10 besetzt, Tel. 04367/978830. www.grossenbrode.de

Großenbrode wird bis zur Fertigstellung der Fehmarnbeltquerung von einem Schienenersatzverkehr (Buslinie X85 Lübeck–Puttgarden) im Stundentakt angefahren.

In Großenbrode dominieren Ferienwohnungen und Ferienhäuser. Darüber hinaus gibt es einige originelle Übernachtungsmöglichkeiten, wie zum Beispiel auf einem Hausboot oder im ›Sleeperoo-Cube‹ auf der Seebrücke. Übersicht aller Unterkünfte und Online-Buchungsmöglichkeit:
www.grossenbrode.de
www.ostseespitze.de

Camping Großenbrode, Südstrand 3, 23775 Großenbrode, Tel. 04367/8697. www.camping-grossenbrode.de
Wiesencamping Lütjenbrode, Gartenstraße 15, 23775 Lütjenbrode, Tel. 04362/6283. Kleiner Campingplatz mit zehn Stellplätzen auf einer Wiese.

Wohnmobilhafen Großenbrode, Am Kai 29, 23775 Großenbrode, Tel. 0172/4306800 **Wohnmobilhafen Reise**, Südstrand 1, 23775 Großenbrode, Tel. 0171/5050305.

Unterschiedliche gastronomische Angebote konzentrieren sich im Bereich des Seebrückenvorplatzes.

Ostsee-Erlebniswelt, Bäderstraße 6a, 23775 Großenbrode-Klaustorf, Tel. 04371/4416; März–Sept. 10–18 Uhr,

Okt. 10–17 Uhr. Ostseemuseum, Ostseeaquarium und Aussichtsturm. www.mega-meereswelten.de

tobisRad, Am Hohen Ufer 4, 23775 Großenbrode, Tel. 04367/9966384. www.tobisrad.de

Im südwestlichen Teil von Großenbrode befinden sich mehrere **Sportboothäfen** inklusive Segelbootverleih. Eine weitere Marina befindet sich in Großenbroderfähre.

Wassersportschule Großenbrode, Am Kai 21, 23775 Großenbrode, Tel. 04367/6579966. Surf-, Kite- sowie Segelkurse auf unterschiedlichen Bootstypen. Verleih von SUP-Boards, Seekajaks und Segelbooten. Mitsegelmöglichkeit. www.watersports4all.de

Heiligenhafen

Im Norden der wagrischen Halbinsel, an der Hohwachter Bucht, liegt die Stadt Heiligenhafen (9000 Einwohner). Das Ostseeheilbad nennt sich ›Sonnendeck der Ostsee‹, passend zu seiner exponierten Lage, der vergleichsweise hohen Sonnenscheindauer und der maritimen Prägung. Dabei liegt Heiligenhafen genau genommen gar nicht am offenen Meer. Der hübschen Altstadt ist eine fünf Kilometer lange Nehrung vorgelagert: der Steinwarder mit dem östlich anschließenden Graswarder. Hier lockt der feine, von Dünen gesäumte Sandstrand. Vom Steinwarder führt die 2012 fertiggestellte **Erlebnis-Seebrücke** in einem Zickzack-Parcours 440 Meter auf die Ostsee hinaus. Sie verfügt über zwei Ebenen, unter anderem mit einer verglasten Meereslounge, Holzliegen und mehreren Spielmöglichkeiten.

Das ehemals naturbelassene Areal vor der Seebrücke hat in den letzten zehn Jahren ein grundlegend neues Gesicht bekommen. Es entstanden komfortable Ferienwohnungen, überwiegend reetgedeckte Ferienhäuser und Hotels in Holzbauweise, dazu eine kleine, urban anmutende Flaniermeile mit Geschäften und Lokalen. Das touristische Treiben hat sich seitdem spürbar in dieses attraktive Zentrum verlagert.

Die **Altstadt** und der **Steinwarder** sind durch einen **Damm** miteinander verbunden, der gleichzeitig die östliche Begrenzung des Binnensees bildet und diesen dadurch von der Ostsee abschnürt. Um den Binnensee herum führt eine fünf Kilometer lange Promenade mit Sitzgelegenheiten und Lichtstelen. Auf der anderen Seite des Damms erstreckt sich der große **Jachthafen** mit 1000 Liegeplätzen. Im Sommer gibt der ›Mastenwald‹ ein beeindruckendes Bild ab. Vom Jachthafen sind es nur ein paar Schritte bis zum Kommunal- und Fischereihafen. Mit etwas Glück kann man hier fangfrischen Fisch direkt vom Kutter erwerben. Um das Hafenbecken befinden sich einige

Blick durch die Dünen

Kneipen und Geschäfte. Beliebter Treffpunkt ist die **Fischhalle** der Fischereigenossenschaft, die Fischbrötchen und andere Fischgerichte anbietet.

■ **Geschichte**

Heiligenhafen entstand um 1250 im Rahmen der von Graf Adolf IV. initiierten Städtegründungspolitik. Das Lübische Stadtrecht ist seit 1305 urkundlich nachweisbar, wurde vermutlich aber schon früher verliehen. Entscheidender Standortfaktor für die Stadtgründung war der natürliche und geschützte Hafenplatz. 1325 erhielt Heiligenhafen das Privileg zur zollfreien Ausfuhr seiner Erzeugnisse und entwickelte sich zum Hauptausfuhrhafen des Oldenburger Landes.

Im Laufe der Jahrhunderte erlebte die Stadt eine wechselvolle Geschichte, die immer wieder von Überschwemmungen, Stadtbränden und Kriegszerstörungen gezeichnet war. Von 1627 bis 1630 trieb die Pest die Stadt an den Rand des Ruins. Erst ab 1720 ging es wieder friedlicher zu. Im Jahr 1938 wurde Heiligenhafen Garnisonstadt. Auf dem früheren Kasernengelände befindet sich heute eine Fachklinik für Psychiatrie, Psychotherapie und Rehabilitation. Der Flüchtlingsstrom

Lebhaftes Treiben auf dem Seebrückenvorplatz

aus den ehemaligen deutschen Ostgebieten ließ die Einwohnerzahl nach dem Zweiten Weltkrieg von 3500 auf rund 10 000 Menschen ansteigen. Am östlichen Stadtrand, im Ortsteil Ortmühle, entstand eine Wohnsiedlung für die neuen Mitbürger.

Die touristische Bedeutung Heiligenhafens zeichnete sich erst seit Ende des 19. Jahrhunderts ab. Anfang des 20. Jahrhunderts ließen wohlhabende Bürger die Sommerhäuser auf dem Graswarder errichten. Der Kaufpreis für die Grundstücke betrug damals einen Reichsgroschen pro Quadratmeter, also 100 Reichsmark

Die touristische Entwicklung Heiligenhafens begann auf dem Graswarder

für 1000 Quadratmeter! Einen rasanten Aufschwung erlebte der Tourismus in den 1950er Jahren. 1971 entstand an der Westseite des Binnensees das erste Ferienzentrum an der deutschen Ostseeküste und läutete den Beginn des Massentourismus in Heiligenhafen ein. Demgegenüber besitzt der einst dominierende Hafen mit seiner Fischereiflotte und dem Getreideumschlag heute nur noch eine untergeordnete Bedeutung.

■ **Altstadt**
Die gemütliche Altstadt mit kopfsteingepflasterten Gassen, historischen Bürgerhäusern und direkter Verbindung zum Hafengelände versprüht viel maritimes Flair. Hier lässt es sich entspannt durch die kleinen Geschäfte bummeln.
Auf dem Kirchberg erhebt sich die **Stadtkirche**, deren Bau Mitte des 13. Jahrhunderts begann. Aus dieser Zeit stammt noch der quadratische Kastenchor. In den folgenden Jahrhunderten erfuhr die Kirche mehrere bauliche Veränderungen und wurde im 19. Jahrhundert in neugotischem Stil restauriert. Das Innere der Kirche spiegelt unverkennbar die Geschichte Heiligenhafens als Seefahrerstadt wider. Im Kirchenschiff hängen mehrere Schiffsmodelle. Der vordere Teil der Empore, der sogenannte Schifferstuhl, war höherrangigen Seeleuten, wie zum Beispiel Kapitänen, vorbehalten. Zur bemerkenswerten Ausstattung gehören auch das mit reichen Schnitzereien versehene Chorgestühl, die Statuen von Adam und Eva aus dem frühen 16. Jahrhundert sowie eine Figur des Heiligen Christopherus.
Direkt neben der Kirche, in einem hübschen Jugendstilbau von 1902, hat das **Heimatmuseum** sein Domizil. Die Ausstellung im Gebäude der ehemaligen städtischen Spar- und Leihkasse zeigt Fossilien und jahrtausendealte Funde wie Steinwerkzeuge, Pfeilspitzen und Dolche aus der Gegend um das heutige Heiligenhafen. Weitere Themen sind Stadtgeschichte, Hafen und Seefahrt sowie Fischerei und Badeleben. Kinder können sich den Themen spielerisch nähern, zum Beispiel beim Malen, Puzzeln oder Seemannsknotenschlagen. Das Mu-

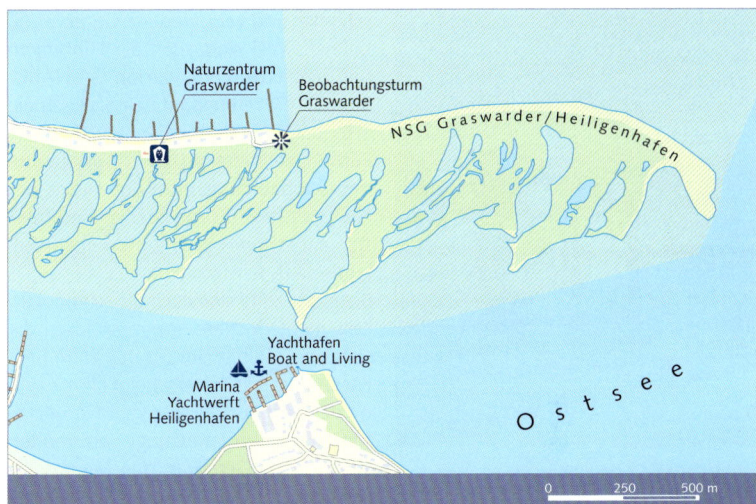

seum erinnert außerdem an den Dichter Theodor Storm und dessen Beziehung zu Heiligenhafen. Ausgestellt sind unter anderem Fotos, Texte und eine der ersten Ausgaben seiner Novelle ›Hans und Heinz Kirch‹, zu der Storm bei einem Besuch in Heiligenhafen inspiriert wurde.
In der Hafenstraße steht der **Salzspeicher** von 1587, das älteste Haus in Heiligenhafen. Das Gebäude wurde ursprünglich als Getreidelager errichtet. Heute befindet sich hier ein Restaurant.
Am historischen Marktplatz (Markttage sind Mi und Sa) dominiert das **Rathaus**, ein repräsentativer Backsteinbau aus dem Jahr 1882. Der Eingangsbereich ist mit italienischen Fliesen und einer frei stehenden Treppe ausgestaltet. Auf dem Rathausdach wurde 1977 ein kleiner Glockenturm für die traditionsreiche Bürgerglocke hinzugefügt, im Volksmund ›Kökschenglocke‹ genannt. Die bronzene Glocke läutete bereits im 18. Jahrhundert auf dem Dach des vorherigen Rathausgebäudes mit einem plattdeutschen Schlaflied die Nachtruhe ein (›Gah to Bett! Slaap recht nett!...‹). Nach dem Abbruch des alten Rathauses war sie in verschiedenen Gebäuden untergebracht. Seit dem Bau des Glockenturms läutet sie wieder allabendlich um kurz vor 22 Uhr, wie in alten Zeiten. Vor dem Rathaus steht seit 1997 ein knapp sieben Meter hohes Glockenspiel mit 24 Glocken. Alle drei Stunden, zwischen 9 und 21 Uhr, ertönen verschiedene Melodien. Das Repertoire umfasst 50 Lieder. Während der Adventszeit hat sich das Abspielen von Weihnachtsliedern zu einer stimmungsvollen Tradition entwickelt. Für frisch vermählte Paare erklingt auf Wunsch nach dem Verlassen des Standesamtes der Hochzeitsmarsch.

■ **Naturschutzgebiet Graswarder**
Der bizarr geformte Graswarder grenzt direkt an das neue touristische Zentrum auf dem Steinwarder an. Ein breiter Weg erschließt ihn ungefähr bis zur Hälfte seiner Länge. Der größte Teil ist Naturschutzgebiet und darf nicht betreten werden. Von oben betrachtet erinnert die einzigartige Strandwall- und Salzwiesenlandschaft mit den dazwischen

Der schmucke Fischereihafen

liegenden Lagunen an einen überdimensionalen grobzackigen Kamm. Stein- und Graswarder sind ein Musterbeispiel für die Entstehung einer Nehrung und die Kraft von Wind und Wellen. Die Landzunge besteht in ihrem Kern aus Sand, Kies, Steinen und Geröll. Dieses ›Baumaterial‹ stammt von der westlich gelegenen Steilküste, wo es bei Sturm von der Brandung abgebrochen wird. Die Strömung transportiert das Material parallel zur Küste und lagert es infolge nachlassender Transportenergie am Ende der Landzunge ab. Auf diese Weise entstanden in den letzten 1500 Jahren immer neue Strandwälle beziehungsweise Nehrungshaken. Auch heute wächst der Graswarder nach diesem Prinzip weiter Richtung Osten. Die älteren Haken sind mittlerweile von einer geschlossenen Vegetationsdecke bewachsen. Es entwickelten sich ökologisch wertvolle Salzwiesen, die mit den Flachwasserbereichen ein ideales Brut-, Rast- und Nahrungsgebiet für zahlreiche Vogelarten sind. Zu beobachten sind im Jahresverlauf unter anderem Sturmmöwen, Austernfischer, Sandregenpfeifer, Säbelschnäbler, Rotschenkel und verschiedene Gänsearten. Lohnenswert sind auch die Führungen mit den Naturschutzwarten der NABU-Station, die interessante Einblicke in die artenreiche Flora und Fauna bieten. Die Führungen enden an dem 14 Meter hohen Beobachtungsturm auf einem der Nehrungshaken. Von hier aus eröffnet sich ein schöner Blick auf die Lagunenlandschaft.

Beeindruckend sind auch die schmucken, teils reetgedeckten Sommerhäuser, die sich unmittelbar am Strand aufreihen. Fast etwas skurril erscheint ihre exponierte Lage auf der von den Naturkräften geformten Landzunge, als wollten sie mit den Gefahren des Meeres kokettieren. In der Tat rückt das Wasser bei starkem Nordostwind nicht selten bis an die Häuser heran. Vorgebaute Betonschürzen schützen die Gebäude vor den Fluten. Die Sommerhäuser, die größtenteils um 1910 entstanden, stehen auf Grund ihrer besonderen Lage und Architektur unter Denkmalschutz. Heutzutage wäre es schlicht unmöglich, eine Baugenehmigung in diesem hochwassergefährdeten Bereich und besonderen Naturraum zu erhalten.

Sommerhäuser auf dem Graswarder

Heiligenhafen
PLZ: 23774. **Vorwahl:** 04362.
Tourist-Information: Bergstraße 43, Tel. 04362/90720.
www.heiligenhafen-touristik.de

Heiligenhafen liegt am nördlichen Ende der Autobahn A 1 und ist mit dem Auto von Süden her bequem zu erreichen.

Hafenhotel Meereszeiten, Am Yachthafen 2–4, 23774 Heiligenhafen, Tel. 04362/500500. Modernes Vier-Sterne-Hotel zwischen Fischerei- und Jachthafen. Alle Zimmer haben Meerblick. Das Hotel verfügt u.a. über einen Wellness- und Fitnessbereich, ein Restaurant und eine Bar. www.hafenhotel-meereszeiten.de

Beach Motel, Seebrückenpromenade 3, 23774 Heiligenhafen, Tel. 04362/50030. Drei-Sterne-Hotel in jungem, modernem Design in unmittelbarer Seebrückennähe. www.beachmotel-hhf.de

Bretterbude, Seebrückenpromenade 4, 23774 Heiligenhafen, Tel. 04362/50040. Drei-Sterne-Hotel in modern-rustikalem Stil mit viel verbautem Holz, in unmittelbarer Seebrückennähe. Die Zimmer, die sogenannten ›Butzen‹, haben unterschiedliche Größen. Lässige Atmosphäre, Strandbar. www.bretterbude.de

Hotel Hafenrestaurant-Seestern, Am Hafen, 23774 Heiligenhafen, Tel. 04362/2286. Familiär geführtes kleines Hotel am Kommunal- und Fischereihafen. Das maritim gestaltete Restaurant bietet Fischgerichte, Steaks, Schnitzel und Salate sowie süße Kleinigkeiten wie Rote Grütze nach Art des Hauses.
www.seestern-heiligenhafen.de

Treffpunkt Fischhalle, Am Hafen, 23774, Heiligenhafen, Tel. 04362/5064723; tägl. 9–18 Uhr. Großes SB-Restaurant mit Frisch- und Räucherfischverkauf direkt am Hafenkai. Die Fischhalle wird von der örtlichen Fischereigenossenschaft betrieben. Für die Zubereitung der Fischbrötchen und Fischgerichte wird zum Teil der Fang heimischer Fischer verwendet.
www.treffpunkt-fischhalle.de

Fisch-Hütte Haasch, Industriestraße 13, 23774 Heiligenhafen, Tel. 04362/2232, im Sommer tägl. 10–20 Uhr, im Winter Mo, Mi, Do, Fr, Sa 10–19 Uhr, Di 10–14 Uhr, So 10–16 Uhr; Fischverkauf und gemütliche SB-Gastronomie im Gewerbegebiet von Heiligenhafen, rustikal gestalteter Innenbereich und uriger Biergarten im kopfsteingepflasterten Hof; für den Verkauf, die eigene Räucherei und die Gastronomie wird ausschließlich frischer Fisch aus der Ostseeregion verwendet.
www.fisch-huette.de

Altdeutsche Bierstube, Markt 11, 23774 Heiligenhafen, Tel. 04362/6411; 11–22 Uhr (Di Ruhetag); traditionelles Wirtshaus in einem historischen Gebäude mit rustikaler Atmosphäre; Außenplätze direkt am Marktplatz, gutbürgerliche norddeutsche Küche, die Spezialität des Hauses ist Labskaus.

Anno 1800, Lauritz-Maßmann-Straße 30, 23774 Heiligenhafen, Tel. 04362/7913; tägl. 16–23 Uhr. Uriges Restaurant in einem historischen Fachwerkhaus am Binnensee; Grill- und Pfannengerichte sowie regionale Spezialitäten. www.anno1800.de

Steak- und Pfannkuchenhaus ›Zum Alten Salzspeicher‹, Hafenstraße 2, 23774 Heiligenhafen, Tel. 04362/2828, Steaks, Salate sowie herzhafte und süße Pfannkuchen in uriger Atmosphäre des ältesten Hauses von Heiligenhafen. www.salzspeicher.com

Orfeo Greco, Bergstraße 20, 23774 Heiligenhafen, Tel. 04362/2278 oder 90220; Mo–Do 12–14.30 Uhr und 17–23 Uhr, Fr–So 12–23 Uhr, im Winter Mo geschlossen. Griechisches Restaurant mit großzügiger Terrasse, im Zentrum von Heiligenhafen. Vielfältige Speisekarte mit Spezialitäten und landestypischen Gerichten aus der griechischen Küche, Mittagstischangebot. www.orfeo-greco.de

Tamatsu, Graswarderweg 2, Haus 26, 23774 Heiligenhafen, Tel. 04362/916 9898; Mo–Fr 16–21 Uhr, Sa–So 12–21 Uhr. Modernes Restaurant und Café direkt am Jachthafen; Crossover-Küche mit regionalen und internationalen, vornehmlich asiatischen, Zutaten und Gewürzen. www.tamatsu-heiligenhafen.de

Heimatmuseum Heiligenhafen, Thulboden 11a, 23774 Heiligenhafen, Tel. 04362/3876, Apr.–Okt. Di–Fr und So/feiertags 15–17 Uhr. www.heiligenhafen.de
NABU Naturzentrum, Graswarder Heiligenhafen, Tel. 04362/6947. Naturkundliche Führungen Ostern–Ende Mai tägl. 10.30 Uhr, Juni–Aug. tägl. 10.30 Uhr und 15 Uhr, Sept./Okt. tägl. 10.30 Uhr, eine Anmeldung ist zu empfehlen. Das NABU-Zentrum ist nur zu Fuß erreichbar (etwa 15 min. vom Steinwarder). Der Vogelbeobachtungsturm befindet sich am Ende des Graswarderweges und ist während der Saison täglich von 10–18 Uhr geöffnet. www.graswarder.de

Fahrradvermietung Heiligenhafen im Hafenhotel Meereszeiten/Eisdiele ›An der Waffel‹, Am Yachthafen 2–4, 23774 Heiligenhafen, Tel. 0173/6016525. www.fahrradvermietung-heiligenhafen.de
Benno's Fahrradverleih, Am Markt 12, 23774 Heiligenhafen.
Pit's Fahrradverleih im Ferienpark, 23774 Heiligenhafen.
Folgende Reedereien bieten Hochseeangeltouren an: **Reederei Mirko Stengel**, www.ms-seho.de; **Reederei Jörg Nagel**, www.ms-tanja.de; **Reederei Thomas Deutsch**, www.ms-einigkeit.de; **Reederei Jens Lietzow**, www.ms-monika.de

Aktiv-Hus, Eichholzweg/Ostsee-Ferienpark, 23774 Heiligenhafen, Tel. 04362/5029011. Vielfältiges Angebot rund um Spiel, Spaß und Bewegung. Die 2000 Quadratmeter große Kinderspielwelt ›Schatzinsel‹ bietet Hüpfburgen, Trampoline und Klettergeräte, die Sport-arena verfügt über Ball-Kanonen und Möglichkeiten zum Air-Hockey-, Tischtennis- und Billardspielen. Außerdem gibt es einen Sauna- und Wellnessbereich, eine kleine Ladenzeile und kulinarische Angebote. www.aktiv-hus.de

Ausflugsfahrten mit der ›SY Alte Liebe‹ und ›MS Seho‹, direkt am Hafen.
Gauert, Verleih führerscheinfreier Schlauchboote, Osterweide 2a, 2374 Heiligenhafen.

Segel- und Surf-Schule am Binnensee, Kite- und Katamaran-Station Ostsee, Eichholzweg 110, 23774 Heiligenhafen, Tel. 04362/1441; Segel-, Surf-, Kite- und SUP-Kurse; Boote, SUP- und Longboards können auch individuell gemietet werden. www.wassersportcenter-heiligenhafen.de
Segelschule Ralph Bennewitz, Kapitän-Nissen-Straße 3, 23774 Heiligenhafen, Tel. 04362/2244. Angebot einer Vielzahl an Segelkursen für Kinder, Jugendliche und Erwachsene auf dem Binnensee und an der Küste. www.segelschule-bennewitz.de
Plankenverleih Bretterbude, Seebrückenpromenade 4, 23774 Heiligenhafen, Verleih von SUP-Boards und Kite-Material, SUP-Touren auf Anfrage.
www.bretterbude-hhf.de/sport/planken verleih

tideboards SUP-Verleih, Steinwarder 15, 23774 Heiligenhafen, Tel. 0160/3057831; Verleih von SUP-Boards sowie Angebot von Kursen und Touren; ›Yoloboard‹-Testcenter.

Hafenfesttage. Das zehntägige Stadtfest findet jedes Jahr im Juli statt und bietet ein vielfältiges Musikprogramm, weitere Veranstaltungen sowie Budenzauber und ein Abschlussfeuerwerk über dem Binnensee. www.hafenfesttage.de

Oldenburg

Die Stadt Oldenburg (10 000 Einwohner) liegt im nördlichen Teil Wagriens und hat als Zentralort eine wichtige wirtschaftliche, soziale und kulturelle Funktion für das ländliche Umland. Aus touristischer Sicht ist die Kleinstadt vor allem wegen ihrer besonderen Bedeutung im frühen Mittelalter interessant.

Die Hauptattraktionen sind eine imposante slawische Ringwallanlage aus dem 8. Jahrhundert mitten im Stadtgebiet und das Oldenburger Wallmuseum. Die Altstadt selbst verfügt nur über wenige nennenswerte Sehenswürdigkeiten. Der zentrale Markt, der im 12. Jahrhundert im Rahmen der Ansiedlung sächsischer Kolonisten angelegt wurde, dient überwiegend als Parkplatz. Hübsch anzusehen ist das klassizistische Rathausgebäude von 1834 an der Südseite. Der kleine Turm und die Uhr an der Vorderseite wurden nach einem Brand in den 1860er Jahren hinzugefügt. Zu beiden Seiten des Rathauses verläuft eine Fußgängerzone mit einigen Geschäften und Lokalen.

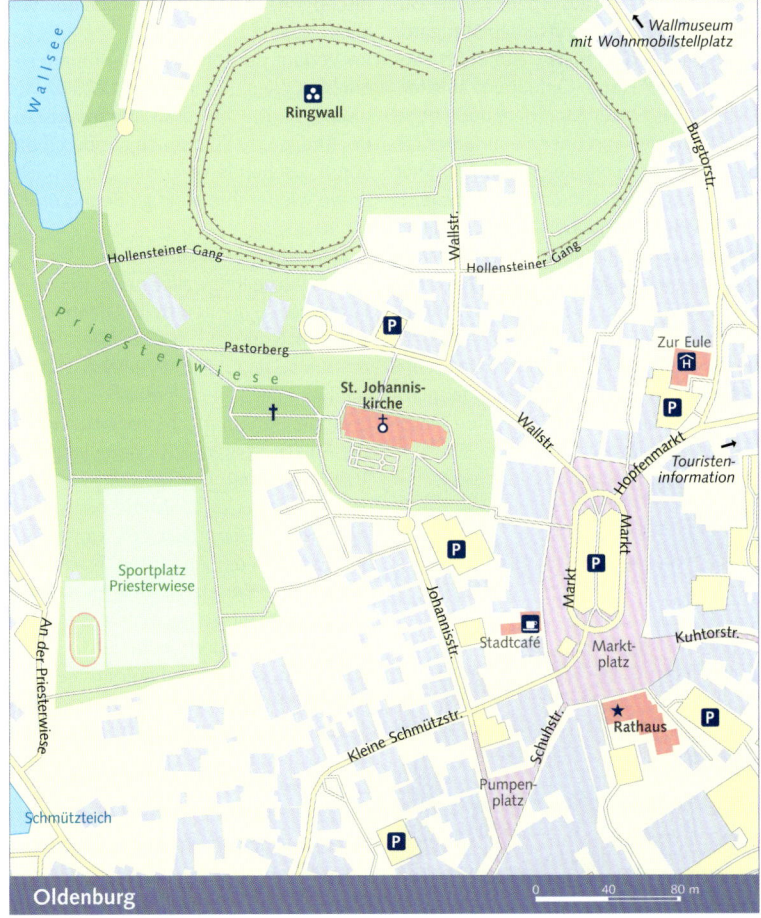

Einige Meter westlich des Marktplatzes steht die St. Johanniskirche aus dem 12. Jahrhundert. Die Johannisstraße, die wohl älteste Straße der Stadt, führt direkt darauf zu.

■ Geschichte

Oldenburg blickt auf eine mehr als 1000-jährige Geschichte zurück und zählt zu den ältesten städtischen Siedlungen in Schleswig-Holstein. Um 700 errichteten die eingewanderten Slawen hier eine erste Ringwallanlage, die etwa 100 Jahre später zu einer Großburg ausgebaut wurde. Damals trug der Ort den Namen Starigard, was soviel bedeutet wie ›alte Burg‹, woraus sich der Name Oldenburg ableitet. Die Lage auf einer Moränenkuppe nahe einer schmalen Furt über die sumpfige Oldenburger Grabenniederung war nicht nur aus strategischer, sondern auch aus wirtschaftlicher Sicht äußerst günstig. Hinzu kam, dass die von offenen Wasserflächen durchzogene Niederung für Schiffe mit geringem Tiefgang weitgehend befahrbar war. Starigard besaß somit eine direkte Verbindung zur Ostsee und entwickelte sich zu einem bedeutenden Handelsplatz und Machtzentrum im äußersten Nordwesten der slawischen Welt.

Im Jahr 972 wurde die Hauptburg der wagrischen Fürsten zum Bistum und Zentrum der christlichen Mission erklärt. Allerdings stieß diese neue Religion, wie auch in den meisten anderen slawischen Siedlungsgebieten, auf weitgehende Ablehnung. In mehreren Aufständen zerstörten die Wagrier den Bischofssitz und vertrieben den Bischof, zuletzt 1066. Erst 1149 konnte der Bischofsstuhl in Oldenburg wieder besetzt und das Christentum dauerhaft etabliert werden. Doch bereits 1160 wurde der Bischofssitz in das aufstrebende und vor allem sichere Lübeck verlegt.

Im Verlauf der folgenden Jahrhunderte erlebte Oldenburg, das seit 1225 das lübische Stadtrecht besaß, mehrere Brände, Kriege und Epidemien, wodurch die Stadt zusehends verarmte. Sie erreichte nie wieder ihre einstige Bedeutung.

■ Oldenburger Wall

Der slawische Ringwall aus dem frühen 8. Jahrhundert, die Keimzelle Oldenburgs, liegt am Nordrand des heutigen Stadtzentrums. Der Oldenburger Wall ist nach Haithabu bei Schleswig das bedeutendste Bodendenkmal Schleswig-Holsteins. Die Anlage ist etwa 220 Meter lang und 100 Meter breit. Der Erdwall ist an einigen Stellen bis zu 18 Meter hoch. Hier lag einst die Hauptburg des wagrischen Stammesteils der Abodriten. Nach dem Niedergang der slawischen Herrschaft war die Wallanlage noch bis in die Mitte des 13. Jahrhunderts besiedelt.

Vor allem für die archäologische Forschung ist dieser Standort überaus bedeutsam, denn hier lassen sich späte heidnische und frühe christliche Entwicklungen nachvollziehen. Mehrere Ausgrabungen in den 1950er bis 1980er Jahren untermauerten die ehemalige Bedeutung Starigards als wagrisches Herrschaftszentrum und späteren Bischofssitz. Sie brach-

▲ *Das Rathaus in Oldenburg*

Färberin im Oldenburger Wallmuseum

ten neben außergewöhnlichen Kleinfunden auch die baulichen Strukturen des Fürstenhofes aus dem 9. und 10. Jahrhundert ans Licht. Ebenfalls konnte die erste Bischofskirche im Zuge der Ausgrabungen nachgewiesen werden.

■ **Wallmuseum**
Im Oldenburger Wallmuseum, das wenige Hundert Meter nördlich des Ringwalls liegt, wird die Welt der Slawen wieder lebendig. Wer sich für die Siedlungsgeschichte des frühen Mittelalters interessiert, sollte unbedingt einen Besuch einplanen. Auch für Kinder gibt es attraktive Angebote.

Das Museumsgelände ist eine Mischung aus Ausstellung, Freilichtmuseum und Aktionsraum. Im Ausstellungsbereich vermitteln archäologische Funde, Rekonstruktionen, Figurengruppen sowie ausführliche Begleittexte die Geschichte der Slawen in Ostholstein und die Bedeutung Starigards als Zentrum des Handels, der Politik und der Religion. Das Themenspektrum reicht von der Einwanderung der Slawen und der Baugeschichte des Oldenburger Walls über die Christianisierung und den heidnischen Glauben bis zum Untergang der slawischen Herrschaft. Auch wird ein Bogen zum Leben in anderen westslawischen Handels- und Herrschaftszentren gespannt.

Im Freilichtgelände zeigen Nachbauten slawischer Siedlungen die Arbeits- und Lebensweise im frühen Mittelalter. Das Handwerkerdorf wird von Hüttenpaten betreut, die das Thema der jeweiligen Hütte darstellerisch aufgreifen. Beim Ausüben ihrer alten Handwerke stellen sie sich gern den Fragen der ›Besucher aus der Neuzeit‹ und bieten Aktivitäten zum Ausprobieren an. Vertreten sind unter anderem, Färber, Perlenmacher, Silberschmiede, Schuster, Bogen- und Bootsbauer. Ergänzt wird das Museumskonzept durch größere Veranstaltungen, wie zum Beispiel die Slawentage im Juli, an denen mittelalterliche Krieger, Handwerker und Händler das Gelände zusätzlich beleben.

■ **Gildemuseum**
Auf dem Gelände des Wallmuseums befindet sich auch das kleine Museum der Sankt Johannis Toten- und Schützengilde von 1192. Präsentiert werden unter

anderem Objekte aus einer mehr als 800-jährigen Gildetradition. Die Sankt Johannis Toten- und Schützengilde ist die älteste aktive Gilde Deutschlands.

■ St. Johanniskirche

Zwischen dem Marktplatz und dem Ringwall steht die St. Johanniskirche. Ihr Bau begann 1156 auf Veranlassung von Bischof Gerold, wenige Jahre nach der Wiederbesetzung des Bischofssitzes und wiederum einige Jahre vor dessen Verlegung nach Lübeck. Ihre Fertigstellung erfolgte vermutlich erst im 13. Jahrhundert. Im Kern ist die Kirche eine flachgedeckte romanische Basilika mit einem breiten Hauptschiff und einem halb eingebundenen Turm. Sie wurde nicht, wie damals üblich, aus Feldsteinen, sondern aus Backsteinen gebaut und gilt als älteste Backsteinkirche Nordeuropas. Einer hochgotischen Erweiterung des Chors folgten die Erneuerung nach einem Stadtbrand 1773 sowie die Restaurierung Anfang des 20. Jahrhunderts. Das Innere der Kirche ist schlicht gehalten. Die ursprüngliche kostbare Ausstattung wurde bis auf den Taufengel durch den Stadtbrand 1773 vernichtet und stammt nun im Wesentlichen aus dem 18. Jahrhundert. Infolge der Verarmung der Stadt Oldenburg fanden keine Umbauten an der Kirche statt, so dass die alten Mauern erhalten blieben.

An ihrer Südseite wurde 2001 ein **Garten** angelegt, der in seinem Aufbau den Klostergärten der Benediktinermönche nachempfunden ist. Diese bauten in Heilkräuter für die Krankenpflege an.

■ Oldenburger Graben

Von Weißenhaus bis nördlich von Dahme zieht sich der Oldenburger Graben quer durch die Halbinsel Wagrien und verbindet die Hohwachter mit der Lübecker Bucht. Beiderseits des Grabens erstreckt sich die Oldenburger Graben-Niederung. Sie ist mit 23 Kilometern Länge die größte Niederung an der schleswig-holsteinischen Ostseeküste und entstand aus einer eiszeitlichen Schmelzwasserrinne. Infolge des nacheiszeitlichen Meeresspiegelanstiegs füllte sich die Rinne mit Salzwasser und es bildeten sich kleine Förden. Diese wurden im Laufe der Zeit durch Strandwallbildung vom Meer abgetrennt und entwickelten sich zu flachen Binnenseen. Im Zuge einsetzender Verlandungsprozesse entstanden ausgedehnte Niedermoore mit mächtigen Torfschichten.

Die Landschaft wurde im Laufe der Zeit durch die hier lebenden Menschen verändert. Künstliche Entwässerungsmaßnahmen für die Gewinnung landwirtschaftlicher Nutzflächen legten die Niederung weitgehend trocken. Durch Grabensysteme und Pumpen wird das anstehende Wasser bis heute in den begradigten Wasserlauf, den Oldenburger Graben, abgeleitet, und durch Schleusen in die Ostsee abgeführt. Einen weiteren menschlichen Eingriff stellte die Torfgewinnung dar. Der **Wesseker See** bei Weißenhäuser Strand blieb als letzte natürliche Wasserfläche der Niederung übrig und steht mittlerweile unter Naturschutz. Darüber hinaus wurden mit dem 358 Hektar große **Oldenburger Bruch**, südöstlich von Oldenburg, weitere Bereiche der Niedermoorlandschaft als Naturschutzgebiet ausgewiesen. In den ehemaligen Torfabbaumulden finden wir eine reich gegliederte Landschaft mit Röhrichten, Weidengebüschen und Erlenbrüchen. Gezielte Maßnahmen zur Wiedervernässung fördern zudem seit einigen Jahrzehnten die Entstehung von Feuchtwiesen mit charakteristischen Pflanzen wie Schilfröhrichten, Gelber Wiesenraute oder Breitblättrigem Knabenkraut. Die unterschiedlichen Biotope bieten Lebens-

Die St. Johanniskirche stammt aus dem 12. Jahrhundert

raum für viele bedrohte Vogel- und andere Tierarten. In den Schilfröhrichten beispielsweise brüten Teichrohrsänger, Schilfrohrsänger, Rohrammer und vereinzelt auch die Rohrweihe. Der Kiebitz und andere selten gewordene Wiesenvorgelarten nutzen die Feuchtwiesen als Rast- und Brutgebiet.

Zwar ist die Oldenburger Graben-Niederung nicht auf ihrer gesamten Länge zugänglich, lässt sich aber dennoch an vielen Stellen per Fahrrad oder zu Fuß auf schönen Wanderwegen erkunden. Vielerorts zeugen Kopfweiden und Kopfpappeln von der ehemaligen Nutzungsform der Kopfholzwirtschaft. Die schnell wachsenden Triebe an den Schnittstellen der ›geköpften‹ Bäume wurden zur Herstellung von Flechtwerken und Ruten genutzt.

Auf dem Strandwall bei Weißenhaus liegt außerdem das **Naturschutzgebiet Weißenhäuser Brök**. Mit teils meterhohen Dünen zählt es zu den größten Dünenlandschaften an der Ostseeküste Schleswig-Holsteins. Hier wachsen mehr als 350 Farn- und Blütenpflanzen, unter anderem Stranddistel, Stengellose Kratzdistel, Zittergras und Heidenelke. Die Bezeichnung ›Brök‹ (von niederdeutsch ›brechen‹) resultiert aus der Zeit vor den menschlichen Regulierungsmaßnahmen. Das überschüssige Regenwasser aus dem Binnenland staute sich im Oldenburger Graben auf und brach schließlich durch die Strandwälle.

■ **Ausflugsziele in der Umgebung**

Keine zehn Kilometer westlich von Oldenburg, direkt an der Hohwachter Bucht, liegt der **Ferien- und Freizeitpark Weißenhäuser Strand**. Er ist über die B 202 oder den Ostseeküstenradweg schnell erreichbar. Das künstlich angelegte Ferienzen-trum besteht seit 1973 und ist eine in sich funktionierende Urlaubswelt mit mehr als 1000 Appartements und Hotelzimmern, Animationsprogramm, Versorgungseinrichtungen und Restaurants. Weit über die Grenzen Ostholsteins bekannt ist das Subtropische Badeparadies, eine tropisch gestaltete Badelandschaft mit Wasserrutschen, Wildwasserkanal und Saunabereich. Im Laufe der Jahrzehnte kamen weitere Sport- und Freizeiteinrichtungen hinzu. Die riesige Indoor-Spielhalle ›Abenteuer Dschungelland‹, in der auch exotische Tiere wie Schlangen, Echsen und Schildkröten leben, bietet vielfältige Möglichkeiten zum Spielen, Klettern und Toben in einer Dschungelkulisse. Auf einem zweieinhalb Hektar großen Gelände kann Fußballgolf gespielt werden, und auf einem künstlichen See befindet sich die Wasserski- und Wakeboard-Anlage ›WaWeCo‹. Die Angebote dürfen auch von Gästen genutzt werden, die nicht in der Anlage wohnen. Der eigentliche Strand ist in diesem Abschnitt allerdings relativ schmal.

Nahe der B 202 bei Kaköhl liegt der **Esel- und Landspielhof Nessendorf**. Die Einrichtung ist vor allem auf kleinere Kinder abgestimmt. Im Mittelpunkt stehen die Esel, die in begehbaren Freigehegen gestreichelt und geputzt werden dürfen. Auch Eselwanderungen sind möglich. Darüber hinaus gibt es verschiedene Angebote zum Spielen und Toben. Hierzu gehören ein Spielplatz mit Feuerwehrauto und Rettungswagen, eine Sandkiste mit Baggern, eine Hüpfburg, eine Goldwaschanlage sowie eine Spielscheune mit einem Holz-Mähdrescher inklusive einer Rutsche als Ausstieg. Außerdem gibt es ein Effekt-Kino mit hautnah erlebbaren Naturgewalten. Zur Stärkung werden in einem SB-Restaurant mit Kaffeegarten Kuchen und herzhafte Speisen angeboten. Gemessen an dem nicht ganz günstigen Eintrittspreis, der bereits für Kinder ab zwei Jahren acht Euro beträgt (für Erwachsene neun Euro!), rechnet sich ein Besuch nur bei einer intensiven Nutzung der Angebote oder für wahre Esel-Fans.

Südlich von Oldenburg, nahe der Autobahnabfahrt Lensahn, liegt der **Museumshof Lensahn**. Dort dreht sich alles um die Landwirtschaft und das Landleben früherer Zeiten. Es gibt historische Landmaschinen und Geräte, wie Trecker, Mähdrescher und Feldbearbeitungsgeräte, aber auch Utensilien aus Haushalt und Handwerk. Vieles kann nicht nur angeschaut, sondern auch ausprobiert werden, wie zum Beispiel eine alte Dezimalwaage. Auf den Museumsfeldern werden Kartoffeln und verschiedene Getreidesorten angebaut. Auch alte Tierrassen, darunter Ponys, Schafe, Ziegen und Schweine, leben hier in artgerechter

Haltung. Der Museumshof veranstaltet darüber hinaus Aktionstage und Feste. Am Pferdetag werden die historische Ernte und die Bodenbearbeitung mit Arbeitspferden vorgeführt. Ferner sind die Kartoffelernte, der Apfeltag, das Erntedankfest sowie Floh- und Landmärkte fester Bestandteil des Programms.

 Oldenburg

PLZ: 23758. **Vorwahl:** 04361.
Tourist-Information: Schauenburger Platz 2, Tel. 04361/5083913.
www.oldenburg-holstein.de

Oldenburg wird bis zur Fertigstellung der Fehmarnbeltquerung von einem Schienenersatzverkehr (Buslinie X 85 Lübeck–Puttgarden) im Stundentakt angefahren..

Hotel Zur Eule, Hopfenmarkt 1, 23758 Oldenburg i.H., Tel. 04361/49970. Zentral gelegener, traditionsreicher Familienbetrieb; gemütliche Räumlichkeiten mit rustikaler Note. www.hotelzureule.de
Landhotel Teichwiesenhof, An den Teichwiesen 13, 23758 Oldenburg i.H./Johannisdorf, Tel. 0174/1973992. Nicht ganz günstig, aber geschmackvoll eingerichtet; großer Garten, ländlich gelegen, etwa 3 km außerhalb des Stadtzentrums. www.landhotelteichwiesenhof.com

Stadtcafé, Markt 8, 23758 Oldenburg i.H., Tel. 04361/623164; Mo–So 9–17 Uhr. In einem historischen Backsteingebäude; Frühstücksangebot, Kaffee und Kuchen sowie Salate, Omelettes, Flammkuchen. www.stadtcafe-oldenburg.de
Café Leselampe, Kuhtorstraße 9 (Passage), 23758 Oldenburg i.H., Tel. 04361/9189713; Di–Fr 9–17.30 Uhr, Sa 9–13 Uhr. Café mit nostalgischem Charme, hausgebackene Kuchen und Torten, täglich wechselnder Mittagstisch. www.cafeleselampe.de

Wohnmobilstellplatz am Wallmuseum, Prof.-Struwe-Weg 1, 23758 Oldenburg i.H.

Oldenburger Wallmuseum, Prof.-Struve-Weg 1, 23758 Oldenburg i.H., Tel. 04361/623142; April–Okt. Di–So 10–17 Uhr. www.oldenburger-wallmuseum.de
Museumshof Lensahn, Bäderstraße 18, 23783 Lensahn, Tel. 04363/91122; Apr.–Okt. tägl. 10–18 Uhr. www.museumshof-lensahn.de
Esel- und Landspielhof Nessendorf, Wiesengrund 3, 24327 Blekendorf, Tel. 04382/748; Mitte März–Ende Okt. tägl. 10–18 Uhr. www.eselundlandspielhof.de

Subtropisches Badeparadies Weißenhäuser Strand, Ferien- und Freizeitpark Weißenhäuser Strand, Seestraße 1, 23758 Weißenhäuser Strand, Tel. 04361/5540. www.weissenhaeuserstrand.de
Waldschwimmbad Lensahn, Doktor-Julius-Stinde-Straße 13, 23738 Lensahn, Tel. 04363/851; Mitte Mai–Mitte Sept. 14–19:30 Uhr. Freibad mit schöner, von Bäumen umgebener Liegewiese; mehrere Becken, Sprungturm, Rutsche im Nichtschwimmerbecken und Spielplatz. www.waldschwimmbad-lensahn.de

Braasch's Schinkenräucherei, Hauptstraße 25, 23738 Harmsdorf, Tel. 04363/1643; Mitte März–Mitte Nov. Mo–Fr 9–18 Uhr, Sa 9–13 Uhr, Mitte Nov.–Mitte März Mo–Fr 9–17 Uhr, Sa 9–12 Uhr. Seit mehr als 300 Jahren produziert die Familie Braasch original Holsteiner Katenschinken in einer der letzten Räucherkaten Ostholsteins. Verkauf auch weiterer Fleisch- und Wurstspezialitäten. Die Räucherkate neben dem Ladenverkauf kann im Rahmen kostenloser Führungen während der Ladenöffnungszeiten besichtigt werden. www.schinken-braasch.de

Dahme

An der geraden, langen Küstenlinie Ostholsteins, kurz vor dem Übergang der Mecklenburger Bucht in die Lübecker Bucht, liegt das Ostseebad Dahme (1200 Einwohner). Der Name leitet sich aus dem slawischen Begriff ›dabje‹ ab, was soviel wie ›Eichenhain‹ bedeutet. Auf den ersten Blick mutet der Ort eher an wie ein ländlicher Wohnort und unterscheidet sich in seinem Erscheinungsbild deutlich von anderen Ostseebädern. Weder elegante Boutiquen, noch herausgeputzte Aufenthaltsbereiche oder anonyme Hotelklötze sind im Ortskern zu finden. Die Appartementhäuser liegen größtenteils am nördlichen und südlichen Ortsrand. Das Zentrum punktet stattdessen mit viel historischer Bausubstanz aus der Gründerzeit. Es gibt kleine, inhabergeführte Betriebe, beispielsweise ein Lebensmittelgeschäft und eine Bäckerei mit angegliederter Backstube. Ein wenig fühlt man sich beim Gang durch den Ort in vergangene Zeiten zurückversetzt.

In Dahme geht es etwas bescheidener und ruhiger zu, dafür aber auch persönlicher als in den südlich anschließenden Seebädern. Das touristische Leben spielt sich weitgehend vor dem Deich ab. Fast schon sinnbildlich wirken die Gemälde mit der Darstellung historischer Strandszenen, die am Deichschott den Übergang vom alten Ortskern zur modernen Strandpromenade markieren. Dort befinden sich Restaurants, Cafés und Geschäfte in teils reetgedeckten, kleinen Häusern. Ohne Barriere verläuft der feinsandige, fast sieben Kilometer lange Strand neben der **Promenade**, der im Norden in eine naturbelassene Dünenlandschaft übergeht. Am nördlichen Ende der Promenade befindet sich eine Holzplattform mit Sitzgelegenheiten, ein Treffpunkt für alle, die Ruhe und Entspannung in unmittelbarer Nähe zum Meer suchen. Fast schon ein bisschen magisch fühlt es sich an, am Ende der 205 Meter langen **Seebrücke** zu stehen, denn von hier eröffnen sich fast 180 Grad freier Ostseeblick. Bei klarer Sicht sind in weiter Ferne die Hoteltürme von Burgtiefe und die Fehmarnsundbrücke zu erkennen.

Dahme präsentiert sich familienfreundlich und sportlich. Zwischen Wasserkante und Deich reihen sich mehrere Spielflä-

Die Seebrücke von Dahme bietet einen schönen Fernblick

chen, Minigolfplätze und Möglichkeiten zum Trampolinspringen aneinander. Es gibt eine Skaterbahn, Tennisplätze, eine Surfschule und einen Sportstrand mit vielfältigem Sport- und Fitnessangebot. Das kostenfreie Aktivprogramm wird zwischen Mai und September von ausgebildeten Trainern betreut und umfasst beispielsweise Zirkel- und Entspannungstrainings, Rücken- und Bauch-Beine-Po-Übungen sowie Beachvolleyball, Beachsoccer oder Slacklining.

Wer auf bequeme Weise ein wenig die Gegend kennenlernen möchte, kann mit der weißen **Bimmelbahn**, die zwischen Dahme und Kellenhusen pendelt, zu einer informativen Rundfahrt starten. Unterwegs gibt es mehrere Haltepunkte. Dort ist es möglich, die Fahrt zu unterbrechen und zu einem späteren Zeitpunkt fortzusetzen.

Dahme entstand schon 1299

■ Geschichte

Die Gründung des Ortes Dahme geht bereits auf das Jahr 1299 zurück. Die Einwohner lebten lange Zeit von der Fischerei und der Landwirtschaft. Die ersten Sommergäste kamen 1832. Seit 1866 existierte eine Dampfschiffverbindung nach Travemünde und Dänemark, mit der die meisten Gäste Dahme erreichten. Im Jahr 1881 hatte sich das Fischerdorf offiziell zum Ostseebad gewandelt und zählte um 1900 knapp 3000 Gäste. Als 1911 die erste Seebrücke eingeweiht wurde, stiegen die Gästezahlen noch einmal deutlich an. Mit der Eröffnung des Kurmittelhauses 1962 wurde Dahme Ostseeheilbad. Die heutige Seebrücke stammt von 1979.

■ Leuchtturm Dahmeshöved

Etwa zwei Kilometer südlich von Dahme, an einem kleinen Küstenvorsprung auf dem Steilufer, steht der achteckige Leuchtturm Dahmeshöved, das Wahrzeichen des Ortes. Der Ausdruck ›höved‹ bedeutet soviel wie ›Geländehöhe‹. Der Ziegelturm selbst ist 28,8 Meter hoch und wurde 1878/79 erbaut. Das Leuchtfeuer ist als Orientierungsfeuer für die Schifffahrt in der Mecklenburger Bucht nach wie vor in Betrieb, seit 1978 allerdings vollautomatisch. Seine Reichweite beträgt 23 Seemeilen, das entspricht etwa 42 Kilometern. Das an den Turm angebaute zweigeschossige Haus diente den Leuchtturmwärtern und ihren Familien als Wohn- und Dienstgebäude. Der benachbarte kleinere Backsteinturm wurde 1939 errichtet. Von hier beobachtete der Leuchtturmwärter die Wetterlage und die Schiffsbewegungen. Bei schlechter Sicht durch Nebel, Regen oder Schnee schaltete er eine an der Steilküste installierten Luftnebelschallanlage (Nebelhorn) ein, die den Morsebuchstaben ›D‹ (lang-kurz-kurz) aussendete.

Zur Zeit der deutschen Teilung trug der Leuchtturm Dahmeshöved den Beinamen ›Licht der Freiheit‹. Viele DDR-Flüchtlinge, die den Weg über die Ostsee wählten, nutzten ihn auf Grund seiner exponierten Lage als Orientierungspunkt.

Der Leuchtturm Dahmeshöved, das Wahrzeichen von Dahme

Etlichen gelang es jedoch nicht, das rettende Ufer zu erreichen.

Der Leuchtturm Dahmeshöved kann von April bis Oktober im Rahmen von Führungen besichtigt werden und ist außerdem ein beliebter Ort für Trauungen. Nach dem Erklimmen der 108 Stufen bietet sich von der Galerie ein wunderbarer Blick auf die Lübecker und Mecklenburger Bucht, den Küstenverlauf und das Binnenland. Bei klarer Sicht sind sogar die Insel Fehmarn, Travemünde und die Lübecker Kirchtürme zu erkennen. Der ehemalige Beobachtungsturm wird heute privat als Ferienwohnung genutzt.

Grube und Umgebung

Etwa drei Kilometer vom Ostseestrand entfernt liegt Grube, ein ländlicher Ort wie aus dem Bilderbuch, mit 1100 Einwohnern und einer fast 800-jährigen Geschichte.

Einst reichte der 1000 Hektar große **Gruber See**, ein nach der letzten Eiszeit entstandener Flachsee, bis an den Ort heran. Nachdem in der zweiten Hälfte des 19. Jahrhunderts bereits Deiche und Schleusen als Überschwemmungsschutz errichtet wurden, erfolgte die endgültige Trockenlegung des Sees in den 1930er Jahren durch den Reichsarbeitsdienst. Die Entscheidung hierzu war auf Drängen einiger Anrainer schon 1925 gefallen. Es entstanden rund 700 Hektar neue landwirtschaftliche Nutzflächen. Dennoch war die Maßnahme damals nicht unumstritten.

In der Hauptstraße von Grube mit hübschen alten Backsteinhäusern sind noch mehrere Dienstleistungs- und Gewerbebetriebe ansässig. Auf dem Schornstein der ehemaligen Meierei am Haus Avalon brütet seit Jahren der Weißstorch. Hier scheint die ländliche Welt noch in Ordnung. Per Live-Kamera wird das Leben im Storchennest auf einen Monitor im **Dorfmuseum** übertragen. Dieses ist in einem 1890 erbauten typischen Wohnhaus in der Hauptstraße untergebracht und gibt einen anschaulichen Einblick in das Dorfleben des frühen 20. Jahrhunderts. Zu sehen sind unter anderem ein vollständig eingerichtetes Schlafzimmer aus der Zeit um 1900 und ein Klassenraum aus den 1930er Jahren. Auch die Reetgewinnung und -verarbeitung sowie die Trockenlegung des Gruber Sees sind dokumentiert. Darüber hinaus gibt es eine frühgeschichtliche Sammlung.

Etwas abseits der Hauptstraße, im Westen des Ortes, steht die **St. Jürgen Kirche**, die dem heiligen St. Georg geweiht ist und erstmals 1232 urkundlich erwähnt wurde. Der Turm stürzte im Laufe der Jahrhunderte mehrmals ein und wurde zuletzt Mitte des 18. Jahrhunderts wieder aufgebaut. Das Innere der Kirche, in dem viel Holz verbaut ist, strahlt mit seinen gedeckten Farben eine angenehm behagliche Atmosphäre aus. Von herausragender Bedeutung ist der aus dem 15. Jahrhundert stammende Flügelaltar mit seinen bunten Schnitzfiguren, der vermutlich in einer Lübecker Werkstatt hergestellt wurde. Weitere Besonderheiten sind der barocke Taufengel von 1768, der Herrenstuhl des Gutes Rosenhof, gestiftet Ende des 18. Jahrhunderts von den damaligen Gutsbesitzern, und die Marcussen-Orgel von 1859. Die Kirche ist täglich von 9 bis 18 Uhr geöffnet.

Einige Hundert Meter westlich der Kirche liegt der **Paasch-Eyler-Platz**. An diesem Standort, der sich einst auf einer Insel, später Halbinsel des ehemaligen Gruber Sees befand, wurden bereits eine slawische Ringwallanlage sowie eine mittelalterliche Burg aus dem 13. Jahrhundert nachgewiesen. Das nunmehr für verschiedene Veranstaltungen genutzte Areal ist benannt nach dem Dahmer Kapitän Heinrich Paasch, der 1864 die Tochter des Gruber Compastors, Claudine Eyler, heiratete. Das Paar, das in Antwerpen lebte, erwarb den Platz 1899 und schenkte ihn der Gruber Schützengilde, als Zeichen seiner tiefen Verbundenheit mit der ostholsteinischen Heimat. Bis heute gehört der Paasch-Eyler-Platz der Alten Gruber Bürgergilde. Er ist Treffpunkt für Einheimische und Touristen gleichermaßen. Die Holzplattform an seinem Rand bietet einen weiten Blick über die Niederung des ehemaligen Gruber Sees und auf großartige Sonnenuntergänge.

Ebenfalls am Rand des ehemaligen Gruber Sees, allerdings mitten im Ort, liegt der **Dunker'sche Platz**. Er ist ein beliebter Anlaufpunkt für Boulefans und verfügt über zwei wettkampftaugliche Bahnen. Wunderschön sind auch hier die Sonnenuntergänge, die sich am besten von den drehbaren Holz-Liegesofas genießen lassen. Ein Wandgemälde auf dem Platz vermittelt eindrucksvoll das Ausmaß der Sturmflut von 1872, als das Ostseewasser durch den Gruber See bis nach Grube vordrang.

Zum Gemeindegebiet gehört außerdem der **Rosenfelder Strand**. Der kurabgabefreie, 2,5 Kilometer lange Naturstrand ist gesäumt von einem Dünengürtel mit angrenzendem Campingplatz und wie Grube selbst ein Ruhepol fernab des touristischen Trubels.

Grube, Hauptstraße

Siggeneben gehört zu den schönsten Dörfern in Ost-Holstein

■ Siggeneben

Teil des Gemeindegebietes ist auch das Dörfchen **Siggeneben**, rund drei Kilometer nördlich von Grube. Die ehemalige Landarbeitersiedlung des Gutes Rosenhof besteht nur aus einer Straße, die dem Anliegerverkehr vorbehalten ist. Beim Anblick des Ensembles aus reetgedeckten, weißen Häusern, umrankt von Stock- und Heckenrosen, könnte man fast meinen, mitten in einem dänischen Freilichtmuseum zu stehen. Doch Siggeneben ist tatsächlich bewohnt, und die meisten Gebäude sind wesentlich jünger als vielleicht vermutet. Das älteste Haus stammt von 1679/1753, die übrigen wurden Anfang des 20. Jahrhunderts errichtet, dies verraten die Jahreszahlen an den Giebeln. Das Dorfensemble ist unbestritten eines der schönsten in Ostholstein und steht komplett unter Denkmalschutz. Von hier aus führen idyllische kleine Wege bis zum Rosenfelder Strand und zum Gut Rosenhof.

■ Gut Görtz

Ein lohnendes Ausflugsziel, insbesondere für Liebhaber von Kunst und feinem Kunsthandwerk, ist das **Gut Görtz**. Die typische holsteinische Gutsanlage liegt zwischen ausgedehnten Feldern direkt an der B 501, zwei Kilometer südlich von Heringsdorf. Das Ensemble aus Torhaus, Stallgebäuden, Scheune, Meierei und Herrenhaus, das größtenteils aus dem 19. Jahrhundert stammt, lässt sich über den Ostseeküstenradweg auch gut mit dem Fahrrad erreichen. Die Geschichte des Gutes, das seit 1913 als Ackerbaubetrieb im Familienbesitz geführt wird, reicht bis in die Mitte des 13. Jahrhunderts zurück. Auf den zugehörigen Raps- und Getreidefeldern stehen Windkraftanlagen, die rund 4000 Haushalte in der Umgebung mit Strom versorgen.

In den ehemaligen Wirtschaftsgebäuden befinden sich die Werk- und Verkaufsstätten von Künstlern und Kunsthandwerkern. Außerdem gibt es ein Café, ein Bistro, einen Hofladen und eine geschmackvoll eingerichtete Bibliothek. In der Gutsbackstube werden Brote und Kuchen nach alten Rezepten hergestellt. Kinder haben Spaß auf dem Spielplatz, auf den Kettcars oder im Streichelzoo. Spannend ist auch ein Besuch in der Falknerei, die Einblicke in die Welt der Greifvögel und Eulen gewährt.

Dahme und Grube

- **Dahme:**
PLZ: 23747. **Vorwahl:** 04364.
Tourist-Information: Seestraße 50, Tel. 04364/49200. www.dahme.com
- **Grube:**
PLZ: 23749. **Vorwahl:** 04364.
Tourist-Information: Wenddorf 1, Tel. 04364/471563.
www.gemeinde-grube.de

Dahme wird von der Regionalbuslinie 5800 (Neustadt–Grube/Oldenburg) angefahren. Die nächstgelegenen Bahnhöfe befinden sich in Oldenburg und Lensahn.

Sowohl in Dahme als auch in Grube dominieren Ferienwohnungen und Pensionen. Eine Übersicht aller Unterkünfte sowie eine Online-Buchungsmöglichkeit bieten die Internetseiten www.dahme.com, www.gemeinde-grube.de sowie www.ostseeferienland.de

Eurocamping Zedano, Anhalter Platz 100, 23747 Dahme, Tel. 04364/366. www.zedano.de
Camping Stieglitz, im Feriengebiet Zedano, Reinhold-Reshöft-Damm, 23747 Dahme, Tel. 04364/1435.
www.camping-stieglitz.de
Rosenfelder Strand Ostsee Camping, Rosenfelder Strand 1, 23749 Grube, Tel. 04365/979722. Campingplatz am Naturstrand 4 km nördlich von Dahme.
www.rosenfelder-strand.de

Café Restaurant Blöser, An der Strandpromenade 22, Tel. 04364/48020. Frühstücksangebot, Fisch-, Wild- und Steakspezialitäten, Kuchen aus eigener Konditorei. Der Betrieb verfügt über einen gemütlichen Innenbereich, eine überdachte Terrasse sowie eine Strandlounge.
www.restaurant-bloeser.de

Bäckerei und Café Olandt, Seestraße 30, 23747 Dahme, Tel. 04364/48080; Ostern–Okt. Mo–Fr 7–18 Uhr, Sa 7–17 Uhr, So 8–17 Uhr (im Winter eingeschränkte Öffnungszeiten!). Traditionsbäckerei seit 1891, heute in vierter Generation. Sehr gutes Angebot an Brot, Brötchen und Kuchen. www.bäckerei-olandt.de
Strandcafé Strandgut Olandt, An der Strandpromenade 5, 23747 Dahme, Tel. 04364/220. Von Ostern bis Oktober bietet das Café am südlichen Strandabschnitt Snacks, Backwaren, Kaffee und andere Getränke. www.bäckerei-olandt.de
Silbermöwe, Strandpromenade 16, 23777 Heringsdorf, Tel. 04365/979763; Ostern–Okt. 12–18 Uhr (Mi Ruhetag!). Ausflugslokal am Süssauer Naturstrand, Kabarett- und Konzertabende. www.silbermöwe.com

Leuchtturm Dahmeshöved, 23747 Dahme, Tel. 04364/49200. Der Tourismus Service Dahme informiert über Termine für Führungen. www.dahme.com
Dorfmuseum Grube, Hauptstraße 18, 23749 Grube; Mai–Sept. Mi und Fr 16–18 Uhr. Kleines, ehrenamtlich betriebenes Museum in einem ehemaligen Wohnhaus von 1890.
www.gemeinde-grube.de/kunst-kultur

Fahrradvermietung Lars Werner, Strandpromenade 42, 23747 Dahme, Tel. 04364/5024652 oder 0171/9380798.
Küstenrad, Seestraße 19a, 23747 Dahme, Tel. 04364/4719944.
Ostseefahrrad, Waldweg 6, 23747 Dahme, Tel. 01525/9017044.
Fahrradvermietung Jan-Peter Holst, Strandpromenade 34a, 23747 Dahme, Tel. 0160/93029692.

Ostseereitschule Lütt Piergorn, Gruberhagen, 23747 Dahme, Tel. 04364/525. www.ostseereitschule.de

Brandungsangeln an der Steilküste, eine Angelerlaubnis ist erhältlich beim Amt Grube, Hauptstraße 16, 23749 Grube, Tel. 04364/49280.
Oldenburger Graben, eine Angelerlaubnis ist erhältlich bei der Avia-Tankstelle, Seestraße 5, 23747 Dahme, Tel. 04364/9690.

Bimmelbahn, Haltepunkt Seebrückenvorplatz Dahme; 50-minütige Rundfahrt von Dahme nach Kellenhusen mit Informationen zu Ortsgeschichte und Sehenswürdigkeiten. Mehrere Ein- und Ausstiegsmöglichkeiten entlang der Strecke.
www.bimmelbahn.sh
Flugplatz Grube, 4 km westlich von Dahme an der B 501, Tel. 04365/399. Sportflugplatz, Angebot von Rundflügen in Motor- oder Segelflugzeugen
www.flugplatz-grube.de
Minigolfanlage Scheimann, Strandpromenade 29a
Trampolin Scheimann, Strandpromenade 29
TRAMIGO, Strandpromenade 34a
StrandSpa Dahme, Strandpromenade 38, 23747 Dahme, Tel. 04364/470990. Sport- und Gesundheitszentrum; Fitness- und Wellnessangebot, Salzgrotte. www.strandspa-dahme.de

Surfschule Dahme, Nordstrand/Feriengebiet Zedano, Tel. 0176/24808959.
www.surfschule-dahme.de

Gut Görtz, an der B501 zwischen Heiligenhafen und Grömitz, 23777 Heringsdorf, Tel. 04365/1005; Apr.–Okt. Di–So 11–18 Uhr. In den historischen Wirtschaftsgebäuden arbeiten Künstler und Kunsthandwerker. Im Hofcafé gibt es Kuchen nach alten Hausrezepten, im Bistro Suppen, Eintöpfe und belegte Brote. www.gut-goertz.de

Gut Görtz bei Heringsdorf

Die Sturmflut von 1872

Schwere Sturmfluten hat die schleswig-holsteinische Ostseeküste im Laufe der Jahrhunderte immer wieder erlebt, doch keine erreichte ein solch verheerendes Ausmaß wie die Sturmflut vom 13. November 1872. Innerhalb weniger Stunden zerstörte das Wasser ganze Landstriche und forderte viele Todesopfer. Auch Teile der dänischen und schwedischen Küste waren betroffen.

Grund für den Ausbruch einer solchen Naturgewalt war eine besondere und seltene Wetterlage, die bereits Tage zuvor die Voraussetzungen für die Jahrhundertflut geschaffen hatte. In den ersten Novembertagen wehte ein beständiger Südwestwind, der sich vom 6. bis 9. November zu einem Sturm verstärkte. Das Wasser der westlichen Ostsee wurde Richtung Nordosten bis in den Finnischen und Bottnischen Meerbusen gedrückt. Von der Nordsee strömte Wasser durch das Skagerrak und das Kattegat nach. Das Ostseebecken füllte sich auf diese Weise wie eine Wanne.

Am 10. November herrschte Windstille, die sprichwörtliche ›Ruhe vor dem Sturm‹. Daraufhin setzte am 11. November ein starker Nordostwind ein, der das Wasser zurückdrängte. Bereits am Abend des 12. November hatte der Wasserstand eine besorgniserregende Höhe erreicht. Da der Wind jedoch vorübergehend nachließ, glaubten die Menschen, das Schlimmste überstanden zu haben. Doch in der Nacht brach plötzlich ein Orkan mit Windstärken von mehr als 120 Stundenkilometern los, verbunden mit Schneegestöber, Regenschauern und Gewitter. Die Wassermassen der angefüllten Ostsee trafen die Küstenregionen mit voller Wucht und erreichten am Morgen des 13. November Schleswig-Holstein. Der Wasserstand stieg örtlich auf bis zu 3,70 Meter gegenüber dem normalen Niveau, einzelne Wellen erreichten gar eine Höhe von bis zu sieben Metern. Zahlreiche Schiffe sanken oder strandeten. Küstenschutzanlagen gab es längst noch nicht überall. Wo Deiche vorhanden waren, brachen sie, wie auf Fehmarn und in Dahme. Das Wasser überschwemmte weite Flächen an den flachen Buchten und Förden und drang ungehindert ins Landesinnere vor. Die Klosterseeniederung bei Cismar glich einem offenen Meer, das dort gelegene Dorf Schlüse wurde Opfer der Fluten. In Niendorf reichte das Wasser bis in die Niederungen am Hemmelsdorfer See. Selbst die Schwartauwiesen einige Kilometer landeinwärts waren überschwemmt. In Lübeck wurde ein Wasserstand in Rekordhöhe von 3,50 Meter über Normalniveau gemessen. Häuser wurden vielerorts beschädigt, zerstört oder fortgespült, Menschen und Tiere ertranken. Insgesamt ließen rund 60 Schleswig-Holsteiner ihr Leben, dazu etwa 100 Angehörige von Schiffsbesatzungen verschiedener Nationen. Mehr als 1000 Menschen wurden obdachlos, etliche verloren ihr Hab und Gut.

Unmittelbar nach der Sturmflut gründeten sich deutschlandweit lokale Hilfskomitees sowie der ›Deutsche Hilfsverein‹, um den notleidenden Menschen schnellstmöglich zu helfen. Bereits ein Jahr später begann die Planung für den Bau eines Deiches zwischen Grömitz und Kellenhusen. Weitere Küstenschutzmaßnahmen folgten in den anderen Ostseebädern und tragen bis heute dazu bei, dass sich Katastrophen wie im November 1872 nicht wiederholen. An vielen Orten erinnern Flutmarken und Gedenksteine an die Jahrhundertsturmflut.

Kellenhusen

Das Familienseebad Kellenhusen (1200 Einwohner) liegt etwa fünf Kilometer südlich von Dahme am nördlichen Teil der Lübecker Bucht. Die beiden Orte sind durch einen idyllischen Rad- und Wanderweg, der entlang eines ursprünglichen Küstenabschnittes verläuft, miteinander verbunden.

Alleinstellungsmerkmal Kellenhusens ist seine Lage zwischen Wald und Meer. Der ausgedehnte Kellenhuse-ner Forst schließt sich landeinwärts direkt an den Ort an. Der zwei Kilometer lange und bis zu 50 Meter breite feinsandige Badestrand wird von einer leicht geschwungenen Promenade mit vielen Sitzgelegenheiten gesäumt. Wie in Dahme gibt es auch hier keine Begrenzungsmauer zwischen Strand und Promenade. Geschäfte, Restaurants und Cafés laden zum Bummeln oder zu einer Pause mit ungehindertem Meerblick ein. Trotz des quirligen Treibens auf der Promenade strahlt der kleine Ort eine gemütliche und entspannte Atmosphäre aus.

Die 2007 fertiggestellte, mit ihren geschwungenen Stahlbögen futuristisch wirkende **Seebrücke** ist die erste Erlebnis-Seebrücke an der schleswig-holsteinischen Ostseeküste und das Erkennungszeichen Kellenhusens. Sie ist 305 Meter lang und verfügt neben Sitzmöglichkeiten über mehrere Betoninseln auf Meeresniveau, die zum Baden oder zum Entspannen einladen. Jeden Abend wird die Seebrücke stimmungsvoll illuminiert. Als Erinnerung an das einstige Fischerdorf richtet ein aus Holz geschnitzter Fischer am zentralen Seebrückenvorplatz seinen Blick auf das weite Meer. Von hier fährt zwischen April und Oktober auch die kleine **Bimmelbahn** Richtung Dahme ab. Auf der informativen Rundfahrt gibt es mehrere Haltepunkte, an denen die Fahrt unterbrochen werden kann.

Wie andere Ostseebäder auch, bietet Kellenhusen verschiedene Möglichkeiten für Spiel und Sport an der frischen Luft, sei es an Land oder auf dem Wasser. Das Angebot ist hier zugegeben etwas kleiner, aber nicht weniger vielfältig. Besonderheiten sind eine der größten Discgolf-Anlagen deutschlandweit sowie ein Inklusionsspielplatz.

■ Geschichte

Ende des 16. Jahrhunderts ließen sich die ersten Fischer am Strand des heutigen Ostseebades nieder. Im Jahr 1631

▲ *Die Erlebnis-Seebrücke von Kellenhusen*

wurde das Dorf erstmalig im Abgabenregister des Amtes Cismar erwähnt. Registriert sind dort vier Fischerfamilien. 1694 war Kellenhusen bereits auf zehn Familien angewachsen, meist bestehend aus Fischern und Seeleuten. 1739 eröffnete die erste Gastwirtschaft.

Kellenhusen gehört zu den jüngeren Seebädern an der Ostseeküste. Kurioserweise war es die schwere Sturmflut von 1872, die den Grundstein für die Entwicklung des Fremdenverkehrs in dem kleinen Fischerdorf legte, das damals weniger als 400 Einwohner zählte. Die verheerenden Schäden veranlassten den preußischen Staat, einen rund neun Kilometer langen Schutzdeich zwischen Kellenhusen und Grömitz zu bauen. Daraufhin kamen Landvermesser, Ingenieure und andere Fachleute für längere Zeit an die Küste und wurden, sehr authentisch, in den Fischerkaten untergebracht, größtenteils zusammen mit ihren Familien. Sie luden Verwandte und Bekannte ein, ihren Urlaub hier zu verbringen. Der Strand, das reichhaltige Essen bei den Gastgebern und die günstigen Beherbergungspreise waren Anreiz genug, um wiederzukommen und überdies kräftig die Werbetrommel zu rühren. Folglich wuchs die Nachfrage nach Fremdenzimmern, und immer mehr Privatleute bauten ihre Häuser für die Unterbringung und Verpflegung der Badegäste um. Es entstanden die ersten Pensionen. Seit 1884 ist Kellenhusen offiziell anerkanntes Ostseebad.

Die meisten Sommergäste kamen mit dem Dampfschiff aus Travemünde und wurden bis zum Bau der ersten Seebrücke 1911 mit Fischerbooten an Land gebracht. Eine Alternative war die Anreise per Zug bis zur Station Lensahn. Von dort ging es in der Kutsche über holprige Wege weiter bis an die Küste. 1924 erhielt Kellenhusen einen Busanschluss.

Erinnerung an das einstige Fischerdorf

Für eine Revolution in dem kleinen Seebad sorgte 1905 der Fischer Markmann. Dieser betrieb ebenfalls Steinfischerei und verkaufte die Findlinge, die er vom küstennahen Ostseegrund barg, als begehrtes Baumaterial, unter anderem nach Warnemünde. Dort wurde er auf die bisher unbekannten Strandkörbe aufmerksam, die der Rostocker Korbmacher Wilhelm Bartelmann bereits seit 1883 herstellte. Kurzerhand erwarb Markmann die ersten fünf Strandkörbe und stellte sie am Kellenhusener Strand auf. Die Gäste waren begeistert. Nach anfänglicher Skepsis der Einheimischen fand das Konzept schnell Nachahmer, und der Standkorb breitete sich schnell an der gesamten Küste aus, wo er heute nicht mehr wegzudenken ist.

■ Kellenhusener Forst

Landeinwärts an den Ort angrenzend liegt der rund 600 Hektar große Kellenhusener Forst, das größte zusammenhängende Waldgebiet an der schleswig-holsteinischen Ostseeküste. Er reicht im Norden bis an das Ostseebad Dahme und im Süden bis an den Hof Klostersee bei Cismar heran. Einst war der Forst bekannt für einige uralte Eichen, wie die Wasserstandseiche, die Königseiche, die Fünfmarkseiche und die Kroneiche, die bei Grönwohldshorst stehen beziehungsweise standen. Die Wasserstandseiche markiert die Reichweite der Sturmflut von 1872, von den übrigen Bäumen existieren nur noch abgestorbene Reste. Ein Spaziergang auf dem verzweigten Wegenetz bietet mit etwas Glück die Chance für Tierbeobachtungen. Hier leben Reh- und Damwild, aber auch Dachse, Waschbären und Marderhunde. Anziehungspunkt für Tierfreunde ist weiterhin das Wildschweingehege. Von April bis Oktober kann man im Rahmen der Fütterungen, die immer mittwochs um 15:30 Uhr stattfinden, Interessantes über das Schwarzwild erfahren. In dem weitläufigen Waldgebiet gibt es außerdem einen Abenteuerspielplatz, einen Hundeauslauf und mehrere Lehrpfade. Bei einsetzender Dämmerung werden auch Fledermausführungen angeboten.

Kellenhusen

PLZ: 23746. **Vorwahl:** 04364.
Tourist-Information: Waldstraße 1, Tel. 04364/49750 www.kellenhusen.de

Kellenhusen wird von der Regionalbuslinie 5800 (Neustadt–Grube/Oldenburg) angefahren. Die nächstgelegenen Bahnhöfe befinden sich in Lensahn und Neustadt.

Kurhotel Steenbock, Schützenweg 2, 23746 Kellenhusen, Tel. 04364/218; Ostern–Mitte Okt. Traditionsreiches Hotel in ruhiger Lage, 100 Meter vom Strand entfernt. www.kurhotel-steenbock.de
Hotel Vier Linden, Lindenstraße 4–6, 23746 Kellenhusen, Tel. 04364/4950; ruhig gelegenes Hotel nahe der Seebrücke, 200 Meter vom Strand entfernt. www.hotel-vier-linden.de
Eine Übersicht aller Unterkünfte sowie eine Online-Buchungsmöglichkeit bieten: www.kellenhusen.de
www.ostseeferienland.de.

Al Giardino da Toni, Waldstraße 5, 23746 Kellenhusen, Tel. 04364/1759; Di-So 12–14 Uhr und 18–21 Uhr. Kleines, familiär geführtes Restaurant mit traditionellem italienischem Speiseangebot und saisonaler Küche; wöchentlich wechselnde Spezialitätenkarte; auf Anfrage Veranstaltung von Koch-Events. www.al-giardino.de
Restaurant und Café Vogelsang, Vogelsang 7, 23746 Kellenhusen, Tel. 04364/9461. Familiengeführter Betrieb, heute in dritter Generation. www.restaurant-vogelsang.de

Campingparadies Kellenhusen, Kirschenallee 16–18, 23746 Kellenhusen, Tel. 04364/8140 oder 479470. www.campingparadies-kellenhusen.de

Atelier KasperArt, Strandpromenade 15, 23743 Kellenhusen, Tel. 0160/8975825. Atelier und Galerie für moderne Kunst von Regine Kasper, die auch Malkurse anbietet. www.kasperart.de

Wassersport-Kellenhusen, Strandpromenade 38 (am Südstrand), 23746 Kellenhusen, Tel. 0152/56309263. Kurse für Windsurfen, Stand-Up-Paddling, Katamaransegeln, Gleitjollensegeln, Kajakpaddeln. www.wassersport-kellenhusen.de

Bimmelbahn, Haltepunkt vor dem Seebrückenvorplatz; 50-minütige Rundfahrt von

Kellenhusen nach Dahme mit Informationen zu den Orten. Ein- und Ausstiegsmöglichkeiten entlang der Strecke.
www.bimmelbahn.sh
Beachminigolf und Wassersport, Strandpromenade 22a, 23746 Kellenhusen, Tel. 0170/2093940.
Minigolf Ahoi, Strandpromenade 1, Nordstrand, 23746 Kellenhusen, Tel. 04364/470569. www.minigolf-kellenhusen.de

Discgolf-Anlage, die öffentliche Anlage mit 22 Bahnen erstreckt sich südlich der Seebrücke zwischen Promenade und Deich. Sie ist jederzeit kostenlos bespielbar. Discgolf-Treff für Anfänger Juni–Aug. Mi 15 Uhr. Leihscheiben mit Score-Card und Plan sind beim Tourismus-Service für 1 Euro pro Person und 10 Euro Pfand pro Scheibe erhältlich. www.ostseediscgolf.de www.kellenhusen.de/discgolf

Grömitz und Cismar

Grömitz, das sich selbst ›Ostseebad der Sonnenseite‹ nennt, liegt im nordwestlichen Bereich der Lübecker Bucht, rund zehn Kilometer von Neustadt entfernt. Es zählt mit seinen gemeindezugehörigen Ortsteilen Brenkenhagen, Nienhagen, Suxdorf und Cismar 7000 Einwohner und gehört zu den größten und beliebtesten deutschen Ostseebädern.

Das offizielle Logo, eine stilisierte gelbe Sonne, lacht den ankommenden Gästen am Sonnenkreisel auf dem Markt entgegen. Der Ort wartet außer mit einem vielfältigen Spiel-, Sport und Unterhaltungsangebot für Groß und Klein gleich mit mehreren Superlativen auf. Mit 15 000 Gästebetten ist er nicht nur das größte Ostseebad Schleswig-Holsteins, sondern hat auch die längste Seebrücke und den längsten Küstenabschnitt. Der besonders breite und feinsandige, acht Kilometer lange Strand zieht sich von der Steilküste am Jachthafen bis nach Lensterstrand, wo er von einem Dünengürtel begrenzt wird.

Durch eine Mauer vom Strand getrennt, verläuft die knapp vier Kilometer lange und großzügig gestaltete **Kurpromenade**. Sie wird gesäumt von einer Häuser-

Grömitz

Fehmarn und Wagrien

Grömitz ist Schleswig-Holsteins größtes Ostseebad

reihe mit Restaurants, Cafés, Bars und Geschäften, die sie gleichzeitig von der dahinter liegenden Straße abschirmt. Noch vor wenigen Jahrzehnten wurde das ›Promenieren‹ hier regelrecht zelebriert. Dazu gehörte vor allem, sich nach einem ausgiebigen Strandtag für den Abendspaziergang am Meer ›in Schale zu werfen‹ und in einem der gastronomischen Betriebe zumindest für einen Eisbecher oder ein Getränk einzukehren. Die gepflegte Garderobe spielt heutzutage kaum noch eine Rolle, die Beliebtheit der Promenade als Bummelmeile ist dagegen ungebrochen. Nach einer Neugestaltung Anfang der 2000er Jahre hat sie noch einmal an Eleganz gewonnen. In dieser Zeit entstanden auch neue Spiel- und Aufenthaltsflächen.

Jedes Jahr Ende August verwandelt sich die Kurpromenade anlässlich des Spektakels ›Ostsee in Flammen‹, dem größten Feuerwerk an der Lübecker Bucht, in eine bunte Partymeile. Das Feuerwerk bildet den Abschluss des Lichtersommers und lockt Zehntausende von Besuchern an. Der 20-minütige Lichterzauber wird von der Seebrücke zu passender Musikuntermalung gezündet.

Einige Meter landeinwärts, parallel zur Promenade, verläuft der Deich, der sich wunderbar zum Fahrradfahren eignet. Von der alten Ortsstruktur ist leider nicht mehr viel übrig. Insbesondere in den 1960er und 1970er Jahren entstanden in großem Stil neue Urlaubsquartiere, denen die historischen Gebäude zum Teil weichen mussten. Eine ähnliche Entwicklung vollzieht sich gerade erneut. Jetzt sind es Gebäude der 1960er und frühen 1970er Jahre, die Platz schaffen für moderne Hotels und neue Urlaubsangebote. Größtes Investitionsprojekt ist aktuell der Dünenpark, der auf dem 22 000 Quadratmeter großen Gelände des ehemaligen Kurmittelhauses und Freibades im nördlichen Promenadenbereich entsteht. Das Mammutprojekt, mit neuer DLRG-Hauptwache, einem Multifunktionsgebäude, einem Beachclub, mehreren Geschäften und einem Abenteuerspielplatz, soll 2024 fertiggestellt sein.

■ Geschichte

Der Ortsname Grömitz entwickelte sich aus der slawischen Bezeichnung für einen kleinen Bach, der dem Ursprungsdorf

›Groebeniz‹ seinen Namen gab. 1323 verkaufte Ritter Marquard von Westensee, damaliger Besitzer, das Dorf an das reiche Benediktinerkloster Cismar, das seinerzeit ein bedeutendes geistiges und kulturelles Zentrum in der Region war. Haupteinnahmequellen des Dorfes Grömitz waren die Landwirtschaft, gestützt durch das Kloster Cismar, sowie die Fischerei. Bereits um das Jahr 1400 besaß das Dorf einen seegängigen Hafen und trieb Handel mit den Häfen an der Trave und mit dänischen Hafenstädten. Mitte des 15. Jahrhunderts erhielt Grömitz sogar Stadtrechte, die es jedoch nach der Reformation wieder verlor. Mit dem Rückzug der Mönche aus dem Kloster Cismar büßte auch Grömitz seine Bedeutung ein. Der Hafen versandete im 17. Jahrhundert. Erst das im 19. Jahrhundert aufkommende Badeleben verhalf Grömitz zu neuem Aufschwung. Bereits 1813 kamen die ersten Gäste. Damit ist Grömitz eines der ältesten Seebäder an der Ostsee. Die erste touristische Werbung ist aus dem Jahr 1836 überliefert und lockt unter anderem mit ›gut eingerichteten Badekarren‹.

Die Promenade durchzieht den ganzen Ort

Ein Badekarren aus alten Zeiten

Auch in Grömitz war es der Bau des Deiches nach der Sturmflut von 1872, der den Fremdenverkehr merklich ankurbelte. Wie auch in Kellenhusen lebten die Arbeitskräfte während ihres Einsatzes größtenteils zusammen mit ihren Familien in den Fischerkaten am Strand und luden Verwandte und Bekannte in den Ort ein. Heute würde man sagen, sie waren ›wichtige Multiplikatoren‹ in der Tourismuswerbung. Bereits seit Mitte der 1860er Jahre hatten die Gastwirtschaften am Markt begonnen, Gäste zu beherbergen. Es folgte die Einrichtung privater Fremdenzimmer. Entlang des Strandes wurden längliche Schutzhütten aus Reet gebaut, die zur Meerseite hin offen waren. Bänke im Innern dienten als Sitzgelegenheit. Der Ende des 19. Jahrhunderts gegründete Verschönerungsverein initiierte die Anlage einer Pappelallee parallel zum Strand sowie die Errichtung einer ›Wandelbahn‹, die an den Schutzhütten entlangführte. Die aneinander gelegten Bretterroste ersparten den Gästen das Waten durch den weichen Sand und die stachelige Dünenvegetation. Die Wandelbahn gilt als bescheidener Vorläufer der heutigen

Kurpromenade. Dennoch war Grömitz Anfang des 20. Jahrhunderts das kleinste Seebad an der Lübecker Bucht. Während in Kellenhusen im Sommer 1906 bereits 1294 Gäste gezählt wurden, waren es in Grömitz nur 676.

Dann aber holte das Ostseebad schnell auf. Den entscheidenden Impuls gab der Bauunternehmer und ehrenamtliche Bürgermeister Christian Westphal. Mit Weitblick und Unternehmergeist förderte er in seiner Amtszeit von 1896 bis 1924 den Bau von Hotels und Pensionen. Ihm zu Ehren steht heute ein **Brunnen** an der Kurpromenade. Ein weiterer Beschleuniger der touristischen Entwicklung war die Eröffnung einer mehr als 480 Meter langen Seebrücke im Jahr 1912. Auf Grund der schlechten Straßenverhältnisse kamen 90 Prozent der Gäste mit dem Schiff aus Travemünde und wurden mit kleinen Booten an Land gebracht. Nach dem Bau der Brücke konnten die Gäste bequem und vor allem trockenen Fußes an Land gehen. Die Urlauberzahlen stiegen daraufhin sprunghaft an. Die hölzerne Seebrücke hielt bis zum Eiswinter 1942. Nach dem Zweiten Weltkrieg entwickelte sich Grömitz zu einem der beliebtesten Seebäder Deutschlands. Seit 1949 trägt es den Titel ›Ostseeheilbad‹.

■ **Sehenswürdigkeiten**
Entlang des Jachthafens, am südlichen Ortsrand und etwas abseits des Trubels, hat sich eine kleine, feine **Flanierzone** mit Gastronomie und einigen Boutiquen entwickelt. Mehrere Holzliegen und eine großzügige Sitzstufenanlage laden zum Entspannen und zum Beobachten der ankommenden und ablegenden, teils luxuriösen Jachten ein. Mit 780 Liegeplätzen für Boote von bis zu 25 Metern Länge und 5 Metern Breite gehört die **Vier Sterne-Marina** zu den größten an der schleswig-holsteinischen Ostseeküste.

Die angrenzende Steilküste ist das Terrain der Naturliebhaber. Oben führt ein fester Sandweg Richtung Bliesdorf und Brodau und bietet herrliche Ausblicke. Der Weg eignet sich gleichermaßen zum Radfahren und Wandern und verläuft mal direkt am Feldrand, mal durch den urwüchsigen Uferwald. Der Strandbereich des Steilufers ist ein beliebter Rückzugsort für Sonnenanbeter, die Wert auf Ruhe und ursprüngliche Natur legen. Empfehlenswert ist auch

Zur Saison 2022 erhielt die Seebrücke zwei Erlebnisplattformen

Am Grömitzer Jachthafen

eine Wanderung am naturbelassenen Strand entlang bis nach Pelzerhaken. Die Strecke zählt zu den landschaftlich schönsten Küstenabschnitten an der Lübecker Bucht und misst vom Grömitzer Jachthafen etwa acht Kilometer. In Pelzerhaken gibt es Busverbindungen über Neustadt zurück nach Grömitz.

■ Seebrücke und Tauchgondel

Am Ende der 398 Meter langen Seebrücke lädt die einzige Tauchgondel in Schleswig-Holstein zur Entdeckung der Unterwasserwelt ein. Die Gondel fährt hinab bis auf 70 Zentimeter über dem Meeresgrund. Während des 40-minütigen Tauchgangs werden die je nach Sicht und Jahreszeit zu beobachtenden Tiere und Pflanzen erläutert. Ein 3D-Film entführt in die Geheimnisse der Ostsee. Zum Frühjahr 2022 erhielt die Seebrücke zwei aufwändige Anbauten mit Sitzstufen und hölzernen Drehliegen. Auf einer der beiden Plattformen befindet sich zudem eine große Tunnelrutsche, deren Röhre teilweise über das Wasser führt.

■ Zoo-Park Arche Noah

Der familiengeführte Zoo liegt an der B 501 kurz vor dem Ortsausgang in Richtung Lenste. Auf dem zehn Hektar großen Areal leben mehr als 300 Tiere aus aller Welt. Ihre Herkunft, Haltung und Aufzucht werden auf Informationstafeln ausführlich erläutert. Es gibt Meerschweinchen, Kaninchen, Störche, Seehunde, Waschbären, Leoparden, Löwen, Lamas, Kamele und verschiedene Affenarten. Eine besondere Attraktion ist das 400 Quadratmeter große Schimpansenhaus. Der Zoo wurde außerdem als erster fledermausfreundlicher Zoo Deutschlands ausgezeichnet. Bei den täglichen Führungen mit Fütterung besteht die Möglichkeit, einigen Tieren hautnah zu begegnen. Oftmals dürfen die Tiere auch gestreichelt werden. Nach den vielen ›tierischen Eindrücken‹ können kleine Besucher auf dem weitläufigen Spielplatz klettern und toben. Das Holzhaus-Café bietet süße und herzhafte Snacks an.

■ St. Nicolaikirche

Die einzige historisch bedeutsame Sehenswürdigkeit des Ortes ist die St. Nikolaikirche in der Kirchenstraße. Die Nicolaus von Myra, dem Schutzpatron der Fischer, gewidmete Kirche wurde um 1230 erbaut und entstand im Zuge

Tauchgondel an der Seebrücke

Feldstein und Backstein: die St. Nicolaikirche in Grömitz

der Christianisierung des ehemaligen Slawenlandes. Erstmalig erwähnt wurde sie 1259 in einem Kirchenverzeichnis des Bistums Lübeck.

Das einschiffige rechteckige Langhaus und der kastenförmige Chor wurden aus Feldsteinen errichtet und stammen noch aus der Bauzeit, die Sakristei und der gedrungene Backsteinturm aus dem 15. Jahrhundert. Möglicherweise wurde der Turm umgebaut, nachdem Grömitz Stadtrechte erhalten hatte. Ursprünglich besaß er eine hohe Spitze, die jedoch einem schweren Sturm, wahrscheinlich im Jahr 1663, zum Opfer fiel. 1665 erhielt der Turm daraufhin seine heutige Form. Die Innenausstattung wurde im 17. und 18. Jahrhundert erneuert, was darauf schließen lässt, dass die Kirche von den Zerstörungen des Dreißigjährigen Krieges nicht verschont blieb. Ein in der Gegend seltenes Exemplar ist der **Altar von 1734** in österreichischem Barockstil, den der Österreicher Melchior Tatz schuf. Die spätbarocke dreistöckige **Taufkrone** aus der Zeit um 1700 gehört zu den wertvollsten in Norddeutschland. Noch aus dem 16. Jahrhundert stammt das kunstvolle **Rankenwerk** im gotischen Chorbogen. Zwei eingearbeitete Weihekreuze zeugen von der katholischen Vergangenheit der Kirche. Die Fenster im Kirchenschiff erhielten erst im 19. Jahrhundert ihre heutige Größe. Eindrucksvoll und volksnah ist das **Buntglasfenster** über der Eingangstür. Unter einer Hansekogge, umrahmt von den Wappen Schleswig-Holsteins und des Ortes Grömitz, liest man den niederdeutschen Schriftzug ›Herr Godd, bliew du uns Stüermann‹ (›Herrgott, bleib' du unser Steuermann‹). Im Kirchenraum befinden sich außerdem zwei Gedenktafeln und ein Gedenkbuch mit den Namen der Gefallenen der letzten vier Kriege. In der Kirchenstraße erinnert darüber hinaus ein **Gedenkstein** an die Sturmflut von 1872. Das Wasser war damals bis hierher vorgedrungen.

■ Kurpark

Einen ruhigen Gegenpol zum touristischen Treiben am Strand bietet der Kurpark, der etwas versteckt im Ortszentrum südlich der St. Nicolaikirche liegt. Die grüne Oase mit alten Bäumen, mehreren Wegen, Sitzgelegenheiten und einem Teich ist über mehrere Zugänge erreichbar. Für Aktive gibt es eine Boulebahn und einen Bewegungsplatz. Im Jahresverlauf finden hier verschiedene kulturelle Veranstaltungen statt. Zu den beliebtesten gehört das ›Lichtermeer‹ im Herbst mit zahlreichen bunten Lichtinstallationen.

■ Rasender Benno

Wer sich einen Überblick über den Ort und seine Umgebung verschaffen möchte, nutzt am besten den Rasenden Benno. Die kleine Bimmelbahn startet von April bis Oktober täglich zu halbstündigen Rundfahrten durch Grömitz sowie mittwochs zu einer einstündigen Tour über die Dörfer Nienhagen, Suxdorf und Brenkenhagen. Unterwegs erfährt man Interessantes aus Vergangenheit und Gegenwart. Der Haltepunkt befindet sich in der Seestraße 22, direkt vor dem Seebrückenvorplatz.

■ Kloster- und Künstlerdorf Cismar

Etwa sechs Kilometer nordöstlich von Grömitz liegt das Dorf Cismar mit rund 800 Einwohnern. Es ist heute Teil der Gemeinde Grömitz und genießt vor allem durch sein ehemaliges, in Grundzügen erhaltenes **Benediktinerkloster** aus dem 13. Jahrhundert überregionale Bekanntheit. Die zweitgrößte Klosteranlage SchleswigHolsteins gehört mit ihrer Kirche zu den bedeutendsten Bauleistungen der frühen norddeutschen Backsteingotik.

Die Geschichte des Klosters Cismar beginnt genau genommen in Lübeck, wo 1177 ein Benediktinerkloster gegründet wurde. Im Jahr 1231 fiel der Beschluss, die Mönche nach Cismar überzusiedeln, verbunden mit der Errichtung eines neuen Klostergebäudes. Über die Gründe wird spekuliert. Vielleicht spielte die mangelnde Disziplin der Mönche eine Rolle, die in dem auch von Nonnen bewohnten Lübecker Kloster beklagt wurde. Vermutlich

Bimmelbahn ›Rasender Benno‹

war es aber mehr das Interesse von Graf Adolf IV. am Vorantreiben der Kolonisation des Landes, das den Ausschlag gab. Fest steht, dass die Verlegung des Klosters in die ländliche Einöde gegen den Willen der Mönche geschah und nach der 1238 erfolgten Grundsteinlegung erst 1246 komplett vollzogen war.

Eine während der Bauarbeiten entdeckte Quelle, die kurz darauf als heilige Johannesquelle geweiht wurde, wie auch zahlreiche Reliquien, zogen in der Folgezeit Scharen von Pilgern an. Das Kloster entwickelte sich zu einem bedeutenden geistlichen, wirtschaftlichen und kulturellen Zentrum und besaß 1325 bereits 25 Dörfer, sieben Mühlen sowie Einkünfte aus mehreren Kirchen.

Im Chor der Klosterkirche befindet sich ein **Flügelaltarschrein** aus der Zeit um 1310 bis 1320, der aus einer Lübecker Werkstatt stammt und zur Aufbewahrung der Reliquien diente. Er gilt als ältester geschnitzter Flügelaltarschrein, den die Kunstgeschichte kennt. Auch der **Brunnen** in den Kellergewölben des Südflügels, der auf die heilige Quelle hinweist, ist noch zu sehen. In dem Gebäude befindet sich auch das **Refektorium**, der ehemalige Speisesaal der Mönche. Heute ist hier das Klostercafé untergebracht.

Infolge der Reformation wurde die Abtei 1561 aufgelöst, nachdem sie bereits 1544 verstaatlicht und in den Besitz des dänischen Königs gefallen war. Die Bibliothek gelangte zunächst nach Schloss Gottorf und schließlich in die dänische Staatsbibliothek nach Kopenhagen. In den folgenden Jahrhunderten erfuhr das Kloster unterschiedliche Nutzungen. Zunächst wurde es Gutshof, um 1770 erfolgte der Umbau des Westteils der Kirche zum Wohnsitz des Amtmannes des Amtes Cismar. Nur der Chor blieb erhalten und wird heute von der Kirchengemeinde Cismar als Gottesdienstraum genutzt. Die Klosteranlage wurde von 1982 bis 1987 umfassend saniert und gehört heute zur Stiftung Schleswig-Holsteinische Landesmuseen Schloss Gottorf. In der ehemaligen Amtmannwohnung befinden sich Ausstellungsräume. Klosteranlage und Klosterkirche können im Rahmen von Führungen besichtigt werden, das Außengelände ist jederzeit frei zugänglich. Bereits seit Mitte der 1970er Jahre siedelten sich Maler, Literaten, Schrift- und Keramikkünstler sowie andere Kunstschaffende in Cismar an und begründeten seinen Ruf als Künstlerdorf. Auf dem Klostergelände finden unterschiedliche kulturelle Veranstaltungen statt: winterliche Konzerte, die Kunst- und Kulturtage mit offenen Ateliers und Werkstätten im Juni oder das beliebte Klosterfest mit Kunsthandwerkermarkt und Live-Musik im August. In der Umgebung des Klosters verlaufen mehrere **Wander- und Radwege**, die unter anderem zur knapp fünf Kilometer entfernten Ostsee führen.

Nur einige Meter vom Kloster entfernt steht das **Haus der Natur**. In dem historischen Backsteingebäude befindet sich das ehrenamtlich betriebene Museum, das Zehntausende von Einzelstücken, darunter Mineralien, Versteinerungen sowie präparierte Vögel und Säugetiere beherbergt.

Schwerpunkt dieser Welt ist die größte Schnecken- und Muschelsammlung Deutschlands mit Arten aus aller Welt. Das Museum vermittelt anspruchsvolle Wissenschaft auf unterhaltsame Weise. Auch für Kinder wird ein interessantes Programm geboten.

Das ehemalige Benediktinerkloster in Cismar

❯ Radtour: Natur und Kultur zwischen Grömitz und Grube

Start und Ziel: Grömitz. **Länge:** 40 Kilometer
Die Tour entlang des Ostseeküstenradweges und durch das dörflich geprägte Binnenland bietet vor allem vielfältigen Naturgenuss, aber auch einige kulturelle Erlebnisse. Wir starten an der Kreuzung Wicheldorfstraße/Strandallee in Grömitz. Hier beginnt der Radweg auf dem Deich.
Ein Großparkplatz befindet sich wenige Meter entfernt. Auch wenn die ersten Kilometer nicht direkt an der Ostsee entlang führen, ist das Meer von der Deichkrone aus stets in Sichtweite.
Nachdem wir den Ort hinter uns gelassen haben, passieren wir den Kletterpark und die Campingplätze von **Lensterstrand**. Nur ein breiter, bewachsener Dünengürtel und der Naturstrand trennen uns nun von der Ostsee. Diese Landschaft begleitet uns bis nach Kellenhusen. Ungefähr auf halber Strecke liegt die **Klosterseeniederung**. Einst befand sich hier eine flache Strandbucht, die erstmals 1864 trockengelegt wurde. Während der schweren Sturmflut im November 1872 wurde die Niederung komplett überflutet und erst im Zuge des darauffolgenden Deichbaus endgültig dem Meer abgerungen. Bis heute wird sie landwirtschaftlich genutzt. In der Nähe der Klosterseeschleuse erinnert ein Gedenkstein an das Dorf Schlüse, das von der Sturmflut vernichtet wurde.
Schon bald erblicken wir die futuristisch gestaltete Seebrücke von **Kellenhusen**, seit 2007 Wahrzeichen des Ostseebades. Die beschauliche Strandpromenade, die nicht nur Cafés, Restaurants und Geschäfte, sondern auch bequeme Sitzmöglichkeiten bietet, lädt zu einer Pause ein.
Am Ende des Deiches queren wir den großen Sandparkplatz und kommen direkt an die Küste, die mit einer unerwarteten Ursprünglichkeit überrascht. Auf dem knapp zwei Kilometer langen Abschnitt mit Steiluferchrakter radeln wir Richtung **Dahmeshöved**. Hier verlassen wir den Ostseeküstenradweg und folgen dem Wegweiser nach Grube. Der von Knicks gesäumte Weg schlängelt sich vorbei an Feldern und dem Dahmer Moor bis in den **Kellenhusener Forst**. Auf dem Weg liegt das Restaurant und Café Vogelsang. Wer einen kleinen Umweg nicht scheut, zweigt am Waldrand nach links zum Wildschweingehege ab, wo sich die Tiere aus nächster Nähe beobachten lassen. Durch den Wald geht es weiter über Gruberhagen und durch die Feldmark bis nach **Grube**.
Ländlicher Charme und viel Natur zeichnen diesen auf den ersten Blick etwas verschlafen wirkenden Ort aus (→ S. 140). Im westlichen Teil von Grube steht die St.-Jürgen-Kirche aus dem 13. Jahrhundert. Dem Weg an der Kirche folgend, gelangen wir zum Paasch-Eyler-Platz, von wo wir den ehemaligen Gruber See überblicken. Von hier führt rechts neben dem großen Reetdachhaus ein kleiner Pfad, der Paasch-Eyler-Weg, zurück in das Ortszentrum.
Der Rückweg führt uns zunächst wieder entlang der Hauptstraße. Am Ende biegen wir in die Straße Gruberfelde ein, erreichen nach etwa drei Kilometern Guttau und kurz danach Grönwohldshorst.
Auf einem Abstecher in den Klosterseeweg kommen wir zum **Hof Klostersee**, einer Hofgemeinschaft, die nach biologisch-dynamischen Prinzipien wirtschaftet und eine eigene Käserei und Bäckerei betreibt. Im Hofladen mit Café werden hofeigene Erzeugnisse, Naturkostprodukte, allerlei Naschwerk und Naturkosmetik verkauft. Die bekannten uralten Eichen des Kellenhusener Forsts stehen nur ein kurzes Stück von der Hofanlage entfernt.

Auf dem Radweg entlang der B 501 gelangen wir nach **Cismar**. Hauptattraktion des Dorfes ist das ehemalige Benediktinerkloster aus dem 13. Jahrhundert. Das Klostergelände ist jederzeit frei zugänglich, im ehemaligen Speisesaal der Mönche befindet sich ein Café. Auf dem Klostergelände finden regelmäßig Ausstellungen sowie andere Kunst- und Kulturveranstaltungen statt. Im Dorf selbst hat sich eine kleine Künstlerkolonie etabliert. Auch das Haus der Natur, in dem die größte Muschelsammlung Deutschlands beheimatet ist, lohnt einen Besuch.

Kurz hinter dem Kloster biegen wir von der Bäderstraße links in die Straße ›Am Heller‹ ein und folgen dem Radwegweiser Richtung Lensterstrand, von wo wir auf dem Deich zurück nach Grömitz radeln.

Grömitz und Cismar

PLZ: 23743. **Vorwahl:** 04562.
Tourist-Informationen: Neuer Markt 1 und Seebrückenvorplatz, 23743 Grömitz, Tel. 04562/2560. Blankwasserweg 122, 23743 Lensterstrand, Tel. 04562/2665626. www.groemitz.de

Grömitz wird von der Linie 5800 (Neustadt–Grube/Oldenburg) angefahren, Mo-Fr im Stundentakt, am Wochenende alle zwei Stunden. Die nächstgelegenen Bahnhöfe befinden sich in Neustadt und Lensahn.

Von der kleinen Privatpension bis zum Hotel und Ferienhaus ist das Beherbergungsangebot in allen Preiskategorien breit aufgestellt. Gastgeberverzeichnis mit Buchungsmöglichkeit:
www.groemitz-buchen.de
Carat Golf- und Sporthotel, Strandallee 4, 23743 Grömitz, Tel. 04562/3910. Das Vier-Sterne-Hotel mit großem Wellnessbereich prägt mit seiner trapezartigen Form das Ortsbild von Grömitz und befindet sich in unmittelbarer Strandnähe. An das Hauptgebäude schließt sich ein Neubau mit zweckmäßig, aber dennoch stilvoll eingerichteten Appartements an. Es gibt zwei Restaurants und eine Bar.
www.hotel-carat.de
Gosch Hotel, Markt 6, 23743 Grömitz, Tel. 04562/22760. Das traditionsreiche Hotel von 1865 gehört zu den ältesten Gasthäusern des Ortes und liegt etwa zehn Gehminuten vom Strand entfernt. Angeschlossenes Restaurant mit gutbürgerlicher Küche.
www.gosch-hotel-groemitz.de
Villa am Meer, Seeweg 6, 23743 Grömitz, Tel. 04562/2550. Das Hotel mit familiärer Atmosphäre liegt ruhig am Ende einer Sackgasse, etwa 100 Meter vom Strand entfernt. Angeschlossenes Restaurant mit regionaler und internationaler Küche.
www.villa-am-meer.de

Am Lensterstrand gibt es neun familienfreundliche Campingplätze, die zum Teil direkt am Deich hinter dem Dünengürtel liegen.
www.groemitz.de/camping-jugendcamps
Ostsee-Campingplatz Kagelbusch, Scharberg, 23730 Bliesdorf-Strand, Tel. 04562/7122. Der Campingplatz liegt einige Kilometer südlich von Grömitz am Bliesdorfer Naturstrand.
www.ostseecamping.de

Wohnmobilstellplatz Achtern Diek, Lenster Weg 1, 23743 Grömitz, Tel. 04562/2661028. Wohnmobilparkplätze befinden sich in der Gildestraße und am Lensterstrand. Das Übernachten ist hier allerdings nicht gestattet.

Strandhalle, Kurpromenade 56, 23743 Grömitz, Tel. 04562/222570. Vielfältige Gastronomie in der traditionsreichen Strandhalle. Zwei Restaurants, Palmen-

terrasse, Café sowie Ostseelounge am Strand. www.strandhalle-groemitz.de
Falkenthal Seafood-Manufaktur, Am Jachthafen 16–18 und Kurpromenade 6, 23743 Grömitz, Tel. 04562/5152. Das beliebte SB-Fischrestaurant bietet Fischbrötchen sowie einfache bis ausgefallene Gerichte. www.falkenthal-seafood.de
Seegold Fischeria, Seestraße 17a, 23743 Grömitz, Tel. 04562/2664045. Kleines SB-Fischrestaurant im Ortszentrum mit vielfältigem Angebot (Brat- und Räucherfisch, Fischbrötchen, Suppen). www.fischeria-seegold.de

Nadjas kleiner Kuchen- und Kaffee-Garten, Schlesier Weg 12, 23743 Grömitz, Tel. 04562/8978; Do–Mo 14–17 Uhr. Gemütliche Stube und idyllischer, schattiger Garten in privater und ruhiger Atmosphäre, frisch gebackene Kuchen und Torten, zum Beispiel ›Großmutters Apfelkuchen‹, ›Kalter Hund‹ und Früchtetorten der Saison.
Tork's Coffee Rösterei, Kurpromenade 8, 23743 Grömitz, Tel. 04562/267784. Kleines Café mit Innen- und Außenplätzen im nördlichen Promenadenabschnitt. Das Café hebt sich durch seine 14 Kaffeesorten aus Anbaugebieten verschiedener Kontinente von anderen Betrieben ab. Die Kaffeebohnen werden vor Ort in einem Trommelröster nach alter Tradition geröstet. Darüber hinaus gibt es amerikanisches und französisches Gebäck sowie Waffeln aus eigener Herstellung.
www.torkscoffee.de
Schneekloths Sonnenterrasse, Pappelhof 6a, 23743 Grömitz, Tel. 04562/1704; Ostern–Ende Okt. (aktuelle Öffnungszeiten sind im Internet abrufbar!). Ländlich gelegenes Hofcafé am Ortsrand Richtung Neustadt; Außenplätze unmittelbar an der Obstplantage; kleine herzhafte Speisen, Bauernladen mit regionalen Produkten, in der Saison Obst zum Selbstpflücken.
www.obsthof-schneekloth.de,
www.bauernladen-direkt.de

Café zum Ziegelhof, Ziegelhof 2, 23743 Grömitz (an der B 501 zwischen Grömitz und Cismar), Tel. 04562/223310 oder 04366/8846531; Apr.–Okt. tägl. 14–18 Uhr, Nov.–März geänderte Öffnungszeiten. Café mit Sonnenterrasse auf historischem Bauernhof. www.hof-mougin.de
Klostercafé Cismar, Bäderstraße 42, 23743 Cismar, Tel. 04366/888881, Ostern–Okt. Di–So 10–17 Uhr. Café im historischen Ambiente des ehemaligen Refektoriums, hausgebackene Kuchen, Eis und warme Speisen aus regionalen Produkten. www.klostercafe-cismar.de

Zoo-Park Arche Noah, Mühlenstraße 32, 23743 Grömitz, Tel. 04562/5660; Sommerzeit tägl. 9–18 Uhr, Winterzeit 9 Uhr bis Einbruch der Dunkelheit, 24.–31. Dez. bis 12 Uhr. www.zoo-arche-noah.de
Kloster Cismar, Bäderstraße 42, 23743 Cismar, Tel. 04366/8846522. Führungen durch die Klosteranlage und die Kirche April–Okt. Mi und Sa, jeweils 17 Uhr, Dauer etwa eine Stunde. Das Außengelände ist jederzeit frei zugänglich.
www.kloster-cismar.de
Haus der Natur, Bäderstraße 26, 23743 Cismar, Tel. 04366/1288; tägl. 10–19 Uhr. www.hausdernatur.de

Ostsee in Flammen, 20-minütiges Feuerwerk über der Ostsee, immer am letzten Freitag im August. Ab dem Nachmittag findet ein buntes Rahmenprogramm auf der Promenade statt.
www.groemitz.de/ostsee-in-flammen
Sun-Run, Laufveranstaltung im Frühjahr. Unterschiedliche Distanzen (5 Kilometer bis 21,1 Kilometer); Kinderlauf über einen Kilometer.
www.groemitz.de/sun-run

Bike and more, Am Strande 1–3, 23743 Grömitz, Tel. 04562/2258025.
www.fahrradverleih-groemitz.de

Bike & Segway Point, Strandallee 3, 23743 Grömitz, Tel. 04562/2269993. Vermietung, Verkauf, Reparatur. www.bike-segwaypoint.de
Fahrradverleih für die ganze Familie, Christian-Westphal-Straße 4, 23743 Grömitz, Tel. 04562/1671.
Fahrradvermietung Behrens, Blankwasserweg 25, 23743 Grömitz, Tel. 04562/225809.
Fahrradverleih Haus Solaris, Gutenbergstraße 8–10, 23743 Grömitz, Tel. 04562/2666388.
Fahrradverleih ›Radhuus‹, Tourist-Information Lensterstrand, Blankwasserweg 122, 23743 Lensterstrand, Tel. 04562/2665626

Freizeitreiten Hopp, Langenredder 48, 23743 Lenste, Tel. 0172/2115430. Ausritte, Ponyführen, Privatstunden. www.freizeitreiten-hopp.de

Filmbühne Grömitz, Kirchenstraße 27–29, 23743 Grömitz, Tel. 0456/223643. www.kino-groemitz.de

Minigolf Eldorado, Pappelallee 9, 23743 Grömitz, Tel. 04562/266933; Ostern bis Mitte Okt. tägl. ab 10 Uhr. Der abwechslungsreiche Parcours ist eingebettet in eine liebevoll gestaltete, parkähnliche Anlage mit vielen Sitzmöglichkeiten. Eine der ersten und dazu eine der schönsten Minigolfanlagen in Ostholstein.
Kraxelmaxel Kletterpark Grömitz und Dünen-Minigolf, Blankwasserweg 120, 23743 Lensterstrand, Tel. 0441/57001100 (Zentrale für Gruppenbuchungen), Tel. 04562/2662940; aktuelle Öffnungszeiten sind im Internet abrufbar. Hochseilgarten direkt hinter dem Deich mit mehr als 60 Stationen in vier bis zehn Metern Höhe. www.kraxelmaxel.de
Tauchgondel Grömitz, An der Seebrücke /Kurpromenade, 23743 Grömitz, Tel. 04562/225130; saisonal tägl. 10–21 Uhr (aktuelle Öffnungszeiten werden im Internet, auf Flyern oder Aushängen an der Seebrücke veröffentlicht!). www.tauchgondel.de
Rasender Benno, Haltepunkt Seestraße 22, Tel. 0172/4123285; 25-minütige Rundfahrten mit der Bimmelbahn durch Grömitz, April–Okt. 11–16 Uhr (Juli und Aug. 10–17 Uhr) zu jeder vollen Stunde. ›Tour de Dörp‹, Apr.–Okt. Mi 10 Uhr, einstündige Tour durch die Dörfer der näheren Umgebung. Keine Ein- und Ausstiegsmöglichkeiten während der Touren. Besonders breiter, feinsandiger **Strand** mit FKK-Bereich, Hundestrand, barrierefreien Zugängen und teils rollstuhlgerechten Strandkörben. Es gibt mehrere Beach-Volleyball-Felder, Spielangebote sowie die Möglichkeit, Segel- und Tretboote sowie Seekajaks und SUP-Boards zu leihen.

Grömitzer Welle, Kurpromenade 56, 23743 Grömitz, Tel. 04562/256247; tägl. 7–22 Uhr. Meerwasserwellenbad und Spaßbad. www.groemitzer-welle.de

Schiffstouren: Von der Seebrücke starten Ausflugsschiffe zu verschiedenen Touren, Tel. 04562/2560.
Jachthafen Grömitz (Hafenmeisterei), Yachthafen 5, 23743 Grömitz, Tel. 04562/7151. www.yachthafen-groemitz.de
Yachtcharter Familie Regel, Tel. 04562/209034. www.yachtcharter-groemitz.de
Segelschule Blauer Peter/Yachtservice Gutowsky, Yachthafen 6, 23743 Grömitz, Tel. 04562/7156. Segelkurse, Bootsservice, Angelfahrten, Bootsverleih, Angelshop. www.segelschule-blauer-peter.de, www.yachtservice-gutowsky.de
Surfschule Grömitz, Kurpromenade 100, 23743 Grömitz, Tel. 04562/2665015. Segel-, Surf- und Katamarankurse, Verleih von Kajaks und SUP-Boards.

Grömitz und Cismar

Golf Club Ostseebad Grömitz e.V., Am Schnoor 46, 23743 Grömitz, Tel. 04562/222650
www.golfclub-groemitz.de

Im Bereich der Kurpromenade gibt es eine Vielzahl von Boutiquen und anderen Geschäften.

Hof Klostersee, Klostersee 1, 23743 Grömitz/Cismar, Tel. 04366/884061; Mo–Fr 9–18 Uhr, Sa 9–16 Uhr.
www.klostersee.org
Hof Mougin/Ziegelhof,(s.o.!), tägl. 11–18 Uhr. Holsteiner Hofladen, Verkauf von eigenen Erzeugnissen und Produkten aus der Region sowie Weinen, Spirituosen und Kunsthandwerk.
www.hof-mougin.de

Morgenstimmung am Strand von Grömitz

Neustadt, Innere Lübecker Bucht und Lübecker Umland

Südlich der hübschen Hafenstadt Neustadt, an der sogenannten Inneren Lübecker Bucht, reihen sich die Ostseebäder wie Perlen auf einer Kette aneinander, und doch hat jeder Ort seinen eigenen Charakter. Fast 15 Kilometer Badestrand säumen die Küste, eingerahmt von der Sierksdorfer Steilküste im Norden und dem Brodtener Ufer im Süden. Das abwechslungsreiche Binnenland lädt mit viel Wald, naturbelassenen Flussläufen, kleinen und großen Seen sowie hübschen

Lübecker Bucht

Traditionssegler prägen das Bild im Neustädter Hafen

Dörfern und Gutsanlagen zu ausgedehnten Entdeckungstouren ein.

Neustadt, Pelzerhaken, Rettin

Die sympathische Hafenstadt Neustadt (15 000 Einwohner), gelegen am Neustädter Binnenwasser und der Lübecker Bucht, ist ein typisches Beispiel mittelalterlicher Stadtgründungen. Die Altstadt weist eine ovale Form auf, mit einem zentralen rechteckigen Marktplatz, von dem rechtwinklig die Straßen abgehen. Die Anordnung der Straßen ist bis heute erhalten, die mittelalterlichen Gebäude allerdings nur in sehr begrenzter Anzahl. Der **Marktplatz**, auf dem dienstags und freitags der Wochenmarkt mit vielen regionalen Produkten stattfindet, ist (nach dem Marktplatz in Heide) der zweitgrößte in Schleswig-Holstein. An seiner südlichen Seite steht die **Stadtkirche** aus dem 13. Jahrhundert, im Norden das **klassizistische Rathaus**. Hier schließt sich auch die Fußgängerzone mit dem historischen Kremper Tor an und lädt, wie der gesamte Bereich um den Markt, zum Bummeln und Verweilen ein. Kopfsteingepflasterte Straßen führen zum Binnenwasser und zum pittoresken **Hafen** hinab. Hier sorgen einige Traditionssegler und kleine Fischerboote für maritimes Flair. Mit etwas Glück bekommt man sogar Fisch direkt vom Kutter. Entlang des Hafens verläuft auch die Hauptdurchfahrtsstraße durch die Stadt. Besonders an Schönwetter-Wochenenden wird die Hafenbrücke zum Nadelöhr.

■ Geschichte

Erste Siedlungsspuren in dem Gebiet um Neustadt führen bis in die Steinzeit zurück. Etwa 1000 Jahre alte Wallreste am westlichen Ufer des Binnenwassers lassen außerdem auf eine slawische Burg schließen.

Das heutige Neustadt, ehemals ›Nyghenkrempe‹, wurde im Zuge der von Graf Adolf IV. betriebenen Städtegründungspolitik planmäßig angelegt und 1244 mit dem Lübischen Recht ausgestattet. Die verkehrsgünstige Lage am Wasser bot gute Voraussetzungen für den Handel. Hauptsächlich wurden Vieh, Holz und Getreide umgeschlagen. Weitere Wirtschaftszweige waren Ackerbau, Fischerei und später auch der Schiffbau.

Neustadt, Innere Lübecker Bucht und Lübecker Umland

Zur Geschichte der kleinen Hafenstadt gehört auch die Seeräuberei, die vor allem im 14. und 15. Jahrhundert zur Zeit der Hanse eine Rolle spielte. Die ehemalige Burg am Binnenwasser diente den Seeräubern vermutlich als Versteck. Sogar Klaus Störtebeker soll sich hier aufgehalten haben. Tatsächlich behauptete der Lübecker Rat im Jahr 1420, in Neustadt säßen 200 Seeräuber, die in drei Tagen zehn Schiffe mit hanseatischen Gütern erbeutet hätten.

Als König Christian I. im Jahr 1473 Neustadt zeitweilig an Lübeck verpfändete, fürchteten die Neustädter Fischer um ihre Fangrechte und ließen sich diese 1474 vorsorglich vom Stadtrat bestätigen. Dies war die Geburtsstunde der ältesten Fischerinnung Deutschlands. Das Gebäude des Fischeramts, das allerdings jüngeren Datums ist, befindet sich direkt am Hafen und beherbergt ein kleines Fischereimuseum.

Seit dem Mittelalter zerstörten mehrere Brände große Teile der Stadt. Der letzte verheerende Stadtbrand ereignete sich 1817. Ihm fiel unter anderem das mehrere Jahrhunderte alte Rathaus auf dem Marktplatz zum Opfer. Der darauffolgende klassizistische Neubau entstand an der Nordseite des Marktes. Heute sind nur noch drei mittelalterliche Gebäude erhalten: die Stadtkirche, das Kremper Tor und das Hospital zum Heiligen Geist. Mehrere Faktoren trugen seit dem 19. Jahrhundert zur weiteren wirtschaftlichen Stärkung bei. 1866 erhielt Neustadt einen Eisenbahnanschluss und profitierte Anfang des 20. Jahrhunderts wie auch die anderen Küstenorte von der

Entwicklung des Tourismus. Ab 1937 erfolgte der Ausbau zum Marinestandort. 1969 wurde Neustadt mit dem Titel ›Europastadt‹ ausgezeichnet. Grund war die 1951 begründete Europäische Volkstums- und Trachtenwoche, die es sich auf die Fahnen geschrieben hat, einen Beitrag für die Völkerverständigung und den Frieden in Europa zu leisten. 2004 wurde die Veranstaltung, die alle drei Jahre stattfindet, in ›Europäisches Folklore Festival‹ umbenannt. Seit 1973 ist Neustadt zusammen mit den Ortsteilen Pelzerhaken und Rettin staatlich anerkanntes Ostseebad.

■ Sehenswürdigkeiten

Die dreischiffige **Stadtkirche** am Marktplatz entstand zur Zeit der Stadtgründung und ist ein typisches Beispiel der frühen norddeutschen Backsteingotik. Sie ist das älteste Gebäude Neustadts und wurde ursprünglich als Hallenkirche errichtet. Als erster Bauabschnitt entstand der Chor mit seinen erhaltenen mittelalterlichen Malereien. In der zweiten Hälfte des 14. Jahrhunderts wurde die Kirche durch Erhöhung des Mittelschiffes auf 17,30 Meter zu einer sogenannten Pseudo- oder Stutzbasilika umgebaut. Kennzeichnend hierfür sind das kurze Kirchenschiff und die nicht vorhandenen Fenster im Obergaden des Mittelschiffes. Die Errichtung des Turms hatte bereits 1334 begonnen, wie die Inschrift neben dem Haupteingang verrät. Die Ausmalung der Kirchenschiffe stammt aus der Zeit um 1350. Einzigartig sind die angedeuteten Fenster über dem Chorbogen und im Obergaden des Mittelschiffes, die in spitzbogige Blenden hinein gemalt wurden. Eine Besonderheit ist auch der mehrstöckige barocke Schnitzaltar mit Säulen und Reliefs, den der Bildhauer Zacharias Hübner 1643 für den Schleswiger Dom geschaffen hatte. Nachdem dort der Bordesholmer Brüggemann-Altar aufgestellt worden war, kam der Schleswiger Altar 1669 nach Neustadt. Er zeigt unter anderem die christlichen Schlüsselszenen Abendmahl, Kreuzigung, Grablegung und Auferstehung, dazu Moses, Johannes den Täufer und die Evangelisten. Das Triumphkreuz stammt aus dem 15. Jahrhundert, die Renaissancekanzel von 1571. Sie wurde von dem Hasselburger Gutsherrn Otto von Ritzerow und seiner Ehefrau Druide gestiftet, vermutlich als Dank für den Freispruch ihres Sohnes vor dem Reichskammergericht, wo er wegen der Hinrichtung eines Gutsangehörigen angklagt war. Ein beachtenswertes symbolisches Detail befindet sich am großen Kronleuchter von 1649 in der Kirchenmitte. Die Aufhängung wird oben von einer großen und unten von einer kleinen Hand gehalten.

■ Kremper Tor

Das Kremper Tor am Ende der Fußgängerzone ist das letzte erhaltene von ehemals drei Stadttoren und das einzi-

In der Stadtkirche

Das Kremper Tor ist das letzte von ehemals drei Stadttoren

ge mittelalterliche Stadttor in Schleswig-Holstein außerhalb Lübecks. Allerdings stammt nur der Unterbau noch aus dem Mittelalter. Der hübsche Treppengiebel wurde 1907 erneuert. Die Straßennamen ›Vor dem Brücktor‹ sowie ›Hochtorstraße‹ deuten auf die ehemalige Existenz der beiden anderen Stadttore hin. Im Anbau des Kremper Tores befindet sich das Mitmach-Museum **zeiTTor**. Der Name lässt bereits vermuten, dass es hier um das Entdecken vergangener Zeiten geht. Das besonders kinder- und familienfreundliche Museum spannt den Bogen von der Steinzeit bis in das 20. Jahrhundert. Archäologische Funde sowie Exponate aus der Neustädter Stadtgeschichte gewähren interessante Einblicke in den Alltag und das Leben der Menschen. Verschiedene Möglichkeiten zum Experimentieren sowie eine kostenlose Audioguideführung mit spannenden Geschichten aus der Perspektive ausgestellter Objekte und historischer Persönlichkeiten zeichnen das Museum aus. An Aktionsflächen können alte Arbeitstechniken ausprobiert werden, wie das Bohren mit Feuersteinen oder das Mahlen von Getreide. Ergänzend veranstaltet das Museum neben Sonderausstellungen auch regelmäßig Führungen durch Neustadt und die nähere Umgebung.

Der Anbau beherbergt auch das **Cap Arcona-Museum**, das über die gleichnamige Schiffskatastrophe in der Neustädter Bucht vom 3. Mai 1945 sowie ihre Zusammenhänge informiert. Britische Bomber hatten damals die ›Cap Arcona‹, einen ehemaligen Luxusdampfer der Hamburg-Südamerika-Linie, und den Frachter ›Thielbek‹ versenkt, weil sie sie für deutsche Truppentransporter hielten (→ Extra 169). In dem kleinen Museum wird auch die allgemeine Situation in Neustadt gegen Kriegsende thematisiert. Es ist über den Haupteingang des zeiTTor-Museums erreichbar.

■ **Pagodenspeicher**

In der Unteren Querstraße, am Übergang vom Hafen zum Binnenwasser, steht der **Pagodenspeicher**, ein ehemaliger Getreidespeicher aus dem Jahr 1830 und Wahrzeichen Neustadts. Mit seinem sechsfach abgestuften Mansard-Walmdach erinnert er an eine fernöstliche Pagode und erhielt daraufhin seinen Namen. Die umlaufenden Trockenluken im Dach sollten besonders gute Bedingungen zur Trocknung des Getreides vor dessen Verschiffung bieten. Bauherr war der Kaufmann Adam Jansen, der insgesamt drei Kornspeicher in der Stadt errichten ließ.

Von der Hafenbrücke hat man einen besonders schönen Blick auf das außergewöhnliche Fachwerkgebäude, das zum Teil gastronomisch genutzt wird.

Jungfernstieg-Promenade und Kunstkilometer

Hinter dem Fischeramt am Hafen beginnt die Promenade am Unteren Jungfernstieg. Abseits des Verkehrslärms lässt es sich hier wunderbar entlang der Hafenkante bis zur Bucht flanieren, vorbei an Fischerbooten und Segelyachten. Früher diente der Weg als Treidelpfad für die ankommenden und auslaufenden Segelschiffe. An der Hafenpromenade verteilen sich 14 Skulpturen und Installationen von acht schleswig-holsteinischen Künstlern. Sie bilden zusammen den **Kunst-Kilometer** und regen zur Auseinandersetzung mit zeitgenössischer Kunst an.

Hospital zum Heiligen Geist

Westlich des Hafens, außerhalb der ehemaligen Stadtmauern, liegt das Hospital zum Heiligen Geist. Es wurde 1344 errichtet, um kranke und entkräftete Pilger auf ihrem Weg zum Kloster Cismar (→ S: 155) aufzunehmen und zu versorgen. Von den ursprünglichen Gebäuden ist nur die schlichte Hospitalkapelle aus dem Jahr 1408 erhalten. Die um die Kapelle liegenden Wohnungen stammen von 1853 und werden nach wie vor genutzt. Eine der Wohnungen ist als Hospitalmuseum eingerichtet und kann besichtigt werden. Sehenswert ist auch der Arznei-Kräutergarten auf dem Kirchengelände. Interessant sind vor allem die beschriebenen Wirkungen der einzelnen Heilkräuter.

Pelzerhaken und Rettin

Die beliebtesten Neustädter Strände liegen in den Ortsteilen Pelzerhaken und Rettin, etwa vier Kilometer vom Stadtzentrum entfernt. An diesem Abschnitt der Lübecker Bucht bis kurz vor Grömitz hat die Küste einen besonders ursprünglichen und abwechslungsreichen Charakter. Steilufer und naturbelassene, dünengesäumte Sandstrände reihen sich auf kleinem Raum aneinander.

Pelzerhaken und Rettin sind durch eine Promenade miteinander verbunden, die windgeschützt zwischen dem Dünengürtel und den Rettiner Wiesen verläuft und bei Spaziergängern und Fahrradfahrern gleichermaßen beliebt ist. An den Durchgängen zum Strand öffnet sich der Blick auf die Ostsee. Markantes Baudenkmal mitten in den Rettiner Wiesen ist der ehemalige Marine-Fernmeldeturm,

Der Pagodenspeicher, das Wahrzeichen von Neustadt

der sogenannte ›Horchturm‹. Er diente von 1964 bis 1992 der Ermittlung von Standorten militärischer Objekte in Mecklenburg-Vorpommern und Polen. Nach der deutschen Wiedervereinigung wurde er demilitarisiert und steht seitdem leer. Mehrfach gab es Überlegungen zu touristischen Nachnutzungen, die jedoch an den hohen Umbaukosten oder an den Auflagen des Naturschutzes scheiterten. Abgesehen davon stießen die Ideen auf erheblichen Widerstand in Teilen der Bevölkerung.

Die Küstenlandschaft zwischen den beiden Orten ist erdgeschichtlich gesehen relativ jung. Ihre Entstehung begann vor etwa 5500 Jahren im Zuge des Meeresspiegelanstiegs nach der letzten Eiszeit. Sand- und Kiesmaterial wurde von nördlich gelegenen Steilufern abgetragen, mit der Strömung nach Süden verfrachtet und vor dem damals noch aktiven Kliff von Pelzerhaken abgelagert. Es entstanden mehrere hintereinander liegende, von Südosten nach Nordwesten verlaufende Strandwälle, von denen der jüngste heute den Uferstrandwall vor Pelzerhaken bildet.

Die mit Wasser gefüllten Senken zwischen den Wällen verlandeten im Laufe der Zeit. Der Blick über die Rettiner Wiesen ist daher ein Blick auf eine ehemalige Wasserfläche, die über Jahrtausende zu einer Strandwallebene wurde und heute als Grünland genutzt wird. Das Gebiet ist Lebensraum für viele seltene und geschützte Pflanzen- und Tierarten. In der Ferne ist das bewaldete ehemalige Kliff zu erkennen, auf dem ein schöner Wanderweg durch den Schaarwald verläuft.

Pelzerhaken, das über den einzigen Südstrand an der Lübecker Bucht und eine breite Flachwasserzone verfügt, ist ein beliebter Treffpunkt für Wassersportler, insbesondere für Surfer und Kitesurfer.

›Hawaii der Ostsee‹ wird der Ort deshalb auch gern genannt. Entsprechend lässig und ungezwungen ist die Atmosphäre. Auf Grund der überschaubaren Größe liegen alle Ferienunterkünfte dicht am Meer. In den letzten Jahren sind zahlreiche neue Ferienwohnungen in unmittelbarer Wassernähe hinzugekommen. Dennoch ist es hier nicht überlaufen. Pelzerhaken erhielt außerdem eine moderne **Promenade** mit Cafés, Restaurants und Geschäften, dazu einen parallel verlaufenden Holzsteg zwischen Dünen und Strand. Die Promenade führt vom Vorplatz der kleinen Seebrücke in Richtung Leuchtturm. Der Mitte des 19. Jahrhunderts errichtete und 1936 auf etwa 20 Meter erhöhte Turm steht auf dem hakenförmigen äußeren Bereich der Strandwallebene, der dem Ort seinen Namen gab.

Im benachbarten **Rettin** geht es noch ein wenig ursprünglicher und familiärer zu. Das einstige Fischer- und Bauerndorf, dessen Kern einige Hundert Meter landeinwärts liegt, gehörte zwischen Ende des 16. und Anfang des 20. Jahrhunderts zum nahe gelegenen Gut Brodau, bis es 1928 nach Neustadt eingemeindet wurde. Der Reiz des Ortes sind seine Ruhe und Natur. Es gibt ein kleines gastronomisches Angebot am Strand, ein Geschäft mit gemischtem Sortiment, einen Adventure-Golf-Platz mit integriertem Café und ein paar Spielgeräte. In Rettin fühlen sich besonders Naturliebhaber und Campingurlauber wohl. Es ist auch der Lieblingsstrand vieler Einheimischer. Von hier lassen sich ausgedehnte Wanderungen unternehmen. Außerhalb der Hauptsaison hat man den Strand fast für sich allein. Auch für Fahrradtouren entlang des Ostseeküstenradwegs oder durch das dörflich geprägte Binnenland ist Rettin ein idealer Ausgangspunkt.

Die Katastrophe der Cap Arcona

Am 3. Mai 1945, nur wenige Tage vor Ende des Zweiten Weltkrieges, ereignete sich vor Neustadt eine der schwersten Schiffskatastrophen der Geschichte. Zu diesem Zeitpunkt lagen in der Lübecker Bucht zahlreiche Schiffe vor Anker. Darunter befanden sich auch die ›Cap Arcona‹, ein mehr als 200 Meter langer Luxusdampfer, der als ehemaliges Flaggschiff der Hamburg-Südamerika-Linie zu den schönsten Schiffen der Welt zählte, und der knapp 100 Meter lange Frachter ›Thielbek‹. Beide Schiffe hatten mehrere Tausend Häftlinge aus dem kurz zuvor geräumten Konzentrationslager Neuengamme an Bord. Gegen Mittag steuerten britische Flugzeuge auf ihrem letzten Großangriff gegen deutsche Schiffe und weitere militärische Ziele die Lübecker Bucht an. Sie bombardierten neben den hier liegenden Kriegsschiffen auch die ›Cap Arcona‹ und die ›Thielbek‹, die sie für deutsche Truppentransporter hielten. Das in Lübeck tätige Schweizer Rote Kreuz hatte tags zuvor noch eine Information über die Existenz der Häftlinge und ihre potentielle Gefährdung an die britischen Dienststellen abgesetzt. Auf Grund von Fehlern bei der Weiterleitung erreichte diese die Piloten jedoch nicht. Demzufolge starben innerhalb kurzer Zeit rund 7000 Menschen, überwiegend KZ-Häftlinge, außerdem viele Besatzungsmitglieder. Nur etwa 450 Menschen überlebten die Katastrophe. Eine organisierte Rettungsaktion kam wegen des vor Ort herrschenden Befehlswirrwarrs nicht zustande. Noch Tage später wurden Leichen an weiten Teilen der Lübecker Bucht an Land gespült. Für die Opfer wurden mehrere Friedhöfe angelegt. Der größte befindet sich in Haffkrug-Neukoppel, zwischen der B 76 und der Zu- und Abfahrt der Autobahn A 1. Hier ruhen 1128 Opfer. Weitere Cap Arcona-Friedhöfe gibt es in Neustadt und Niendorf. Darüber hinaus befinden sich Grabstätten und Gedenksteine in vielen weiteren Orten an der Lübecker und Mecklenburger Bucht, von Grube bis zur Insel Poel. Für viele Opfer blieb jedoch der Grund der Ostsee die letzte Ruhestätte. Bis heute konnte der Beitrag einzelner Personen zu dieser Tragödie, die letztlich auf eine Verkettung unglücklicher Umstände zurückzuführen ist, nicht abschließend vor Gericht geklärt werden. Der 3. Mai 1945 bedeutete auch das Ende der Kriegshandlungen für Neustadt. Gegen 16 Uhr rückten britische Truppen ohne Widerstand in die Stadt ein. Das Neustädter Cap Arcona-Museum im Kremper Tor informiert über die Gesamtzusammenhänge der Schiffskatastrophe sowie über die Lage in der Stadt gegen Kriegsende.

Die Cap Arcona

Altenkrempe

Vor den Toren Neustadts, am nördlichen Ufer des Neustädter Binnenwassers, liegt der kleine Ort Altenkrempe (1100 Einwohner), der ursprünglich nur ›Crempe‹ hieß. Sehenswert ist die für dörfliche Verhältnisse ungewöhnlich große Kirche, die erstmals 1197 Erwähnung fand. Die Backsteinkirche repräsentierte seinerzeit einen neuen Kirchenbautyp im damaligen Wagrien, die dreischiffige Basilika, und gehört zu den bedeutendsten spätromanischen Bauwerken in Ostholstein. Für ihre stattliche Dimension gibt es mehrere Erklärungen. Es heißt, dass Graf Adolf III. von Schauenburg hier einen Marktort und Hafen plante, mit der Basilika als Hauptkirche. Andere Deutungen gehen davon aus, dass die Basilika als zentrale Missionskirche in einem großen Kirchspiel und als politisches Machtsymbol gedacht war. Wie dem auch sei, das 1244 unter Adolf IV. gegründete ›Nyghenkrempe‹, das spätere ›Neustadt‹, erwies sich auf Grund seiner Lage an der Lübecker Bucht als günstigerer Standort für einen Handelshafen. Demgegenüber war ›Crempe‹ am flachen Ausläufer des Binnenwassers mit seinen sumpfigen Niederungen für größere Handelsschiffe schlichtweg ungeeignet. Diesem Umstand ist es letztlich auch zu verdanken, dass die Kirche in dem bald bedeutungslos gewordenen Dorf keine baulichen Veränderungen erfuhr und in ihrer ursprünglichen Gestalt erhalten ist. Zur besseren Abgrenzung gegenüber dem südlich gelegenen ›neuen Krempe‹ wurde Crempe in ›Oldhenkrempe‹ umbenannt, woraus schließlich ›Altenkrempe‹ wurde. Im Dorf, das zu Gut Hasselburg gehörte, entstand im 18./19. Jahrhundert eine Siedlung für die gutsangehörigen Landarbeiter und Kätner, von der noch einige, teils reetgedeckte Gebäude erhalten sind. Heute ist Altenkrempe Kernort der Gemeinde Altenkrempe und Teil des Amtes Ostholstein-Mitte.

Güter Hasselburg und Sierhagen

Zur Gemeinde Altenkrempe gehören auch die Güter Hasselburg und Sierhagen, die über ihre ehemaligen adligen Eigentümer zeitweise eng miteinander verbunden waren. Nördlich von Altenkrempe zweigt links eine Lindenallee ab, die direkt zum **Gut Hasselburg** führt. Sofort fällt das prächtige Torhaus auf. Über eine von Mauern flankierte Zufahrt gelangt man in den riesigen Wirtschaftshof. Einst war die Anlage komplett von schützenden Wassergräben umgeben. Noch heute

Das Torhaus von Gut Hasselburg

trennt ein Wassergraben mit einer Brücke Ehrenhof und Wirtschaftshof.
Der Ursprung von Hasselburg liegt vermutlich in der Zeit um 1200, Besitzer werden auf dem Gut jedoch erst ab 1450 genannt. Von 1666 bis 1816 war die Familie von Dernath über vier Generationen hier ansässig und prägte durch Um- und Ausbauten das heutige Erscheinungsbild. 1710 begann der Umbau der ehemaligen Wasserburg zum Herrenhaus, dessen Äußeres 1804 klassizistisch erneuert wurde. Herzstück des Hauses ist die zweistöckige Halle, die ein Drittel des Innenbereiches einnimmt. An beiden Seiten führt eine Treppe auf die umlaufende Galerie. Die Halle mit ihrer beherrschenden Deckenmalerei gilt als einzigartiges Werk der spätbarocken Architektur im Lande. Da das Herrenhaus privat genutzt wird, ist es jedoch nicht zu besichtigen. Die mächtige Kornscheune entstand 1761 als reetgedeckter Ziegelbau. Mit einer Fläche von knapp 1800 Quadratmetern ist sie die größte Reetdachscheune Deutschlands. 1763 folgte der Bau des Torhauses im spätbarocken Stil, eines der schönsten und bedeutendsten seiner Art in Schleswig-Holstein. Der Bau zeichnet sich durch seinen zweigeschossigen Mittelpavillon mit konvex-konkav geschwungenem Dach und offener polygonaler Laterne mit Zwiebelhaube aus. Interessant ist, dass die rundbogige Durchfahrt für Kutschen, nicht jedoch für voll beladene Erntewagen berechnet war. Diese nutzten eine eigene Hofzufahrt im Nordwesten. Sowohl Reetdachscheune als auch Torhaus basieren auf Entwürfen des Eutiner Hofbaumeisters Georg Greggenhofer.
Auf Gut Hasselburg finden bereits seit den 1980er Jahren hochrangige Musikveranstaltungen statt. 2010 erwarb die Stahlberg-Stiftung das Gut und sanierte es umfassend, um die kulturellen Aktivitäten auszubauen. Mittlerweile trägt das Gut den offiziellen Namen ›Kultur Gut Hasselburg‹ Die Reetdachscheune ist zur Veranstaltungsstätte für Konzerte, Musicals, Theateraufführungen und Hörspielpräsentationen geworden. Auch Konzerte des Schleswig-Holstein Musik Festivals finden auf dem Gutsgelände statt. Im Torhaus und im Kuhhaus befinden sich hochwertig ausgestattete Ferienwohnungen, die passend zum inhaltlichen Konzept des Gutes nach Instrumenten oder Komponisten benannt sind. Im alten Pferdestall bewirtet das ›Café Cembalo‹ an den Wochenenden seine Gäste mit Kaffee und Kuchen. Seit 2020 gibt es im Kuhhaus außerdem ein Hörspielmuseum, unter anderem mit Original-Requisiten der Hörspielserie ›Die drei Fragezeichen‹. An interaktiven Stationen können die Besucher erleben, wie hiermit in den Produktionen bestimmte Geräusche erzeugt werden. Auch können Dialoge selbst eingesprochen werden. Übrigens: Der ›Erste Detektiv‹ Justus Jonas, alias Oliver Rohrbeck, hat in der großen Reetdachscheune bereits mehrere neue Folgen der Serie vor alten und jungen Fans präsentiert.

Gut Sierhagen

Das denkmalgeschützte Palmenhaus mit Café

Die Straße hinter dem Gut Hasselburg führt weiter bis zum etwa drei Kilometer entfernten **Gut Sierhagen**. Es liegt etwas versteckt auf einer Insel, die von einem Graben und einem Teich umgeben ist. Die Geschichte des ehemaligen Rittergutes reicht bis in das Jahr 1304 zurück. Im Laufe der Jahrhunderte war es im Besitz verschiedener Adelsgeschlechter. Zwischen Anfang des 15. und Mitte des 17. Jahrhunderts gehörte es der Familie von Buchwaldt. In dieser Zeit wurde die ehemalige Burg mit Wehrtürmen durch ein Doppelhaus mit zwei getrennten Flügeln ersetzt. Im Jahr 1647 erwarben die von Buchwaldts das Gut Hasselburg dazu, bevor beide Güter 1666 an den Grafen von Dernath verkauft wurden. Nach weiteren Besitzerwechseln gehört Gut Sierhagen seit 1809 der Familie von Plessen. Heute ist das Gut, das zu den größten adligen Gütern in Ostholstein zählt, ein moderner Wirtschaftsbetrieb. Auf einer Fläche von rund 1500 Hektar, davon 280 Hektar Wald, werden überwiegend Raps und Getreide angebaut. Ein weiterer Geschäftsbereich ist die Produktion von Weihnachtsbäumen und Schmuckgrün. Der Zugang zum Hofplatz, der besichtigt werden darf, erfolgt von der Ost- und Westseite über steinerne Brücken und durch Torhäuser aus dem 18. beziehungsweise 19. Jahrhundert. Der kopfsteingepflasterte Platz mit einem zentralen Lindenrondell wird eingerahmt von mehreren Wirtschaftsgebäuden. Die meisten stammen aus dem 18. Jahrhundert, wie die Orangerie und Wagenremise mit ihren großen grünen Toren. Der damalige Gutsbesitzer Johann Georg Graf von Dernath besaß eine besondere Leidenschaft für Pflanzen und ließ Ananas, Zitrusfrüchte und andere exotische Gewächse kultivieren, was als repräsentativ galt. Auch die Blumenzucht spielte eine große Rolle. Das klassizistische Herrenhaus ist das jüngste Gebäude und entstand 1825 auf der Bausubstanz des Vorgängerbaus aus dem 16. Jahrhundert. Die **Alte Gutsgärtnerei**, die etwa 200 Meter von der Gutsanlage entfernt liegt, diente früher der Versorgung des Gutes mit Obst, Gemüse und Blumenschmuck. Ende des 19. Jahrhunderts erlangte die Gartenkultur auf Sierhagen unter Gräfin Louise von Scheel-Plessen erneut große Bedeutung. Die Gräfin, die lange Zeit Palastdame der Kaiserin Auguste Viktoria gewesen war, hatte das Gut 1876 geerbt und ließ die Gutsgärtnerei neu

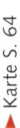
Karte S. 64

Güter Hasselburg und Sierhagen

anlegen. Das Palmenhaus mit seinen hohen Fenstern und grünen Glasfacetten wurde 1900 als Winterquartier für die frostempfindlichen exotischen Pflanzen gebaut, die im Sommer den gräflichen Park zierten. Es war ein Geschenk der Kaiserin an die Gräfin anlässlich der Geburt ihres jüngsten Sohnes. Heute befindet sich im ehemaligen Palmenhaus ein Café. Die Gewächshäuser und Freiflächen der als Pachtbetrieb geführten Gutsgärtnerei laden zum Stöbern ein. Neben Pflanzen gehören auch ausgewähltes Gartenzubehör und hübsche Dekorationsartikel zum Sortiment.

Verschiedene Schaugärten bieten Anlass zum Träumen und vielleicht auch zum Nachahmen. Ein ungewöhnlicher Skulpturengarten präsentiert **Shona-Kunst** verschiedener Künstler aus Zimbabwe. Jedes Jahr werden neue Skulpturen ausgestellt. Die Gärtnerei ist die letzte fast vollständig erhaltene Gutsgärtnerei in Norddeutschland. Die Gartenmauer, das Palmenhaus und die gläsernen Gewächshäuser stehen seit dem Jahr 2000 unter Denkmalschutz. Nach Vereinbarung sind Führungen über das historische Gelände möglich.

Sierhagen ist außerdem ein beliebter Ort für Veranstaltungen. Besonders lohnenswert ist ein Besuch des Frühlingsfestivals **Ambienta**, das jedes Jahr am Himmelfahrtswochenende auf dem Gut stattfindet. Mehr als 150 Aussteller bieten Dekoration, Accessoires und auch Nützliches aus allen Bereichen des genussvollen Landlebens an.

Eine besondere Attraktion für Kinder ist die landwirtschaftliche Miniaturausstellung **field & fun** in einer ehemaligen Scheune vor der westlichen Zufahrt zur Gutsanlage. Originalgetreu nachgebaute historische und moderne Landmaschinen, ein Wirtschaftshof mit Getreidefeldern und Nutztierweiden sowie szenisch dargestellte Arbeitsabläufe vermitteln ein umfassendes Bild vom Leben auf dem Bauernhof. Auf der 100 Quadratmeter großen SIKU-Control Spielfläche dürfen kleine und auch große Besucher mit ferngesteuerten Modellen selbst zum Landwirt werden. Wer es rasanter mag, sucht sich einen Flitzer für die SIKU-Rennbahn aus. Auch gibt es viele weitere Möglichkeiten zum Spielen und Toben sowie einen Kleinkinderbereich und ein Café.

Neustadt und Umgebung

PLZ: 23730. **Vorwahl:** 04561.

Tourist-Informationen: Neustadt Hafen, Schiffbrücke 2–4, 23730 Neustadt i.H., Tel. 04503/7794290; Dünenweg 1G, 23730 Neustadt-Pelzerhaken, Tel. 04503/7794180.
www.luebecker-bucht-ostsee.de

Neustadt verfügt über einen **Bahnhof** in Zentrumsnähe und ist im Stundentakt von Lübeck erreichbar.

Hotel Strandkind, Pelzerhakener Straße 43, 23730 Neustadt-Pelzerhaken, Tel. 04561/513350. Familienfreundlich, umfangreiches Aktivangebot; das Restaurant bietet norddeutsche Gerichte, typisch traditionell oder modern. www.hotel-strandkind.de

Kailua Lodge, Auf der Pelzerwiese 24, 23730 Pelzerhaken, Tel. 04561/5588229. Ferienhaussiedlung mit Holzhäusern in polynesischem Stil. www.kailualodge.de

Waterkant, Waschgrabenallee 31, 23730 Neustadt, Tel. 04561/5584380; tägl. ab 9 Uhr. Café, Bistro und Bar in modern-rustikalem Stil; schöne Terrasse direkt am Neustädter Hafenkai. Es gibt Frühstück, hausgebackene Kuchen und Torten sowie Burger, Wraps, Salate, Fleisch- und Fischgerichte.
www.waterkant-neustadt.de

Klüvers Brauhaus, Schiffbrücke 2–4,

23730 Neustadt, Tel. 04561/714811; tägl. 11.30–22 Uhr. Rustikale Gastronomie in ehemaliger Fischhalle; einfache Fischgerichte und verschiedene Sorten Craft-Bier aus eigener Brauerei. www.kluevers.com
Ristorante und Eis-Café Vicino, Untere Querstraße 3, 23730 Neustadt, Tel. 04561/5239133. Pizzeria im historischen Pagodenspeicher. Von den Sitzplätzen auf dem Ponton lassen sich die Abendsonne und der Sonnenuntergang über dem Binnenwasser genießen.
www.ristorante-vicino.de
Hofanlage Marienhof, Rosengarten 50, 23730 Neustadt, Tel. 04561/71311. Café und Restaurant im Zentrum von Neustadt. Verkauf von Accessoires für Haus und Garten. Idyllischer Kaffeegarten, zu dem auch einige Strandkörbe gehören, vielfältige Auswahl an hausgebackenen Kuchen und Torten.
www.hofanlagemarienhof-neustadt.de
Strandkiste, Am Strande 4, 23730 Neustadt, Tel. 04561/5247878; tägl. 11–23 Uhr. Bar und Lounge am Strand von Neustadt; kleine Bistrokarte mit wöchentlichem Wechsel. Die Tische an der Promenade und die Palettenmöbel am Strand versprühen eine lockere und ungezwungene Atmosphäre.
Pier 19, in der ›ancora Marina‹, An der Wiek 7–15, 23730 Neustadt, Tel. 04561/5138208. Restaurant in sehr schöner Lage mit Blick auf den Jachthafen. www.wp.pier-19.de
Südkap, Dünenweg 1 g, 23730 Pelzerhaken, Tel. 0174/3434224. Galerie und Café am Anfang der Strandpromenade, besondere hausgebackene Kuchenkreationen (›Bio‹ und vegan) sowie kleine Snacks, sehr guter Kaffee; außerdem Verkauf von Gemälden, Objekten und Souvenirs. Hier lässt es sich in unkomplizierter, persönlicher Atmosphäre gut entspannen.
www.suedkap-galerie-cafe.de
Strandliebe, Strandweg 62, 23730 Neustadt/Rettin, Tel. 04561/7147014. Restaurant, Café, Weinbar und Lounge, schöner Außenbereich in geschützter Lage inmitten der Dünen. www.strandliebe.de
Palmenhaus Café, Heidberg 1, 23730 Altenkrempe/Sierhagen, Tel. 04561/558412, Apr.–Okt. Mo–So 14–18 Uhr. Sehr gutes Angebot an hausgebackenen Kuchen und Torten. Im ehemaligen Palmenhaus der Alten Gutsgärtnerei herrscht eine helle und luftige Atmosphäre. Vor der Südfassade bietet die große Terrasse einen schönen Blick in die Schaugärten der Gutsgärtnerei. www.palmenhauscafe.de

Campingplatz Am Strande, Sandberger Weg 94, 23730 Neustadt, Tel. 04561/4188. www.amstrande.de
Campingplatz Lotsenhaus, Sandberger Weg 96, 23730 Neustadt, Tel. 04561/2557.
www.campingplatz-lotsenhaus.de
Campingplatz Am Hohen Ufer, Pelzerhakener Straße 47, 23730 Neustadt, Tel. 04561/7222 www.camping-neustadt.de
Campingplatz Seeblick, Pelzerhakener Straße 55–59, 23730 Neustadt, Tel. 04561/7428.
www.campingplatz-ostsee.de
Campingplatz Südstrand, Pelzerhakener Straße 65, 23730 Neustadt, Tel. 04561/723. www.camping-ostsee.de
Campingplatz Rettin, Strandweg 93, 23730 Rettin, Tel. 04561/7070. www.camping-rettin.de

zeiTTor – Museum der Stadt Neustadt, Haakengraben 2–6 (für das Navi: Vorm Kremper Tor), 23730 Neustadt in Holstein, Tel. 04561/619305 oder 619307; Ostern–Okt. Di–Sa 10.30–17 Uhr, So/feiertags 14–17 Uhr, Juli/Aug. auch Mo geöffnet, Nov.–Ostern Sa und So 14–16 Uhr. Erlebnis- und Mitmachmuseum. Hauptthemen sind ›Mensch und Umwelt in der Steinzeit‹ sowie ›Leben im alten Neustadt‹. Darüber hinaus finden Sonderausstellungen sowie Führungen zu historischen Themen in Neustadt und Umgebung statt.
www.zeittor-neustadt.de

Atelier Sonja Knoop, Burgstraße 15, 23730 Neustadt, Tel. 0172/9375588. www.sonja-kunst.de
Galerie ZimArt – Skulpturen aus Zimbabwe, Josthöhe 40, 22339 Hamburg, Tel. 040/85372072. Skulpturenausstellung in der Gutsgärtnerei Sierhagen. www.galerie-zimart.de
HÖR.SPIEL Museum, Kultur Gut Hasselburg, Allee 4, 23730 Hasselburg, Tel. 04561/528 19 55; Di/Mi 15–18 Uhr. https://hasselburg.de

Europäisches Folklore Festival, das einwöchige Festival zur Brauchtumspflege und Völkerverständigung findet alle drei Jahre Ende Juli auf dem Neustädter Marktplatz statt. Trachten und Musik bilden die Grundlage für ein buntes Veranstaltungsprogramm und viele internationale Begegnungen mit Gästen aus Europa und weiten Teilen der Welt. www.folklore-festival-neustadt.de

Kinocenter Neustadt, Vor dem Kremper Tor 5, 23730 Neustadt, Tel. 04561/4898. www.kinoneustadt.de

tobisRad, Dünenweg 1g, 23730 Neustadt-Pelzerhaken, Tel. 04561/7143727. www.tobisrad.de

Swingolf Südstrand, Pelzerhakener Straße 65, 23730 Neustadt, Tel. 04561/7238; Apr.–Okt. tägl. www.swingolf-ostsee.de
Eiscafé Adventure-Golf, Strandweg 28, 23730 Neustadt/Rettin, Tel. 0151/15664889; Apr.-Anfang Okt. tägl. Einzigartige Kombination aus Minigolfanlage und Gartencafé. Es gibt Eis aus eigener Produktion, hausgebackene Kuchen sowie herzhafte Snacks. www.eiscafe-adventuregolf.de
field & fun, Heidberg 10, 23730 Altenkrempe/Sierhagen, Tel. 04561/5247654; Apr.–Okt. Mi–So 11–18 Uhr. Landwirtschaftliche Miniaturausstellung und SIKU-Control-Spielfläche. www.fieldandfun.de
Hafenheimat on Ice: Winterlicher Budenzauber mit Eisbahn an der Neustädter Hafenwestseite, stets Ende November bis Mitte Januar, Eislaufzeiten tägl. 10–19 Uhr, Schlittschuhe können vor Ort geliehen werden.

Golf Club Brodauer Mühle, Baumallee 14, 23730 Schashagen, Tel. 04561/8140. www.gc-brodauermuehle.de
Sail & Surf Pelzerhaken, Auf der Pelzerwiese 24, 23730 Neustadt-Pelzerhaken, Tel. 04561/5248172. www.sailandsurf-pelzerhaken.de
Surf- und Kiteschule Pelzerhaken-Rettin, Campingplatz ›An der Düne‹, Strandweg 66, 23730 Rettin, Tel. 04561/528393. www.surfschule-pelzerhaken.de

Alte Gutsgärtnerei Sierhagen, Heidberg 1, 23730 Altenkrempe/Sierhagen, Tel. 0178/7751594; März–Okt. Mo–Sa 10–18 Uhr, So 14–18 Uhr, Nov. Fr und Sa 12–17 Uhr. Vielfältiges und qualitativ hochwertiges Pflanzenangebot aus regionaler Aufzucht. www.gutsgaertnerei-sierhagen.de

Sierksdorf

Das kleine Sierksdorf erstreckt sich als schmaler Siedlungsstreifen entlang der Küste südlich von Neustadt bis nach Haffkrug. Zum Gemeindegebiet, das insgesamt 1600 Einwohner zählt, gehören landeinwärts auch das idyllische Dorf Roge, die Güter Oevelgönne und Wintershagen sowie die Höfe Stawedder, Altona und Stabie. Siersorf wird meist zuerst mit dem HANSA-PARK assoziiert. Kein Wunder, denn die Freizeittradition

Neustadt, Innere Lübecker Bucht und Lübecker Umland

Der Strand in Sierksdorf

begann hier bereits 1972, als zeitgleich mit dem benachbarten Ferienpark das Legoland entstand. 1977 eröffnete auf dem Gelände das Hansaland, das 1987 schließlich in HANSA-PARK umgetauft wurde.

Sierksdorf selbst punktet statt mit kommerziellem Trubel vor allem mit Ursprünglichkeit und viel Natur. Gen Norden erhebt sich ein kleines, mehrere Kilometer langes Steilufer. Im Ort herrscht eine beschauliche, entspannte und familiäre Atmosphäre. Das Ostseebad verfügt über einen feinsandigen, fünf Kilometer langen Strand. Rund dreieinhalb Kilometer sind als Badestrand ausgewiesen. Der übrige Teil ist Naturstrand. Der langgestreckte Ort erschließt sich auf den ersten Blick nur schwer. Ein sichtbares historisches Zentrum im klassischen Sinne gibt es nicht, auch keine durchgängige Strandpromenade wie in anderen Seebädern. Im nördlichen Bereich verläuft die Pfingstbeekpromenade am Ferienpark, im südlichen Bereich die Uferstraße ›Am Strande‹. Dazwischen, auf dem sich erhebenden Ufer, liegt eine exklusive Siedlung mit Wohn- und Ferienhäusern auf großzügigen, hübsch angelegten Grundstücken, die das Flanieren am Meer unterbrechen. Von hier führen mehrere kleine Stichwege zwischen den Grundstücken hinunter zu einem ruhigen, kurabgabefreien Strandabschnitt. Diese eigenwillige, teils verwinkelte Ortsstruktur ist Ergebnis verschiedener historischer Entwicklungen.

■ Geschichte

Die Existenz des Ortes ›Syrekestorpe‹ ist urkundlich erstmals 1361 belegt. Der ursprüngliche Name wird gedeutet als ›Dorf des Sirik‹ und stammt vermutlich aus der Zeit des Landesausbaus im 12. Jahrhundert, als sich friesische Siedler in der Gegend niederließen. Über lange Zeit bestand das Siedlungsgebiet lediglich aus einigen vereinzelten Bauernstellen. Bis 1867, als Schleswig-Holstein preußische Provinz wurde, gehörte das heutige Sierksdorfer Gemeindegebiet zum Gut Oevelgönne. Zwischen 1572 und 1802 waren die Bauern sogar Leibeigene des Gutsherrn. Ab 1579 durften die Sierksdorfer vor dem eigenen Strandbereich Fische, Krabben und Muscheln fangen. Bis dahin war die innere Lübecker Bucht den Fischern aus Lübeck, Schlutup, Gothmund und Travemünde vorbehalten.

Ein nennenswerter Badetourismus entwickelt sich in Sierksdorf ab Mitte des 19. Jahrhunderts, zunächst im südlichen Strandabschnitt. Vor dem Gebäude mit der Aufschrift ›Mira Mare‹, dem damaligen Badelogierhaus, standen 1857 bereits vier Badekarren. Das Logierhaus hatte 28 Gästebetten. Bald entstanden in der Nachbarschaft weitere Gästehäuser. Auf dem Steilufer, wo sich heute das Haus des Gastes und die umliegende Bebauung befinden, wurde zur damaligen Zeit Weide- und Feldwirtschaft betrieben. Hier gab es neben der 1803 gegründeten Schule auch eine Schäferei, die auf das 18. Jahrhundert zurückgeht. Die alte Schäferkate existiert, grundlegend umgebaut, noch heute und beherbergt mehrere Ferienwohnungen.

Der Altonaer Senator Georg Kallmorgen kaufte 1905 auf dem hohen Ufer einen einsam stehenden Landsitz und die dazugehörigen Flächen. Er nutzte das Gebäude unweit der Uferkante als Sommersitz für sich und seine Familie und erweiterte es im Laufe der Jahre. 1933 entstand hieraus die Pension Seehof. Bereits 1926 erwarb ein Lübecker Rechtsanwalt einen Teil des Geländes und errichtete im Bereich der heutigen Straße Rögen ein Sommerhaus. Drei Jahre später folgte ihm eine Hamburger Familie nach. Doch erst 1953, als die Familie Kallmorgen etwa 10 Hektar Ackerfläche neben dem Seehof als Bauland verkaufte, schlug die Geburtsstunde des heutigen Wohngebietes. Dies ist letztlich auch der Grund dafür, dass es außer dem Weg über den Strand keine meerseitige Verbindung zwischen der Pfingstbeekpromenade und dem Fischerplatz gibt. Denn der Hotelkomplex Panoramic und der 800 Eigentums-Ferienwohnungen zählende Ferienpark, die nördlich der Siedlung den ›touristischen Turbo‹ in Sierksdorf zündeten, entstanden erst knapp 20 Jahre später. Zu diesem Zeitpunkt war der Weg nach Süden entlang der Küste bereits versperrt.

■ Sehenswürdigkeiten

An der Kurve, wo, topographisch passend, die Straße ›Am Strande‹ in den Bergweg übergeht und das Ufer langsam steiler wird, liegt der **Fischerplatz**. Das großzügige Holzdeck mit dem markanten Sonnensegel und den bunten Fischerhütten in skandinavischem Stil ist beliebter Treffpunkt für Einheimische und Gäste und auch ein gern gewählter Ort für Trauungen. Hier verweilt man gern, um sich auszutauschen oder einfach nur auf das Meer zu schauen, wo einige Meter vom Ufer entfernt meist zwei kleine Fischerboote dümpeln. Sierksdorf ist einer der wenigen Orte, an dem man noch Fischer direkt am Strand treffen kann. Zwar betreiben sie die Fischerei nur als Hobby, aber gerade deshalb haben sie vermutlich fast immer Zeit für einen kleinen Plausch. Sofern der Fang erfolgreich war, wird er direkt am Strand verkauft. Bereits seit der Kunstepoche des Expressionismus ist das ehemalige Bauerndorf **Anziehungspunkt für Maler**, die sich hier niederließen oder eine begrenzte

Fischerplatz in Sierksdorf

Zeit lang in der Region arbeiteten. Das besondere Licht, die Farben, die Natur und vor allem das Meer dienen Künstlern bis heute als Inspirationsquelle. Der ›Brücke‹-Maler Karl Schmidt-Rottluff beispielsweise verbrachte zwischen 1951 und 1973 regelmäßig die Sommermonate in Sierksdorf und wohnte im Haus seines Maler-Freundes Günter Machemehl, der ihm sogar ein eigenes Atelier einrichtete (→ S. 46).

Ausführliche Informationen über diese und weitere Künstler aus Vergangenheit und Gegenwart bietet der audiovisuelle Kunstrundgang **Sierksdorfer Farbraum**. An 15 Hörstationen, die im gesamten Ort verteilt sind, werden Objekte von neun Künstlern präsentiert. Überwiegend handelt es sich bei den Standorten der Stationen um genau die Plätze, an denen die vorgestellten Motive entstanden sind. Neben kurzweiligen und zum Teil kuriosen Geschichten über die Künstler und ihr Schaffen erfährt man nebenbei auch interessante kunstgeschichtliche Fakten. Start des sieben Kilometer langen Rundgangs ist am Haus des Gastes im Vogelsang. Die QR-Codes an den Stationen lassen sich per Smartphone leicht aktivieren. Alle Inhalte können auch im Internet angehört werden.

Von der Ortsgrenze zu Haffkrug bis zur Pfingstbeekpromenade führt ein **Maritimer Infopfad** auf einer Länge von drei Kilometern durch den Ort. Insgesamt 15 Thementafeln sowie ergänzende Objekte wie Anker und Bojen informieren über allgemeine und ortsbezogene maritime Themen. Hierzu zählen Seefahrt, Fischerei, Buhnenbau, Seevögel, die ehemalige innerdeutsche Seegrenze sowie historische Tragödien wie die Sturmflut von 1872 und die Cap Arcona-Katastrophe von 1945. Auch wichtigen Organisationen wie der Deutschen Gesellschaft zur Rettung Schiffbrüchiger (DGZRS) und der Deutschen Lebensrettungsgesellschaft (DLRG) sind zwei Tafeln gewidmet. Zwischen der Professor-Haas-Straße und dem Vogelsang befindet sich der **historische Schulwald.** Das etwa einen Hektar große Waldstück legte 1911 der damalige Dorfschullehrer an, rund 100 Jahre später wurde es in einen naturnahen, mit allen Sinnen erlebbaren Spiel- und Lernort verwandelt. Eine Sprunggrube lädt Kin-

▲ *An der Steilküste*

der – und natürlich auch junggebliebene Erwachsene – dazu ein, sich mit den (Wald)tieren zu messen. Ein Balancierbalken einige Meter weiter funktioniert gleichzeitig als ›Baumtelefon‹. Außerdem gibt es eine Kletterstrecke, Fitnessgeräte, einen Fühlpfad und mehrere Insektenhotels. Lehrtafeln informieren über waldtypische Themen. Kunstobjekte in Form eines überdimensionalen Lineals, Bleistifts und bis Ende der 1950er Jahre gefürchteten Rohrstocks markieren die Eingänge in den Wald und erinnern an seine ursprüngliche Bedeutung. Das ehemalige Schulgebäude, das 1837 den ursprünglichen Bau ersetzte, befindet sich in der Professor-Haas-Straße neben dem Gerätehaus der Freiwilligen Feuerwehr und beherbergt heute mehrere Wohnungen. Der Schulbetrieb wurde bereits 1972 eingestellt.

Nördlich der Pfingstbeekpromenade schließt sich ein idyllischer Wanderweg auf dem **Steilufer** an, das hier vor allem im Winterhalbjahr einem ständigen Abbruch durch Wind und Wellen ausgesetzt ist. Der Weg an der Kliffkante führt bis nach Neustadt und wird gern von Spaziergängern und Radfahrern genutzt, ist jedoch nicht überlaufen. Zwischen Feldern und Meer reicht der Ausblick weit über die Bucht bis nach Pelzerhaken. Da das Kliff an vielen Stellen nicht sehr hoch ist, gibt es mehrere Möglichkeiten, um hinunter an den Strand zu gelangen. Dort lassen sich im Frühjahr und Sommer die flinken Uferschwalben bei der Anlage ihrer Brutröhren und bei der Brutpflege beobachten, am besten aus einiger Entfernung mit dem Fernglas. An einer besonders urwüchsigen Stelle reicht ein kleines Wäldchen direkt bis an den Strand heran, ein idealer Platz für eine Rast. Der Bereich ist als Naturschutzgebiet ausgewiesen und für Radfahrer nur schwer passierbar. Wer mit

Der ›Schwur des Kärnan‹ zählt zu den Hauptattraktionen im HANSA-PARK

dem Rad bis nach Neustadt fahren möchte, sollte besser kurz vor dem Wäldchen auf den Pfad abzweigen, der entlang eines Knicks Richtung **Gut Wintershagen** verläuft. Hinter dem hübschen Gehöft, das wie Hof Altona einst Meierhof für das nahe gelegene Gut Oevelgönne war, führt die Straße in einem Bogen auf die K45. Von dort sind es noch etwa zwei Kilometer bis zum Neustädter Hafen.

■ **HANSA-PARK**
Deutschlands einziger Erlebnispark am Meer bietet Spaß und Unterhaltung für die ganze Familie. Kaum jemand, der hier nicht seinen persönlichen Lieblingsplatz findet. Der Park ist mit viel Liebe zum Detail gestaltet und umfasst mehr als 125 Attraktionen, darunter Achter- und Wasserbahnen, Mitmach-Angebote und mehrere Shows. Das Areal gliedert sich in zwölf Themenbereiche, die sich auf bestimmte Länder, Legenden oder auch Epochen beziehen. Die jeweiligen Attraktionen sind eingebettet in darauf abgestimmte Kulissen. Eine besondere Rolle spielt, entsprechend dem Namen des Parks, die Zeit der Hanse. Im Ein-

gangsbereich wurden als Versinnbildlichung mehrere Fassaden von Gebäuden aus verschiedenen Hansestädten naturgetreu nachgebaut.

Einer der Publikumsmagneten ist die Achterbahn ›Der Schwur des Kärnan‹ in der Themenwelt ›Reiche des Nordens‹. Die 1,2 Kilometer lange Fahrt in dem Hyper-Coaster startet mit einem weltweit einzigartigen Rückwärtsfreifall in einem 79 Meter hohen Turm, der dem mittelalterlichen Festungsturm Kärnan in Helsingborg nachempfunden ist. Ein weiterer Superlativ ist der rotierende Freifallturm ›Highlander‹ in der ›Welt Schottlands‹. Wer sich hinauf traut, hat einen wunderbaren Ostseeblick aus 103 Metern Höhe - wenn auch nur kurz.

Um auch den Jüngsten etwas Spannung und Nervenkitzel zu bieten, wurde 2021 ›Awildas Welt‹ geschaffen. Hierzu gehören die Wasserbahn ›Awildas Abenteuerfahrt‹ mit Dunkelstrecken und kleinen Abfahrten sowie ›Awildas Ausguck‹ in Gestalt eines elf Meter hohen Freifallturms.

Doch es gibt auch ruhigere Angebote wie den Holstein-Turm mit herrlichem Rundblick über die Lübecker Bucht, eine Dschungelsafari oder eine Bootsfahrt durch ein entzückendes Blütenmeer.

Zwischen den Hauptattraktionen verteilen sich Spielgeräte, große Hüpfkissen und teils schattige Rastplätze. Quasi im Vorbeigehen kann man sich zum Beispiel über die Wikinger oder die Schiffe des Columbus informieren, den Seefahrergeschichten eines Nordmanns lauschen oder mit ihm alte Seemannslieder anstimmen. Beliebtestes Fotomotiv ist allerdings der größte Strandkorb der Welt im Eingangsbereich.

Sierksdorf

PLZ: 23730. **Vorwahl**: 04563.
Tourist-Information: Vogelsang 1, Tel. 04503/7794170 (Tourismus-Agentur Lübecker Bucht) www.sierksdorf.de, www.luebecker-bucht-ostsee.de

Sierksdorf liegt an der Bahnlinie Lübeck–Neustadt/Puttgarden. Regionalzüge verkehren im Stundentakt in beide Richtungen.

Flugplatz Sierksdorf/Hof Altona, Altonaer Straße, 23730 Sierksdorf. Flugplatz für Sport-/Privatflugzeuge, Angebot von Rundflügen. www.edxt.de

Hof Sierksdorf, Am Strande 32, 23730 Sierksdorf, Tel. 04563/8884. Restaurant, Café und Hotel mit geräumigen Appartements. Große Terrasse mit Ostseeblick, abwechslungsreiche Speisekarte, tägl. wechselnder Mittagstisch, freundliches und hilfsbereites Personal, tägl. geöffnet. www.hofsierksdorf.de

Apparthotel Seehof Sierksdorf, Gartenweg 30, 2730 Sierksdorf, Tel. 04563/47770. Ehemaliger Sommersitz der Familie Kallmorgen; parkähnlicher Garten mit Ostseeblick; Appartements im Landhausstil. www.seehof-sierksdorf.de

Strandperle, Pfingstbeek-Promenade 1, 23730 Sierksdorf, Tel. 0176/60957301. Kleiner Strand-Imbiss mit Kaffee- und Kuchenangebot.

Eismeer, Am Strande 1, 23730 Sierksdorf, Tel. 04563/4719795; Apr.–Okt. tägl. außer Mi, Nov.–März Sa und So, jeweils ab 12 Uhr. Eine der besten Eisdielen an der Lübecker Bucht, direkt an der Kurve am Fischerplatz.

Campingplatz Hof Sierksdorf, Altonaer Weg 7, 23730 Sierksdorf, Tel. 04563/

478026. www.camping-hofsierksdorf.de

Campingplatz Buchholz, Am Strande, 23730 Sierksdorf.
Süsel Seeparx Camping Resort, Süseler Moor 8, 23701 Süsel, Tel. 0170/3575007. www.suesel-seeparx.de

Sierksdorfer Farbraum, Scannen–Lauschen–Erleben, audiovisueller Kunstrundgang durch Sierksdorf. Insgesamt 15 Stationen bieten ein unterhaltsames Hörerlebnis mit Informationen über neun Sierksdorfer Künstler, ihre Wirkungsstätten sowie ihre Werke. www.farbraum-sierksdorf.de
Schmidt-Rottluff-Dokumentation, Haus des Gastes, Vogelsang 1, 23730 Sierksdorf, Tel. 04563/478990. Mo–Do 10–15 Uhr, Fr 10–13 Uhr (ggf. vorher telefonisch anmelden!)
Galerie Christa Wächtler, Redder 20b, 23730 Sierksdorf, Tel. 04563/8727.
Galerie Roswitha Fey, Redder 16, 23730 Sierksdorf, Tel. 0151/11681571.

Müller & Sohn, Am Fahrenkrog 19, 23730 Sierksdorf, Tel. 0160/99162773.
Küstenpilot Fahrradverleih und mehr, Am Strande 1, 23730 Sierksdorf, Tel. 0176/38391490. Verleih von City-Bikes und SUP-Boards. www.kuestenpilot.de

HANSA-PARK, Am Fahrenkrog 1, 23730 Sierksdorf, Tel. 04563/4740; Apr.–Okt. www.hansapark.de
Rund vier Kilometer langer, bewachter Strandbereich zwischen der Ortsgrenze zu Haffkrug und dem Steilufer. Beachvolleyball-Feld und einige Spielgeräte, Surfschule und SUP-Verleih.

Panoramic Schwimmhalle, Pfingstberg 2–6, 23730 Sierksdorf, Tel. 04563/71217. www.schwimmbad-panoramic.de

SUP-Verleih, Strandbereich Ferienpark, Am Fahrenkrog, 23730 Sierksdorf (Höhe Hundestrand).
Küstenpilot Fahrradverleih und mehr, (s.o.!), Verleih von SUP-Boards.
Surfschule und SUP-Schule Timmendorfer Strand, Am Strande 32, 23730 Sierksdorf (Strandbereich vor dem Hof Sierksdorf), Tel. 0163/5141311 oder 04503/3541350. Kurse und Verleih.
Wasserski- und Wakeboardpark Süsel, Süseler Moor 2, 23701 Süsel, Tel. 04524/1777.
www.suesel-seeparx.de/wakeboard-park

Haffkrug, Scharbeutz und Pönitzer Seenplatte

Die südlich an Sierksdorf angrenzenden Seebäder Haffkrug und Scharbeutz bilden zusammen mit acht weiteren Ortschaften die Großgemeinde Scharbeutz (insgesamt 11 500 Einwohner). Die Strandpromenade, die über einen separaten Radweg verfügt, verbindet die beiden Orte nahtlos miteinander. Insgesamt rund fünf Kilometer kann man direkt an der Küste entlang spazieren, radeln oder auch skaten. Zur Seeseite wird die Promenade von Dünen gesäumt, zur Landseite von der Strandallee mit Cafés, Restaurants, Geschäften und Ferienwohnungen. Ein wenig erinnert die Atmosphäre an mediterrane Küstenorte. Hauptanziehungspunkt des beschaulichen Haffkrug und des quirligen Scharbeutz ist der breite, besonders feine und flach ins Meer abfallende Sandstrand. Schon bald wird eine weitere Attraktion hinzukommen: Anstelle der beiden in die Jahre gekommenen und inzwischen ab-

DLRG-Station am Strand von Haffkrug

gerissenen Seebrücken entstehen zwei neue Erlebnis-Seebrücken.

Ein Großteil der Parkplätze befindet sich entlang der Promenade beziehungsweise in Strandnähe. Dies ist Segen und Fluch zugleich, denn im Sommer quälen sich nicht selten lange Blechkarawanen durch den Ortsbereich. Wer dem Trubel an der Küste entfliehen möchte, findet im landschaftlich reizvollen Binnenland mit hübschen Dörfern, schattigen Laubwäldern und der Pönitzer Seenplatte Ruhe und Erholung.

■ Haffkrug

Haffkrug, dessen Geschichte sich bis in das Jahr 1388 zurückverfolgen lässt, gehört zu den ältesten Seebädern an der Lübecker Bucht. Am nördlichen Ortseingang erinnert ein historischer Badekarren an die Anfänge des Tourismus. Einige reetgedeckte Häuser lassen auf eine längst vergangene dörfliche Idylle schließen. Das ehemalige Fischerdorf versprüht nach wie vor viel maritime Atmosphäre und Gemütlichkeit. Südwärts grenzt der Siedlungsbereich, mit Ausnahme des durchgängig bebauten Küstenstreifens, an die moorigen Haffwiesen, eine verlandete Meeresbucht.

Anfang des 17. Jahrhunderts war Haffkrug ein wichtiger Ausfuhrhafen des damaligen Herzogtums Holstein-Plön, auch wenn es nie einen richtigen Hafen gegeben hat. Von hier wurden Erzeugnisse der Güter des Herzogtums verschifft. Das Verladen der Waren, im wesentlichen Getreide und Holz, erfolgte vom Strand aus mit Ruderbooten auf größere, in der Bucht ankernde Schiffe.

An die Tradition als Fischerdorf knüpft heute der **Fischerei-Erkundungspfad** entlang der Promenade an. Auf einer Länge von fast einem Kilometer informieren Schautafeln, Fischskulpturen und interaktive Stationen über Fischarten und Fischereigeschichte, Fangmethoden und aktuelle Probleme der Fischerei und des Ökosystems Ostsee. In der Regel finden während der Sommermonate Führungen mit einem ehemaligen Fischer und dazu ›Ur-Haffkruger‹ statt, die man sich nicht entgehen lassen sollte. 2020 wurde zusätzlich ein Audio-Guide eingerichtet. An acht Stationen gibt der Küstenfischer nun nach dem Scannen eines QR-Codes seine interessanten Informationen und Geschichten preis. Verborgen hinter der Häuserreihe an der Strandallee liegt der **Haffwiesenpark** mit einer 4500 Quadratmeter großen Wasserfläche und vielen Verweilmöglichkeiten.

■ Scharbeutz

Scharbeutz wurde erstmals 1271 in einer Urkunde erwähnt. Die ursprünglich slawische Siedlung mit dem Namen ›Scorbuze‹ entstand auf einer Moränenkuppe zwischen den moorigen Haffwiesen und dem toten Kliff ›Kammer‹.

Die Entwicklung des Tourismus begann in Scharbeutz um 1850, als die prächtigen Badelogierhäuser Augustus-Bad und Wilhelminenbad ihren Betrieb aufnahmen. Die Gästezahlen begannen jedoch erst mit der besseren Erreichbarkeit des

In Scharbeutz wurde viel Geld in moderne Hotelanlagen investiert

Ortes deutlich zu steigen. 1873 erhielten Pansdorf und Pönitz einen Bahnanschluss, und die Gastgeber mussten die Anreisenden nicht mehr mit der Kutsche aus dem mehr als 15 Kilometer entfernten Lübeck abholen. 1925 hielt die Bahn schließlich auch in Scharbeutz.

Nach jahrzehntelanger Tradition als ruhiges Familien-Seebad hat sich Scharbeutz in den 2000er Jahren noch einmal deutlich gewandelt. Umfangreiche Investitionen in die touristische Infrastruktur, vor allem im Promenadenbereich, verliehen dem Ort innerhalb weniger Jahre ein junges, modernes Gesicht. Der Ort hat sich insbesondere bei vielen jüngeren Leuten zu einem Szene-Treffpunkt entwickelt und lockt vermehrt Tages- und Urlaubsgäste an. Beliebt ist vor allem die **Dünenmeile**. Holzhäuser in skandinavischem Stil, eingebettet in eine Dünenlandschaft, beherbergen Gastronomie mit Meerblick und einige kleine Boutiquen. Richtung Timmendorfer Strand schlängelt sich ein Bohlenweg oberhalb des Strandes durch die Dünenlandschaft. In der Strandallee laden Geschäfte zum Bummeln ein. Während der Ferienzeiten und an den Wochenenden kann es in dem kleinen Ort sehr voll werden.

Vor allem Aktivurlaub wird in Scharbeutz groß geschrieben. Am Strand gibt es ein vielfältiges Sportangebot. Außerdem finden geführte (Renn-) Radtouren in die Umgebung statt.

Weitere Attraktionen sind die **Dünengolfanlage** nahe Haffkrug, die **Parkgolfanlage** im Kurpark, der **Hochseilgarten** im Kammerwald und das Erlebnisbad **Ostsee Therme** inklusive Wellness-Angebot am südlichen Ortsrand.

In den letzten Jahren wurde darüber hinaus kräftig in moderne Ferienwohnungen und Hotels investiert, leider auch zu Lasten des Ortsbildes. Historische Bauten aus den Anfangsjahren des Tourismus sucht man vergeblich. Nicht zuletzt auf Grund dieses rasanten Wandels mit all seinen Vor- und Nachteilen ist Scharbeutz wohl das Seebad an der Lübecker Bucht, das am stärksten polarisiert: Entweder man liebt es, oder man wählt bewusst einen anderen Ort für seinen Aufenthalt.

■ Pönitzer Seenplatte

Die Pönitzer Seenplatte liegt nur etwa fünf Kilometer landeinwärts und ist insbesondere für Radfahrer und Wanderer ein beliebtes Ausflugsziel. In den Becken eiszeitlicher Gletscher entstanden der

Große und der Kleine Pönitzer See, der Taschensee und etwas weiter nördlich der Süseler See.

Zwischen Scharbeutz und dem Großen Pönitzer See erstreckt sich die **Scharbeutzer Heide**, ein Waldgebiet mit schönen Wanderwegen, mehreren Hügelgräbern und einem 18 Hektar großen Hundeauslauf. Der Ursprung dieser irreführenden Landschaftsbezeichnung liegt in der mittelalterlichen Vergangenheit Ostholsteins. Im 12. Jahrhundert legten hier Mönche nach der Rodung des urwaldbestandenen Gebietes ein Feld an. Als dieses Anfang des 14. Jahrhunderts nicht mehr bestellt wurde, entwickelte sich zunächst eine Heidelandschaft. Zu dieser Zeit pilgerten die Scharbeutzer jeden Sonntag ›über die Heide‹ zur nächstgelegenen Kirche nach Gleschendorf. Der Landschaftsbegriff übertrug sich von Generation zu Generation und blieb auch bestehen, nachdem sich der Wald die Fläche längst zurückerobert hatte. Der heutige Buchenhochwald wurde erst Ende des 18. Jahrhunderts im Zuge einer planmäßigen Waldwirtschaft angepflanzt. Inzwischen sind große Teile als Naturwald ausgewiesen. Ein **Naturpfad**, der allerdings in die Jahre gekommen ist, hilft, die Sinne zu schärfen und den Lebensraum kreativ zu entdecken.

Am Ostufer des Großen Pönitzer Sees liegt die **Badeanstalt Klingberg**, die mit Liegewiese, großem Badesteg und Wasserrutsche eine ruhige Alternative zum Strand darstellt. Auf dem Gelände gibt es auch einen Kiosk und ein empfehlenswertes Café mit Blick auf See und Wald. Die Geschichte des Ortes **Klingberg** stellt sich etwas anders dar als die der meisten Dörfer in Ostholstein. Nicht nur, dass der heutige Ort erst etwas mehr als 100 Jahre alt ist, seine ersten Bewohner waren auch keine Ackerbauern. Die Gründung erfolgte 1903, als der junge Freigeist Paul Zimmermann, ein Fabrikantensohn aus der Nähe von Dresden, am Südufer des Pönitzer Sees einen verlassenen Bauernhof kaufte und sich nieder-

Sonnenuntergang am Pönitzer See

ließ. Hier konnte er fernab festgelegter gesellschaftlicher Normen und inmitten herrlicher Natur ein freies, individuelles Leben führen. Der Lebensreformer erwarb ebenfalls 26 Hektar Land und pries seine Siedlung in überregionalen Zeitschriften als Refugium der körperlichen und seelischen Erneuerung an. Dies lockte bald Gleichgesinnte in den Norden. Auf dem Zimmermann'schen Hof entstand die Waldschänke, die sich zu einem Ort des freien Gedankenaustauschs entwickelte. Der Lebensstil der Individualisten von Klingberg, die unter anderem die Freikörperkultur intensiv pflegten, stieß in einer Zeit ausgeprägter preußischer Tugenden auf Skepsis bis Unverständnis in den Nachbardörfern. Die **Kleine Waldschänke**, der ehemalige Schweinestall des Hofes, wird heute als Ort für Ausstellungen und andere kulturelle Veranstaltungen genutzt. Zu den ältesten Häusern in Klingberg gehört auch der Sachsenhof in der Gärtnerstraße. Das imposante Gebäude, Teil eines ehemaligen Obstgutes, wurde 1912 von Neusiedlern aus Sachsen errichtet. Heute können Gäste dort Ferienwohnungen mieten und in dem parkähnlichen Garten entspannen. Im Erdgeschoss befindet sich ein gemütliches, mit antiken Möbeln eingerichtetes Café.

Wer einmal in Klingberg ist, sollte auch dem benachbarten **Gleschendorf** einen Besuch abstatten. Eine lange Allee führt direkt in die Ortsmitte mit einer mehr als 850 Jahre alten Feldsteinkirche. An der Brücke über die Schwartau, die mitten durch das Dorf fließt, befand sich einst eine Wassermühle. Entlang der Schwartau, hinter dem Spielplatz, verläuft ein idyllischer Wanderweg. Er wird gesäumt von einem **Naturlehrpfad**, der auf ansprechende Weise über den Landschaftsraum sowie über Flora und Fauna in der Umgebung des Flusses informiert. Etwa zwei Kilometer nördlich von Gleschendorf liegt der Ort **Pönitz** mit dem **Museum für Regionalgeschichte**. In mehreren Ausstellungsräumen werden kulturgeschichtliche Exponate, unter anderem aus der Steinzeit, der Slawenzeit und der Bädergeschichte, präsentiert. Auch ein Kaufmannsladen und eine ›gute Stube‹ aus der Gründerzeit sind zu sehen. Das Museum beherbergt zudem ein umfangreiches Archiv mit historischer Bibliothek.

Haffkrug, Scharbeutz, Pönitzer Seen

PLZ: 23683. **Vorwahl:** 04503.
Tourist-Information: Strandallee 134, 23683 Scharbeutz, Tel. 04503/7794100. www.luebecker-bucht-ostsee.de

Sowohl Haffkrug als auch in Scharbeutz verfügen über einen Bahnhaltepunkt auf der Linie Lübeck–Neustadt. Regionalzüge verkehren im Stundentakt in beide Richtungen.

Mehrere Regionalbuslinien verbinden Haffkrug und Scharbeutz mit anderen Küstenorten und dem Binnenland.

Reederei Belis, Tel. 0170/7747237. Tägliche Fahrten zu unterschiedlichen Zielen in der Lübecker Bucht. Tickets nur an Bord gegen Barzahlung erhältlich. Anlegestellen: Niendorfer Hafen, Seeschlösschen-Brücke Timmendorfer Strand, Seebrücke Scharbeutz www.ostsee-rundfahrten.de

Hotel-Restaurant Wennhof, Seestraße 62, 23683 Scharbeutz, Tel. 04503/35280. Das Hotel liegt etwas abseits des Strandtrubels. Im Restaurant werden Holsteiner Küche und saisonale Gerichte serviert; wechselnder Mittagstisch. www.hotel-wennhof.de

Bayside Strandhotel, Strandallee 130a, 23683 Scharbeutz, Tel. 04503/60960. Zimmer auf Vier-Sterne-Niveau direkt am Strand von Scharbeutz. Im Hotel gibt es mehrere Restaurants und Bars. www.bayside.de
Butz, Hotel und Restaurant, Hackendohrredder 3, 23684 Scharbeutz (Schürsdorf), Tel. 04524/2009988; Restaurant und Ferienwohnungen in dörflicher Umgebung, geschmackvoll gestalteter Innenbereich sowie Außenplätze in gartenähnlicher Atmosphäre. Das Restaurant bietet neben Frühstücksvariationen vor allem gehobene deutsche Landhausküche. Viele Produkte werden aus der Region bezogen. www.butz-ostsee.de

Brechtmann, Hackendohrredder 9, 23684 Schürsdorf, Tel. 04524/9952; Mi–So 11.30–14.30 Uhr und 17.30–22 Uhr; der traditionelle Landgasthof liegt einige Kilometer von Scharbeutz entfernt im ländlichen Binnenland und ist vor allem für seine Entenspezialitäten bekannt. Daneben gibt es eine Auswahl an Fleisch- und Fischgerichten. www.brechtmann.de
Bromunds Fischleckereien, Strandallee 51, 23683 Haffkrug, Tel. 0172/6712522, familiengeführtes Restaurant; Fisch und saisonale Gerichte. www.bromundshaus.de
Himmelblau, Strandallee 10, 23683 Haffkrug, Tel. 04563/4786272; Mo–So 11–22 Uhr. Café und Restaurant, durchgehend warme Küche. Einziges reines Bio-Restaurant an der Lübecker Bucht, hochwertige norddeutsche Küche, Innen- und Außenbereich. www.himmelblau-haffkrug.de

Grande Beach Café, Strandallee 134a, 23683 Scharbeutz, Tel. 04503/8981000; an der ›Dünenmeile‹; beliebter Treffpunkt für Touristen und Einheimische, süße und herzhafte Gerichte. https://grandebeach-cafe.de/
Ahoi Kaffeerösterei Haffkrug, Strandallee 7, 23683 Haffkrug, ganzjährig geöffnet, im Sommer ab 10 Uhr, im Winter ab 11 Uhr; Ruhetage und tagesaktuelle Öffnungszeiten sind bei Google abrufbar. Verkauf handgerösteter Filterkaffees und Espressi sowie Ausschank überaus guter Kaffeespezialitäten. Von den Sitzplätzen auf der kleinen Terrasse hat man einen schönen Blick auf den Strand und die Bucht. www.ahoikaffee.de
Café-Häuschen, Strandallee 17, 23683 Haffkrug, Tel. 0170/7762071; Mi Ruhetag, ansonsten tägl. 11–18 Uhr. Sehr guter Kuchen, hergestellt in der eigenen Backstube nach alten und neuen Rezepten. ›Nomen est omen‹: Der Innenraum mit mehreren Ebenen ist etwas eng, aber urig. www.cafe-häuschen.de
Sachsenhof, Gärtnerstraße 29, 23684 Klingberg, Tel. 04524/709971. Gemütliches Café mit frisch gebackener Kuchenauswahl in nostalgischer Wohnzimmer-Atmosphäre; schöner Kaffeegarten. Romantisch eingerichtete Ferienwohnungen und -zimmer, der parkähnlich angelegte Garten bietet Ruhe und Entspannung. www.scharbeutz-sachsenhof
Café Klingberg, Seestraße 95, 23684 Klingberg, Tel. 04503/7871300. Ruhig gelegenes Café direkt an der Badeanstalt Klingberg am Großen Pönitzer See. Vielfältiges Kuchen- und Tortenangebot. http://www.cafe-klingberg.de

Roof Bar, im Hotel Bayside; Mo–Fr ab 17.30 Uhr, Sa und So ab 12.30 Uhr. Moderne Cocktailbar im fünften Stock des Hotels, windgeschützte Dachterrasse, herrlicher Ostseeblick.

In der Gemeinde Scharbeutz gibt es sechs Campingplätze und mehrere Wohnmobilstellplätze, teils direkt an der Küste.

Museum für Regionalgeschichte Scharbeutz/Pönitz, Lindenstraße 23, 23684 Pönitz; Di 15–18 Uhr, Sa und So 14–18

Uhr. Das ehrenamtlich betriebene Museum bietet neben der umfangreichen Dauerausstellung und regelmäßigen Sonderausstellungen auch Führungen, museumspädagogische Aktionen und Vorträge an. www.museum-scharbeutz.de
Atelier-Galerie Michael Weigel, Strandallee 1b, 23683 Haffkrug, Tel. 0170/4893695; Apr.–Sept. tägl. 12–16 Uhr, Okt.–März Sa und So 12–16 Uhr. Die Gemälde und Drucke von Michael Weigel spiegeln die Schönheit und Faszination des Meeres in all seinen Facetten wider. Der Künstler ist regelmäßig vor Ort und lässt sich bei seiner Arbeit gern über die Schulter schauen. www.weigel-art.com

tobisRad, Badeweg 13, 23683 Scharbeutz, Tel. 04503/702861. www.tobis-rad.de
Fahrrad Hesse, Strandallee 130, 23683 Scharbeutz, Tel. 04503/779892, Fahrradverkauf und Verleih, auch von E-Bikes und Rennrädern. www.fahrrad-hesse.de

Von Anfang Oktober bis Ende März ist das Reiten am Strand von Haffkrug und Scharbeutz erlaubt. Ein Parkplatz für Reiter befindet sich an der Pönitzer Chaussee.

Ostsee Therme, Strandallee 143, 23683 Scharbeutz, Tel. 04503/35260. Bade-, Freizeit- und Saunalandschaft auf 14000 Quadratmetern, unter anderem mit Innen- und Außenpools, Wasserrutschen, Panoramasauna und umfangreichem Wellnessangebot. www.ostsee-therme.de

Dünengolf, Pönitzer Chaussee/Strandallee, 23683 Scharbeutz Tel. 0172/4298182; Apr.–Okt. tägl. ab 10 Uhr.
Parkgolf, Am Kurpark 19, 23683 Scharbeutz, Tel. 0172/4298184; Mai–Okt. ab 10 Uhr, Nov.–Dez. Sa und So 12–17 Uhr. www.parkgolf-scharbeutz.de

Waldhochseilgarten Scharbeutz, Kammerwald (gegenüber der Ostsee Therme), 23683 Scharbeutz, Tel. 0152/55187522. Drei Parcours mit unterschiedlichen Anforderungen. Aktuelle Öffnungszeiten und Preise sind im Internet abrufbar. Eine telefonische Reservierung wird empfohlen, Buchungshotline Mo–Fr 10–16 Uhr, Sa und So 10–14 Uhr.
www.waldhochseilgarten-scharbeutz.de
Dünenmeile on Ice: Von Ende November bis Mitte Februar lädt eine Eisbahn auf dem Seebrückenvorplatz in Scharbeutz zum Schlittschuhlaufen und Eisstockschießen ein, umrahmt von winterlichem Budenzauber mit kulinarischen Spezialitäten. Eislaufzeiten Mo–Fr 13–18 Uhr, So und So 10–18 Uhr, Eisstockschießen in den Abendstunden nach Reservierung. Schlittschuhe können vor Ort geliehen werden.

Fünf Kilometer feiner und flach abfallender Sandstrand, aufgeteilt in verschiedene Themenstrände wie Aktionsstrand, Begegnungsstrand und Grillstrand. Hundestrände im südlichen Bereich von Haffkrug und Scharbeutz.

Geführte Radtouren und Rennradtouren: Die Termine veröffentlicht die Tourismus-Agentur Lübecker Bucht in ihrem Veranstaltungskalender. In den Tourist-Informationen ist außerdem eine Auswahl an regionalen Rad- und Wanderkarten erhältlich.
Meeresbiologisches Schnorcheln, in Zusammenarbeit mit dem BUND-Umwelthaus Neustadt. Die Termine veröffentlicht die Tourismus-Agentur Lübecker Bucht in ihrem Veranstaltungskalender.
Führungen auf dem Fischerei-Erkundungspfad: Die Termine veröffentlicht die Tourismus-Agentur Lübecker Bucht in ihrem Veranstaltungskalender. Nach Vereinbarung sind auch individuelle Termine für Gruppen möglich.

Fackelwanderungen: In den Wintermonaten finden regelmäßig einstündige Fackelwanderungen über den abendlichen Strand statt, inklusive interessanter Informationen und Anekdoten über die Region. Termine und Buchung auf der Internetseite der Tourismus-Agentur oder vor Ort. www.luebecker-bucht-ostsee.de/fackelwanderungen

Bernsteinführungen, Bernsteinsuche unter fachkundiger Leitung mit interessanten Erläuterungen zum Lebensraum Ostsee. www.luebecker-bucht-ostsee.de/bernsteinfuehrung

SUP-Station Scharbeutz, Strandallee, Strandzugang 19, 23683 Scharbeutz, Tel. 0174/3906041. Verleih von SUP-Boards, Kajaks und Longboards, Angebot von SUP-Kursen. www.sup-scharbeutz.de

SUP-Verleih Meininghaus, Höhe Strandallee 141, Strandzugang 14, 23683 Scharbeutz, Tel. 04503/74799. Verleih von SUP-Boards sowie Angebot von Kursen. www.scharbeutz-strandkorb.de

Surfschule Haffkrug, Strandallee 64, 23683 Scharbeutz-Haffkrug, Tel. 0451/796482. www.surf-center.de

Wasserski- und Wakeboardpark Süsel, Süseler Moor 2, 23701 Süsel, Tel. 04524/1777.
www.suesel-seeparx.de/wakeboard-park

In der strandnahen Fußgängerzone befindet sich eine Vielzahl an Geschäften.

▲ *Die Erlebnis-Seebrücke in Heiligenhafen*

Seebrücken – mehr als nur ein ›Laufsteg‹

Seebrücken gehören zur Ostsee wie Seilbahnen zu den Alpen. Sie sind das Aushängeschild der Bäderorte, Touristenattraktion und sogar ein wichtiger Wirtschaftsfaktor. In Ostholstein entstanden die ersten Seebrücken Anfang des 20. Jahrhunderts und waren ursprünglich reine Zweckbauten. In Form simpler, mehrerer hundert Meter langer Holzstege dienten sie als Anleger für die Dampfschiffe aus Travemünde, mit denen die meisten Touristen ankamen. Damals stellten die Bauwerke eine wahre Revolution dar, denn sie ersparten den Urlaubsgästen fortan den Umstieg in die kleinen, wackeligen Ruderboote, die sie bis dahin an Land gebracht hatten. Infolge dieses erhöhten Komforts stiegen auch die Gästezahlen deutlich an. Allerdings hatte es der Empfang im Urlaubsort häufig in sich: ›Oh, wie bla-ass!‹, spottete die einheimische Jugend mit vermutlich auch manch bereits gut gebräuntem Sommergast im Chor, als die Neuankömmlinge in Scharen die Seebrücke betraten. Dank eines heute gut ausgebauten Straßen- und Schienennetzes sind diese Zeiten längst vorbei. Die Seebrücken aber hatten Bestand und entwickelten sich zu beliebten Flaniermeilen und Fotomotiven. In einigen Orten legen heute Ausflugsschiffe an den Brückenköpfen an und ab. Das Potential der Meeresstege als Besuchermagneten haben natürlich auch die örtlichen Touristik-Fachleute früh erkannt. Kein Urlaubsgast, der nicht mindestens einmal auf ihnen entlang schlendert. Dem Meer ganz nah sein, den Blick über Wasser und Küste schweifen lassen und die frische Brise genießen – selbst Einheimische lieben diese ›magischen‹ Momente. In den 1960er und 1970er Jahren entstanden bereits neue und widerstandsfähigere Konstruktionen, denn die frühen Seebrücken fielen häufig Sturm und Eisgang zum Opfer. Anfang der 2000er Jahre sorgten die Seebrücken erneut für eine Revolution in den Ostseebädern. Sie wandelten sich von Stegen mit Schiffsanleger in vielfältige Erlebnisräume. Den Aufschlag machte im Jahr 2007 Kellenhusen. Die neue Seebrücke wurde mit ihren parabolisch geformten Stahlbögen und dem einzigartigen Beleuchtungskonzept weit über den Ort hinaus bekannt. Themeninseln entlang der Brücke laden zum Sonnenbaden in Hängematten oder zu einem Sprung ins kühle Nass ein. 2012 folgte Heiligenhafen mit der ersten Seebrücke in Schleswig-Holstein, die nicht schnurgerade auf die See hinausragt, sondern im Zickzack, dazu auf mehreren Ebenen. Kinderspielbereiche, unterschiedliche Sitz- und Liegemöglichkeiten, verglaste Abschnitte und eine Badeplattform ziehen zu jeder Jahreszeit große und kleine Besucher an. Damit waren die architektonischen Maßstäbe für die anderen Bäderorte gesetzt. Die ohnehin maroden Seebrücken in Timmendorfer Strand, Scharbeutz und Haffkrug werden bis Sommer 2023 durch attraktive ›Erlebnismeilen‹ ersetzt, natürlich mit besonderer Form und vielfältigen Nutzungsmöglichkeiten für Jung und Alt. Grömitz setzte dagegen auf ›Modernisierung im Bestand‹. Hauptattraktion ist bereits seit Jahren die Tauchgondel am Brückenkopf. Seit 2022 gibt es zudem zwei ergänzende Plattformen an beiden Seiten der Brücke mit Sitzstufenanlagen, Drehliegen und einer Tunnelrutsche.
Die Gemeinden lassen sich ihre Prestigeprojekte viele Millionen Euro kosten, woran man deren hohen Stellenwert erkennt. Auch das Land Schleswig-Holstein sieht in den Seebrücken einen wichtigen Beitrag zur touristischen Weiterentwicklung der Orte und unterstützt die Vorhaben mit großzügigen Fördermitteln.

◯ Radtour: Pönitzer Seenplatte, Gömnitzer Berg und Sierhagen

Start/Ziel: Seebrückenvorplatz Scharbeutz.
Länge: 30 Kilometer.
Die Tour führt zumeist auf wenig befahrenen Straßen und Feldwegen durch die eiszeitlich geprägte Hügellandschaft des Binnenlandes. Auf der Strecke liegen einige Wälder und Seen, beschauliche Dörfer, jahrhundertealte Gutshöfe sowie schöne Aussichtspunkte.
Entlang der Seestraße und dem Speckenweg fahren wir zunächst Richtung **Scharbeutzer Heide**. Wir durchqueren das hügelige Waldgebiet auf gut zu befahrenen Wegen und gelangen zum **Großen Pönitzer See**, dem südlichsten See der Pönitzer Seenplatte. Wahlweise können wir ein Stück direkt am Ufer entlangfahren, vorbei an der Badeanstalt mit Café, oder der asphaltierten Straße Richtung Gronenberg folgen. Nach Bewältigung der Gronenberger Höhe werden wir mit einem schönen Landschaftspanorama aus Taschensee, Feldern und Waldgebieten belohnt. Weiter geht es nach Stawedder, wo wir links Richtung Süsel abbiegen. Der Ort wird geprägt durch die **St.-Laurentius-Kirche**. Die Feldsteinkirche entstand wie die meisten ihrer Art in Ostholstein gegen Ende des 12. Jahrhunderts im Zuge der Christianisierung. Am Ortsausgang an der Neustädter Straße überqueren wir die Landesstraße, halten und kurz links und biegen gleich wieder rechts in die Bujendorfer Landstraße ein.
An der Kreisstraße K 61 angekommen, folgen wir dem Wegweiser nach rechts Richtung Gömnitz. Die Strecke führt nun an Feldern und Knicks entlang. Etwas außerhalb des Dorfes, in südöstlicher Richtung, liegt der 94 Meter hohe **Gömnitzer Berg**. Die Straße ›Zum Major‹ führt uns dorthin. Der ›Major‹, ein stattlicher Baum auf dem Gipfel des Berges, diente der Schifffahrt früher als Landmarke, bevor er 1815 Blitz und Sturm zum Opfer fiel. Der Baum wurde 1827 durch einen runden Backsteinturm ersetzt, der einen weiten Blick über die Hügellandschaft und die Lübecker Bucht erschließt.
Wir erreichen den Aussichtsturm durch ein Waldstück von der Straße aus, wo sich ein kleiner Parkplatz mit Fahrradabstellmöglichkeiten befindet. Nach dem kurzen Abstecher verlassen wir Gömnitz über den Sierhagener Weg, der bald in einen Sandweg übergeht. Wir halten uns links und fahren zwischen Waldrand und Feldern Richtung Plunkau.
An der Straße zweigen wir rechts ab und erreichen nach knapp zwei Kilometern das **Gut Sierhagen**. Das weitläufige Gutsgelände darf besichtigt werden. Nach einem Gang durch die hübschen Schaugärten der Gutsgärtnerei bietet sich ein Stopp im Palmenhauscafé an.
Der Rückweg führt uns entlang der denkmalgeschützten Gartenmauer über den Sierhagener Weg zunächst bis Rogerfelde. Die hügelige Strecke ist auch die Hauptzufahrt zum Gut Sierhagen für den Autoverkehr. Daher ist etwas Vorsicht geboten.
In Rogerfelde biegen wir rechts in den kleinen Weg ein und kommen nach Roge, einem idyllischen Bilderbuchdorf.
Wir verlassen das Dorf in südlicher Richtung auf dem Schulweg, biegen an der Landesstraße rechts ab und kommen nach einem kurzen Stück zum **Gut Oevelgönne**. Sein Torhaus gilt als eines der schönsten in Ostholstein.
Hinter dem Hof Altona biegen wir links in den Altonaer Weg hinunter zur Küste. Mit Blick auf das Meer gelangen wir zurück zum Ausgangspunkt in Scharbeutz. Auf dem **Fischerei-Erkundungspfad** an der Haffkruger Promenade können wir uns zum Abschluss noch über die Fischereitradition und den Lebensraum Ostsee informieren.

Timmendorfer Strand und Niendorf

Timmendorfer Strand und Niendorf bilden seit Ende des Zweiten Weltkrieges eine Gemeinde, zusammen mit den ehemaligen Bauerndörfern Hemmelsdorf und Groß Timmendorf. Insgesamt leben hier 9000 Menschen. Die Gemeinde grenzt im Süden an das Gebiet der Hansestadt Lübeck.

Dem Namen nach ist Timmendorfer Strand wohl das bekannteste Ostseebad an der Lübecker Bucht. Auch wenn andere Orte in den letzten Jahren aufgeholt haben, gehört es zusammen mit Niendorf nach wie vor zu den ersten Adressen an der Küste. Obwohl die beiden Ortsteile unmittelbar aneinander grenzen, herrscht in jedem von ihnen eine ganz eigene Atmosphäre. Timmendorfer Strand präsentiert sich edel bis extravagant, in Niendorf geht es beschaulich und bodenständig zu.

In beiden Orten entwickelte sich der Tourismus relativ spät, zunächst ab 1857 im Bauern- und Fischerdorf Niendorf. Damals war der Strandbereich von Timmendorfer Strand noch gänzlich unbebaut. Hier entstand erst 1865 das erste Sommerhaus. In den 1880er Jahren folgte der Bau von Hotels, Pensionen und Privatvillen. Beide Orte avancierten Ende des 19. Jahrhunderts beziehungsweise Anfang des 20. Jahrhunderts zu den meist besuchten Badeorten an der Lübecker Bucht. Obwohl der beginnende Massentourismus auch das Ortsbild in Timmendorfer Strand und Niendorf seit der zweiten Hälfte des 20. Jahrhunderts deutlich veränderte, haben einige historische Gebäude die Zeit überdauert. Sie tragen heute zu dem besonderen Flair des Ostseebades bei.

■ Timmendorfer Strand

Zentraler Anlaufpunkt und Herzstück des Ortes ist der verkehrsberuhigte **Timmendorfer Platz** mit großem Springbrunnen und dem hübschen Alten Rathaus, das eigentlich ein Neubau ist. Hier sind heute die Tourist-Information, das Standesamt und die Bücherei untergebracht. Auf den Terrassenplätzen der umliegenden Cafés gilt wie sonst nirgendwo das Motto ›Sehen und gesehen werden‹. Kaum jemand, der während seines Urlaubs nicht zumindest einmal bei einem Getränk das bunte Treiben auf dem Platz

Strandpromenade mit Meerblick in Timmendorfer Strand

beobachtet hat. Hier beginnt auch die **Kurpromenade** mit teils edlen Boutiquen und Geschäften.

Im Kontrast dazu verläuft eine auffallend grüne Promenade am Strand entlang. Der von hohen Bäumen und Dünenvegetation gesäumte Sandweg schlängelt sich von Scharbeutz bis nach Niendorf und ist an heißen Tagen angenehm schattig. Fahrradfahren ist hier allerdings nicht erlaubt. Entlang des Weges sind unter anderem mehrere Kunstobjekte unterschiedlicher Genres platziert. Sie stammen von renommierten Künstlern aus aller Welt. An der Promenade liegt auch das **Aquarium SEA LiFE**, das größtenteils unterirdisch angelegt ist und faszinierende Einblicke in die Unterwasserwelt verschiedener Meere bietet.

Udo Lindenberg in Timmendorfer Strand

Eines der markantesten Gebäude in Timmendorfer Strand ist die denkmalgeschützte **Trinkkurhalle** von 1952, bestehend aus gläserner Rotunde, Wandelhalle und Musikmuschel. Sie liegt im Strandpark zwischen Kur- und Strandpromenade, umgeben von altem Kiefernbestand. Früher wurde hier Meerwasser zur Förderung des gesundheitlichen Wohlbefindens ausgeschenkt, aktuell dient das Gebäudeensemble als Ort für Veranstaltungen und als Tourist-Information.

Doch auch neuere Gebäude ziehen die Blicke auf sich, allen voran das **Teehaus** von 2014 auf der Seebrücke vor dem Hotel Seeschlösschen. Das auf dem Brückenkopf in asiatischem Stil gebaute Restaurant kann unumstritten mit der außergewöhnlichsten Lage an der Lübecker Bucht punkten. Schon bald wird ein weiteres Bauwerk den Ort bereichern: eine neue **Erlebnis-Seebrücke**, welche die abgerissene ›Maritim‹-Seebrücke aus den 1970er Jahren ersetzt. In Form der Schlinge eines Schiffstaus soll sie über die Ostsee führen und zu einem mehr als 500 Meter langen Rundgang einladen. Der urbane Chic und die mondäne Atmosphäre Timmendorfer Strands ziehen nicht nur Urlauber von weither an, sondern auch viele Tages- und Wochenendausflügler, zum Beispiel aus dem nahen Hamburg. Zu den berühmtesten Gästen gehört Udo Lindenberg, der dem Seebad bereits seit den 1970er Jahren verbunden ist. Legendär sind die Generalproben des ›Panik-Rockers‹, die im Vorwege seiner großen Tourneen vor kleinem Publikum im Hotel Maritim stattfinden. Hier wurde er auch zu seinem Hit ›Horizont‹ inspiriert. Hinter dem Hotel, direkt an der Promenade, erinnert eine Metallskulptur mit der unverkennbaren Silhouette des Sängers daran.

■ Niendorf

Der Strand von Niendorf ist zwar nicht ganz so fein wie der von Timmendorfer Strand, die Atmosphäre dafür umso persönlicher. Der Ort wird durch seinen kleinen, malerischen **Hafen** geprägt. Er ist ein beliebtes Ausflugsziel für Touristen und Einheimische. Am Kai, der das Hafenbecken an drei Seiten einfasst, liegen im Sommer Fischkutter, Jachten und

Promenade mit Villen aus der Gründerzeit

Ausflugsschiffe. Hier lässt es sich wunderbar flanieren oder bei einem Fischbrötchen pausieren. Wer früh aufsteht, kann an den bunten Buden fangfrischen Fisch direkt bei den wenigen noch verbliebenen Fischern erwerben. Auf Grund der schwierigen Rahmenbedingungen haben in den letzten Jahren viele von ihnen aufgegeben. An der Stirnseite des Hafenbeckens befindet sich das **Fischerei- und Hafeninformationszentrum** mit angeschlossener Tourist-Information. Dort erfährt man Interessantes über die Fischerei- und Hafengeschichte.

Der Hafen entstand in den Jahren 1920 bis 1922 durch die künstliche Verbreiterung der Aalbeek-Mündung. Bis dahin ankerten die Fischer mit ihren Kuttern vor der Küste und schafften den Fang mit kleinen Booten an den Strand – eine beschwerliche und zudem unwirtschaftliche Prozedur. Die Fischverarbeitung, der Verkauf und das Trocknen der Netze fanden ebenfalls am Strand statt. Dies führte bald zu Konflikten mit dem Badetourismus. Die auf Dauer unhaltbare Situation der Fischer und die wachsende Bedeutung des Fremdenverkehrs führten schließlich zum Bau des Hafens. Er wurde inzwischen um zwei Bereiche für den Niendorfer Jacht-Club und den Seglerverein Niendorf/Ostsee erweitert. Von der Hafenmole und vom Strand hinter den Liegeplätzen des Niendorfer Seglervereins kann man übrigens einen der wenigen Sonnenuntergänge über der Ostsee genießen.

Direkt hinter dem Hafen schließt sich die hübsche **Fußgängerpromenade** mit einigen gut erhaltenen Villen aus der Gründerzeit an. Niendorf verfügt sogar über eine eigene **Seebrücke**, deren Kopf in Form eines Fisches gestaltet ist. Sie wird daher auch ›Fischkopf-Seebrücke‹ genannt. In der parallel zur Promenade verlaufenden Strandstraße gibt es unter anderem einige Geschäfte, die sich auf den Verkauf besonderer, in kleinen Manufakturen hergestellter Produkte spezialisiert haben.

■ Aalbeek-Niederung und Hemmelsdorfer See

Zwischen der B 76 und dem Nordufer des Hemmelsdorfer Sees erstreckt sich die **Aalbeek-Niederung**. Sie wird von dem namensgebenden Flüsschen Aalbeek und der Twerbeek durchflossen. Das 349 Hektar große, dschungelartige Naturschutzgebiet kann dank guter Beschilderung bequem zu Fuß oder mit dem Fahrrad auf unterschiedlich langen Touren erkundet werden. Es gibt mehrere Zugänge. Bruchwald, Seggenrasen und Feuchtwiesen bilden die typische Vegetation und sind Lebensraum vieler Vogel-, Lurch- und Insektenarten. Mit etwas Glück ist auch der Seeadler zu sehen. Da die Niederung durchschnittlich nur 30 Zentimeter über dem Meeresspiegel liegt, kommt es insbesondere im Winterhalbjahr gelegentlich zur Überschwemmung weiter Flächen des Feuchtgebietes. Das Betreten ist dann nur eingeschränkt möglich.

Timmendorfer Strand und Niendorf

Einen guten Überblick bietet der 14 Meter hohe **Aussichtsturm Hermann-Löns-Blick** unweit des Ausflusses der Aalbek aus dem **Hemmelsdorfer See**. Der See entstand nach der letzten Eiszeit aus einem Gletscherzungenbecken und war ursprünglich eine Förde, also zum Meer hin offen. Im Laufe der Zeit riegelte Abbruchmaterial aus dem Brodtener Ufer, das von der Meeresströmung parallel zur Küste transportiert wurde, die Verbindung zum Meer bis auf die Aalbeek-Mündung ab. Das Becken des Hemmelsdorfer Sees ist in einen flachen Bereich im Norden und in einen tiefen Bereich im Süden gegliedert. Dort liegt in 39,5 Metern Wassertiefe der tiefste Punkt Deutschlands. Der See bietet nur an wenigen Stellen einen direkten Uferzugang. Beliebt ist vor allem die Steganlage in Hemmelsdorf, die durch urwüchsige Vegetation am Seeufer entlang und in einem Rundkurs über das Wasser führt. Idyllische Aussichtspunkte mit Sitzmöglichkeiten laden zum Verweilen ein.

Am Rand der Aalbeek-Niederung liegt der **Vogelpark Niendorf**, der als natürlichster Vogelpark Deutschlands gilt. Auf dem sieben Hektar großen Gelände mit Schilfflächen, Teichen, reetgedeckten Tierhäusern und einer 1300 Quadratmeter großen Freiflugvoliere leben mehr als 1000 Vögel aus 250 Arten. Auf einem zwei Kilometer langen Rundgang sind unter anderem Kraniche, Störche, Pelikane, Flamingos, Papageien, Adler und Geier zu sehen. Eine Besonderheit ist die weltweit größte Sammlung lebender Eulen.

Brodtener Ufer

Am Ende der Niendorfer Strandpromenade beginnt das Brodtener Ufer und erhebt sich bis auf eine Höhe von 20 Metern. Eine Wanderung auf der Steilküste gehört das ganze Jahr über zu den eindrucksvollsten Urlaubserlebnissen an der Lübecker Bucht. Der gut ausgebaute **Wanderweg**, der auch Teil des Ostseeküstenradwegs ist, verläuft größtenteils zwischen Feldern und Kliffkante bis in das vier Kilometer entfernte Travemünde. Neben einem traumhaften Ausblick über die Bucht eröffnen sich immer wieder spektakuläre Ansichten auf das mächtige Kliff selbst. Ungefähr auf halber Strecke liegt das **Ausflugslokal Hermannshöhe**

Am Hemmelsdorfer See

mit Selbstbedienungs-Gastronomie und einem großen Abenteuerspielplatz.

Auch ein Spaziergang im schmalen Strandbereich des Brodtener Ufers ist ein besonderes Erlebnis. Aus dem Kliff herausgebrochene große und kleine Steine, riesige Gesteinsblöcke, ja sogar herabgestürzte Bäume liegen am Ufer und vermitteln ein hautnahes Bild vom Wirken der Natur. Der untere Uferbereich ist auch ein beliebter Ort für Angler sowie für Stein- und Fossiliensammler. Der Zugang zum Strand ist allerdings nur von Niendorf, Travemünde und über eine Treppe am Jugendhaus ›Seeblick‹ nördlich von Brodten möglich.

Die Einwirkung von Brandung, Stürmen und Niederschlägen lassen das Brodtener Ufer jedes Jahr ein Stück zurückweichen, an einigen Stellen sogar bis zu einem Meter. Immer wieder müssen daher Teile des Wanderweges auf der Steilküste landeinwärts verlegt werden. Die Uferabbrüche sind vor allem im Winterhalbjahr zu verzeichnen, wenn die heftigen Wetterereignisse das Erdreich aufweichen. Hinweisschilder warnen deshalb vor dem Betreten der Kliffkante.

Der Sand aus den abgebrochenen Landmassen wird von der küstenparallelen Strömung sowohl westwärts Richtung Niendorf, Timmendorfer Strand und Scharbeutz transportiert als auch ostwärts Richtung Travemünde. Er liefert einerseits das Material für die schönen Strände, setzt aber andererseits auch regelmäßig die Fahrrinne an der Travemündung zu. Größere Steine und Blöcke bleiben in der Uferzone der Steilküste liegen. Dieser natürliche Prozess dauert bereits seit Jahrtausenden an. Nach dem Abschmelzen der Gletscher der letzten Eiszeit ragte das Steilufer in Form eines Geländesporns noch gut sechs Kilometer weiter in die Bucht hinein.

Das Brodtener Ufer steht in weiten Teilen unter Naturschutz. Nicht nur das Steilufer selbst, sondern auch die vorgelagerte Flachwasserzone mit dem Steinriff bilden einzigartige Lebensräume für eine vielfältige Tier- und Pflanzenwelt. Hier befindet sich eine der größten Uferschwalbenkolonien Deutschlands. Der flache Meeresbereich ist ein bedeutendes Nahrungs- und Rastgebiet für Zehntausende Wasser- und Zugvögel.

Wild-romantisch zeigt sich das Brodtener Ufer

Timmendorfer Strand und Niendorf

PLZ: 23669. **Vorwahl:** 04503.
Tourist-Informationen: Timmendorfer Platz 10, Tel. 04503/35770, 23669 Timmendorfer Strand. Im Hafen 4–5, 23669 Niendorf Haus des Kurgastes, 23669 Niendorf. www.timmendorfer-strand.de

Timmendorfer Strand liegt an der Bahnlinie Lübeck–Neustadt/Puttgarden. Regionalzüge verkehren im Stundentakt in beide Richtungen.

Mehrere Regionalbuslinien verbinden Timmendorfer Strand und Niendorf mit anderen Küstenorten, der Hansestadt Lübeck und dem Binnenland.

Reederei Belis, Tel. 0170/7747237. Tägliche Fahrten zu unterschiedlichen Zielen an der Lübecker Bucht. Tickets nur an Bord gegen Barzahlung. Anlegestellen: Niendorfer Hafen, Seeschlösschen-Brücke Timmendorfer Strand, Seebrücke Scharbeutz. www.ostsee-rundfahrten.de

Villa Gropius, Strandallee 50, 23669 Timmendorfer Strand, Tel. 04503/702003. Geschmackvoll eingerichtete Zimmer im ehemaligen Sommerhaus des bekannten Architekten Walter Gropius. Die Villa ist eines der schönsten Gebäude im Ort. www.villa-gropius.de
Fuchsbau, Dorfstraße 9–11, 23669 Groß Timmendorf, Tel. 04503/8020, Vier-Sterne-Romantik-Hotel und feines Land-Restaurant, traditionelle Küche und saisonale Gerichte. www.fuchsbau.com

Fischkiste, Strandstraße 56, 23669 Niendorf/Ostsee, Tel. 04503/31543. Traditionsreiches Fischrestaurant mit Blick auf den Niendorfer Hafen. www.fischkiste.de

Hermannshöhe, Hermannshöhe 1, 23570 Lübeck-Travemünde, Tel. 04502/8885425; tägl. 11–18 Uhr. Ausflugslokal auf dem Brodtener Steilufer zwischen Niendorf und Travemünde; SB-Gastronomie, Abenteuerspielplatz und Innen-Spielbereich, Innen- und Außenplätze, einzigartige Lage unweit der Kliffkante mit herrlichem Ausblick. www.die-hermannshöhe.de
P und C, Timmendorfer Platz 16, 23669 Timmendorfer Strand; ›Kult‹-Imbiss mit klassischem Angebot: Pommes, Currywurst, Burger; persönliche und lockere Atmosphäre; Spezialität ist die ›Currywurst p und c spezial‹, mit Röstzwiebeln und Gurken.
Hauswalds Fischbar, Fischimbiss für Feinschmecker, Niendorfer Hafen, Bude 5 und 6, 23669 Niendorf/Ostsee; tägl. 11–18 Uhr, Mi Ruhetag, nach 18 Uhr nur noch Getränkeausschank. Klassische und exotische Fischbrötchen-Kreationen sowie selbst zubereitete Kartoffelsalate und Dorschfrikadellen, dazu verschiedene Getränke, unter anderem ausgewählte Winzerweine. www.niendorf-fisch.de
Klüvers, Strandstraße 37g, 23669 Niendorf, Tel. 04503/6880; tägl. 10–19 Uhr, Di Ruhetag, Fischimbiss mit Sitzplätzen direkt auf dem Hafenkai, Ausschank von Biersorten aus eigener Brauerei. www.kluevers.com

Café Engels Eck/Café Wichtig, Timmendorfer Platz 3, 23669 Timmendorfer Strand, Tel. 04503/2058. Szenecafé am Timmendorfer Platz. Außer Kuchen, Kaffeespezialitäten und anderen Getränken gibt es Frühstücksangebote und herzhafte Gerichte. www.cafewichtig.de
Café Fitz, Timmendorfer Platz 4–5, 23669 Timmendorfer Strand, Tel. 04503/6364; Mo–So ab 8 Uhr. Vielfältiges Frühstücksangebot, Kaffee, Kuchen und herzhafte Gerichte. Große Terrasse direkt am Timmendorfer Platz. www.cafe-fitz.de
Hafenfreunde, Strandstraße 54, 23669 Niendorf/Ostsee, Tel. 04503/7077448;

Mo-So 9-22 Uhr, im Winterhalbjahr 9-17 Uhr. Café und Bar mit überdachter Terrasse am Niendorfer Hafen; umfangreiches Frühstücksangebot, hausgebackene Kuchen und Torten sowie herzhafte Kleinigkeiten wie Suppen und Flammkuchen. Es werden überwiegend Bio- und regionale Produkte verwendet.
Strandvilla, Grüner Weg 5, 23669 Niendorf/Ostsee, Tel. 04503/31404. Schönes Café in einer Gründerzeitvilla an der Niendorfer Promenade, zwei Terrassen. Sehr gutes Angebot an Kuchen und Torten. www.strand-villa.de
Ahoi Kaffeerösterei Niendorf/Ostsee, Im Hafen 2, 23669 Niendorf/Ostsee; ganzjährig geöffnet, im Sommer ab 10 Uhr, im Winter ab 11 Uhr; Ruhetage und tagesaktuelle Öffnungszeiten sind bei Google abrufbar. Verkauf handgerösteter Filterkaffees und Espressi sowie Ausschank überaus guter Kaffeespezialitäten direkt am Kai des Niendorfer Hafens. www.ahoikaffee.de

riff-Strandbar, Freistrand Niendorf, direkt hinter dem Niendorfer Hafen, 23669 Niendorf/Ostsee, Tel. 0171/9541598, Hochsaison tägl. 12-22 Uhr, Vor- und Nachsaison Mo geschlossen. Kleine Bar mit Liegestühlen direkt am Meer; Cocktails, Bier, Wein, gelegentlich Live-Musik.

SEA LiFE Timmendorfer Strand, Kurpromenade 5, 23669 Timmendorfer Strand. Tickets nur online erhältlich. www.sealife.de
Vogelpark Niendorf, An der Aalbek, 23669 Niendorf, Tel. 04503/4740; tägl. geöffnet, im Sommer 9-19 Uhr, im Winter 10-16 Uhr. In dem sieben Hektar großen Areal leben viele zoologische Raritäten, wie Kraniche, Störche, Pelikane, Flamingos, Papageien, Adler und Geier. Eine Besonderheit ist die weltweit größte Sammlung lebender Eulen. Auf Anfrage werden Führungen angeboten. www.vogelpark-niendorf.de

JazzBaltica. Das hochkarätige und dennoch familiäre Jazz-Festival findet jedes Jahr am letzten Juniwochenende im Zentrum von Timmendorfer Strand statt, teils unter freiem Himmel. Das Programm bietet auch kostenlose Konzerte.
www.jazzbaltica.de
Stars am Strand. Konzertreihe mit bekannten Künstlern. Die Konzerte finden traditionell am Wochenende nach den Beach-Volleyball-Meisterschaften in der Strand-Arena statt.
Deutsche Meisterschaften im Beach-Volleyball. Für das Ereignis, das an vier Tagen Ende August stattfindet, wird extra eine Arena am Strand mit mehreren Tausend Sitzplätzen aufgebaut.
Ostseelauf. Beliebte Laufveranstaltung entlang der Strandpromenade zum Saisonauftakt im März, Distanzen zwischen 5 und 21,5 Kilometern.
www.ostseelauf.com

tobisRad, Strandallee 73b, 23669 Timmendorfer Strand, Tel. 04503/6052618 www.tobisrad.de
Mietrad Timmendorf, Poststraße 34, 23669 Timmendorfer Strand, Tel. 04503/4069666; Mo-Sa 9-18 Uhr. Verleih unter anderem auch von Tandems. www.mietrad-timmendorf.de

Meerwasserhallenbad Niendorf, Strandstraße 133, 23669 Niendorf, Tel. 04503/5456; Mo-Mi und Fr-So 10-18 Uhr, Do 11-20 Uhr.
www.meerwasserhallenbad-niendorf.de

Eissport- und Tenniscentrum (ETC), Am Kurpark, 23669 Timmendorfer Strand, Tel. 04503/7048500; öffentliche Eislaufzeiten Di und Do 14-17 Uhr, Mi 20-22 Uhr, Fr-So 14-18 Uhr (von Okt. bis März)
www.etc-timmendorf.de

Timmendorfer Strand und Niendorf

Sieben Kilometer langer, bewachter Badestrand mit FKK-Bereich an der Grenze zu Scharbeutz sowie zwei Hundestränden. Strandabschnitte für Surfer, Sportstrand unter anderem mit Beach-Volleyballfeld, Verleih von Seekajaks und SUP-Boards. Der westliche und östliche Strandbereich von Niendorf ist kurabgabefrei.

Surfschule Timmendorfer Strand, Durchgang Strandallee 11, 23669 Timmendorfer Strand, Tel. 0163/5141311. Windsurfen, Wingsurfen, SUP; Kurse und Materialverleih. www.surfschule-timmendorf.de
Surfschule Niendorf/Ostsee, Strandstraße 121a, 23669 Niendorf/Ostsee, Tel. 0157/33652755; Angebot s.o.
www.surfschule-niendorf-ostsee.de

Maritim Golfpark Ostsee, Schloßstraße 14, 23626 Warnsdorf, Tel. 04502/77770. www.maritim-golfpark-ostsee.de
Golfanlage Seeschlösschen Timmendorfer Strand, Am Golfplatz 3, 23669 Timmendorfer Strand, Tel. 04503/704400
www.gc-timmendorf.de

Die **Timmendorfer Strand Niendorf Tourismus GmbH** bietet während der Sommermonate regelmäßig geführte Radtouren und Wanderungen an. Eine Auswahl an regionalen Rad- und Wanderkarten auch: Tourist-Informationen

GeoPark Nordisches Steinreich, Tel. 04547/159315; Führungen und Exkursionen für Kinder und Erwachsene zum Thema Steine und Fossilien, unter anderem am Brodtener Steilufer.
www.geopark-nordisches-steinreich.de

Hansemühle, Strandstraße 120, 23669 Niendorf, Tel. 04503/7957044; Leinöl und andere regionale Produkte in Bioqualität. www.hansemuehle.de
Meerseifen, Strandstraße 116, 23669 Niendorf, Tel. 0151/41636169; dekorative Seifen in verschiedenen Duftnoten und Farben, hergestellt aus pflanzlichen Ölen, Meersalz, Ziegenmilch, Honig und weiteren hautpflegenden Zutaten.
www.meerseifen.de
Snabbelsnuut – Die Genussmanufaktur, Strandstraße 118, 23669 Niendorf, Tel. 04503/7928944; Di–Sa 10–17.30 Uhr; Kulinarische Spezialitäten und Kunsthandwerk aus kleinen regionalen Manufakturen, unter anderem Marmeladen, Chutneys, Liköre, Strickwaren und maritime Dekoration. www.snabbelsnuut.de
Sea & Ocean, Seestraße 20, 23669 Hemmelsdorf, Tel. 04503/898254, Mo–Sa 10–16 Uhr, So 12–16 Uhr. Individuell gefertigte Strandkörbe, ausgesuchte Möbel sowie Stoffpuppen, Taschen und Wohnaccessoires. www.belgarden-strandkorb.de
Fischers Wiehnacht. Der maritime Weihnachtsmarkt wird jedes Jahr an einem Dezember-Wochenende im Niendorfer Hafen ausgerichtet.

Ratekau

Etwa sieben Kilometer von der Küste entfernt, im ländlichen Binnenland der Lübecker Bucht, liegt Ratekau. Es ist umgeben von einer Naturlandschaft aus Wäldern, Feldern, kleinen Wasserflächen und Flussläufen. Ratekau ist Zentralort eines Gemeindegebietes, das insgesamt 15 000 Einwohner zählt, und zu dem 13 Dörfer gehören, von denen einige am Ufer des Hemmelsdorfer Sees liegen. Die touristisch interessantesten unter ihnen sind Pansdorf, Offendorf und Warnsdorf.

■ **Sehenswürdigkeiten**

Die im wahrsten Sinne des Wortes herausragende Sehenswürdigkeit Ratekaus ist die romanische **Feldsteinkirche**. Ihre Gründung wird auf das Jahr 1156 datiert, obwohl das Bauwerk in seiner heutigen

Schöne Allee bei Ratekau

Gestalt erst um 1200 entstanden sein kann, wie Untersuchungen belegen. Die Kirche, die zum Bautyp der Vicelinkirchen (→ S. 41) gehört, ist ein eindrucksvolles Zeugnis christlicher Missionstätigkeit im ehemaligen slawischen Herrschaftsgebiet. In ihrer äußeren Form nahezu unverändert erhalten, ist sie die ursprünglichste unter den Feldsteinkirchen in Ostholstein. Eine Besichtigung des Innenraums, der bis auf ein Kruzifix aus dem 16. Jahrhundert jedoch über keinerlei Kunstschätze verfügt, ist nur in Absprache mit dem Kirchenbüro möglich.

Im Jahr 1806 wurde in Ratekau europäische Geschichte geschrieben: Der preußische Generalleutnant von Blücher ergab sich hier am 7. November den napoleonischen Truppen, die von Marschall Jean Baptiste Bernadotte, dem späteren schwedischen König, angeführt wurden. Von dem genauen Ort dieses historischen Ereignisses zeugt die **Blüchereiche** an der L 309, am Ende der nach ihr benannten Straße. Genau genommen steht nur noch der mächtige Stamm des inzwischen abgestorbenen Baumes, an dem die preußischen Soldaten vorbeimarschierten, ihre Waffen niederlegten und sich in Gefangenschaft begaben.

Im Norden von Ratekau, in Höhe des Ortsausgangsschildes Richtung Techau, befindet sich das ehrenamtlich betriebene **Dorfmuseum**. Es zeigt landwirtschaftliche Geräte und Maschinen sowie Handwerks- und Haushaltsutensilien aus dem 19. und frühen 20. Jahrhundert. In einer reetgedeckten Rauchkate aus dem 18. Jahrhundert sind eine Stube von 1880 und eine Küche von 1940 eingerichtet. Weiterhin verteilen sich ein Werkhaus, eine Schmiede, ein Backhaus und zwei Remisen auf dem Gelände, das jederzeit öffentlich zugänglich ist. Ein hübscher, liebevoll gepflegter Bauerngarten lädt zum Verweilen ein. Mit Ausnahme der Remisen, in denen sich allerlei interessantes landwirtschaftliches Gerät befindet, sind die Gebäude nur während der Öffnungszeiten zu besichtigen. Im Backhaus und in der Schmiede, beides Nachbauten nach historischem Vorbild, finden bei Museumsveranstaltungen Vorführungen statt. Interessierte können

Die Feldsteinkirche in Ratekau

Das Dorfmuseum in Ratekau

auch selbst aktiv werden, zum Beispiel im Rahmen von Schmiedekursen.
Am nordöstlichen Ortsrand liegt der **Ruppersdorfer See**, ein Naturschutzgebiet, das vor allem für die Vogelwelt von großem Wert ist. Das ehemals verlandete und trockengelegte Gewässer wurde erst Ende der 1980er Jahre wiederhergestellt, wenn auch in geringerem Ausmaß. Da der Ruppersdorfer See auf der Vogelfluglinie liegt, ist er nicht nur Brut-, Nahrungs- und Mauserplatz für viele, teils bedrohte heimische Arten, sondern auch Rastgebiet für Zugvögel. Bislang wurden etwa 200 Arten gezählt. Zu beobachten sind unter anderem Rohrweihe, Schwarzhalstaucher, Bekassine, Kormoran sowie verschiedene Gänse- und Entenarten. Selbst der Seeadler jagt hier regelmäßig nach Beute. Im See fällt eine von Büschen bewachsene Insel auf. Hier stand im Mittelalter eine Turmhügelburg, eine sogenannte ›Motte‹. Bei der Insel handelt es sich um die Reste des Burghügels. Leider lässt sich der See nur an wenigen Abschnitten in Ufernähe umrunden. Zudem steht der Lärm der nahe gelegenen Autobahn im Gegensatz zu der ländlichen Idylle.
Etwa fünf Kilometer nördlich von Ratekau liegt der Ort **Pansdorf**. Hier befindet sich, einige Hundert Meter von der Landstraße Richtung Sarkwitz entfernt, der **Blocksberg** mit den Resten eines slawischen Ringwalls aus dem 8./9. Jahrhundert. Durch das angrenzende Waldgebiet führen schöne Wanderwege mit Blick auf das Schwartautal. Allerdings empfiehlt sich im Bereich der teils steil abfallenden Talhänge festes Schuhwerk.

Ratekau

PLZ: 23626. **Vorwahl:** 04504.
Gemeindeverwaltung Ratekau: Bäderstraße 19, 23626 Ratekau, Tel. 04504/8030. www.ratekau.de
Infopoint: Im Bahnhof Pansdorf, Am Bahnhof 5, 23689 Pansdorf

Landhotel Zur Linde, Hauptstraße 13, 23626 Ratekau, Tel. 04504/6000; Lage im Ortszentrum direkt gegenüber der Feldsteinkirche; großzügige Zimmer und Appartements. www.landhotel-ratekau.de
Landhaus Töpferhof, Fuchsbergstraße

5-11, 23626 Warnsdorf, Tel. 04502/ 2124, familiengeführtes Vier-Sterne-Hotel mit Restaurantbetrieb auf ehemaligem Gutshof.
www.landhaus-toepferhof.de

Seepavillon Wilmsdorf, Wilmsdorf 8, 23626 Ratekau, Tel. 04502/2612; Mo–So 9–19 Uhr; traditionelle deutsche Küche in ruhiger Umgebung und authentischer Atmosphäre mit Blick auf den Hemmelsdorfer See.
www.seepavillon-wilmsdorf.eatbu.com

Café Tausendschön, Fuchsbergstraße 5-11, 23626 Warnsdorf, Tel. 04502/8888439; Di–So 12–18 Uhr; Café in skandinavischem Stil, Kuchen und Torten aus der eigenen Backstube, kleine herzhafte Gerichte sowie hübsche Dekorationsartikel und ausgesuchte Möbelstücke. www.landhaus-toepferhof.de

Dorfmuseum Ratekau, Am Dorfmuseum 1, 23626 Ratekau.
www.dorfmuseum-ratekau.de

Bad Schwartau

Die Stadt Bad Schwartau liegt keine 20 Kilometer von der Ostsee entfernt und grenzt im Süden unmittelbar an die Hansestadt Lübeck. Sie ist ein beliebter Wohnort mit hohem Freizeit- und Erholungswert sowie durchaus interessanter Historie. Mit 20 000 Einwohnern ist Bad Schwartau die größte Stadt im Kreis Ostholstein. Das Jodsole- und Moorheilbad hat eine lange Tradition als Kur- und Naherholungsort. Die ausgedehnten Wald- und Wiesenflächen an den Ufern des namensgebenden Flüsschens Schwartau bieten viel Raum für Ruhe und Entspannung, aber auch für sportliche Aktivitäten. Die kleine Fußgängerzone bietet sich für einen gemütlichen Bummel an.

Minigolf Offendorf, gegenüber der Badeanstalt am Hemmelsdorfer See.
Karls Erlebnis-Dorf, Fuchsbergstraße 4, 23626 Warnsdorf, tägl 8–19 Uhr, der Betrieb bietet Kaffee, Kuchen und regionale Produkte sowie Spiel- und Erlebnisangebote rund um die Erdbeere und das Landleben. www.karls.de

Badeanstalt Offendorf, Anfang Mai–Mitte Sept. 10–19 Uhr; bewachte Badestelle am Hemmelsdorfer See mit Kiosk, Sitzgelegenheiten, Sprungturm, Volleyballfeld, barrierefreiem Wasserzugang und barrierefreien Spielgeräten.

Hofladen Lindenhof, Hasenredder 2a, 23689 Techau, Tel. 04504/3618, Hofladen mit Möglichkeit zur Selbstbedienung außerhalb der Öffnungszeiten (Milchtankstelle und Food Box). Eier, Fleisch- und Wurstwaren von hofeigenen Tieren sowie Obst, Gemüse, Kartoffeln, Wein, Kaffee, Blumen, Kunsthandwerk.
www.hofladenlindenhof-broosch.de

Unweit des Stadtzentrums haben auch die Schwartauer Werke ihren Sitz, deren berühmte Marmelade Bad Schwartau zu deutschlandweiter Bekanntheit verhalf.

■ Geschichte

Die Stadt Bad Schwartau ist im Laufe der Jahrhunderte aus mehreren Dörfern und Siedlungen zusammengewachsen. Demnach steht das älteste Gebäude der Stadt, die **St. Fabian- und St. Sebastian-Kirche**, nicht im heutigen Zentrum, sondern im Ortsteil **Rensefeld**. Die Kirche entstand zwischen 1139 und 1176 auf Veranlassung von Bischof Vicelin. Das Bischofsdorf Rensefeld wurde zwar erst 1177 erstmals urkundlich erwähnt, bestand aber schon wesentlich früher, wie es die damals bereits vorhandene Kirche belegt. Im Rahmen eines Rachefeldzugs der Lübecker gegen den Bischof wurde sie 1234 weitgehend zerstört, einige Zeit später aber wieder aufgebaut. Aus diesem Grund weist die Kirche sowohl romanische als auch gotische Elemente auf. Rensefeld war noch bis in die Zeit nach dem Zweiten Weltkrieg ein Bauern- und Arbeiterdorf. Insbesondere um die Kirche ist der dörfliche Charakter in Form einiger alter Bauernhäuser, die sich um den Dorfteich gruppieren, noch gut nachvollziehbar.

Die erste Erwähnung des Ortes Schwartau geht auf das Jahr 1215 zurück und bezieht sich auf eine bischöfliche Mühle nahe der Schwartaubrücke in der Eutiner Straße. 1258 ließ der Lübecker Bischof in diesem Bereich ein Siechenhaus für Leprakranke einrichten. 1280 entstand die erste Kapelle des Siechenhauses. Auf ihrem Fundament wurde 1508 die heutige **Georgskapelle** als unauffälliger, schlichter Backsteinbau in spätgotischem Stil errichtet. Sie ist das zweitälteste Gebäude der Stadt und wird heute von der Ev.-Luth. Kirchengemeinde Bad Schwartau für Gottesdienste genutzt.

Bis Anfang des 18. Jahrhunderts entwickelte sich Schwartau zu einem Marktflecken. In diesem Zusammenhang setzte eine rege Bautätigkeit um den heutigen Marktplatz ein, die sich in den folgenden Jahrhunderten auf weitere Gebiete ausdehnte.

Seit Mitte des 19. Jahrhunderts zog es viele Städter, vornehmlich aus dem nahen Lübeck, zur ›Sommerfrische‹ nach Schwartau, das mit der Kutsche schnell erreichbar war. Schon damals schätzten die Menschen den Wald an der ›Au‹, die umliegenden Wiesen und die saubere Luft. Eine Sensation brachte das Jahr 1895: Auf einem Brauereigelände in der Lübecker Straße wurde bei Bohrungen

Die Georgskapelle

nach gutem Trinkwasser eine Solequelle in rund 300 Metern Tiefe entdeckt, die über einen hohen Jodgehalt verfügte. Dies war der Beginn der Entwicklung Schwartaus zum beliebten Kur- und Badeort. Im Jahr 1908 entstand das erste Kurhaus, dem bald weitere Kureinrichtungen folgten. Am 1. Juli 1912 erhielt Schwartau, das damals bereits 4000 Einwohner zählte, das Stadtrecht, ein Jahr später die staatliche Anerkennung als ›Bad‹. 1934 wurden die Dörfer Rensefeld, Groß Parin und Cleve eingemeindet.

■ Sehenswürdigkeiten rund um Marktplatz und Fußgängerzone

Der Markt (Markttage sind Mi und Sa) wird vor allem durch das ehemalige **Amtsgericht** geprägt. Das 1911 im Stil der Neorenaissance errichtete Gebäude gehört zu den prächtigsten der Stadt. Über dem Portal sind passend zu seiner ursprünglichen Bestimmung der Roland mit Schwert und Justitia mit Waage zu sehen. Seit der Aufgabe des Gerichtsstandortes im Jahr 2009 steht das Gebäude leer. Über seine weitere Nutzung

Ehemaliges Amtsgericht mit Peterich-Brunnen

wurde viel diskutiert. Übergangsweise wird es nun von Teilen der Stadtverwaltung genutzt. Langfristig ist jedoch eine kulturelle Nutzung vorgesehen. Gegenüber befindet sich der **Marktbrunnen**, auch ›Peterich-Brunnen‹ genannt, den eine kunstvolle Bronzeplastik ziert. Sie stellt Triton, den Sohn des Meeresgottes Poseidon, und eine Nymphe dar. Bei Brunnen und Plastik handelt es sich allerdings um eine Rekonstruktion. Die Original-Plastik ›Im Spiel der Wellen‹ schuf der renommierte Bildhauer Paul Peterich (1864–1937). Er schenkte sie seiner Geburtsstadt Bad Schwartau im Jahr 1912, anlässlich des 80. Geburtstages seines Vaters und gleichzeitig im Jahr der Verleihung des Stadtrechts. Das Original fiel während des Zweiten Weltkrieges 1943 der Buntmetallsammlung zum Opfer und wurde eingeschmolzen. Der verbleibende Steinbrunnen wurde in den 1950er Jahren abgebaut. 1997 entschied sich die Stadt, eine Kopie des ehemaligen Brunnens samt Plastik auf dem Marktplatz aufzustellen.

Südlich des Marktes liegt die **Fußgängerzone** mit einem breiten Warenangebot und Gastronomie. Sie wurde vor einigen Jahren komplett neu gestaltet und mit Lichtelementen, Sitzmöglichkeiten, Spielgeräten und einer barrierefreien Wegeführung ausgestattet. Die ehemalige Haupt- und Geschäftsstraße Bad Schwartaus, die parallel verlaufende Lübecker Straße, ist als Einkaufsmeile mittlerweile in den Schatten der breiten Fußgängerzone gerückt. Allerdings stehen hier noch einige hübsche historische Häuser.

■ **Kurpark, Riesebusch, Schwartautal**
Der in den 1950er Jahren angelegte **Kurpark** liegt etwas versteckt zwischen dem Marktplatz und der Schwartau. Am einfachsten erreicht man ihn über den Haupteingang in der Eutiner Straße oder von der Geibelstraße. Einzigartig sind seine Lage im Schwartautal und die Einbeziehung des umgebenden Naturraums in die Parkgestaltung. Das Wegesystem um den zentralen Schwartauer See reicht bis in das Waldgebiet Mönchkamp und

Karte S. 192

in die Schwartauwiesen, die von Altarmen des Flusses durchzogen werden. Darüber hinaus gibt es einen rund drei Kilometer langen Naturerlebnisweg mit mehreren Stationen, der unter anderem über Bohlen durch einen urwaldartigen Erlenbruch führt. Für spielerische Abwechslung sorgt ein Minigolfplatz direkt an der Schwartau

Auf der anderen Seite der Eutiner Straße erstreckt sich das **Waldgebiet Riesebusch**. Verschlungene Wege erschließen das hügelige Gelände. Am schönsten sind die naturbelassenen Pfade nahe der Schwartau. Einige Abschnitte führen direkt am Ufer entlang. Die zum Teil steilen Hänge des als Naturschutzgebiet ausgewiesenen Schwartautals sind überwiegend von Buchen bewachsen. Einige Bereiche sind als Naturwald gekennzeichnet. In den 1930er Jahren begradigte der Reichsarbeitsdienst die Schwartau an vielen Stellen, um landwirtschaftliche Nutzflächen zu gewinnen. Dabei gingen wertvolle Lebensräume verloren. In der jüngeren Vergangenheit wurden verschiedene Maßnahmen durchgeführt, damit sich der Fluss wieder naturnah entwickeln kann. Hierzu gehört das Einbringen von Kiesbetten, Geröll, quer liegenden Bäumen und Ästen. Die dadurch veränderten Fließverhältnisse sorgen für Sauerstoffzufuhr und die Entstehung strömungsarmer Bereiche und Uferzonen, die für bestimmte Tierarten, wie Meerforelle, Steinbeißer oder Fischotter, ideale Bedingungen bieten. In den zeitweise überschwemmten Uferbereichen können sich zudem Auenwälder entwickeln.

Der Riesebusch bietet sich nicht nur für ausgedehnte Spaziergänge an, sondern auch als Ausgangspunkt für längere Wanderungen durch die Naturidylle des Schwartautals. Hierfür empfiehlt sich jedoch eine gute Geländekarte. Etwa sieben Kilometer nordwärts liegt der Bahnhof Pansdorf, von wo Züge im Stundentakt nach Bad Schwartau fahren. Ein beliebtes Terrain ist der Riesebusch auch für sportliche Aktivitäten. Hier verlaufen mehrere beschilderte Nordic-Walking-Routen, die zwischen vier und acht Kilometern lang sind. Ein Flyer mit den Streckenverläufen ist in der Tourist-Information im Rathaus erhältlich.

Rund 300 Meter vom Wohnmobilstellplatz am Riesebusch entfernt liegt die **Wilhelmsquelle**. Sauberes, klares Schichtwasser fließt aus dem Uferhang durch terrassenförmig angelegte Natursteinbecken in die Schwartau. Offiziell hat das Wasser keine Trinkwasserqualität, doch viele Einheimische schwören auf seinen besonderen Geschmack und nutzen es für die Zubereitung von Kaffee oder Tee. In früheren Jahren wurde hier auch das Taufwasser entnommen. Die Wilhelmsquelle ist nach dem Schriftsteller Wilhelm Jensen (1837–1911) benannt, einem Freund Emanuel Geibels (1815–1884). Anfang des 20. Jahrhunderts fand die kleine Quelle sogar Eingang in die Weltliteratur: Thomas Mann wählte sie in seinem Roman ›Buddenbrooks‹ als Ziel eines Familienausflugs von Lübeck nach

Im Riesebusch

Die Wilhelmsquelle hat Eingang in die Weltliteratur gefunden

Schwartau und ließ die Familie Buddenbrook vom nahe gelegenen Wirtshaus hierher wandern:

›...Der schattige Waldweg wurde eben, und es dauerte gar nicht lange, bis sie die ›Quelle‹ erreicht hatten, einen hübschen, romantischen Punkt mit einer hölzernen Brücke über einem kleinen Abgrund, zerklüfteten Abhängen und überhängenden Bäumen, deren Wurzeln bloß lagen. Sie schöpften mit einem silbernen, zusammenschiebbaren Becher, den die Konsulin mitgebracht hatte, aus dem kleinen, steinernen Bassin gleich unterhalb der Austrittsstelle und erquickten sich mit dem frischen, eisenhaltigen Wasser, ...‹

Etwa einen Kilometer nördlich der Wilhelmsquelle, an einem steil zur Schwartau abfallenden Hang, stand im 12./13. Jahrhundert eine **Burg**. Heute zeugen noch Reste der Befestigungsanlage in Form von Gräben und Wällen von ihrer Existenz. Auf Informationstafeln sind interessante Informationen über das archäologische Denkmal zu lesen.

■ Pariner Berg mit Bismarcksäule

Etwa drei Kilometer nordwestlich des Marktplatzes, im Stadtteil Groß Parin, liegt der Pariner Berg. Die 72 Meter hohe Erhebung ist Teil einer eiszeitlichen Endmoräne. Hier wurde 1902 die **Bismarcksäule** eingeweiht. Sie ist eines der zahlreichen Denkmäler zu Ehren des Gründers des Deutschen Reiches und ersten Reichskanzlers Otto von Bismarck, die damals vielerorts entstanden. Der knapp 13 Meter hohe, aus Feldsteinen gemauerte Turm verfügt über eine Aussichtsplattform mit weitem Rundumblick über die Hügellandschaft Ostholsteins bis nach Timmendorfer Strand, Travemünde und Lübeck. Die Plattform ist über eine Wendeltreppe erreichbar.

Bad Schwartau

PLZ: 23611. **Vorwahl:** 0451.
Tourist-Information: Markt 15 (im Eingangsbereich des Rathauses), Tel. 0451/20002334; Mo 9–12 Uhr und 15–17.45 Uhr, Di–Fr 9–12 Uhr.
www.bad-schwartau.de

Bad Schwartau verfügt über einen **Bahnhof** und liegt an den Strecken Lübeck-Kiel sowie Lübeck-Neustadt.

Waldhotel Riesebusch mit Restaurant, Sonnenweg 1, 23611 Bad Schwartau, Tel. 0451/293050, Restaurant Mo–So 17–22 Uhr. Der Kern des Gebäudes, mitten in der Natur gelegen, wurde 1883 als Ausflugslokal erbaut und später zu einem Drei-Sterne-Hotel erweitert. Der Familienbetrieb wird heute in vierter Generation geführt. Das Restaurant bietet eine übersichtliche Speisenauswahl.
www.waldhotel-riesebusch.de
Pension Thiel, Bahnhofstraße 17, 23611 Bad Schwartau, Tel. 0451/4868860. Gepflegte Pension, zentrumsnah und dennoch ruhig am Wald gelegen. Der Bahnhof befindet sich in fußläufiger Entfernung. www.pension-thiel.de

✕

Gambero Weinbar, Geibelstraße 3, 23611 Bad Schwartau, Tel. 0451/2900050; Mi–Fr 12–15 Uhr und 17–22 Uhr, Sa–So ab 12 Uhr. Sehr gute, gehobene italienische Küche mit modernen und innovativen Akzenten, gepflegtes Ambiente in einem mehr als 100 Jahre alten Fachwerkhaus. www.gambero-weinbar.de
Wein & Geniessen, Lübecker Straße 5, 23611 Bad Schwartau, Tel. 0451/505 78090; 14–22 Uhr, Die Ruhetag, gemütliches Weinlokal im Zentrum Bad Schwartaus; große Auswahl an deutschen und internationalen Weinen; Angebot an Biokäse-Spezialitäten und kleinen Speisen wie Antipasti, Flammkuchen und Ofenkäse.

Gaststätte Pariner Berg, Pariner Berg 4, 23611 Bad Schwartau, Tel. 0451/21418; Mo–Mi Ruhetage. Typischer Landgasthof direkt am Bismarckturm, seit 1827 in Familienbesitz, heute in sechster Generation. Traditionelle Holsteiner Küche, Spezialitäten sind Bauernfrühstück, Saure Rippen, Aal in Sauer und im Winter Grünkohl; abwechslungsreiche Kinderkarte, Kaffeegarten mit schönem Weitblick bis nach Lübeck.

Eiscafé Venezia, Markt 9, 23611 Bad Schwartau, Tel. 0451/21189; Mitte März–Ende Sept. tägl 10–21 Uhr. Thekenverkauf und Café. Das Eis wird vor Ort nach alten Familienrezepten mit natürlichen, frischen Zutaten und ohne Geschmacksverstärker, Konservierungsmittel, künstliche Aromen und Farbstoffe hergestellt. www.venezia-schwartau.de

Wohnmobilstellplatz am Riesebusch. Gebührenpflichtiger Stellplatz für 15 Mobile mit Frischwasser, Strom und Entsorgung. Ganzjährig.

Minigolf Bad Schwartau, im Kurpark, Tel. 0162/2931213, April–Anfang Okt. Mo–Sa 14–21 Uhr, So ab 11 Uhr, im Winter Sa–So 11–16 Uhr
www.minigolfplatz-bad-schwartau.de

Die meisten Geschäfte, Restaurants und Cafés befinden sich in der Fußgängerzone ›Markttwiete‹ sowie in der Lübecker Straße. Kostenlose Parkmöglichkeiten gibt es in unmittelbarer Nähe.
Schwartau Werksverkauf, Auguststraße (gegenüber der Hausnr. 8, im Untergeschoss von ›Steinfeldt‹), 23611 Bad Schwartau, Mo–Fr 9–18 Uhr, Sa 9–15 Uhr; Schwartau-Artikel und 2. Wahl-Ware. Insbesondere Saucen und Konfitüren werden deutlich unter dem offiziellen Ladenpreis angeboten.

⊙ Radtour: Durch urwüchsige Natur zwischen Pansdorf und Bad Schwartau

Ausgangspunkt: Bahnhof Pansdorf **Länge:** 40 Kilometer

Auf dieser Tour bewegen wir uns nicht nur auf wenig befahrenen Wegen durch urwüchsige Natur und hübsche Dörfer, sondern erfahren auch Interessantes über die ostholsteinische Kulturgeschichte. Wir starten am denkmalgeschützten Pansdorfer Bahnhofsgebäude von 1873.

Von hier gelangten in den Anfangszeiten des Küstentourismus viele Sommergäste per Kutsche in ihre Urlaubsquartiere in Timmendorfer Strand und Scharbeutz. Allerdings waren die Straßen damals noch nicht so gut ausgebaut wie heute. Unser erstes Etappenziel, der **Blocksberg** mit einem ehemaligen slawischen Ringwall aus dem 8./9. Jahrhundert, liegt nur etwa einen Kilometer Luftlinie entfernt.

Wir fahren zunächst den Techauer Weg entlang, überqueren die Bahnschienen und biegen nach 500 Metern an der langgezogenen Linkskurve scharf rechts in den Waldweg ein. Nachdem wir den idyllischen Mühlenteich mit dem historischen Wasserrad passiert haben, biegen wir links ab und folgen dem Pfad, der einen schönen Blick in das naturbelassene **Schwartautal** bietet. Es empfiehlt sich, die Räder hier abzustellen, da der Weg zum Teil schlecht befahrbar ist. Nach 500 Metern gelangen wir zur Ringwallanlage, die etwas versteckt auf einer Wiese liegt. Zwei Gatter dienen als Zugang, denn das Areal wird von Ziegen und Schafen beweidet.

Nach diesem kleinen Abstecher in die frühe Siedlungsgeschichte Ostholsteins setzen wir unseren Weg noch ein Stück durch den Wald fort, bevor wir die Kreisstraße K 54 erreichen. Die Route führt uns weiter nach Sarkwitz und durch eine hübsche Knicklandschaft nach Böbs. Kurz vor dem Ortsausgangsschild führt links ein Weg in das **Curauer Moor**. Wer mag, besucht vorher noch das pittoreske **Dunkelsdorf**, das etwa 15 Fahrradminuten entfernt hinter dem Schwinkenrader Forst liegt. Dunkelsdorf wurde im Mittelalter von einem Ritter Namens Dunker gegründet. Davon leitet sich der Ortsname ab. In dem historischen Feuerwehrhaus auf dem Dorfplatz, der sich wunderbar für ein Picknick eignet, kann man ein Feuerwehrfahrzeug von 1902 bestaunen.

Auf dem genannten Wanderweg durchqueren wir nun das Curauer Moor. Das Niedermoor, das auch Übergangs-, Quell- und Hangmoorbereiche aufweist, hat sich nach der Eiszeit aus einem Toteissee entwickelt. Es wurde über lange Zeit für den Torfabbau sowie als Grün- und Ackerland genutzt. Umfangreiche Renaturierungsmaßnahmen haben es in einen Lebensraum für viele seltene Tier- und Pflanzenarten verwandelt. Unter anderem lassen sich Kraniche, Kiebitze und Wachtelkönige beobachten. Wir halten uns auf dem Wanderweg, der auch asphaltierte Strecken aufweist, und verlassen das Moor nach dem Überqueren einer kleinen Brücke über die Curauer Au. Wir halten uns rechts und fahren entlang des Golfplatzes nach Curau.

An der Hauptstraße (L184) biegen wir links ab und hinter dem Ortsausgangsschild noch einmal links Richtung Gut Schönkamp. Fernab des Autoverkehrs schlängelt sich der Weg bergan bis nach Klein Parin. Auf dem Höhenweg Richtung Groß Parin, begleitet von einem einzigartigen Panoramablick auf die Moränenlandschaft und die Silhouette von Lübeck, gelangen wir zum dem höchsten Punkt, dem **Pariner Berg**. Dort befinden sich der gleichnamige Landgasthof und die **Bismarcksäule**. Von dem 13 Meter hohen Turm reicht die Aussicht bis nach Timmendorfer Strand und Travemünde. Nach einer rasanten Talfahrt kommen wir hinter Groß Parin wieder an die Schwartau. Hier steht die **Hobbersdorfer Mühle**, der einzige hier noch aktive Mühlenbetrieb,

Radtour: Durch urwüchsige Natur zwischen Pansdorf und Bad Schwartau

hervorgegangen aus einer historischen Mühle mit Wasserrad. Bevor die Dampfmaschine erfunden wurde, war Wasser ein wichtiger Energiespender, um Mahlwerke anzutreiben, und so befanden sich auch an der Schwartau zahlreiche Mühlen. Wir setzen unseren Weg über Techau nach Ratekau fort.

Im **Dorfmuseum** am Ortseingang können wir den liebevoll gepflegten Bauerngarten genießen, alte landwirtschaftliche Geräte bestaunen und uns während der Öffnungszeiten auch über traditionelle Handwerke informieren.

Die imposante **Feldsteinkirche** von 1156 im Ortszentrum gehört zu den am besten erhaltenen Kirchen des 12. Jahrhunderts.

Über die Alte Schulstraße und den Ruppersdorfer Weg gelangen wir zum Naturschutzgebiet **Ruppersdorfer See** mit den Überresten eines mittelalterlichen Turmhügels. Zu bestimmten Zeiten tummeln sich hier unzählige Wasservögel. Weiter geht es, vorbei an Wiesen, Feldern und Knicks, nach Groß Timmendorf und von dort zurück zum Ausgangspunkt in Pansdorf.

Der Bismarckturm auf dem Pariner Berg bietet einen wunderbaren Ausblick

›...Brüder sein, das heißt: zusammen in einem würdig provinziellen Winkel des Vaterlandes kleine Jungen sein und sich zusammen über den würdigen Winkel lustig machen...‹

Thomas Mann, 1931

An der Obertrave

AUSFLUG NACH LÜBECK UND TRAVEMÜNDE

Lübeck

Die Lübecker sind stolz auf ihre Stadt, konnte sie sich doch im Laufe ihrer mehr als 800-jährigen Geschichte mit mehreren bedeutenden Titeln schmücken. ›UNESCO-Weltkulturerbe‹ ist nur einer von ihnen. Im Jahr 1987 wurde die von der Trave umflossene Altstadtinsel als erstes Stadtensemble in Nordeuropa in die Liste der Welterbestätten aufgenommen. Rund 1800 denkmalgeschützte Gebäude stehen hier. Die Anlage des Straßennetzes geht auf das 12. und 13. Jahrhundert zurück und blieb mit seinen beiden Nord-Süd-Achsen und den quer verlaufenden Rippenstraßen nahezu unverändert erhalten. In den Hauptstraßen reihen sich prächtige Kaufmannshäuser mit repräsentativen Treppen- und Glockengiebeln aneinander. Die Lübecker Altstadt erscheint wie ein großes Architekturmuseum unter freiem Himmel. Allerdings, auch wenn manche Lübecker es nicht gern hören mögen: Wer eine große berufliche Karriere anstrebt, den zieht es meist doch in Metropolen wie Hamburg, Berlin oder München. Das beste Beispiel hierfür sind Heinrich und Thomas Mann (→ S. 48), mit denen sich Lübeck heute noch gern schmückt, denn immerhin waren ihre Erfolge eng mit der Geburtsstadt verknüpft.

Zwar ist die mit rund 217 000 Einwohnern zweitgrößte Stadt Schleswig-Holsteins keine Weltstadt mehr wie einst im Mittelalter, doch touristisch gesehen spielt Lübeck deutschlandweit in der ersten Liga. Bei einem Spaziergang durch die historischen Altstadtgassen gibt es an jeder Ecke etwas zu entdecken.

Auch für einen Einkaufsbummel ist Lübeck eine beliebte Adresse. Neben den großen Geschäften in der Breiten Straße und der Königsstraße bieten vor allem die Hüxstraße und Fleischhauerstraße eine Auswahl an kleinen, inhabergeführten Läden mit interessanten Sortimenten.

▲ *Lübeck, Malerwinkel mit Dom*

Hier gibt es auch viele Cafés, Bars und Restaurants. Apropos Kulinarik: Was wäre ein Besuch in Lübeck, ohne das berühmte **Marzipan** probiert zu haben? Die meisten Touristen zieht es in das Stammhaus der weltbekannten Firma Niederegger in der Breiten Straße, mit Verkaufsraum im Erdgeschoss, Café und einem kleinen Marzipanmuseum. Doch das 1806 gegründete Unternehmen ist keineswegs der einzige Produzent der süßen Mandelmasse. Eine weitere Manufaktur ist beispielsweise die Firma Mest, die außerdem sehr gute Schokolade herstellt. Wessen Rezeptur nun die beste ist, daran scheiden sich die Geister. Letztlich hilft nur Probieren bei der Wahl des persönlichen Favoriten. Die Beschreibung aller Lübecker Sehenswürdigkeiten würde problemlos ein eigenes Buch füllen. Daher stellt dieses Kapitel lediglich eine Auswahl der bekanntesten unter ihnen vor, die als Anregung für einen Tagesausflug dienen soll.

Geschichte

Bereits im 8. Jahrhundert ließen sich slawische Siedler im nördlichen Teil der heutigen Lübecker Altstadt nieder und errichteten eine Befestigung namens ›Bucu‹. Nach der Eroberung Wagriens 1139 ließ Holstengraf Adolf II. auf den Resten dieser slawischen Befestigungsanlage eine neue Burg bauen und gründete in ihrem Schutz 1143 die Stadt Lubeke. Seine Burg sicherte den einzigen Landzugang zum damals noch als Halbinsel ausgebildeten Stadtgebiet. Die Lage der Stadt an einer wichtigen Fernhandelsroute trug zusammen mit dem aufblühenden Ostseehandel zu einer raschen Entwicklung bei.

Im Jahr 1158 ging die Stadt in den Besitz Heinrichs des Löwen über, der sie 1159 nach zwischenzeitlicher Zerstörung wieder aufbaute. Im Jahr 1160 wurde der Bischofssitz von Oldenburg in das aufstrebende Lübeck verlegt.

Nach der Absetzung des Sachsenherzogs unterwarfen sich die Lübecker 1181 Kaiser Friedrich I. als neuem Machthaber. Da der Kaiser jedoch nicht vor Ort residierte, hatten wiederum die Dänen leichtes Spiel. Von 1201 bis 1225 war der dänische König Lübecker Stadtherr, dessen Herrschaft endgültig 1227 mit der Schlacht bei Bornhöved endete. 1226 erhob Kaiser Friedrich II. Lübeck zur freien Reichsstadt, was bedeutete, dass die Stadt direkt dem Kaiser unterstellt war und eine unabhängige Handelspolitik betreiben konnte. Lübeck hatte nun verfassungsrechtlich die gleiche Stellung wie die Landesfürsten.

Es war vor allem das Salz, das der Stadt zu Reichtum und Ansehen verhalf. Mit dem ›weißen Gold‹, das überwiegend aus Lüneburg stammte, war es möglich, Nahrungsmittel wie Hering und Stockfisch zu konservieren. Im 13. und 14. Jahrhundert, zur Zeit der Hanse, entwickelte Lübeck eine dominierende Position im Handel mit Hering, der Fastenspeise in ganz Europa. Der Niedergang der Hanse im 17. Jahrhundert und die Besetzung durch französische Truppen 1806, verbunden mit der Kontinentalsperre, bremsten Lübecks wirtschaftliche Entwicklung aus. Erst nach der Gründung des Deutschen Reiches 1871 ging es wieder aufwärts, und die Stadt erlangte Bedeutung als **Handels- und Industriestandort**. Im Jahr 1937 wurde Lübeck schließlich durch das Groß-Hamburg-Gesetz in die Provinz Schleswig-Holstein eingegliedert, was das Ende der staatlichen Selbstständigkeit bedeutete. Bestrebungen, diese nach dem Krieg zurück zu erlangen, scheiterten. Am 28./29. März 1942 wurde bei einem britischen Luftangriff, dem ersten Flächenbombardement der

Alliierten auf eine deutsche Stadt, rund ein Viertel der Altstadt zerstört. Auch drei der fünf Hauptkirchen standen in Flammen: St. Marien, St. Petri und der Dom. Das Feuer vernichtete große Teile der Gebäude und der Innenausstattung. Ihr Wiederaufbau dauerte Jahrzehnte und stellte zusammen mit der Integration von knapp 100 000 Heimatvertriebenen eine besondere Herausforderung der Nachkriegsgeschichte dar.

Nach der Teilung Deutschlands 1945 verlor Lübeck sein wirtschaftliches Hinterland und geriet in eine geographische Randlage, die erst mit der Wiedervereinigung 1990 endete.

Lübeck und die Hanse

Die Hanse gilt als das bedeutendste und mächtigste Handelsbündnis des Mittelalters. Der Begriff ›Hanse‹ geht auf das althochdeutsche Wort ›Hansa‹ zurück, was soviel wie ›Gruppe‹ oder ›Schar‹ bedeutet.

Der Ursprung des Netzwerkes, das etwa von der Mitte des 12. Jahrhunderts bis zur Mitte des 17. Jahrhunderts bestand, war ein Zusammenschluss vorwiegend norddeutscher Kaufleute. Mitte des 14. Jahrhunderts wurde der Bund zu einer Städtegemeinschaft umgewandelt, die ihre Handelsbeziehungen nach und nach ausbaute.

Ziel der Hanse war die Vertretung gemeinsamer Interessen im Warenaustausch zwischen den rohstoffreichen Gebieten im Osten und den Produktionsstandorten im Westen. Neben Handelsprivilegien wie Zollfreiheit genossen ihre Mitglieder zudem Schutz im Ausland. Streitigkeiten wurden in den jeweiligen Niederlassungen durch eine eigene Gerichtsbarkeit entschieden. Große Niederlassungen der Hanse, sogenannte Kontore, bestanden in London, Brügge, Bergen und Novgorod. Dies verdeutlicht bereits ihre geographische Ausdehnung. Zur Glanzzeit zwischen dem 13. und dem 15. Jahrhundert gehörten ihr mehr als 200 Hafen- und Binnenstädte von Brügge bis Novgorod und vom Ostseeraum bis nach Thüringen an.

Die Stadt Lübeck war von Beginn an ein wichtiger Partner innerhalb des Netzwerkes, ihre Gründung gilt als entscheidend für die Entwicklung der Hanse. Als erste deutsche Ostseestadt war Lübeck das Tor West- und Mitteleuropas zum Handel im gesamten Ostseeraum. Zudem lag die Stadt zentral innerhalb des Handelsgebietes der Hanse. So war es nicht verwunderlich, dass sie rasch eine führende Position entwickelte. Seit dem Ende des 13. Jahrhunderts galt Lübeck unangefochten als ›Haupt der Hanse‹. Infolge des freien Handels gelangten viele Hansestädte zu beträchtlichem Reichtum, der sich heute in repräsentativen Bauwerken aus dieser Zeit widerspiegelt. Lübeck war im Hochmittelalter sogar eine der reichsten Städte.

Wichtige Handelsgüter im Hanseraum waren Getreide, Stockfisch, Hering, Salz, Wachs, Pelze, Holz und Tuche. Geographisch bedingt kam dem Seehandel eine große Bedeutung zu, weshalb die Kogge zum universellen Symbol der Hanse wurde.

Interessant ist, dass die Hanse nie eine offizielle Satzung oder eine Kasse besaß. Verbindendes Element waren die unregelmäßig stattfindenden Hansetage, zu denen meist Lübeck einlud und auf denen die Mitglieder gemeinsame Entscheidungen trafen. Folglich wurde das Bündnis auch nie offiziell aufgelöst. Allerdings ging die Bedeutung der Hanse im Laufe des 15. Jahrhunderts langsam zurück. Auslöser war vor allem die Entdeckung Amerikas. Die neue Welt weckte großes Interesse, verbunden mit der Hoffnung auf weiteren Reichtum und Wohlstand.

Alte Salzspeicher an der Trave

Es entstanden neue Märkte und Handelswege. Sowohl ausländische Herrscher als auch deutsche Landesfürsten suchten zunehmend auf eigenem Weg ihr Glück bei den neuen Handelspartnern. Zudem verstrickte sich die Hanse, die auch politisch ein Machtfaktor war, ab dem 16. Jahrhundert in verschiedene Kriege in Nordeuropa. Viele Partner, die dem Bündnis vorrangig aus wirtschaftlichen Gründen beigetreten waren, hatten jedoch kein Interesse mehr daran, Geld und Soldaten für die politischen Ambitionen des Zentrums Lübeck beizusteuern. Im Jahr 1629 wurden die Städte Lübeck, Hamburg und Bremen von den anderen Mitgliedern mit der Wahrnehmung ihrer Interessen betraut. 1669 fand in Lübeck der letzte Hansetag statt, zu dem lediglich Vertreter von sechs Städten erschienen. Lübeck, Hamburg und Bremen waren jedoch auch später noch eng verbunden und unterhielten gemeinsame diplomatische Vertretungen an Europas Höfen sowie gemeinsame Konsulate in wichtigen Häfen.

Bis heute hinterlässt die Hanse ihre Spuren im gesellschaftlichen, wirtschaftlichen und auch politischen Leben. Neben Namen für Straßen und Bauten stellen Bezeichnungen wie ›HANSA-PARK‹ (→ S. 179), ›Deutsche Lufthansa‹ oder auch ›Hansa Rostock‹ Bezüge her. Auf europäischer Ebene ist das ›Hanse-Office‹ heute die gemeinsame Vertretung der Bundesländer Hamburg und Schleswig-Holstein bei der Europäischen Union in Brüssel. Viele Hansestädte tragen die Farben der Hanse, weiß und rot, in ihren Wappen. Die Stadt Zwolle startete 1980 den Versuch, die Tradition der Hansetage wiederzubeleben. Tatsächlich fanden seitdem mehrere moderne Hansetage statt, auch in Lübeck. Allerdings haben diese Veranstaltungen in der heutigen Zeit eher den Charakter eines großen Volksfestes.

Fünf Kirchen – sieben Türme

Fünf mächtige Backsteinkirchen, einst Ausdruck von Macht und Reichtum der Hansestadt, verteilen sich auf der Alt-

Sieben-Türme-Blick auf Lübeck

stadtinsel. Ihre insgesamt sieben Türme erheben sich über das mittelalterliche Häusermeer und prägen die Stadtsilhouette von Weitem, weshalb Lübeck auch ›Stadt der sieben Türme‹ genannt wird. Jedes Viertel hatte seine eigene Kirche, die von den Menschen des dort jeweils ansässigen Berufsstandes aufgesucht wurde. Heute spielen die Kirchen nicht nur für das geistliche, sondern auch für das kulturelle Leben der Stadt eine wichtige Rolle. Ein Besuch ist keineswegs nur für Kunst- oder Religionsinteressierte lohnenswert, denn in jeder Kirche finden sich neben den sakralen Schätzen auch Details von allgemeinem Interesse.

■ St. Marien

Die beeindruckende Marienkirche im Zentrum der Altstadt ist nicht nur die größte Lübecker Kirche, sondern gilt auch als Prototyp der norddeutschen Backsteingotik (→ S. 41). Sie entstand von 1250 bis 1350 und war das Gotteshaus der Ratsherren und Kaufleute. Diese hatten auf ihren Reisen die prächtigen gotischen Sandsteinkirchen Frankreichs gesehen und wünschten diesen neuen Baustil auch für ihre Kirche. Aus Mangel an Natursteinvorkommen wurde als Baumaterial Backstein verwendet. Die Marienkirche war Vorbild für viele weitere gotische Backsteinkirchen im Ostseeraum. Sie steht gleichermaßen für die Religiosität des Mittelalters, den Stolz des aufstrebenden Lübecker Bürgertums und die Rolle der Stadt während der Hansezeit. Die beiden **Türme** erreichen eine Höhe von 125 Metern. Fast fragil wirken die schlanken Säulen im 38 Meter hohen Mittelschiff mit seinen zarten Malereien. St. Marien verfügt über das höchste Backsteingewölbe der Welt.

Von 1668 bis 1707 wirkte hier der weltbekannte Organist und Komponist Dieterich Buxtehude (→ S. 47), der auch in der Kirche beigesetzt ist.

In der Beichtkapelle an der Nordseite steht eine **astronomische Uhr** von immenser Größe. Es handelt sich dabei allerdings um eine Rekonstruktion. Das Original von 1566 wurde bei der Bombardierung Lübecks im März 1942 zerstört. Auf der Kalenderscheibe, die in

Fünf Kirchen – sieben Türme

mehrere Kreise unterteilt ist, sind alle Wochentage der Jahre 1911 bis 2080 ablesbar. Außerdem sind die Daten der Ostersonntage für diesen Zeitraum verzeichnet. Ganz außen befinden sich die Sterne des astronomischen Tierkreises. Auf dem Original war ein astrologischer Tierkreis dargestellt. Die Uhr ist noch voll funktionsfähig, täglich um 12 Uhr setzen sich Figuren im oberen Teil des technischen Meisterwerks in Bewegung. Der 1463 erschaffene berühmte **Lübecker Totentanz** von Bernt Notke, eine der eindringlichsten Darstellungen der menschlichen Vergänglichkeit, befand sich ebenfalls in diesem Raum. Das ursprüngliche Gemälde auf Leinwand wurde jedoch wegen seines schlechten Erhaltungszustandes bereits 1701 durch eine Kopie von Anton Wortmann ersetzt. Diese wiederum ging bei der Bombardierung der Kirche in Flammen auf, so dass heute nur noch Reproduktionen existieren. Nach dem Zweiten Weltkrieg hielten mehrere Künstler in den Glasmalereien der Kirchenfenster die Erinnerung an den Totentanz wach. Der Inhalt ist beeindruckend und denkwürdig zugleich: Der Tod, in Gestalt eines Skeletts, reicht nacheinander mehreren Personen die Hand zum Tanz. Die Reihe der Figuren repräsentiert die verschiedenen gesellschaftliche Stände und Altersgruppen, vom Papst über den Kaiser, den Kaufmann, den Bauern bis zum Neugeborenen. Unterhalb der Figuren, die sich dem Todesreigen und dem unausweichlichen Weg ins Grab nur widerwillig fügen, befindet sich jeweils ein kurzer Dialog zwischen dem Tod und der noch lebenden Person. In seinem jeweils letzten Satz wendet sich der Tod an die nächste Person in der Reihe. Die Texte sind in Mittelniederdeutsch verfasst, der Verkehrssprache der Hanse. Der Totentanz mit seiner unmissverständlichen Botschaft, der Vergänglichkeit allen Lebens ohne Rücksicht auf gesellschaftlichen Stand, Reichtum oder Alter, sollte die Menschen zu einem tugendhaften Leben bewegen. Das Gemälde entstand zu einer Zeit, als die Pest sich gerade von Süden nach Norden ausbreitete. Vermutlich war es auch Ziel, die Bevölkerung vor der Seuche, die 1464 Lübeck erreichte, zu warnen und daran zu erinnern, rechtzeitig für begangene Sünden zu büßen.

Neben einer Besichtigung des Innenraums der Marienkirche ist auch eine Gewölbeführung empfehlenswert, allerdings nur für Schwindelfreie. Über Wendeltreppen, Holzstege und steile Leitern geht es hinauf bis zum Dachreiter in rund 60 Metern Höhe. Von hier hat man einen freien Blick auf die gesamte Altstadt und bei klarer Sicht so-

Astronomische Uhr in der Marienkirche

Lübeck

Teufelsfigur: Das Berühren der Hörner soll Glück bringen

gar bis nach Mecklenburg, Travemünde und Ostholstein.

Draußen neben dem Kircheneingang befindet sich eine auf einem Granitstein sitzende bronzene **Teufelsfigur**. Der Legende nach bemerkte der Teufel den Bau der Marienkirche und ging zunächst von der Entstehung eines Weinhauses aus. Er freute sich schon darauf, die Seelen jener, die dort einkehren würden, zu sich holen zu können. Daher half er fleißig bei den Bauarbeiten mit. Als er jedoch erkannte, um welche Art von Gebäude es sich handelte, wurde er zornig, schaffte einen Granitblock heran, und wollte damit das bereits Erschaffene zerstören. Die Arbeiter flehten den Teufel an, die Kirche zu verschonen und versprachen ihm, dass er sein Weinhaus bekäme. Der Teufel ließ den Gesteinsklotz daraufhin knapp neben der Kirche fallen. Nebenan entstand kurz darauf der Ratskeller. Der Teufel sitzt nunmehr zufrieden auf dem großen Granitblock vor der Kirche. Das Berühren seiner Hörner soll Glück bringen. Tatsächlich liegt der Stein schon seit Jahrhunderten an seinem Platz. Es wird vermutet, dass man ihn beim Kirchenbau aussortierte und danach einfach liegen ließ. Die Entstehung der Legende ist auf die Furchen an seiner Oberfläche zurückzuführen, die das Volk als Spuren der Teufelskrallen interpretierte. Der Bronzeteufel wurde 1999 auf dem Stein platziert.

■ St. Jakobi

Auch die dreischiffige Backsteinhallenkirche St. Jakobi am Koberg blickt auf eine lange Baugeschichte zurück. Sie wurde 1227 erstmals erwähnt, war zu dieser Zeit allerdings noch eine Baustelle. Dennoch erfüllte sie bereits provisorisch ihre Funktion als Gotteshaus. Die Fertigstellung des Rohbaus erfolgte 1295, die Weihe fand 1334 statt.

St. Jakobi ist seit jeher die Kirche der Schiffer, Seefahrer, Bootsleute und Fischer. Gegenüber siedelte sich die Schiffergesellschaft an, die Gilde der Seeleute. In der Kirche hat auch das beschädigte Rettungsboot der Pamir seinen Platz gefunden, das an den Untergang des Großseglers im Nordatlantik am 21. September 1957 erinnert. Im Jahr 2007, zum 50. Jahrestag der Katastrophe, wurde die nationale Gedenkstätte der zivilen Schifffahrt in der Kapelle eingerichtet. Im darunter liegenden Columbarium können Menschen, die sich mit der Schifffahrt und dem Meer verbunden fühlen, ihre letzte Ruhestätte finden.

Da die Jakobikirche während der Bombardierung im Zweiten Weltkrieg nicht beschädigt wurde, blieb sie in ihrer Gestalt erhalten. Auch die Kostbarkeiten der Innenausstattung wurden auf diese Weise bewahrt, wie zum Beispiel das Kastengestühl und die Orgeln. Die beiden großen Instrumente sind die letzten historischen

Orgeln in Lübeck. Auf ihnen spielten bereits Dieterich Buxtehude und Johann Sebastian Bach. Die dreigeschossigen Backsteinhäuser vor der Kirche dienten den Predigern von St. Jakobi als Wohnung.

■ St. Petri

Die erste urkundliche Erwähnung von St. Petri geht auf das Jahr 1170 zurück, allerdings ist ihre ursprüngliche Gestalt nicht bekannt. Zwischen 1227 und 1250 entstand auf dem Petri-Hügel nahe der Trave zunächst eine spätromanische dreischiffige Hallenkirche, die 1290 einen gotischen Chor erhielt. Diesem folgte eine neue gotische Halle. Seit dem 14. Jahrhundert wurden Kapellen angebaut, die wiederum im 15. Jahrhundert als zwei weitere Seitenschiffe in den Kirchenraum integriert wurden.

St. Petri ist Kultur- und Universitätskirche. Dies war jedoch nicht immer so. Erbaut wurde sie als Kirche der Binnenschiffer. Aber auch sie blieb nicht von den britischen Bomben verschont. Neben dem Verlust des Daches und des Turmhelms brannte die reiche barocke Innenausstattung völlig aus. Lediglich der **Taufstein** im nördlichen Seitenschiff überstand die Zerstörung. Der Wiederaufbau der Kirche dauerte mehrere Jahrzehnte. Da die Entscheidungsträger sich auf keinen Entwurf zur Inneneinrichtung einigen konnten, blieb die Kirche leer und wurde nur mit einigen beweglichen Prinzipalstücken wie Kanzel, Orgel und Altar ausgestattet.

Erst 1987 wurde St. Petri wieder eröffnet, allerdings nicht mehr als Gemeindekirche, sondern als Kirche für die ganze Stadt. Seitdem ist sie Ort für kulturelle und wissenschaftliche Veranstaltungen, wie Konzerte, Ausstellungen, Lesungen oder Vorträge. Ein besonderes Ereignis ist der Kunsthandwerkermarkt während der Adventszeit. Auch die Religion spielt nach wie vor eine wichtige Rolle, allerdings vorrangig in Form experimenteller Rituale sowie theologischer und religionsphilosophischer Themenabende. Klassische Sonntagsgottesdienste finden nicht statt, dafür gelegentlich Taufen, Trauungen und Trauerfeiern. Ein Pastor hat die Leitung über alle Aktivitäten.

Im nördlichen Gewölbe und im Zugang zum Turm sind noch Reste von Wandmalereien aus der Zeit zwischen 1170 und 1500 vorhanden. Ein vor allem bei Touristen beliebter Ort ist der **Kirchturm** mit der 50 Meter hohen **Aussichtsplattform**, die nach Überwindung mehrerer Treppen per Aufzug erreichbar ist.

■ St. Aegidien

Die Kirche im Zentrum des ehemaligen Handwerker- und Ackerbürgerviertels am südöstlichen Rand der Altstadt ist dem Heiligen Aegidius geweiht, dem Patron der Hirten und stillenden Mütter. Die Aegidienkirche ist die kleinste der fünf prägenden Innenstadtkirchen. Ein Vorgängerbau wurde bereits 1227 erwähnt. Der Baubeginn der heute dreischiffigen Hallenkirche erfolgte im ersten Drittel des 14. Jahrhunderts, verschiedene Erweiterungen bis in das 16. Jahrhundert hinein.

St. Aegidien war Ausgangspunkt der Reformation in Lübeck. In der Kirche fanden die ersten lutherischen Gottesdienste statt, die das reformatorische Gedankengut öffentlich verkündeten. Wie St. Jakobi wurde auch St. Aegidien im Krieg nicht zerstört und konnte ihre über Jahrhunderte gewachsene Ausgestaltung bewahren. Neben gotischen Wandmalereien ist der ›Singechor‹ hervorzuheben, eine im Stil der Spätrenaissance geschnitzte Lettnerbühne, geschaffen 1587 von Tönnies Evers dem Jüngeren, dem bedeutendsten Lübecker Bildschnitzer seiner Zeit.

Blick auf den Dom

■ Dom

Es war der Sachsenherzog Heinrich der Löwe, der den Bau des Doms am südlichen Rand der Altstadt veranlasste. Nachdem der **Bischofssitz** 1160 von Oldenburg nach Lübeck verlegt worden war, entstand in dem damals noch abgelegenen Teil der Stadt zunächst eine Holzkirche. Die Grundsteinlegung für den heutigen Dom erfolgte 1173, im Jahr 1247 wurde die kreuzförmig angelegte romanische Basilika geweiht.

Unmittelbar danach wurde an der Nordseite eine Vorhalle angebaut, das sogenannte ›Paradies‹. Die Halle diente Stadtbewohnern, die eine Straftat begangen hatten (mit Ausnahme von Bluttaten), als Zufluchtsort, Arme empfingen hier ihre Almosen, gelegentlich wurde auch Recht gesprochen. Das Domviertel lag im Machtbereich des Bischofs und verfügte über eine eigene Gerichtsbarkeit. Doch bevor man in das ›Paradies‹ gelangte, führte der Weg durch das ›Fegefeuer‹.

So heißt die kleine Straße auf der Stadtseite des Doms. Ab 1266 folgte die Erweiterung des Doms nach Osten in Form eines gotischen Kathedralchors. Die Basilika wurde durch Erhöhung der Seitenschiffe in eine dreischiffige Hallenkirche umgewandelt. In der Bombennacht 1942 wurde der Dom schwer beschädigt, ein Großteil der Ausstattung und der Kunstschätze fiel den Flammen zum Opfer. Der Wiederaufbau begann 1960 und fand mit der Rekonstruktion der Paradieshalle 1982 seinen Abschluss. Trotz der Zerstörung beherbergt der Dom immer noch zahlreiche Kunstschätze. Von besonderem Wert ist das 17 Meter hohe **Triumphkreuz**. Es wurde 1477 von Bernt Notke gefertigt und ist ein Kunstwerk von europäischem Rang. Das Holzschnitzwerk ist als Lebensbaum gestaltet. Rund 20 Figuren aus dem Alten Testament sind an seinem Stamm und an den Kreuzarmen zu sehen. Ursprünglich war das Triumphkreuz wesentlich bunter, wurde jedoch farblich wiederholt dem Zeitgeschmack angepasst. Weitere Besonderheiten sind vier mittelalterliche Seitenaltäre, zwei große Marienfiguren sowie Grabplatten mehrerer Bischöfe. Detaillierte Informationen zum Dom und seinen Schätzen bieten öffentliche Führungen.

Auch nach den langen Zeiten des Baus, der Erweiterungen und des Wiederaufbaus finden regelmäßig Bauarbeiten an den Dom-Mauern statt. Aktuell werden die beiden 114 Meter hohen Türme auf Grund witterungsbedingter Schäden im Mauerwerk und einer dadurch drohenden Gefährdung der Standfestigkeit saniert. Noch bis 2028 sollen die Arbeiten dauern. Bis dahin werden mehr als 20 Millionen Euro in die Rettung der Türme geflossen sein. Eine begleitende Ausstellung im Dom informiert über den Sanierungsfortschritt.

Weitere Sehenswürdigkeiten
■ Holstentor

Wer sich der Altstadt aus Richtung Bahnhof nähert, erblickt schon aus einiger Entfernung das bekannte Wahrzeichen Lübecks. Die prunkvoll gestaltete Anlage aus zwei wuchtigen Türmen mit Kegeldach und dazwischenliegendem Treppengiebel wurde 1478 fertiggestellt und gehörte zur mittelalterlichen Stadtbefestigung. Das Tor war allerdings nur der mittlere Teil einer Verteidigungsanlage, die ursprünglich aus drei Toren bestand und den westlichen Stadtzugang sicherte. Nach dem Abriss der beiden äußeren Tore sollte auch das Holstentor im 19. Jahrhundert weichen. Dies wurde jedoch in einer Abstimmung in der Bürgerschaft mit nur einer Stimme Mehrheit verhindert. Bis 1871 fand eine umfassende Restaurierung statt. Nun steht das ehemalige

Bekanntes Wahrzeichen Lübecks: das Holstentor

Stadttor, bedingt durch den sumpfigen Untergrund etwas schief, ein Stück unterhalb der heutigen Straßenführung an der Stirnseite einer Grünanlage. ›Concordia domi foris pax‹ ist über dem Torbogen an der stadtabgewandten Seite zu lesen. Wörtlich übersetzt heißt dies: ›Eintracht im Heim, auf den Märkten Frieden‹ und bedeutet im übertragenden Sinne: ›Eintracht drinnen, Frieden draußen‹. Die Lettern wurden im Zuge der Restaurierung angebracht und sind eine verkürzte Form des Schriftzugs an der Feldseite des ehemaligen Vortores. Im Innern des ehemaligen Stadttores befindet sich das **stadtgeschichtliche Museum**.

■ **Burgkloster und Burgtor**
Auf dem Gelände der ehemaligen Burg des Grafen Adolf II. entstand 1229 das **Burgkloster**. Sein Bau war eine Folge der 1227 gewonnenen Schlacht bei Bornhöved und der damit verbundenen Befreiung Lübecks von der dänischen Herrschaft. Die gottesfürchtigen Lübecker Ratsherren hatten die Heilige Maria Magdalena um einen siegreichen Ausgang gebeten und beauftragten als Dank den Bettelorden der Dominikaner mit der Errichtung des Klosters.

Das ehemalige Dominikanerkloster zählt zu den bedeutendsten mittelalterlichen Klosteranlagen Norddeutschlands. Die Dominikanermönche kümmerten sich insbesondere um das Seelenheil der Kaufleute und waren als Beichtväter sehr geschätzt. Sie verstanden es, in diesem Zuge großzügige Spenden einzuwerben. Bis in die Mitte des 15. Jahrhunderts wurde das Kloster mehrfach erweitert und umgebaut.

Während der Reformation wurde das Burgkloster 1531 in ein Armenhaus umgewandelt. Die Maria-Magdalenen-Kirche fiel 1818 aus finanziellen Gründen dem Abriss zum Opfer. Stattdessen entstand eine Schule, mit dem ehemaligen Beichthaus als Turnhalle. Zwischen 1893 und 1896 wich das Obergeschoss des Klostergebäudes zugunsten eines Gerichtsgebäudes mit Untersuchungsgefängnis. Zwei der ehemaligen Gefängniszellen sowie der Schöffengerichtssaal sind noch erhalten.

Nach umfangreichen Instandsetzungen und Restaurierungsarbeiten Ende des 20. Jahrhunderts zeigt sich heute ein beeindruckendes Bild des mittelalterlichen Klosters. Zu besichtigen sind unter anderem der **Kapitelsaal**, der **Kreuzgang**, das **Winterrefektorium**, die **lange Halle** und das **Hospital** aus dem 14. Jahrhundert. 2015 wurde das Burgkloster in das Ausstellungskonzept des Europäischen Hansemuseums integriert, dessen Bau an die Klostermauern angefügt wurde. Die Räumlichkeiten können in Kombination mit dem Hansemuseum oder separat besichtigt werden. Für Erläuterungen steht ein Audioguide zur Verfügung.

Anstelle der zum Kloster umgebauten Burg entstanden im 13. Jahrhundert ausgedehnte Befestigungsanlagen. Das

▲ *Im Burgkloster*

Burgtor ist das älteste von ehemals vier Stadttoren und neben dem Holstentor das einzig erhaltene. Es sicherte, allerdings zunächst in deutlich einfacherer Form, die Stadt nach Norden. Bis in die Mitte des 15. Jahrhunderts erfolgte die Erhöhung des viereckigen Turms auf fünf Obergeschosse. Auffällig ist das variantenreiche Backsteindekor an den jeweiligen Geschossmauern. Die geschwungene Turmhaube stammt aus dem ausgehenden 17. Jahrhundert. Zu beiden Seiten des Burgtors haben sich noch Reste der alten Stadtmauer erhalten. Im Gegensatz zu dem denkmalhaft freigestellten Holstentor dient das Burgtor nach wie vor als regulärer Stadtzugang. Selbst der Autoverkehr rollt mitten hindurch.

■ **Heiligen-Geist-Hospital**

Das Heiligen-Geist-Hospital am Koberg wurde 1286 fertiggestellt, gestiftet von Lübecker Kaufleuten und Ratsherren für bedürftige Mitmenschen. Die Hilfe war allerdings nicht ganz uneigennützig, denn die Stifter erhofften sich im Gegenzug für ihre Großzügigkeit einen Platz im Paradies. Das Hospital zählt zu den ältesten noch bestehenden Sozialeinrichtungen der Welt und war zu seiner Gründungszeit ein wahrer Prachtbau. Hinter der dreigiebeligen Front, unterbrochen durch vier schlanke Türme, liegt die reich ausgestattete dreischiffige Kirchenhalle. Hinter einer Wand öffnet sich das 88 Meter lange und 14 Meter breite Langhaus, die Hospitalhalle, wo die Betten der Bedürftigen in vier Reihen nebeneinander standen. Die Miet- und Pachteinnahmen aus dem umfangreichen Grundbesitz des Heiligen-Geist-Hospitals sicherten die Versorgung der Armen und Kranken.

Im Laufe der Jahrhunderte wandelte sich das Hospital zu einem Altenheim. Ab 1820 ersetzten hölzerne, nach oben offene Kammern, die sogenannten ›Kabäuschen‹, die Bettenreihen. Sie boten mit vier bis sechs Quadratmetern gerade genug Platz für ein Bett, einen Schrank, einen Nachttisch und ein Bord. In der Einrichtung fanden bis zu 170 Personen Platz. Die letzten Kammern waren bis 1970 bewohnt. Eines der Kabäuschen ist noch original so eingerichtet wie zu dieser Zeit. In den 1970er Jahren richtete die Stadt in den Nebengebäuden des Hospitals ein modernes Seniorenheim sowie eine Tagesstätte ein.

Die Vorhalle ist dienstags bis sonntags öffentlich zugänglich. Die Kabäuschen erwachen während der Adventzeit zu neuem Leben, wenn hier Kunsthandwerker ihre Produkte verkaufen. Der Weihnachtsmarkt im Heiligen-Geist-Hospital ist äußerst sehenswert und beliebt. Eine Wartezeit von etwa einer halben Stunde ist daher gerade an den Wochenenden nicht ungewöhnlich.

■ **Rathaus und Marktplatz**

Das schmucke, repräsentative Rathaus im Herzen der Altstadt entstand zwischen dem 13. und dem 16. Jahrhundert und zeichnet sich durch seinen bunten Stilmix aus.

Begonnen wurde der Bau, der im Laufe der Jahrhunderte zu einem prunkvollen Ensemble gewachsen ist, um 1230 an der Nordseite des Marktplatzes. Zwischen 1298 und 1308 schloss sich ein Südflügel zwischen Marktplatz und der Breiten Straße an, das sogenannte Lange Haus. Als sich die Führungsrolle Lübecks innerhalb der Hanse manifestierte, erfolgte von 1340 bis 1350 auf der Basis des Bestandsgebäudes ein nahezu vollständiger Neubau, von dem nur die Marktfront erhalten ist. Um 1440 wurde der Südflügel um den sogenannten ›Kriegsstubenbau‹ verlängert. Dieser Teil mit seinen Arkaden und der Schaufassa-

Architektonisches Juwel: das Rathaus am Marktplatz

de, gegliedert durch Stifttürme und eine Reihe von Stadtwappen, ist wohl der markanteste Bauabschnitt. Die runden Löcher sind, ebenso wie die beiden großen Löcher an der Nordfassade, allerdings nicht etwa dekoratives Stilmittel, sondern haben eine ganz pragmatische Funktion: Sie verringern den Winddruck auf die hohen Wände. Nach Norden wurde 1484 das Kanzleigebäude angebaut. Ende des 16. Jahrhunderts vollzogen sich weitere bauliche Veränderungen, in Form der Erweiterung des Kanzleigebäudes (1588), der Erneuerung der Ratslaube (1570/71) und der Errichtung der Prunktreppe an der Breiten Straße (1594).

Auch das Innere des Rathauses wurde immer wieder verändert. Beachtenswert sind der Audienzsaal im Erdgeschoss mit Ausstattungselementen des Rokoko und das neugotisch gestaltete Treppenhaus. Der Audienzsaal erfüllte einst die Funktion des Gerichtssaals. Der historische Hansesaal, in dem die Hansetage stattfanden, ist nicht erhalten.

Bis heute ist das Rathaus Verwaltungssitz und Tagungsort der Lübecker Bürgerschaft. Täglich finden Rathausführungen statt und bieten interessante Einblicke in die Innenräume und deren Nutzungsgeschichte.

Auf dem Marktplatz, der ursprünglich die gesamte Fläche zwischen der Breiten Straße und den Schüsselbuden sowie dem Kohlmarkt und dem Marienkirchhof umfasste, findet montags und donnerstags ein Wochenmarkt statt. Darüber hinaus wird der Platz für die Ausrichtung weiterer Veranstaltungen genutzt. Der Marktplatz ist über mehrere Durchgänge, Gassen und Arkaden mit den umlaufenden Straßen verbunden.

■ Gänge und Stiftshöfe

Verborgen hinter den dicht an dicht stehenden ehemaligen Kaufmannshäusern durchziehen Wohngänge und Stiftshöfe große Teile der Altstadtinsel.

Die ersten **Wohngänge** entstanden zu Beginn des 14. Jahrhunderts, als die Bevölkerungszahl in der aufblühenden Hansestadt rapide anstieg und der Wohnraum innerhalb der Stadtmauern nicht mehr ausreichte. Geschäftstüchtige Hausbesitzer kamen daraufhin auf die Idee, ihre Hinterhöfe zu bebauen. Sie schlugen Durchgänge in die Vorderhäuser und errichteten auf den langen Grundstücken kleine Buden, die sie an Handwerker, Arbeiter, Tagelöhner oder Matrosen vermieteten. Die Durchgänge, die zu den Budenreihen führten, waren zumeist schmal und niedrig, mussten aber zumindest so breit sein, dass ein Sarg hindurchpasste.

Die **Stiftshöfe** liegen wie die Wohngänge im rückwärtigen Bereich der Altstadthäuser, unterscheiden sich jedoch durch eine aufwändigere Bebauung und repräsentative Zugänge. Die Höfe gehen auf Stiftungen wohlhabender Kaufleute zurück und wurden als Altersversorgung für Witwen und verarmte Bürger errichtet.

Von den ehemals rund 180 bewohnten Gängen und Höfen haben sich etwa 90 erhalten. Die Häuser wurden saniert, modernisiert und teilweise zu größeren Einheiten verbunden. Sie sind heute begehrter Wohnraum, abseits des Trubels der Innenstadt und doch mittendrin.

Eine größere Anzahl von Gängen konzentriert sich in der Engelsgrube. Fast schon ein Gängelabyrinth liegt zwischen der Marlesgrube und der Hartengrube. Zwei besonders hübsche Stiftshöfe befinden sich in der Glockengießerstraße: der Füchtingshof hinter der Hausnummer 25 und der Glandorpshof mit dem benachbarten Glandorpsgang hinter den Hausnummern 41–51. Benannt sind die Höfe nach ihren jeweiligen Stiftern, Johann Füchting (1637) und Johann Glandorp (1612). Grundsätzlich sind die meisten Gänge und Höfe frei zugänglich. Manche sind nachts oder über die Mittagszeit mit einem Tor verriegelt. Ein Besuch sollte in jedem Fall mit der nötigen Diskretion erfolgen, um die Privatsphäre zu wahren. Wer sich im Detail für die Geschichte der Gänge und Höfe interessiert, kann an einer thematischen Führung teilnehmen, die in der Tourist-Information buchbar ist.

Lübecker Museen

Die Museumslandschaft der Hansestadt Lübeck ist facettenreich. Die einzelnen Einrichtungen widmen sich Themen wie Stadt-, Kunst-, Kultur- und Literaturgeschichte ebenso wie Natur, Wissenschaft und Technik. Einige Museen befinden sich in historischen Gebäuden, die bereits für sich genommen eine Sehenswürdigkeit darstellen, wie das Museumsquartier St. Annen oder das Museum Behnhaus-Drägerhaus. Viele Lübecker Museen haben sich zu einem Museumsverbund zusammengeschlossen. Beim Besuch eines zweiten Museums innerhalb von drei Tagen gibt es dort einen Rabatt von 50 Prozent auf den Eintrittspreis. Einige Partner des Verbundes sind hiervon allerdings ausgenommen.

Das Europäische Hansemuseum

Das Museumsquartier St. Annen

■ Museumsquartier St. Annen (St.-Annen-Museum und Kunsthalle)

Im Museumsquartier St. Annen, das sich in den Räumen des ehemaligen St.-Annen-Klosters aus dem frühen 16. Jahrhundert befindet, trifft Mittelalter auf Moderne. Das überregional bedeutsame St.-Annen-Museum existiert bereits seit mehr als 100 Jahren und zeigt die Welt des Mittelalters in Lübeck vom 13. bis zur ersten Hälfte des 16. Jahrhunderts. Ein Schwerpunkt liegt auf mittelalterlicher Schnitzkunst und Malerei. Das Museum verfügt über die **größte Sammlung norddeutscher Schnitzaltäre**. Auch hochkarätige Gemälde deutscher und niederländischer Meister wie Lucas Cranach oder Jacob van Utrecht sind zu sehen. Daneben gewähren 25 nach Themen und Epochen ausgestaltete Räume Einblicke in die bürgerliche Kultur Lübecks bis in das 19. Jahrhundert. Unter anderem sind Möbel, Porzellan, Fayencen, Alltagsgegenstände, Spielzeug, Kleidung, Schmuck und Waffen ausgestellt.

Die Kunsthalle St. Annen entstand 2003 auf den Grundmauern der 1843 zerstörten Klosterkirche, wobei die Mauerreste erfolgreich in den Neubau integriert wurden. Im Vordergrund steht Kunst nach 1945, bestehend aus Gemälden, Plastiken, Zeichnungen und Graphiken. Mehrere Sonderausstellungen pro Jahr bieten Platz für zeitgenössische Kunst.

■ Museum Behnhaus Drägerhaus

Das Ensemble aus Behnhaus und Drägerhaus in der Königstraße ist nicht nur als Kunstmuseum des 19. Jahrhunderts und der Klassischen Moderne sehenswert. Bei den Gebäuden handelt es sich um zwei Stadtpalais aus dem 18. Jahrhundert. Das Behnhaus ist sogar das erste komplett klassizistische Gebäude Lübecks. Ursprünglich waren beide Gebäude reine Privathäuser. Sie vermitteln einen Eindruck davon, wie die wohlhabenden Lübecker Kaufleute zur damaligen Zeit gewohnt und sich nach außen präsentiert haben. Der Charakter der ehemaligen Wohnräume ist erhalten geblieben, zudem sind Wohnensembles aus dem 18. und 19 Jahrhundert zu sehen. Einzigartig ist außerdem der verzierte horizontale Dachabschluss in französischem Stil an der Außenfassade des Behnhauses.

Kern des Museums ist jedoch die Kunstsammlung, die aus Gemälden, Plastiken, Grafiken und Fotografien besteht. Über das Jahr verteilt finden zwei bis drei Sonderausstellungen statt. Der Bereich des Behnhauses ist wegen dringend notwendiger Sanierungsarbeiten noch bis Anfang 2024 geschlossen.

■ Buddenbrookhaus

Das 1758 erbaute Kaufmannshaus in der Mengstraße 4 mit seiner weißen Renaissance- und Rokokofassade gelangte 1842 in den Besitz des Großvaters von

Heinrich und Thomas Mann. Viele Jahre später nutzte es Thomas Mann, der dort als Kind viel Zeit verbracht hatte, als Vorlage für die Handlung seines Romans ›Buddenbrooks‹. Daraufhin wurde das Gebäude schlagartig weltberühmt, oder, mit den Worten Thomas Manns ausgedrückt ›*Gegenstand der Fremdenneugier*‹. Nachdem die Hansestadt Lübeck das Gebäude Anfang der 1990er Jahre erworben hatte, wurde es zum **Museum** umgewandelt. Seitdem verbinden sich hier Literaturgeschichte, Kaufmannstradition und das Leben der Schriftstellerfamilie Mann in besonderer Weise.

Noch bis mindestens 2025 werden die Räumlichkeiten allerdings erneuert und sind derzeit von innen nicht zu besichtigen. Eine vorübergehende Ausstellung zu Heinrich und Thomas Mann und der Lebenswelt der Buddenbrooks ist dafür im Museum Behnhaus-Drägerhaus zu sehen. Außerdem versorgt ein Infocenter am Markt Interessierte mit Informationen zu den Umbauarbeiten.

Wegen Umbau derzeit geschlossen: das Buddenbrookhaus

■ **Günter Grass-Haus**

Der Literaturnobelpreisträger Günter Grass (→ S. 51) unterhielt in dem Gebäude in der Glockengießerstraße jahrelang sein Büro. Heute führt hier eine abwechslungsreiche Ausstellung mit digitalen und analogen Elementen durch das Leben und Werk des Malers, Grafikers, Bildhauers und Schriftstellers. Das Günter Grass-Haus ist darüber hinaus Forum für Literatur und bildende Kunst und stellt regelmäßig auch andere mehrfachbegabte Künstler vor.

■ **Willy-Brandt-Haus**

Das interaktiv und multimedial gestaltete Museum lässt die jüngste deutsche Geschichte erlebbar werden und erinnert an den ersten sozialdemokratischen Bundeskanzler Willy Brandt. Die Ausstellung zeichnet die Stationen seines bewegten Lebens nach, vom Lübecker Arbeiterkind bis zum Friedensnobelpreisträger.

■ **Museum Holstentor**

Das stadtgeschichtliche Museum im Holstentor beeindruckt weniger durch eine zeitgemäße Präsentation seiner Ausstellung, als vielmehr durch seinen Standort in einem der bekanntesten Wahrzeichen Deutschlands. In mehreren Themenräumen steht die Macht des Handels im Fokus. Neben einem historischen Stadtmodell und Modellschiffen aus der Hansezeit sind auch mittelalterliche Folterinstrumente zu sehen. Thematisch ergeben sich Parallelen zu den Inhalten des Europäischen Hansemuseums, dessen Besuch jedoch erheblich mehr Zeit beansprucht.

■ **Europäisches Hansemuseum**

Das 2015 eröffnete Museum thematisiert aufwändig und multimedial die Zeit der Hanse von den Anfängen bis zu ihrem Niedergang. Ein Rundgang mit Rauminszenierungen, teils originalen Exponaten und ausführlichen Erläuterungen führt chronologisch durch die Hansegeschichte. Die dargestellten Szenen zeigen zeittypische Themen wie beladene Koggen an der Mündung der Newa oder einen Hansetag in Lübeck. Auch der Pest ist ein Teil der Ausstellung gewidmet. Die Eintrittskarte dient als ›Schlüssel‹ zu den Informationen an den Hörstationen und Monitoren. Vor dem Rundgang besteht die Möglichkeit, die Karte nach individuellem Interesse auf eine bestimmte Stadt und ein vertiefendes Thema in vier verschiedenen Sprachen zu konfigurieren.

Die Reise durch die Zeit der Hanse endet in einem Teil des Burgklosters, mit dem das Museum baulich verbunden ist. Die mächtige Fassade des neu errichteten Museumsgebäudes soll an eine mittelalterliche Stadtmauer erinnern. Von der Straße ›An der Untertrave‹ führt eine Treppe als zentraler Zugang bis hinauf zur Dachfläche, von wo sich ein schöner Blick zum Burgkloster und über den Hafen eröffnet.

■ **Museum für Natur und Umwelt**
Das Museum gibt auf drei Etagen einen Einblick in die Erd- und Naturgeschichte Schleswig-Holsteins sowie in die artenreiche Tier- und Pflanzenwelt des Lübecker Raumes. Eine zentrale Rolle spielen umfassende Themen wie Evolution, Ökologie und Biodiversität.

Beeindruckender Teil der Ausstellung sind die europaweit einzigartigen versteinerten Walskelette. Weitere Attraktionen sind ein 14 Meter langes neuzeitliches Skelett eines Pottwals und ein ›gläserner Bienenstock‹.

▲ *Die Große Kiesau, eine von vielen hübschen Lübecker Altstadtstraßen*

◆ Rundgang durch die Altstadt

Start und Ziel: Holstentorplatz. **Länge:** 4 Kilometer
Im Mittelalter führte der Weg in das reiche, mächtige Lübeck für viele Reisende aus nah und fern durch das Holstentor. Auch wir beginnen unseren Rundgang an dem ehemaligen Stadttor. Rechts davon, direkt an der Trave, sind die Giebel der Salzspeicher zu sehen. Hier wurde das in Lüneburg gewonnene Salz gelagert, das über die ›Alte Salzstraße‹ (siehe Kap. ›Herzogtum Lauenburg‹) nach Lübeck kam.
Nach dem Passieren des Holstentors halten wir uns links und spazieren am Traveufer entlang. Nach einigen hundert Metern kommen wir an dem Haus mit der Nummer 96 vorbei, dem sogenannten **Finder's Haus**. Das Fachwerkgebäude von 1569 ist Lübecks erstes Etagenmietshaus. Die Lage war attraktiv. An der Trave ging es geschäftig zu, im Hafen gegenüber florierte der Weinhandel. Im Erdgeschoss des Hauses befanden sich Lagerräume, später eine Weinhandlung, dann eine Käsehandlung. Heute werden durch die ehemaligen Wohnräume Führungen angeboten Tel. 0451/707960).
Hinter der Fußgängerbrücke beginnt der **Museumshafen** mit einigen restaurierten Traditionsseglern. In diesem Bereich zweigt die unscheinbare **Clemensstraße** ab, Lübecks ehemaliger Rotlichtbezirk. Heute ist die einstige ›sündige Meile‹ ein alternatives Kneipenviertel und vor allem bei jungen Leuten beliebt.
Auch der nahe gelegene **Drehbrückenplatz**, der vor einigen Jahren neu gestaltet wurde, hat sich mit seiner großzügigen Treppenanlage am Wasser zu einem beliebten Treffpunkt und Verweilort entwickelt. Gegenüber der Drehbrücke gehen wir rechts die Engelsgrube hinauf. Wer aufmerksam nach rechts und links schaut, entdeckt an den Fassaden kleine Durchgänge. Sie führen zu den teils liebevoll gestalteten **Wohngängen** hinter den Häusern. Da diese nach wie vor bewohnt werden, sollte ein Blick in diese kleinen Oasen mit entsprechender Diskretion erfolgen.
Oben angekommen, stehen wir mitten im ehemaligen Seefahrerviertel, vor uns die **Jakobikirche**. Ein Blick hinein lohnt in jedem Fall. Hier ist auch das Rettungsboot der Pamir ausgestellt, die 1957 im Nordatlantik unterging und 80 der 86 Besatzungsmitglieder in den Tod riss.
An der Straßenecke befindet sich die **Schiffergesellschaft**, das ehemalige Gildehaus der Schiffer, das heute ein Restaurant ist. Die Gastronomie entstand Mitte des 19. Jahrhunderts aus der Not heraus, nachdem der Zwang, in der Standesorganisation Mitglied zu werden, aufgehoben worden war. Der daraufhin einsetzende Mitgliederschwund brachte erhebliche finanzielle Einbußen mit sich, so dass die Schiffergesellschaft Teile des Gebäudes für die öffentliche Nutzung verpachtete. Die Gäste sitzen nach wie vor an langen Tischen aus alten Schiffsplanken, den sogenannten Gelagen. Auch sonst erinnert vieles an die maritime Vergangenheit des Hauses.
Wir folgen der Breiten Straße bis zum Koberg, wo wir die Vorhalle des **Heiligen-Geist-Hospitals** besichtigen können (außer Mo). Von hier wenden wir uns nach rechts Richtung Königstraße und erreichen nach knapp 100 Metern die turmlose **Katharinenkirche** an der Ecke Glockengießerstraße. Sie ist die letzte erhaltene von ehemals vier Klosterkirchen und war Teil eines Franziskanerklosters. Zu ihren Schätzen gehört das Gemälde ›Die Erweckung des Lazarus‹ von Jacopo Tintoretto (1576). Drei der Figuren in den Nischen der Fassade stammen von Ernst Barlach (→S. 49).
In der Glockengießerstraße können wir einige hübsch angelegte **Stiftshöfe** besuchen. Hinter der Hausnummer 25 befindet sich der Füchtingshof, hinter den Hausnummern 41–51 liegen der Glandorpshof und der Glandorpsgang. Beide Höfe sind allerdings zwischen 12 und 15 Uhr abgesperrt. Wir folgen der Glockengießerstraße bis

zur ersten Kreuzung und biegen dort rechts ab. Nach gut 300 Metern durch historische Gassen mit weiteren Gängen und Höfen kreuzt die Fleischhauerstraße unseren Weg, ein paar Meter dahinter die Hüxstraße. In beiden Straßen reihen sich kleine, inhabergeführte Geschäfte sowie vielfältige Gastronomie aneinander. Die **Hüxstraße** hat sich zunehmend zu Lübecks Vorzeige-Geschäftsstraße entwickelt.

Wir bummeln die beliebte Einkaufsstraße hinauf, die direkt auf das traditionsreiche **Rathaus** zuführt. Gegenüber der prunkvollen Rathaustreppe steht das Stammhaus der Marzipanmanufaktur Niederegger. Hinter den Arkaden des Rathauses liegt der **Markt**, von wo wir rechter Hand die eindrucksvollen Türme von **St. Marien** sehen können. Wir verlassen den Marktplatz über einen der beiden Durchgänge an der linken (südlichen) Seite und nähern uns der **Kulturkirche St. Petri**, unserer nächsten Station. Von der Aussichtsplattform ihres Turms können wir den Blick über die Altstadt und das Umland schweifen lassen.

Anschließend gehen wir die **Große Petersgrube** hinunter, wo sich Lübecks vielfältige Architektur noch einmal konzentriert auf kleinem Raum zeigt. Bürgerhäuser mit Baustilen aus dem 14. bis 19. Jahrhundert wechseln einander ab. Der Weg führt uns zum Ufer der Trave und nach einem kurzen Stück am Ufer entlang zurück zu unserem Ausgangspunkt.

Lübeck per Schiff entdecken

Die Wasserläufe, die das Stadtgebiet durchziehen, laden geradezu dazu ein, die Sehenswürdigkeiten der Altstadt auch einmal aus anderer Perspektive zu betrachten. Verschiedene Reedereien bieten **Rundfahrten** sowohl auf historischen als auch auf modernen Ausflugsschiffen an, jeweils mit interessanten Erläuterungen. Beliebt ist auch eine Fahrt auf der **Wakenitz**, die wegen des urwaldartigen Charakters ihrer Ufervegetation ›Amazonas des Nordens‹ genannt wird. Die Tour führt von der Moltkebrücke östlich der Altstadtinsel bis nach Rothenhusen am Ratzeburger See. Auf Grund ihrer Lage an der ehemaligen innerdeutschen Grenze ist das Ufer der Wakenitz weitgehend unbebaut geblieben.

Mehrmals täglich verkehren außerdem Schiffe zwischen Lübeck und Travemünde, die auch Fahrräder transportieren. Die 90-minütige Fahrt führt vorbei an alten Industrieanlagen, dem verträumten Fischerdorf Gothmund mit seinen reetgedeckten Katen sowie den Naturschutzgebieten Dummersdorfer Ufer und Priwall. Als Verkehrsmittel für die Rückfahrt bieten sich neben Schiff oder Fahrrad auch Bus oder Zug an.

Wer selbst Kapitän sein möchte, kann an der Obertrave ein Elektroboot mieten und die Altstadt auf zwei verschiedenen Routen umrunden. Aktive leihen sich ein Kanu. Vor allem die Wakenitz wird von Kanuten sehr geschätzt. Unterwegs gibt es urige Einkehrmöglichkeiten.

Am Museumshafen

Lübeck-Informationen

 Lübeck

PLZ: 23552 (Zentrum). **Vorwahl:** 0451.
Tourist-Information: Holstentorplatz 1, Tel. 0451/8899700. Buchung von allgemeinen Stadtführungen und einer Reihe themenbezogener Führungen, zum Beispiel ›Gänge und Höfe‹ oder ›Lübeck und die Hanse‹. www.luebeck-tourismus.de

Für einen Tagesausflug nach Lübeck empfiehlt sich die Bahn als praktisches Verkehrsmittel. Von Neustadt und den Ostseebädern der Lübecker Bucht erreichen Regionalzüge im Stundentakt den Lübecker Hauptbahnhof. Die Altstadt ist knapp zehn Gehminuten entfernt.
Zwischen Puttgarden und Lübeck gibt es bis zur Fertigstellung der festen Fehmarnbeltquerung einen Schienenersatzverkehr (Bus X85)

Zahlreiche Stadtbuslinien verkehren in Lübeck und in den Randgemeinden. Die Stadt wird außerdem von mehreren Regio-nalbuslinien angefahren. Die ›ostseecard‹ bietet unter bestimmten Voraussetzungen vergünstigte Fahrpreise. www.sv-luebeck.de

Der Flughafen Lübeck im Stadtteil Blankensee bietet mehrmals pro Woche Linienverbindungen zwischen Lübeck und deutschen und europäischen Städten und Urlaubszielen. Es gibt einen Bahnhaltepunkt auf der Strecke Lübeck-Lüneburg. www.luebeck-air.de

Hanseschifffahrt, Tel. 0163/75475773. Die Schiffe verkehren mehrmals pro Tag zwischen Lübeck und Travemünde (Fahrtdauer 90 Minuten). Die Fahrradmitnahme ist gegen Aufpreis möglich. Anleger in Travemünde: Kaiserbrücke, Vorderreihe 64a, Anleger in Lübeck: Hansekai/Hansemuseum, gegenüber ›An der Untertrave‹ 12–13. www.hanseschifffahrt.de

Motel One, Schüsselbuden 15, 23552 Lübeck, Tel. 0451/1608910. Modernes Hotel, sehr zentral am Markt gelegen. www.motel-one.com
Klassik Altstadt Hotel, Fischergrube 52, 23552 Lübeck, Tel. 0451/702980. Stilvolles Hotel in einem historischen Altstadthaus; thematisch nach berühmten Lübecker Persönlichkeiten gestaltete Zimmer. www.klassik-altstadt-hotel.de
Wakenitzblick, Hotel garni, Augustenstraße 30, 23564 Lübeck, Tel. 0451/7026300. Kleines familiäres Hotel direkt am Ufer der Wakenitz; die Altstadt liegt zehn Gehminuten entfernt. Gepflegte Zimmer, freundlicher Service. Den Gästen steht eine schöne Terrasse für das Frühstück im Freien und zur Entspannung zur Verfügung. www.wakenitzblick.de

Schiffergesellschaft, Breite Straße 2, 23552 Lübeck, Tel. 0541/76776; Di–Sa 17–22 Uhr. Traditionelle norddeutsche Gerichte sowie internationale Speisen im historischen Ambiente des ehemaligen Gildehauses der Lübecker Seefahrer. www.schiffergesellschaft.de
Im alten Zolln, Mühlenstraße 93-95, 23552 Lübeck, Tel. 0451/72395; Mo, Do, Fr ab 12 Uhr, Di, Mi, Sa ab 16 Uhr, So Ruhetag, Traditionskneipe auf der Altstadtinsel und ältestes Wirtshaus der Stadt (seit 1589), klassische Holsteiner Gerichte. https://zolln.de/
Alte Mühle, Mühlendamm 24, 23552 Lübeck, Tel. 0451/7072592; Mo–Sa ab 16 Uhr. Uriges Kneipenrestaurant in einer historischen Roggenmühle am Dom. Kleiner Biergarten. Spezialität des Hauses sind Flammkuchen in unterschiedlichen Variationen. Eine Reservierung ist dringend zu empfehlen. www.altemuehle-luebeck.com
The Newport Restaurant & Marina, Willy-Brandt-Allee 31A, 23554 Lübeck, Tel. 0451/16085350; Mo–Fr 17–23 Uhr, Sa/So 9–23 Uhr. Saisonal inspirierte Gerichte und regionale Spezialitäten, Hafenat-

mosphäre gegenüber der Altstadt, eigene Marina, Außenterrasse direkt am Wasser. www.the-newport.de

Café Affenbrot, Kanalstraße 70, 23552 Lübeck, Tel. 0451/72193, Mo-Sa 10–21 Uhr, So 9–21 Uhr; das vegetarische Bistro in einem ehemaligen Werkhof am Rande der Altstadt verfügt über einen hellen, farbenfrohen Innenbereich mit Industriecharme sowie eine ruhige, von Bäumen umgebene Terrasse. Das Speisenangebot, für das überwiegend Bioprodukte verwendet werden, reicht von Frühstücksvariationen über herzhafte Gerichte bis zu selbst gebackenem Kuchen. Es gibt eine wöchentlich wechselnde Mittagskarte. Empfehlenswerter Anlaufpunkt für Fans der vegetarischen Küche, die es unkonventionell und trotzdem stilvoll mögen. www.cafeaffenbrot.de
Café Niederegger, Breite Straße 89, 23552 Lübeck, Tel. 0451/5301126. Das Stammhaus der traditionsreichen Marzipanmanufaktur ist Anziehungspunkt für viele Touristen. Im Erdgeschoss befindet sich der Verkaufsraum mit einem bunten Sortiment, darüber das Café, in dem man unter anderem die berühmte Marzipan-Nuss-Torte aus der eigenen Konditorei probieren kann. Allerdings sind die Tortenstücke relativ klein und liegen preislich im oberen Niveau. Interessant ist das kleine, frei zugängliche Marzipanmuseum, der sogenannte ›Marzipansalon‹, in der zweiten Etage. www.niederegger.de

Kunsthalle St. Annen, umfangreiche Dauerausstellung zur Kunst- und Kulturgeschichte. Neben Kunstwerken werden auch Möbel und Alltagsgegenstände aus verschiedenen Epochen gezeigt. www.kunsthalle-st-annen.de
Museum Holstentor, Holstentorplatz, 23552 Lübeck, Tel. 0451/1224129; Jan.–März Di–So 11–17 Uhr, Apr.–Dez. Mo–So 10–18 Uhr. www.museum-holstentor.de
Europäisches Hansemuseum, An der Untertrave 1, 23552 Lübeck, Tel. 0451/8090 990; täglich (außer Heiligabend) 10–18 Uhr. Im Eintrittspreis ist der Besuch des Burgklosters enthalten. Tickets unter: www.hansemuseum.eu
Burgkloster, Hinter der Burg 2–6, 23552 Lübeck.
Rathaus, Breite Straße 62, 23552 Lübeck, Tel. 0451/1221005. Führungen durch die Rathausräume (unter anderem Audienzsaal und Bürgerschaftssaal) Mo–Fr 11, 12 und 15 Uhr sowie Sa/So 12 Uhr, Dauer 45 Minuten. Die angegebenen Zeiten stehen unter Vorbehalt! www.luebeck.de
Heiligen-Geist-Hospital, Koberg 11, 23552 Lübeck, Tel. 0451/1222353; Di–So 10–16 Uhr (Winter) beziehungsweise 10–17 Uhr (Sommer).
www.luebeck-info.com
Museum Behnhaus Drägerhaus, Königstraße 9–11, 23552 Lübeck, Tel. 0451/1224148; Jan.–März Di–So 11–17 Uhr, Apr.–Dez. Di–So 10–17 Uhr. www.museum-behnhaus-draegerhaus.de
Buddenbrookhaus, Mengstraße 4, 23552 Lübeck. Das Museum ist bis mindestens Ende 2025 wegen Umbauarbeiten geschlossen. Eine Interimsausstellung ›Buddenbrooks im Behnhaus‹ ist im Museum Behnhaus-Drägerhaus zu sehen.
www.buddenbrookhaus.de
Infocenter und Museumsshop Buddenbrooks am Markt, Markt 15 (Rathausinnenhof), 23552 Lübeck, Tel. 0451/1224190; Mo–Sa 11–17 Uhr.
www.buddenbrookshop.de
Günter Grass-Haus, Glockengießerstraße 21, 23552 Lübeck, Tel. 0451/1224230; Jan.–März Di–So 11–17 Uhr, Apr.–Dez. Mo–So 10–17 Uhr. www.grass-haus.de
Willy-Brandt-Haus, Königstraße 21, 23552 Lübeck, Tel. 0451/1224250; tägl. 11–18 Uhr. Eintritt frei.
www.willy-brandt-luebeck.de
Museum für Natur und Umwelt, Musterbahn 8, 23552 Lübeck, Tel. 0451/1224 122; Di–Fr 9–17 Uhr, Sa–So 10–17 Uhr. www.museum-fuer-natur-und-umwelt.de

Theaterfigurenmuseum, Kolk 20, 23552 Lübeck, Tel. 0451/78626. Das Museum zeigt historische Theaterfiguren aus Europa, Afrika und Asien. Da die Räume umgebaut werden, ist das Museum voraussichtlich bis 2023 geschlossen.
www.theaterfigurenmuseum.de
Kirche St. Marien, Marienkirchhof 2-3, Gewölbeführungen Apr.-Dez. Sa 15.15 Uhr, jeden letzten Sa im Monat 20.30 Uhr, Juni-Sept. zusätzlich Mi 15.15 Uhr, Dauer: zweieinhalb Stunden, Anmeldung für Sonderführungen 0451/77391.
www.st-marien-luebeck.de
St. Petri zu Lübeck, Petrikirchhof 4, 23552 Lübeck, Tel. Turmshop 0451/7907018. Der Turm der Kultur- und Universitätskirche verfügt über eine Aussichtsplattform, die per Aufzug erreichbar ist. Allerdings sind vorher mehrere Treppen zu überwinden. Turmbesteigung Jan.-Febr. 11-17 Uhr, März-Dez. 10-19 Uhr.
www.st-petri-luebeck.de
Dom zu Lübeck, Mühlendamm 2-6, 23552 Lübeck, Tel. 0451/74704. Öffentliche Innenraum-Führungen jeden ersten Sa im Monat, 12 Uhr.
www.domzuluebeck.de
Die Lübecker Museen, Tel. 0451/1224 106. Die Internetseite des Museumsverbundes bietet eine Übersicht der Sammlungen, Sonderausstellungen und Aktionen. www.die-luebecker-museen.de

Travejazz Festival: Vier Tage voller Jazz, Funk und Soul, jährlich im September. Abendkonzerte sowie kostenlose Open Air-Veranstaltungen an verschiedenen Spielstätten mit bekannten Künstlern und Newcomern. Hauptspielort ist der ehemalige, denkmalgeschützte Hafenschuppen ›Schuppen 6‹. www.travejazz.de
de KOLK 17 Figurentheater & Museum, Possehl-Haus, Beckergrube 38-52, 23552 Lübeck, Tel. 0451/70060; Vorstellungen für Kinder und Erwachsene. Bis 2023 finden die Vorstellungen in den Räumen des Europäischen Hansemuseums statt, da der Stammsitz des Theaters umgebaut wird. www.kolk17.de, www.figurentheater-luebeck.de

Mietrad Mielke, Hüxterdamm 2, 23552 Lübeck, Tel. 0176/27280353. Fahrradverleih (auch E-Bikes, Renn- und Lastenräder) sowie Zubehör- und Ersatzteilverkauf
Bike & Tour, Geniner Straße 2, 23560 Lübeck, Tel. 0451/5041440; Mo-Fr 9-18 Uhr, Sa 9-14 Uhr. www.fahrrad-laden.info

City-Schifffahrt H. Gabriel, Wallstraße 17, 23560 Lübeck, Tel. 0170/8174332. Einstündige Stadt-, Kanal- und Hafenrundfahrt. Anleger: An der Untertrave in unmittelbarer Nähe zum Holstentor sowie zwischen Fußgängerbrücke und Mengstraße. www.cityschifffahrt.de
Stühff Lübecker Barkassenfahrt, An der Obertrave 14, 23552 Lübeck, Tel. 0451/7078222, mobil 0171/5245493. Einstündige Stadt-, Kanal- und Hafenrundfahrt auf historischen Hafenbarkassen, auch Charterfahrten, Abfahrt: An der Obertrave, neben der ›Liebesbrücke‹. www.luebecker-barkassenfahrt.de
Quandt-Linie Lübeck, Willy-Brandt-Allee 13, 23554 Lübeck, Tel. 0451/77799. Einstündige Stadt-, Kanal- und Hafenrundfahrt auf modernen Schiffen, weitere Gruppen- und Charterfahrten zu Zielen in der Umgebung, Anleger: Holstentorterrassen (An der Obertrave, gegenüber den Salzspeichern), Busparkplatz an der Musik- und Kongresshalle (Willy-Brandt-Allee), Hansemuseum/Kaisertreppe. www.quandt-linie.de
Wakenitz-Schifffahrt Quandt, Wakenitzufer 1c, Tel. 0451/793885. Fahrt auf der Wakenitz von Lübeck (Anleger Moltkebrücke) nach Rothenhusen, tägl. außer Mo und Fr. www.wakenitzfahrt.de. Eine Weiterfahrt nach Ratzeburg ist mit der **Schifffahrt Ratzeburger See** möglich. Tel. 04541/7900
www.schifffahrt-ratzeburg.de

Boat now, An der Obertrave, 23552 Lübeck, Tel. 0152/53754042; Ostern–Ende Okt. tägl. ab 10 Uhr. Vermietung von emissions- und geräuschfreien Elektrobooten für bis zu sechs Personen, Mietdauer zwischen einer und drei Stunden. Eine Reservierung, online oder vor Ort, ist zu empfehlen. www.boat-now.de

Bootsvermietung Hübner, Augustenstraße 30 z (Moltkebrücke), Tel. 0160/5517436. Mo–Fr 13–19 Uhr, Sa–So 10–19 Uhr, Verleih von Kanus, Tret- und E-Booten sowie SUP-Boards. www.bootsvermietung-luebeck.de

Kanu-Center, Wakenitzhaus, Rothenhusener Weg 2, 23627 Groß Sarau, Tel. 04501/412. www.kanu-center.de

4 Ein herrliches Stück Natur und darüber hinaus ein ideales Wandergebiet ist das **Dummersdorfer Ufer**. Das Naturschutzgebiet liegt an der Westseite der Trave kurz vor Travemünde. Wege und Naturpfade führen durch Wald und über Wiesen bis hinunter ans Wasser. Ein Parkplatz mit Informationstafel und Übersichtskarte findet man im Hirtenbergweg. www.dummersdorfer-ufer.de

Neben der Fußgängerzone ›Breite Straße‹ sind vor allem die **Hüxstraße** und die **Fleischhauerstraße** beliebte Orte zum Bummeln. Hier gibt es eine Reihe kleiner inhabergeführter Geschäfte mit besonderem Sortiment sowie nette Cafés, Bars und Restaurants.

Niederegger Lübeck, Breite Straße 89, 23552 Lübeck, Tel. 0451/5301126; Mo-Sa 9–18 Uhr, So 10–18 Uhr, Niederegger-Stammhaus in der Altstadt, Marzipan, Pralinen, Baumkuchen und Gebäck. www.niederegger.de

Mest, Ladengeschäft: Mühlenstraße 39, 23552 Lübeck, Tel. 0451/7072465; Mo-Fr 10–18 Uhr, Sa 10–14 Uhr. Marzipan- und Schokolodenspezialitäten, Fabrikverkauf: Taschenmacherstraße 37, 23556 Lübeck, Tel. 0451/35939; Mo-Fr 10–18 Uhr, Sa 10–14 Uhr; mit Einblick in die Produktionsräume. www.mest.de

H.F. von Melle, Beckergrube 86, 23552 Lübeck, Tel. 0451/71050; Mo–Fr 9–18 Uhr, Sa 9–13 Uhr. Die traditionsreiche Weinhandlung von 1853 befindet sich in einem historischen Dielenhaus aus dem 17. Jahrhundert und ist allein deshalb einen Besuch wert. Das Sortiment umfasst Weine aus aller Welt, darunter verschiedene Sorten Lübecker Rotspon. www.von-melle.de

Der Drehbrückenplatz ist ein beliebter Treffpunkt.

Travemünde

›Lübecks schönste Tochter‹ wird Travemünde (14 000 Einwohner) gern genannt. Der einstige Fischerort an der Travemündung liegt zwar mehr als zehn Kilometer Luftlinie vom Lübecker Stadtzentrum entfernt, ist aber dennoch ein Stadtteil der Hansestadt.

Gegründet 1187, wurde Travemünde im Jahr 1802 zum Seebad ernannt und ist nach Heiligendamm und Norderney das drittälteste Seebad Deutschlands. Wohlhabende Lübecker errichteten mit dem beginnenden Tourismus ihre Sommerhäuser in der Vorderreihe, und auch Thomas Mann besuchte das Ostseebad regelmäßig. Bis heute bevorzugen viele Lübecker ihren ›Hausstrand‹ bei einem Ausflug an die Küste. Doch Travemünde ist keineswegs nur wegen der breiten Sandstrände, des Brodtener Ufers und der Nehrung Priwall einen Tagesausflug wert. In der Kaiserallee beispielsweise gibt es einige Beispiele der an der schleswig-holsteinischen Küste sonst seltenen **Bäderarchitektur**. Fischerboote, Segelyachten, Frachter und große Fährschiffe sind ständige Begleiter bei einem Bummel entlang der Vorderreihe sowie an der Trave- und Strandpromenade. Auch das Wahrzeichen Travemündes, die Vier-

Travemünde

mastbark Passa**t**, ist an ihrem Platz im Hafen fast immer in Sichtweite.

Jedes Jahr Ende Juli zieht die **Travemünder Woche** Tausende Segelsportler und dazu ein Vielfaches an Besuchern an. Die zweitgrößte Segelveranstaltung der Welt bietet neben hochkarätigen Regatten auch ein buntes Landprogramm. Der gesamte Promenadenbereich wird dann zur Partymeile.

Sehenswürdigkeiten

Als Start für einen Rundgang bietet sich die Altstadt um die spätgotische **St. Lorenz-Kirche** an. Das **Seebadmuseum** in der Torstraße gibt Einblick in die Entwicklung Travemündes. Exponate, Hörstationen und Filme informieren über Themen wie die Anfänge des Bädertourismus, die Fischerei, die Schifffahrt und die Fliegerei auf dem Priwall. An der Einmündung in die St. Lorenz-Straße, die Richtung Fischereihafen führt, steht eines der ältesten Wohnhäuser, erbaut in der zweiten Hälfte des 16. Jahrhunderts.

Entlang des Ostpreußenkais führt die **Vorderreihe**, Travemündes Vorzeigestraße, die als Fußgängerzone mit attraktiven Geschäften, Restaurants und Cafés in teils historischen Gebäuden viele Besucher anzieht. Bei dem Gebäude mit der Nummer 7 handelt es sich um den ehemaligen Sitz des Lübecker Stadtvogtes. Das zweigeschossige Renaissance-Backsteingiebelhaus wurde 1551 errichtet. Die Haustür im Rokoko-Stil wurde 1773 eingebaut. Heute befinden sich in der **Alten Vogtei** eine Galerie und ein Restaurant.

Die sich an die Vorderreihe anschließende **Travepromenade** wurde unlängst neu gestaltet und lädt zum Verweilen mit Blick auf das Treiben im Hafen ein. Hier steht auch **Deutschlands ältester Leuchtturm**. Das Kulturdenkmal, ursprünglich aus dem Jahr 1539, kann besichtigt werden. Der Aufstieg, begleitet von Fotografien alter Leuchttürme an der Ostseeküste, eröffnet einen schönen Blick über die Stadt, den Hafen und den Priwall. Auf den einzelnen Etagen des 31 Meter hohen Turms dokumentieren Modelle alter Feuerschiffe, Seelaternen, der Kopf eines Leuchtpfahls und eine Leuchtfeueranlage die Geschichte der Leuchtfeuertechnik. Der Leuchtturm erfüllte bis 1972 seine

In der Altstadt von Travemünde

Sehenswürdigkeiten 237

Travemünde mit Altem Leuchtturm und Hotel Martitim

originäre Funktion. Nach dem Bau des benachbarten **Maritim-Hotels** waren die Leuchtsignale vom Wasser aus jedoch nicht mehr sichtbar. Als Ersatz wurde 1974 auf dem Dach des Maritim ein modernes Leuchtfeuer installiert.

Hinter dem Maritim beginnt der **Kurstrand** von Travemünde. Von der Strandpromenade schweift der Blick weit über die Ostsee. Eine Personenfähre, die auch Fahrräder transportiert, pendelt von 10–22:30 Uhr zwischen der Lotsenstation und dem Priwall über die Trave.

Der **Priwall** ist eine Welt für sich. Menschliche Eingriffe haben die ehemalige Strandwallebene in der ersten Hälfte des 20. Jahrhunderts mehrfach in Größe und Geländegestalt verändert. Im Norden befindet sich der breiteste Sandstrand an der Lübecker Bucht. Die südlich angrenzende Ferienhaussiedlung ist buchstäblich auf Sand gebaut. Der südliche Teil des Priwalls ist Naturschutzgebiet und ein beliebter Treffpunkt für Ornithologen sowie andere Naturinteressierte. Zur Zeit des Vogelzugs lassen sich viele verschiedene Arten beobachten. Der Priwall ist auch ein bedeutendes Brutgebiet für fast 40 Vogelarten. Die **Naturwerkstatt Priwall** informiert in einer Dauerausstellung über den Lebensraum zwischen Fluss und Meer und bietet naturkundliche Exkursionen in das Naturschutzgebiet sowie Workshops an. Das Areal am Passathafen wurde in den vergangenen Jahren komplett neu gestaltet. Es entstanden luxuriöse Ferienwohnungen und eine fast großstädtisch anmutende Flaniermeile mit Geschäften, vielfältiger Gastronomie und Zonen zum Verweilen. Hier liegt auch die **Viermastbark Passat**. Der 1911 gebaute Großsegler verkehrte als Frachtschiff zwischen Europa und Südamerika, bevor er 1951 zu einem Frachtsegelschulschiff umgebaut wurde. Nach der Außerdienststellung 1959 kaufte die Stadt Lübeck die Passat. Zunächst diente sie als Ausbildungsplatz der Seemannsschule auf dem Priwall, heute ist sie ein Museumsschiff und kann täglich von 11–16:30 Uhr besichtigt werden.

Die Viermastbark Passat wurde 1911 gebaut

Nur ein paar Schritte entfernt von der imposanten Viermastbark liegt die **Ostseestation**, eine reizvolle Kombination aus Aquarium und Meeresmuseum. Die Betreiber vermitteln mit viel Herzblut insbesondere Kindern die Lebenswelt der Ostsee. In den rund 20 Schau- und Fühlbecken leben heimische Meerestiere wie Krabben, Seesterne, Quallen sowie verschiedene Fisch- und Seenadelarten. Die Bewohner der Becken wechseln je nach Saison und Lebenszyklus. Fühlen, füttern und Fragen stellen ist hier ausdrücklich erwünscht. Die Ausstellung gibt außerdem Aufschluss über die Entstehung der Ostsee sowie Steine und Fossilien am Strand und die Entwicklung der Fischerei in Travemünde.

Der Uferweg führt bis zur Autofähre, unterwegs bietet sich ein sehr schöner Blick auf die Silhouette Travemündes. Mit der Fähre gelangt man fast direkt in den **Fischereihafen**, wo es neben Fischbrötchen auch fangfrischen Fisch direkt bei den Fischern zu kaufen gibt. In Travemünde gibt es noch zwei Haupterwerbsbetriebe, dazu mehrere Nebenerwerbsfischer. Im Winterhalbjahr landen außerdem Fischer aus Gothmund hier an, um ihren Fang zu verkaufen.

Travemünde

PLZ: 23570. **Vorwahl:** 04502.
Tourist-Information Travemünde, Am Leuchtenfeld 10a, 23570 Travemünde, Tel. 0451/8899700
www.travemuende-tourismus.de

Aus südlicher Richtung erreicht man Travemünde über die A 226, aus nördlicher Richtung über die B 76. Von der Lübecker Innenstadt führt die schnellste Verbindung durch den mautpflichtigen Herrentunnel.

Travemünde besitzt einen eigenen Bahnanschluss. Im Stundentakt erreicht man das Seebad vom Lübecker Hauptbahnhof in nur wenigen Minuten. Regionalzüge verkehren vom Lübecker Hauptbahnhof im Stundentakt.

Es gibt direkte Busverbindungen von Lübeck ZOB (Linie 30) sowie von Scharbeutz über Niendorf (Linie 40) nach Travemünde. www.sv-luebeck.de

Hanseschifffahrt, Tel. 0163/75475773. Die Schiffe verkehren mehrmals pro Tag zwischen Lübeck und Travemünde (Fahrtdauer 90 Minuten). Fahrradmitnahme ist gegen Aufpreis möglich. Anleger in Travemünde: Kaiserbrücke, Vorderreihe 64a, Anleger in Lübeck: Hansekai/Hansemuseum, gegenüber ›An der Untertrave‹ 12–13. Einstündige Ausflugsfahrten von Travemünde zum Dummersdorfer Ufer oder in die Pötenitzer Wiek, Anleger: Überseebrücke 2, 23570 Travemünde
www.hanseschifffahrt.de,
www.hanse-travemuende.de

Maritim Strandhotel, Trelleborgallee 2, 23570 Lübeck-Travemünde, Tel. 04502/89-0; Hochhaus direkt am Strand, 240 Zimmer, mit Balkon, Wellnessbereich auf 1100 qm, Restaurant, Pub mit Sommerterrasse und Hotelbar.
www.maritim.de
Hotel Atlantic, Kaiserallee 2a, Tel. 04502/75057, Jugendstilvilla von 1910.
www.hotel-atlantic-travemuende.de

Zahlreiche Restaurants und Cafés konzentrieren sich entlang der Vorderreihe. Im Fischereihafen gibt es unter anderem frisch zubereitete Fischbrötchen.

Alter Leuchtturm Lübeck-Travemünde, Am Leuchtenfeld 1, 23570 Lübeck-Travemünde, Tel. 04502/8891790; Apr.–Okt. Di, Do, Sa, So 13–16 Uhr, Juli/Aug. tägl. 11–16 Uhr. Ältester Leuchtturm Deutschlands, Aussichtsturm und maritimes Museum.
www.leuchtturm-travemuende.de
Seebadmuseum, Torstraße 1 (im Gesellschaftshaus direkt an der St. Lorenz-Kirche), 23570 Lübeck-Travemünde, Tel. 04502/9998094; März–Dez. Di–So 11–17 Uhr, Führungen nach telefonischer Absprache. Rund 200 Jahre Seebadgeschichte des einst mondänen Travemünde auf 180 qm Fläche.
www.heimatverein-travemuende.de
Viermastbark Passat, Museumsschiff u. Wahrzeichen von Travemünde, Priwallpromenade 3a, Tel. 0451/1225220, Vor- u. Nachsaison tägl. 11–16.30 Uhr, Hauptsaison tägl. 10–17 Uhr. www.luebeck.de
Ostseestation Travemünde, Priwallpromenade 29–31, 23570 Lübeck-Travemünde, Tel. 04502/308705; Apr.–Okt. Di–So, Nov.–März Do–So (genaue Öffnungszeiten im Internet!). Ostseeaquarium und Meeresmuseum.
www.ostseestation-travemuende.de
Naturwerkstatt Priwall, Fliegerweg 5–7, 23570 Travemünde-Priwall, Tel. 04502/9996465; Apr.–Okt. Di–So 9–12 Uhr (nur für angemeldete Gruppen) und 12–17 Uhr, Nov.–März Fr–So 9–12 Uhr (nur für angemeldete Gruppen) und 12–16 Uhr. Dauerausstellung, Naturführungen, Workshops, Forscherwerkstatt.
www.naturwerkstatt-priwall.de
Anja Es KUNST!, Alte Vogtei, Vorderreihe 7, 23570 Travemünde, Tel. 0173/5844171; Di–So 11–17 Uhr.
www.anja-es-kunst.de

Sandskulpturen-Ausstellung, Ende Mai–Ende Okt., tägl. 10–18 Uhr. Die unter einem jährlich wechselnden Motto gefertigten detailgetreuen Sandskulpturen werden in den Bootshallen am Baggersand gezeigt. An der Ausstellung beteiligen sich Künstler aus mehreren europäischen Ländern.
Travemünder Woche, Regattabüro: Am Leuchtenfeld 4, 23570 Travemünde, Tel. 04502/8690-0. Die internationale Segelveranstaltung mit Festmeile findet jährlich Ende Juli statt.
www.travemuender-woche.com

tobisRad, im Maritim Strandhotel, Trelleborgallee 2, 23570 Travemünde, Tel. 04502/8805252. www.tobisrad.de
Das Fahrrad, Moorredder 15, 23570 Travemünde, Tel. 04502/3550; Mo–Fr 10–13 Uhr, 15–18 Uhr, Sa 9–13 Uhr, im Sommer auch So Verkauf, Verleih, Ersatzteile. www.dasfahrradspuida.de

Schwarzlicht-Exkursionen über den nächtlichen Strand:
www.geopark-nordisches-steinreich.de

Haupteinkaufsstraße ist die Vorderreihe, die als Fußgängerzone ausgewiesen ist. Hier findet man eine Vielfalt an Geschäften, Restaurants, Cafés und Bars.

Wälder, Moore, Wiesen und mehr als 40 Seen prägen die urwüchsige Landschaft des Herzogtums Lauenburg, Schleswig-Holsteins waldreichster Region. Im Schatten der ehemaligen innerdeutschen Grenze konnten sich Flora und Fauna über Jahrzehnte nahezu ungestört entwickeln. Die ›Alte Salzstraße‹ erzählt von der einstigen Bedeutung des ›weißen Goldes‹, und denkmalgeschützte Altstädte stehen für jahrhundertealte Geschichte.

AUSFLUG IN DAS HERZOGTUM LAUENBURG

Bei Salem

Das Herzogtum Lauenburg

Im südöstlichen Zipfel von Schleswig-Holstein liegt der Kreis **Herzogtum Lauenburg**. Die seen- und waldreiche Region ist ein Kleinod für Naturliebhaber und Ruhesuchende, aber auch historisch interessant. Die südliche Grenze bildet die Elbe, im Osten verläuft die Landesgrenze zu Mecklenburg-Vorpommern mitten durch den Schaalsee. Der Elbe-Lübeck-Kanal, an dem auch der Radfernweg ›Alte Salzstraße‹ entlangführt, zieht sich von Süden nach Norden durch das Kreisgebiet.

Bettenburgen und überlaufene Orte sucht man hier vergeblich, die idyllischen Dörfer und geschichtsträchtigen kleinen Städte präsentieren sich authentisch und unaufgeregt. Die Natur hat einen besonders urwüchsigen Charakter. Mehr als 40 eiszeitlich entstandene Seen gehören zum **Naturpark Lauenburgische Seen**, der 1960 als erster Naturpark Schleswig-Holsteins gegründet wurde (→ S. 24). Hier finden nicht nur Seeadler, Eisvogel und Fischotter, sondern auch die seltene Maräne ideale Lebensbedin-

Herzogtum Lauenburg

Wunderbar gelegen: Lauenburg an der Elbe

gungen. Der **Sachsenwald** an der Grenze zu Hamburg ist das größte zusammenhängende Waldgebiet des Bundeslandes. Das Herzogtum Lauenburg lässt sich wunderbar zu Fuß, mit dem Rad oder mit dem Kanu erkunden. Insgesamt 1000 Kilometer ausgeschilderte Radwege und mehrere Themenrouten bieten dabei Orientierung. Badezeug und Handtuch gehören auf jeden Fall in das Wandergepäck, denn an den Seen liegen viele idyllische Naturbadestellen, teils versteckt mitten im Wald.

Historische Handelsroute und Radfernweg Alte Salzstraße

Gut drei Wochen war ein Fuhrwerk im Mittelalter unterwegs, um das in Lüneburg geförderte Salz bis nach Lübeck zu bringen. ›Alte Salzstraße‹ wird die gut 100 Kilometer lange und damals nicht ganz ungefährliche Strecke deshalb genannt. Überfälle durch Straßenräuber waren keine Seltenheit, so dass die Kaufleute je nach aktueller Sicherheitslage unterschiedliche Routen wählten. Der um 1398 fertiggestellte Stecknitz-Delvenau-Kanal, der Vorläufer des Elbe-Lübeck-Kanals, erleichterte den Transport des ›weißen Goldes‹ erheblich. Der Salzhandel mit Skandinavien hatte sich im 14. Jahrhundert zu einer der wichtigsten Einnahmequellen der Lübecker Kaufleute entwickelt. Auch die an der Salzstraße gelegenen Orte profitierten von diesem bedeutenden Handelsweg.

Im Jahr 1900 wurde der 60 Kilometer lange **Elbe-Lübeck-Kanal** eröffnet. Er verbindet die Ostsee über die Elbe mit dem deutschen Binnenwasserstraßennetz. Heutzutage passieren neben zahlreichen Freizeitbooten rund 1000 Frachter pro Jahr den Kanal, letztere aktuell mit rückläufiger Tendenz. Bereits seit Jahren wird auf Landes- und Bundesebene über Kosten und Nutzen eines Kanalausbaus für einen effizienteren Gütertransport diskutiert. Die Schleusen zwischen Witzeeze und Büssau beispielsweise stammen noch aus der Bauzeit und sind für moderne Binnenschiffe längst zu klein.

■ Sehenswürdigkeiten

Aus touristischer Sicht hat das ›blaue Band‹ des Herzogtums Lauenburg eine herausragende Bedeutung. Auf den Spu-

Das Herzogtum Lauenburg ist ein Radlerparadies

ren des ehemaligen Treidelpfades verläuft der Radfernweg ›Alte Salzstraße‹. Der Sandweg führt abseits des Autoverkehrs zwischen Wiesen und Kanal entlang und bietet einige interessante Anlaufpunkte, auch in den nahe gelegenen Dörfern.

Wer eine Fahrradtour entlang des Kanals von Lübeck aus plant, kann an der Lachswehrallee, kurz vor der Lachswehrbrücke, starten. Das erste Stück führt an einer Kleingartenkolonie vorbei. Unweit der Brücke bei Berkenthien liegt ein nachgebauter mittelalterlicher Salzprahm am Ufer. Mit diesen Plattbodenschiffen wurde vor mehr als 500 Jahren das Lüneburger Salz auf dem Kanal bis Lübeck transportiert. Eine Tafel informiert über die Stecknitzfahrer, die im Dienste der Lübecker Kaufleute die Prahme betrieben. Im alten Dorfkern von Berkenthien, auf der östlichen Kanalseite, steht die beeindruckende Maria-Magdalena-Kirche aus dem 13. Jahrhundert mit Wandmalereien aus der Zeit um 1300.

Von hier aus bietet sich ein Abstecher in das etwa drei Kilometer entfernte **Behlendorf** an. Am Behlendorfer See gibt es eine schöne Badestelle. In dem idyllischen Dorf verbrachte der Schriftsteller und Maler Günter Grass (→ S. 51) seine letzten Lebensjahrzehnte. Auf dem Friedhof an der Kirche befindet sich seine Grabstätte. Bei Siebeneichen, zwischen Mölln und Büchen, verkehrt von April bis Anfang Oktober die einzige **Fähre** über den Kanal. Die Seilzugfähre wird von einem gemeinnützigen Verein betrieben. In Büchen-Dorf steht die **Priesterkate**. Das alte Pastorat von 1649 ist heute ein kleines Kulturzentrum und Museum.

In der alten Schifferstadt **Lauenburg** trifft der Elbe-Lübeck-Kanal auf die Elbe. In der Altstadt am Elbhang reihen sich hübsche Fachwerkhäuser aneinander. Am Elbufer steht der ›Rufer‹, eine Skulptur von Karlheinz Goedtke (→ S. 50). Das **Elbschifffahrtsmuseum** erläutert eindrucksvoll die Geschichte der Schifffahrt vom Einbaum bis zum modernen Schubverband sowie die Entwicklung der Arbeits- und Lebensbedingungen in der Schifffahrt und im Schiffbau. Neben Modellen sind auch historische Schiffsantriebe zu sehen (www.elbschifffahrtsmuseum.de).

Da die Bahnhöfe Mölln und Büchen nur einen Katzensprung vom Kanal entfernt liegen, kann die Radtour auf der ›Alten Salzstraße‹ flexibel gestaltet werden. Wer die rund 60 Kilometer bis Lauenburg fährt, gelangt ebenfalls bequem mit dem Zug zurück nach Lübeck.

Ratzeburg

Die Stadt Ratzeburg (15 000 Einwohner), Kreisstadt des Kreises Herzogtum Lauenburg und anerkannter Luftkurort, liegt mitten im Naturpark Lauenburgische Seen. Wasser ist ihr prägendes Element, denn allein die Altstadt ist von vier Seen umgeben. Beeindruckend ist der Blick auf die weite Wasserfläche des Ratzeburger Sees, der fast neun Kilometer lang ist. Die Inselstadt, deren Grenzen sich längst über die Altstadtinsel hinaus ausgedehnt haben, präsentiert sich beschaulich, aber trotzdem lebendig.

■ Geschichte

Ratzeburg verdankt seinen Namen dem Polabenfürsten Ratibor, der einst auf der Insel im Ratzeburger See in einer Ringburg residierte. Erstmals erwähnt wurde die Siedlung im Jahr 1062 in einer von König Heinrich IV. ausgestellten Urkunde. Auch in Ratzeburg ging die Slawenherrschaft im Laufe des 11. Jahrhunderts zu Ende, wie andernorts nicht ohne Widerstand. 1066 wurde der Abt Ansverus, der die Missionierung in der Gegend vorantrieb, zusammen mit weiteren Mönchen von aufständischen Slawen in der Nähe von Einhaus gesteinigt. Zur Erinnerung steht dort das Ansveruskreuz.

Unter der Herrschaft Heinrichs des Löwen wurde ab Mitte des 12. Jahrhunderts die Besiedlung vorangetrieben. Anstelle der Ringburg entstand eine steinerne Burg auf der Insel, wo heute die Altstadt liegt. 1154 wurde das Bistum Ratzeburg gegründet, einige Jahre später folgte der Bau des Doms. 1261 erhielt Ratzeburg Stadtrechte. Nach einer Belagerung und Zerstörung durch die Dänen im Jahr 1693 wurde die Stadt nach einem barocken Muster wieder aufgebaut, das noch heute ihren Grundriss prägt.

■ Sehenswürdigkeiten

Die meisten Sehenswürdigkeiten konzentrieren sich auf der Altstadtinsel. Hauptattraktion ist die **Domhalbinsel** mit ihren kopfsteingepflasterten Gassen, histori-

Die Domhalbinsel in Ratzeburg

schen Häusern und vor allem dem romanischen Backsteindom. Wie auch der Dom zu Lübeck wurde er im 12. Jahrhundert auf Initiative Heinrichs des Löwen erbaut. Die Bauzeit der Basilika betrug rund 60 Jahre. Im Jahr 1220 wurde der somit älteste Backsteindom Norddeutschlands fertiggestellt. Der Bronze-Löwe davor erinnert an seinen Erbauer. Ab 1154 residierte der Orden der Prämonstratenser-Mönche 350 Jahre lang im Kloster am Dom. Den Mönchen, von Magdeburg nach Ratzeburg berufen, eilte der Ruf voraus, erfahren in der Missionierung zu sein. Im Kreuzgang sind noch Wandmalereien erhalten. Die ehemaligen Klosterzellen dienen heute als Gästehaus des Pastoralkollegs. Auf der Halbinsel befindet sich das Bundesleistungszentrum des Rudersports, Ruderakademie genannt, das seit 1960 mehrfach Olympiageschichte geschrieben hat.

Südlich des Marktplatzes steht die ebenfalls sehenswerte **St.-Petri-Kirche** aus dem 18. Jahrhundert. Die spätbarocke ›Querschiffkirche‹ wurde als Stadt- und Garnisonskirche an der Stelle eines Vorgängerbaus aus dem 13. Jahrhundert errichtet. Der Altar befindet sich nicht, wie sonst üblich, am Ende der Längsachse des Gebäudes, sondern im Zentrum des Kirchenraumes.

Bekannte Stadtbewohner waren im 19. und 20. Jahrhundert der Bildhauer Ernst Barlach und der Graphiker A. Paul Weber (→ S. 50). Hieran erinnern unter anderem zwei Museen. Das **Ernst-Barlach-Museum** befindet sich neben der Stadtkirche St. Petri im ›Alten Vaterhaus‹, wo Barlach einige Jahre seiner Kindheit und Jugend verbrachte. Es informiert in einer multimedialen Ausstellung über das Leben und Werk des Künstlers im Kontext der politischen und gesellschaftlichen Hintergründe seiner Zeit. Ein Barlach-Spiel schärft das historische Bewusstsein. Mit Hilfe einer speziellen Technik kann man außerdem in eine dreidimensionale Bühneninszenierung des Autors Barlach eintauchen. Außerhalb des Museums bietet ein thematischer Stadtrundgang die Möglichkeit, Werke Barlachs sowie Orte, die für ihn bedeutsam waren, individuell zu entdecken. Die entsprechende Karte zur Orientierung ist in der Tourist-Information erhältlich. Diese befindet sich in dem

Das Rathaus von Ratzeburg

markanten gelben Rathausgebäude, der ehemaligen Lauenburgischen Gelehrtenschule, die auch Barlach einst besuchte. Das **A.-Paul-Weber-Museum** hat seinen Sitz in einem historischen Bürgerhaus auf der Domhalbinsel. Es zeigt etwa 300 Werke des satirischen Zeichners, von Handzeichnungen über Holzschnitte und Ölgemälde bis hin zu Lithographien. Auch eine funktionstüchtige Lithographie-Werkstatt ist zu sehen.

Eine Route aus Tatzen-Markierungen lädt zu einem gelenkten und dennoch individuellen **Stadtrundgang** ein. Sie führt zu insgesamt 35 historisch bedeutsamen Gebäuden und Plätzen. Als Startpunkt für den Rundgang ›Auf den Spuren des Löwen‹ bietet sich das Rathausgebäude an. In der Tourist-Information gibt es auch hierzu eine Übersichtskarte.

Ein besonderes Erlebnis ist eine Umrundung der Altstadtinsel zu Wasser, sei es mit dem Ausflugsschiff oder mit eigener Muskelkraft im Tretboot, Kanu oder auf dem Wasserfahrrad.

Die seen- und waldreiche Umgebung lässt sich ideal zu Fuß oder mit dem Fahrrad erkunden. Für einen Tagesausflug lohnt es auch, von Lübeck aus direkt das Fahrrad zu nehmen und mit dem Zug zurückzufahren. Auf der ›Alten Salzstraße‹ am Elbe-Lübeck-Kanal sind es von einem möglichen Startpunkt an der Lübecker Lachswehrallee nur etwas mehr als 20 Kilometer. Eine besonders schöne Strecke führt erst ein Stück am Kanal entlang und ab Krummesse in südöstlicher Richtung über Klempau, Groß Disnack und Einhaus. Jenseits der Bundesstraße geht es weiter am Seeufer entlang.

Am Ratzeburger See

Rund fünf Kilometer nordöstlich der Ratzeburger Altstadt liegt das **Grenzhus Schlagsdorf**. Dieses überaus sehenswerte Informationszentrum in dem Dorf, das einst im DDR-Sperrgebiet lag und heute zum Bundesland Mecklenburg-Vorpommern gehört, erzählt die Geschichte der innerdeutschen Grenze zwischen Ostsee und Elbe. Vielfältige Exponate und Medien verdeutlichen die Auswirkungen des ›eisernen Vorhangs‹ für die Menschen beiderseits der Grenze. Auch die Folgen für die Natur, die sich in dem abgeriegelten Sperrgebiet zu Rückzugsräumen für bedrohte Pflanzen- und Tierarten entwickeln konnte, werden thematisiert. Auf einem Außengelände, das 500 Meter vom Grenzhus entfernten liegt, wurde ein Abschnitt des Grenzgebietes mit den üblichen Sperr- und Sicherungsanlagen rekonstruiert.

 **Ratzeburg**
PLZ: 23909. **Vorwahl:** 04541.
Tourist-Information: Unter den Linden 1, Tel. 04541/8000886.
www.ratzeburg-tourismus.de

Führungen: Von Mai bis Sept. bietet die Tourist-Information verschiedene Stadtführungen sowie geführte Fahrradtouren in die Umgebung an, z.B. rund um den Ratzeburger See oder entlang der ehemaligen innerdeutschen Grenze. Die Termine mit weiteren Informationen werden im Online-Veranstaltungskalender veröffentlicht.

Aus Richtung Norden ist Ratzeburg am besten über die A 20 und weiter über die B 207 zu erreichen.

Der Bahnhof liegt knapp zwei Kilometer westlich der Innenstadt an der Bahnstrecke Lübeck-Lüneburg. Regionalzüge verkehren im Stundentakt.

Schifffahrt Ratzeburger See, Schlosswiese 6, 23909 Ratzeburg, Tel. 04541/7900. Ausflugsfahrten auf dem Ratzeburger See und dem Domsee. Unterwegs gibt es mehrere Anlegestellen. Das Unternehmen hat seinen Fahrplan mit der **Wakenitz-Schifffahrt Quandt** abgestimmt. Tel. 0451/793885. www.wakenitzfahrt.de
Nach Umstieg in Rothenhusen kann die Fahrt auf der Wakenitz bis nach Lübeck fortgesetzt werden. Eine Fahrradmitnahme ist allerdings nur bis Rothenhusen möglich. www.schifffahrt-ratzeburg.de

Hotel-Restaurant Farchauer Mühle, Farchauer Mühle 6, 23911 Farchau, Tel. 04541/86000. Familiäres Drei-Sterne-Hotel, Zimmern in modernem Landhausstil, einige Kilometer südlich von Ratzeburg mitten im Wald. Das dazugehörige Restaurant ist in einer historischen Kornwassermühle untergebracht und bietet unter anderem Fisch aus den umliegenden Gewässern sowie Wild aus regionalen Wäldern. Im Café werden hausgebackene Kuchen und Torten serviert. www.farchauer-muehle.de
Wittlers Hotel, Große Kreuzstraße 11, Tel 04541/3815. Drei-Sterne-Hotel auf der Domhalbinsel. Restaurant mit saisonal wechselnden, gutbürgerlichen Gerichten. Schirmbar am Ratzeburger See. www.wittlers-hotel-ratzeburg.de

Jugendherberge am Ratzeburger See, Reeperbahn 6-14, 23909 Ratzeburg, Tel. 04541/8409504.

Restaurant Fischerstube, Schlosswiese 2, 23909 Ratzeburg, Tel. 04541/82337. Direkt am Südufer des Ratzeburger Sees liegt dieses urige Fischrestaurant mit Imbiss, großem Biergarten und eigener Räucherei. Serviert und verkauft wird überwiegend Fisch aus eigenem, regionalem Fang.

Das Gastgeberverzeichnis des Herzogtums Lauenburg enthält eine Übersicht der Camping- und Wohnmobilstellplätze im Naturpark Lauenburgische Seen. www.herzogtum-lauenburg.de

Eis-Pavillon Pelz, Schlosswiese 1, 23909 Ratzeburg, Tel. 04541/2754. www.eis-pelz.de
Eis-Café Bruhn, Königsdamm 3, 23909 Ratzeburg, Tel. 04541/858827. www.ratzeburger-domspezialitaeten.de www.eiscafe-bruhn.de
Die Schirmbar, Schlosswiese, 23909 Ratzeburg, Tel. 04541/3204; Mi–Fr ab 17 Uhr, Sa/So ab 12 Uhr. Cocktail- und Kaffeebar mit Terrasse und Ausblick auf den Ratzeburger See. www.schirmbar-ratzeburg.de
Lödings Bauernhof am See, Auf dem Ortskampe 1, 23911 Buchholz, Tel. 04541/801713. Kaffeegarten direkt am Ratzeburger See, hausgebackene Kuchen und Torten. Während der Saison Spargelgerichte mit Spargel aus eigenem Anbau, So/feiertags 11–18 Uhr, Hofladen mit regionalen Produkten, tägl. 8–19 Uhr. Der Hof liegt etwa sechs Kilometer nördlich von Ratzeburg. www.spargelbuffet.de
Café uppen Barg, Bergrade 4, Duvensee, Tel. 04543/888717; Mi–So ab 11 Uhr. Ländlich gelegenes Café in einem alten Bauernhaus mit Gartenterrasse, etwa zehn Kilometer westlich von Ratzeburg. www.swingolf-bergrade.de

Ratzeburger Dom, Domhof 35, 23909 Ratzeburg, Tel. 04541/3406; Mai–Sept. Mo–So 10–18 Uhr, Okt.–Apr. Di–So 10–16 Uhr. www.ratzeburgerdom.de
Ernst-Barlach-Museum, Barlachplatz 3, 23909 Ratzeburg, Tel. 04541/3789; Apr.–Okt. Di–So 11–18 Uhr (Winterpause und Öffnungszeiten können abweichen!). www.ernst-barlach.de/ratzeburg, www.barlachreloaded.de
A.-Paul-Weber-Museum, Domhof 5, 23909 Ratzeburg, Tel. 04541/860720; Di–So 10–13 Uhr und 14–17 Uhr (24.–26., 31. Dez. und 1. Jan. geschlossen!). www.weber-museum.de
Kreismuseum Ratzeburg, Domhof 12, Tel. 04541/86070; Di–So 10–13 Uhr und 14–17 Uhr. Das Museum ist in einem ehemaligen Herrenhaus untergebracht und bietet einen thematisch sortierten Streifzug durch die Geschichte des Kreises Herzogtum Lauenburg. www.kmrz.de
Grenzhus Schlagsdorf, Neubauernweg 1, 19217 Schlagsdorf, Tel. 038875/20326, Mo–Fr 10–16.30 Uhr, Sa/So 10–18 Uhr (Nov.–März 10–16.30 Uhr). In das Museum ist ein kleines Café und Bistro mit schönem Garten integriert. www.grenzhus.de

Kultursommer am Kanal, Stiftung Herzogtum Lauenburg, Stadthauptmannshof, Hauptstr. 150, 23879 Mölln, Tel. 04542/87000. Jährlich stattfindendes Festival an verschiedenen Orten des Herzogtums Lauenburg, unter anderem mit Konzerten, Theaterinszenierungen und Lesungen. www.kultursommer-am-kanal.de

Fahrrad Koech, Langenbrücker Straße 12, 23909 Ratzeburg, Tel. 04541/3838, Di–Fr 10–18 Uhr, Sa 10–13 Uhr. www.koech2rad.com

Angelscheine: **Fischerei Jobmann**, Schlosswiese 2, 23909 Ratzeburg, Tel. 04541/3559. **Alles Angeln**, Große Wallstraße 4, 23909 Ratzeburg, Tel. 04541/8030565.

Erlebnisbahn Ratzeburg, Am Bahnhof im Zug, 23911 Schmilau, Tel. 04541/883216. Freizeitpark für Ausflugstouren mit ungewöhnlichen, muskelkraftfordernden Fortbewegungsmitteln. Ein Spaß für die ganze Familie ist beispielsweise die Fahrt mit einer Handhebeldraisine auf der Strecke der ehemaligen Kaiserbahn zwischen Ratzeburg und Schmilau. www.erlebnisbahn-ratzeburg.de
Swingolf Bergrade, Bergrade 4, Duvensee, Tel. 04543/888717; Mi–Fr 11–19 Uhr, Sa/So 10–19 Uhr, Die Swingolfanlage liegt etwa zehn Kilometer westlich von Ratzeburg. www.swingolf-bergrade.de

Strandbad Schlosswiese mit großer Liegewiese und Umkleidekabinen am Südufer des Ratzeburger Sees. Weitere Badestellen befinden sich am Nordufer des Küchensees und an der Farchauer Liegewiese.

Ratzeburger Segelschule, Reeperbahn 4 b, 23909 Ratzeburg, Tel. 04541/3118 oder 6185. Segelkurse sowie Verleih von Segelbooten, Kanus und SUP-Boards. www.ratzeburger-segelschule.de
Segelschule Morgenroth, Am Jägerdenkmal 1, 23909 Ratzeburg, Tel. 04541/83200. Verleih von Segelbooten, Kanus, Ruderbooten, Tretbooten, Wasserfahrrädern und Elektrobooten. www.schaalsee-canu-salem.de
Kanu-Center Lothar Krebs, Grinauer Weg 27 b, 23847 Siebenbäumen, Tel. 04501/412. www.kanu-center.de

In der Tourist-Information ist umfangreiches Prospekt- und Kartenmaterial zur Erkundung der Stadt und ihrer Umgebung erhältlich.

Mölln

Knapp zehn Kilometer südlich von Ratzeburg liegt die Stadt Mölln (19 000 Einwohner), eingerahmt von einer Kette kleiner und größerer Seen, dichtem Wald und dem Elbe-Lübeck-Kanal. Seit 1970 ist Mölln anerkannter Kneippkurort.

Die beschauliche Altstadt wird bestimmt von der Nicolai-Kirche, dem historischen Marktplatz, schmalen Gassen und viel Fachwerk. Da Mölln im Krieg nicht angegriffen wurde, blieben das mittelalterliche Straßennetz und die Bebauung aus dem 15. bis 19. Jahrhundert weitgehend erhalten und stehen als Altstadtensemble unter Denkmalschutz.

Gemessen an den Gäste- und Übernachtungszahlen steht Mölln an erster Stelle im Kreis Herzogtum Lauenburg. Vor allem Natururlauber nutzen die zentral gelegene Stadt gern als Basis für Fahrrad- und Wanderausflüge in alle Richtungen. In der näheren Umgebung liegen das Pirschbach-, das Pinnau- und das Hellbachtal.

■ Geschichte

Im Jahr 1188 erstmals urkundlich erwähnt, erhielt Mölln Anfang des 13. Jahrhunderts das Lübecker Stadtrecht. Die Lage an der ›Alten Salzstraße‹ begünstigte im Mittelalter die wirtschaftliche Entwicklung der Stadt. 1359 verpfändeten die Lauenburger Herzöge Mölln an Lübeck. Erst 1683 wurde die Stadt wieder ausgelöst.

■ Sehenswürdigkeiten

Auf dem historischen **Marktplatz** posiert, schelmisch grinsend, ein bronzener **Till Eulenspiegel** auf dem nach ihm benannten Brunnen. Till Eulenspiegel und Mölln sind einander eng verbunden. Es heißt, der bekannte Narr habe hier seine letz-

ten Lebensjahre verbracht, bevor er 1350 starb. Die Bronze-Skulptur auf dem Markt schuf der bekannte Bildhauer Karlheinz-Goedtke (→ S. 50). Tills Daumen und Zehenspitze wurden mit der Zeit von unzähligen Besuchern blank gerieben. Dieses für jeden Mölln-Besucher obligatorische Ritual soll Glück bringen! An der **Nicolai-Kirche**, erbaut zwischen 1210 und 1250, steht zu Ehren Till Eulenspiegels ein Gedenkstein. Ob er hier am höchsten Punkt der Altstadt tatsächlich begraben wurde? Vom Kirchberg jedenfalls hat man einen schönen Blick auf die Dächer, Hinterhöfe und Gassen der Stadt. Das **Eulenspiegel-Museum** auf der gegenüber liegenden Seite des Marktplatzes erzählt von der Geschichte Till Eulenspiegels und seinem Mythos. Es befindet sich in einem der ältesten Bürgerhäuser auf dem Platz und datiert von 1582.

Ebenfalls am Marktplatz steht das **Rathaus** von 1373, das charakteristische Stilelemente der norddeutschen Backsteingotik aufweist. Das Gebäude ist nach dem Lübecker Rathaus der älteste Rathausbau in Schleswig-Holstein. Es

Am Marktplatz in Mölln

wurde im Laufe der Jahrhunderte mehrmals umgebaut. Im Jahr 1475 erhielt es eine Gerichtslaube an der Marktseite. Von hier aus wurden die drinnen gefällten Urteile verkündet. Seit 1993 beherbergt das Rathaus unter anderem das **stadtgeschichtliche Museum**.

Zwischen der Hauptstraße und dem Schulsee steht der **Stadthauptmannshof**. Die beiden Hauptgebäude des Ensembles entstanden in der Zeit der Pfandherrschaft Lübecks: das Stadthauptmannshaus im Jahr 1414 und das Medaillongebäude (Herrenhaus) im Jahr 1550. Der Stadthauptmannshof war Sitz des von Lübeck entsandten Stadthauptmanns, der mit seinem Personal die Straßen bis zur Elbe überwachte und die Lübecker Frachtfuhren vor Überfällen schützte. Heute ist die Stiftung Herzogtum Lauenburg hier ansässig.

In unmittelbarer Nähe der Altstadt liegt der 40 000 Quadratmeter große **Kurpark**. Der Hamburger Gartenarchitekt Gustav Lüttge stellte Mitte der 1960er Jahre seine Pläne für den Park vor, der ein Meilenstein bei der Entwicklung Möllns zum Kneippkurort war. Originale Bausubstanz

Die Till-Eulenspiegel-Skulptur auf dem Marktplatz

Das Hellbachtal ist ein reizvolles Wandergebiet

in Form von Mauern, Pergolen und Wasserbecken ist noch an vielen Stellen zu sehen. Seit 2007 steht der Kurpark als eines der wenigen erhaltenen Zeugnisse der Gartenarchitektur seiner Zeit unter Denkmalschutz. Von 2009 bis 2011 fanden umfassende Sanierungsmaßnahmen statt, bei denen die ursprünglichen Gestaltungsgedanken mit modernen Bedürfnissen in Einklang gebracht wurden. Neu entstanden sind etwa eine Minigolfanlage, eine Boulebahn, ein Schach- und Mühlebrett sowie eine Bühne für Veranstaltungen. Natürlich finden sich auch im Kurpark unterschiedliche Bezüge zu dem prominentesten Möllner, Till Eulenspiegel. Im Waldgebiet östlich der Stadt liegt das **Naturparkzentrum Uhlenkolk**, die zertifizierte Bildungseinrichtung des Naturparks Lauenburgische Seen. Auf der 22 Hektar großen Fläche vereinen sich Bildung, Naturschutz und Naturerlebnis. Im Wildpark leben mehr als 30 heimische Tierarten, darunter Damhirsch, Uhu und Wildschwein. Am Moorsee ›Grundloser Kolk‹ sind Teich- und Moorfrösche zu erleben. Der Findlingsgarten zeigt anschaulich die tonnenschwere Fracht, die mit den Gletschern der letzten Eiszeit aus Skandinavien kam.

■ Hellbachtal

Ein eiszeitlicher Schmelzwasserstrom schuf das Tal, durch das heute der kleine Hellbach fließt. Das renaturierte Tal ist nur zu Fuß oder mit dem Fahrrad erreichbar, Wanderparkplätze befinden sich nördlich und südöstlich des Drüsensees. Im abgeschiedenen Hellbachtal herrscht eine stille, fast mystische Atmosphäre, wie man sie nur selten in der Region findet. Von Mischwald bestandene Talhänge, feuchte Wiesen und drei ganz unterschiedliche Seen zeichnen das Gebiet aus. Der moorige **Schwarzsee** liegt etwas abseits des Weges und erscheint düster-braun. Am Ufer befindet sich eine Plattform als Aussichtspunkt. Der grün schimmernde **Lottsee** weist ausgeprägte Verlandungszonen auf, weshalb sein Ufer nicht zugänglich ist. Der nährstoffarme **Krebssee** leuchtet türkisblau und verfügt über eine kleine Badestelle mitten im Wald. Der Hellbach selbst ist dagegen nur selten zu sehen, zum Beispiel von einer der drei Brücken, die ihn überqueren. Zwischen Mölln und dem Sarnekower See sind mehrere, unterschiedlich lange Wanderstrecken ausgeschildert. Auch der Europäische Fernwanderwege E1 und führt durch das Hellbachtal.

Mölln
PLZ: 23879. **Vorwahl**: 04542.
Tourist-Information, Am Markt 12, Tel. 04542/976510.
www.moelln-tourismus.de
Führungen: Die Tourist-Information bietet klassische sowie spezielle Stadtführungen an, wie zum Beispiel die Nachtwächterführung.

Aus Richtung Lübeck ist Mölln über die A 20 und weiter über die B 207 zu erreichen, aus Richtung Hamburg und Berlin über die A 24.

Der Bahnhof liegt zentral im Stadtgebiet an der Strecke Lübeck–Lüneburg. Regionalzüge verkehren im Stundentakt.

MS Till Möllner Seen/Elbe-Lübeck-Kanal, Am Stadtsee/Seestraße, 23879 Mölln, Tel. 04542/3888. www.schiffundboot.de
Fähre Siebeneichen, Zur Fähre 1, 21514 Fitzen. Seilzugfähre über den Elbe-Lübeck-Kanal. www.faehre-siebeneichen.de

Hotel-Restaurant Quellenhof, Hindenburgstraße 16, 23879 Mölln, Tel. 04542/85420. Zentral und ruhig gelegenes Drei-Sterne-Hotel. www.quellenhof-moelln.de
Waldhof auf Herrenland, Auf dem Herrenland, 23879 Mölln, Tel. 04542/2115. Vier-Sterne-Hotel in ehemaligem Gutshaus inmitten von Wäldern und Seen. www.hotel-waldhof.de

Entlang der Hauptstraße und am Marktplatz liegen einige Restaurants und Cafés.

Eulenspiegel-Museum, Am Markt 2, 23879 Mölln, Tel. 04542/9765144; Mo–Fr 14–16 Uhr, Sa/So 11–16 Uhr. www.moelln-tourismus.de

Möllner Museum, Historisches Rathaus, Am Markt 12, 23879 Mölln, Tel. 04542/9765140. www.moellner-museum.de
Priesterkate Büchen, Gudower Straße 1, 21514 Büchen-Dorf www.buechen.de

Alle drei Jahre finden auf dem historischen Marktplatz die **Eulenspiegel-Festspiele** statt. Dann wird Till Eulenspiegel wieder zum Leben erweckt und unterhält das Volk mit allerhand Schabernack.
Kultursommer am Kanal, Stiftung Herzogtum Lauenburg, Tel. 04542/87000. Jährlich stattfindendes Festival an verschiedenen Orten des Herzogtums Lauenburg, unter anderem mit Konzerten, Theaterinszenierungen und Lesungen. www.kultursommer-am-kanal.de

Das Gastgeberverzeichnis des Herzogtums Lauenburg enthält eine Übersicht der Camping- und Wohnmobilstellplätze im Naturpark Lauenburgische Seen. www.herzogtum-lauenburg.de

Tourist-Information Mölln, Am Markt 12, 23879 Mölln, Tel. 04542/976510. www.moelln-tourismus.de

Schiff & Boot Morgenroth, Am Stadtsee/Seestraße, 23879 Mölln, Tel. 04542/3888. Verleih von Tretbooten, Kanus, Ruderbooten, Wasserfahrrädern und Elektrobooten. www.schiffundboot.de

Die **Badeanstalt ›Luisenbad‹** am Ostufer des Schulsees ist die einzige Bademöglichkeit im Stadtgebiet. Der Eintritt ist frei. Weitere Badestellen, die allerdings unbewacht sind, befinden sich am Pinnsee, am Lüttauer See und am Krebssee.

Minigolf im Kurpark, Tel. 0160/5075770;

März/Apr.–Okt. Mo–So 11–18 Uhr. Boule im Kurpark. Ein Boule-Set inklusive Scorecard kann in der Tourist-Information gegen Gebühr ausgeliehen werden.

Naturparkzentrum Uhlenkolk, Waldhallenweg 11, 23879 Mölln, Tel. 04542/803345; ganzjährig rund um die Uhr geöffnet. Eintritt frei. Kostenlose Führungen Mi 14.30 Uhr.
www.naturparkzentrum-uhlenkolk.de

In der **Tourist-Information** ist umfangreiches Prospekt- und Kartenmaterial zur Erkundung der Stadt und ihrer Umgebung erhältlich.

Sachsenwald mit Aumühle und Friedrichsruh

Zwischen der Hansestadt Hamburg im Westen und dem Kreis Stormarn im Norden liegt der Sachsenwald. Er ist mit 70 Quadratkilometern Schleswig-Holsteins größtes zusammenhängendes Waldgebiet und ein beliebtes Naherholungsziel der Hamburger. Der dichte und teils märchenhaft anmutende Laub- und Mischwald wird überwiegend als Wirtschaftswald genutzt und befindet sich größtenteils im Besitz der Familie von Bismarck. Gemessen an seiner Fläche ist er daher kaum touristisch erschlossen. Das Tor zum Sachsenwald und touristischer Anziehungspunkt ist die Gemeinde **Aumühle** (3000 Einwohner) mit dem Ortsteil **Friedrichsruh**. In der Umgebung gibt es einige ausgeschilderte Wander- und Reitwege. Zum Radfahren ist das Gebiet auf Grund des sandigen und streckenweise durchwurzelten Untergrundes dagegen nur bedingt eignet. Besonders eindrucksvoll ist das **Billetal**. Zwischen Aumühle und Kuddewörde verläuft ein Teil des Europäischen Fernwanderwegs E1. Auch der urige Eisvogelweg führt ein Stück an der Bille entlang.

■ Geschichte

›Die Au-Mühle‹ wurde 1350 erstmals urkundlich erwähnt. Urzelle des Ortes war eine Kornwassermühle, deren Bestand bereits im 13. Jahrhundert nachgewiesen ist. Heute befindet sich in dem 1959 stillgelegten und danach grundlegend umgebauten Mühlenbetrieb das

Auf dem Eisvogelweg im Sachsenwald

Sachsenwald mit Aumühle und Friedrichsruh

Restaurant ›Fürst Bismarck Mühle‹ mit angeschlossenem Hotel. Um 1750 kam Graf Friedrich von der Lippe nach Aumühle und gründete Friedrichsruh. Der Ortsteil ist eng mit der Familie von Bismarck verbunden. 1871 schenkte Kaiser Wilhelm I. seinem Reichskanzler Fürst Otto von Bismarck den Sachsenwald als Dank für dessen Verdienste. Nach seiner Entlassung siedelte Bismarck, der ein großer Naturfreund war, nach Friedrichsruh über und lebte dort bis zu seinem Tod im Jahr 1898. Er ließ eine ehemalige Gastwirtschaft zum Herrenhaus umbauen, das bis heute von seinen Nachkommen bewohnt wird.

Ende des 19. Jahrhunderts entstand in Aumühle die Villensiedlung Sachsenwald-Hofriede, begründet von Emil Specht, einem gelernten Weinhändler und Gastronomen. Nachdem dieser einen kleinen Teil des Sachsenwaldes gekauft hatte, ließ er großzügige Grundstücke erschließen und darauf prächtige Villen errichten. Diese veräußerte er vornehmlich an Hamburger Kaufleute. Auch die Familie Specht selbst bewohnte eine der Villen.

■ Sehenswürdigkeiten

In Friedrichsruh erinnern gleich mehrere Stätten an den ersten Reichskanzler. Im denkmalgeschützten Bahnhofsgebäude, 1846 im spätklassizistischen Stil erbaut, hat die bundeseigene Otto-von-Bismarck-Stiftung ihren Sitz. Hier wird der Nachlass Bismarcks und seiner Nachfahren zu Zwecken der wissenschaftlichen Forschung und historisch-politischen Bildungsarbeit verwahrt. Die **Dauerausstellung Bismarck und seine Zeit** gewährt Einblicke in dessen Leben und Werk sowie in die deutsche Geschichte des 19. Jahrhunderts. Sie setzt den ehemaligen Reichskanzler in Beziehung zu seiner Epoche und beleuchtet anschaulich zentrale Aspekte seiner Politik. Die

Die Otto-von-Bismarck-Stiftung in Friedrichsruh

Stiftung bietet neben allgemeinen und themenbezogenen Führungen ein vielfältiges Veranstaltungsprogramm und Sonderausstellungen.

Nicht weit entfernt, im ›Alten Landhaus‹, befindet sich das **Bismarck-Museum**. Hier steht die Person Otto von Bismarck im Vordergrund. Zu sehen sind rund 350 Exponate, unter anderem Gemälde, das Fürstendiplom sowie weitere Urkunden, Briefe, Orden und persönliche Gegenstände. Auch das erhalten gebliebene Arbeitszimmer wurde hier eingerichtet.
Seine letzte Ruhestätte fand Otto von Bismarck im nahe gelegenen **Mausoleum**, südlich der Bahnstrecke. In dem Gebäude im neoromanischen Stil ruhen ebenfalls seine Frau Johanna und weitere Nachkommen.

Eine andere Sehenswürdigkeit, die eng mit der Familie von Bismarck zusammenhängt, ist der **Garten der Schmetterlinge**. Aus persönlicher Leidenschaft wurde er von Fürstin Elisabeth von Bismarck in den 1980er Jahren eingerichtet. Im großen Tropenhaus flattern Schmetterlinge aus aller Welt. In Schaukästen ist ihre Metamorphose zu beobachten.

Sehr sehenswert ist das **Eisenbahnmuseum Lokschuppen Aumühle**. Im Lokschuppen von 1906 und auf dem Außengelände sind historische Eisenbahnwaggons und Lokomotiven ausgestellt. Während der Öffnungszeiten kann man auch hineinklettern. Außerdem sind dann Fahrten mit einer Hebeldraisine und einem handgeschobenen Feldbahnwagen möglich. Das Außengelände ist auch außerhalb der Öffnungszeiten frei zugänglich. Das ehrenamtlich organisierte Museum richtet mehrmals im Jahr Veranstaltungstage zu wechselnden Themen aus.

Inmitten der Villensiedlung Aumühles steht der 27 Meter hohe **Bismarck-Turm**. Er wurde von 1898 bis 1901 auf Initiative Emil Spechts errichtet. Der weiß verputzte Ziegelsteinbau gilt als besonders schönes Exemplar unter den zahlreichen Türmen, die zur damaligen Zeit vielerorts zum Gedenken an den Reichskanzler entstanden. Der Bismarck-Turm wird von einem Verein betrieben. Seine Aussichtsplattform ist daher nur auf Anfrage oder im Rahmen öffentlicher Veranstaltungen zugänglich. Im Erdgeschoss ist die Gemeindebücherei untergebracht.

Bismarckturm in Aumühle

Wanderung auf dem Eisvogelweg

Start und Ziel: Aumühle, Bahnhof. **Länge:** 9 Kilometer.
Der urige Wanderweg führt durch das **Naturschutzgebiet Billetal**. Vorbei an dem Restaurant ›Fürst Bismarck Mühle‹ geht es hinter dem Mühlenteich links in den Wald hinein. In einem eingezäunten Areal, allerdings nicht sichtbar, liegt die bekannte Quelle, die nach Fürst Bismarck benannt ist und von ihm selbst entdeckt worden sein soll. Nun führen schmale Pfade entlang des steilen Uferhangs der Bille durch urwüchsigen Naturwald. Hier wachsen teils jahrhundertealte Buchen und Eichen. Das tief eingeschnittene Tal zeugt von einem eiszeitlichen Gletscherbach, der zum Elbe-Urstromtal entwässerte. Im Bereich des klaren Kaltwasserbachs leben zahlreiche seltene Vogelarten, wie der Eisvogel und die Gebirgsstelze. Auch andere seltene Tiere wie Bachforelle, Flussneunauge und Prachtlibelle finden hier einen idealen Lebensraum. Im Wald gibt es einen hohen Totholzbestand, der ebenfalls hervorragende Bedingungen für eine vielfältige Tier- und Pflanzenwelt bietet. Herabfallende Zweige und auf dem Weg liegende Äste sind daher keine Seltenheit.
An der Doktorbrücke zweigt der Weg nach rechts ab und führt durch dichten Buchenmischwald zurück nach Aumühle. Der Eisvogelweg ist nicht durch ein eindeutiges Symbol gekennzeichnet. Vielmehr weist eine weiße ›1‹, mit Farbe auf einige Bäume aufgebracht, den Weg.

Sachsenwald
www.sachsenwald.de

Ab Hamburg-Hauptbahnhof mit der S 21 bis zur Endstation Aumühle. Von Büchen mit dem Regionalzug nach Hamburg-Bergedorf, dort Umstieg in die S 21.

Generell zeichnet sich die Gastronomie im Sachsenwald durch eine vorzügliche Küche aus. Jeder Betrieb ist für sich ein Unikat mit individuellem Charme und besonderer Geschichte.
Fürst Bismarck Mühle, Mühlenweg 3, 21521 Aumühle, Tel. 04104/2028; Mo, Di, Fr, Sa, So ab 12 Uhr, Mi, Do ab 15 Uhr. Restaurant und Hotel. Sehr gute Küche, traditional basiert und modern interpretiert. www.bismarck-muehle.de
Waldesruh am See, Am Mühlenteich 2, 21521 Aumühle, Tel. 04104/69530; Restaurant und Hotel. Wild aus dem Sachsenwald und weitere Produkte aus der Region. www.waldesruh-am-see.de
Forsthaus Friedrichsruh, Ödendorfer Weg 5, 21521 Aumühle, Tel. 04104/6992899. Restaurant und Hotel. Regionale Spezialitäten wie Wildfleisch und Kräuter aus dem Sachsenwald. Im Forsthaus Friedrichsruh trainierte bereits die Boxerlegende Max Schmeling. Heute befindet sich in der ehemaligen Trainingshalle der Restaurantbereich. www.forsthausfriedrichsruh.de
Italia Ristorante und Hotel, Am Mühlenteich 3, 21521 Aumühle, Tel. 04104/97880. Erstklassige italienische Küche. www.ristorantehotel-italia.de
Harlekin Restaurant – Pizzeria, Bahnhofstraße 2, 21521 Aumühle, Tel. 04104/695479. www.harlekin-aumühle.de

Otto-von-Bismarck-Stiftung, Am Bahnhof 2, 21521 Friedrichsruh, Tel. 04104/97710; Apr.–Sept. Di–So 10–18 Uhr, Okt.–März Di–So 10–16 Uhr. www.bismarck-stiftung.de
Bismarck-Museum, Am Museum 2, 21521 Friedrichsruh, Tel. 04104/2419; Apr.–Sept. Di–So 10–18 Uhr, Okt.–März Di–So 10–16 Uhr, Erw. 4 Euro, Kinder 2 Euro, Studenten/Behinderte 3,50 Euro (inkl. Mausoleum)
www.bismarckmuseum.de

Bismarck-Mausoleum, Am Museum 1, 21521 Friedrichsruh, Sa, So u. feiertags 10–18 Uhr. www.sachsenwald.de
Garten der Schmetterlinge, Am Schlossteich 8, 21521 Friedrichsruh, Tel. 04104/6037 u. 0172/4048626; Apr.–Okt. tägl. 10–18 Uhr.
www.gartenderschmetterlinge.de
Eisenbahnmuseum Lokschuppen Aumühle, Am Mühlenteich, 21521 Aumühle, Tel. 04104/9639208; So 11–17 Uhr.
www.vvm-museumsbahn.de

Schnurstracks Aktiv GmbH, Holzhof 2, 21521 Aumühle Ortsteil Friedrichsruh, Tel. 04104/9071511; Ende März–Ende Okt. Kletterpark mitten im Wald, fünf Parcours mit unterschiedlichen Schwierigkeitsstufen. Besonderheit ist das Mondscheinklettern, das mehrmals im Jahr angeboten wird. Weitere Bewegungsangebote wie Yoga im Wald, Trailrunning, Outdoorfitness und Waldführungen. Aktuelle Öffnungszeiten unter:
www.schnurstracks-kletterparks.de
Minigolf am See, Am Mühlenteich 2, 21521 Aumühle, Tel. 0176/55868233; Mi und Fr 14–18 Uhr, Sa/So/feiertags 12–18 Uhr.

Sachsenwald-Bad am Tonteich, 2 km östlich von Reinbek am Randes des Sachsenwaldes, schönes Naturfreibad, von Wald umgeben, auf dem Gelände eines ehemaligen Ziegelwerks. Mitte Mai–Mitte September. Erreichbar mit der S21, Haltestelle Wohltorf.

Schaalseeregion

Im Südosten des Herzogtums Lauenburg liegt der **Schaalsee**, gegliedert durch zahlreiche Buchten, Halbinseln und Inseln, die sogenannten Werder. Der vom Schmelzwasser eiszeitlicher Gletscher geschaffene Schaalsee ist etwa 14 Kilometer lang und bis zu 72 Meter tief. Damit ist er der tiefste See Norddeutschlands. Mitten hindurch verläuft die Landesgrenze zwischen Schleswig-Holstein und Mecklenburg-Vorpommern. Bis zur

Beliebt bei Kanuten: der Schaalseekanal

Schaalseeregion 259

Ausflug in das Herzogtum Lauenburg

deutschen Wiedervereinigung im Jahr 1990 konnte sich die Natur in der abgeschiedenen Region nahezu ungestört entwickeln. Heute gehört der Schaalsee zum Naturpark Lauenburgische Seen und auf mecklenburgischer Seite zusammen mit elf weiteren Gewässern zum Biosphärenreservat Schaalsee. Ein Netz aus ausgeschilderten Rad- und Wanderwegen durchzieht die hügelige Landschaft aus Feldern, Wäldern, Feuchtwiesen und Mooren. Mehrere Aussichtspunkte gewähren Einblick in die vielfältige Tierwelt, wie zum Beispiel in Dargow. Die

Hinter dem Pahlhuus in Zarrentin beginnt der Moorerlebnispfad

Schaalseeregion ist ein wichtiges Brut- und Rastgebiet für zahlreiche Vogelarten. Hier sind Kranich und Seeadler zu Hause, um nur einige Spezies zu nennen. Gute Ausgangspunkte für Wanderungen oder Radtouren sind die Orte Seedorf, Groß Zecher und Zarrentin. Urige Rundwanderwege erschließen den naturnahen Wald der Werder bei Seedorf und Groß Zecher und bieten schöne Ausblicke über die Seenlandschaft. Für eine Erkundung der Region vom Wasser aus stehen in Zarrentin Ruder-, Tret- und Segelboote zum Verleih. Da der Schaalsee nur mit registrierten Wasserfahrzeugen befahren werden darf, ist das Mitbringen eigener Boote nicht erlaubt.

■ Zarrentin

Am Südufer des Schaalsees liegt das knapp 5000 Einwohner zählende Städtchen Zarrentin, das zu Mecklenburg-Vorpommern gehört. Herausragende Bauwerke des Ortes sind die **Kirche St. Petrus und St. Paulus** sowie das benachbarte ehemalige **Zisterzienser-Nonnenkloster** direkt am See. Im Kreuzgang des Klosters informiert eine Ausstellung über seine Geschichte. Heute ist das Kloster Veranstaltungsort für Konzerte, Lesungen, Märkte und Feste. Südlich der Kirche und des Klosters verläuft parallel zum Seeufer die Amtsstraße mit hübschen restaurierten Häusern aus dem 18. und 19. Jahrhundert. Das Seeufer selbst wird von einer Strandpromenade erschlossen.

Das **Pahlhuus** am östlichen Ortsausgang ist das Informationszentrum des UNESCO-Biosphärenreservates Schaalsee. Eine Dauerausstellung erklärt anhand von Modellen, interaktiven Exponaten und ungewöhnlichen Einblicken anschaulich und abwechslungsreich den Wandel der Natur- und Kulturlandschaft von der Eiszeit bis heute. Am Wanderweg hinter dem Pahlhuus beginnt der **Moorerlebnispfad**. Über Holzbohlen führt der etwas mehr als einen Kilometer lange Weg durch ein geschütztes Kalkflachmoor mit seiner typischen Vegetation. Mehrere Informationstafeln erläutern diesen besonderen Lebensraum. Der Moorerlebnispfad ist nicht als Rundkurs angelegt, sondern endet kurz vor dem Strandbad.

Schaalseeregion

Pahlhuus/Biosphärenreservatsamt Schaalsee-Elbe, Wittenburger Chaussee 13, 19246 Zarrentin, Tel. 038851/3020. www.schaalsee.de

Der Schaalsee ist von Süden am besten über die A 24 erreichbar. Von Ratzeburg und Mölln führen kleine Landstraßen in die Region.

Von Ratzeburg gibt es eine Busverbindung nach Zarrentin.

Fischhaus am Schaalsee, Amtsstraße 11, 19246 Zarrentin, Tel. 038851/55990; tägl. 12–21 Uhr. Hotel und Restaurant, Terrasse und Zimmer mit Seeblick. www.fischhaus-schaalsee.de
Gut Groß Zecher, Lindenallee 15, 23883 Groß Zecher, Tel. 04545/8518010; Do–So 12–21 Uhr, So 12–18 Uhr. Geschmackvoll eingerichtete Doppelzimmer und Ferienwohnungen. Café und Restaurant im historischen Pferdestall Terrasse direkt am Schaalsee. www.gutgrosszecher.de
Gasthof am See, Dorfstraße 10, 23883 Seedorf, Tel. 04545/218. Hotel, Restaurant und Café mit Bier- und Kaffeegarten direkt am Ufer des Schaalsees. www.gasthof-am-see.com
Maräne, Dorfstraße 12, 23883 Groß Zecher, Tel. 04545/1371; Mi–So 11.30–20.30 Uhr. Über die Schaalseeregion hinaus bekanntes Fischrestaurant mit Hotelbetrieb. Auf der Speisekarte steht vor allem Fisch aus eigenem Fang. Die Spezialität des Hauses ist die Maräne. https://restaurant-maraene.de

Pahlhuus, Wittenburger Chaussee 13, 19246 Zarrentin, Tel. 038851/3020; Apr.–Sept. 9–17 Uhr, Okt. 9–16 Uhr. Dauerausstellung über Natur und Mensch im Biosphärenreservat. www.schaalsee.de

Kloster Zarrentin, Kirchplatz 8, 19246 Zarrentin, Tel. 038851/838510; Di, Mi und Fr 14–17 Uhr, Sa/So 13–15 Uhr. www.kloster-zarrentin.de

Pahlhuus, Wittenburger Chaussee 13, 19246 Zarrentin, Tel. 038851/3020; Apr.–Sept. 9–17 Uhr, Okt. 9–16 Uhr. Verleih von Fahrrädern.

Schaalsee (nördlicher Teil): **Brückenhaus GmbH**, Stintenburginsel, Tel. 038858/22719.
Schaalsee (südlicher Teil): **Schaalseefischerei**, 19246 Zarrentin, Tel. 038851/25354.

Strandbad Zarrentin, Wittenburger Chaussee 98, 19246 Zarrentin.
Weitere Badestellen gibt es in **Groß Zecher**, **Seedorf** und **Dargow**. Aus Naturschutzgründen ist das Baden im Schaalsee nur an den ausgewiesenen Stellen erlaubt.

Bootsverleih Zarrentin, Erika Troeder, Wittenburger Chaussee 99, Tel. 038851/80557. Verleih von Tret-, Ruder- und Segelbooten.
Personenschifffahrt Zarrentin, Klaus Kuntoff, Tel. 038851/25311 oder 0172/8874326. Ausflugsfahrten auf dem Schaalsee. www.see-pferd-tour.de

Im Pahlhuus in Zarrentin sind Informationsbroschüren und Wanderkarten erhältlich. Von hier aus führen auch mehrere ausgeschilderte Wanderwege durch die Region.

Biosphäre-Schaalsee-Markt, Pahlhuus, Wittenburger Chaussee 13, 19246 Zarrentin; April–Nov. jeden ersten Sonntag im Monat. Verkauf von Produkten aus der Region.

Reisetipps von A bis Z

Angeln

Von Fehmarn bis Lauenburg gibt es zahlreiche Angelmöglichkeiten. Nicht nur die Ostsee, sondern auch die Seen, Flüsse und Angelteiche sind hervorragende Reviere, um dieses Hobby auszuüben.

An der Ostsee wird entweder vom Strand aus oder von den Seebrücken geangelt, was je nach Ort ganzjährig oder zu bestimmten Zeiten im Jahr erlaubt ist (Seebrückenordnung beachten!). Hier beißen vor allem Dorsch, Hering, Plattfisch und Hornhecht, mit Glück auch mal eine Meerforelle. An vielen Strandabschnitten ist auch Brandungsangeln möglich. Von Heiligenhafen und Burgstaaken starten kommerzielle Kutter zu Hochseeangelfahrten. Insbesondere der Große Plöner See ist bei Anglern überregional für seinen sehr guten Barsch- und Hechtbestand bekannt.

Für die legale Auswerfen des Köders in die schleswig-holsteinische Ostsee reicht grundsätzlich der Besitz eines Fischereischeines beziehungsweise eines zeitlich befristeten Urlaubsfischereischeines aus. Die Dokumente sind bei den Bürgerbüros, Kurverwaltungen oder in Angelfachgeschäften erhältlich. Für die Binnengewässer ist in der Regel eine zusätzliche Angelerlaubnis erforderlich. Diese kann bei den Eignern beziehungsweise Pächtern der Gewässer, den Angelvereinen oder zum Teil auch online unter www.hejfish.com bezogen werden. Weitere Infos zum Angeln in Schleswig-Holstein und den gesetzlichen Rahmenbedingungen: **www.meeresangeln-sh.de** oder **https://lsfv-sh.de**

Anreise

Die meisten Urlauber reisen mit dem **Auto** an. Die Hauptverkehrsachse Ostholsteins ist die Autobahn A 1, die von Süden parallel zur Küste bis nach Heiligenhafen führt. Auf gut ausgebauten Bundesstraßen gelangt man von hier aus in die Küstenorte und in die Orte des Binnenlandes. Der westliche Teil der Holsteinischen Schweiz ist am schnellsten über die A 21 erreichbar. In das Herzogtum Lauenburg fährt man, je nach Anreiserichtung, über die A 20 oder die A 24 und weiter über die B 207.

Auch die Anreise mit öffentlichen Verkehrsmitteln ist gut möglich. Ab Hamburg verkehren **Regionalzüge** sowohl in das Herzogtum Lauenburg, als auch nach Lübeck und von dort weiter an die Lübecker Bucht und in die Holsteinische Schweiz. Die Ferienorte im nördlichen Ostholstein sind per Bus von Neustadt, Lensahn oder Oldenburg erreichbar. Zwischen Lübeck und Fehmarn gibt es bis zur Fertigstellung der festen Fehmarnbeltquerung (2029) einen **Schienenersatzverkehr** (Buslinie X85).

Infos: www.bahn.de.

Wer das **Flugzeug** wählt, landet in der Regel in Hamburg. Von verschiedenen deutschen Flughäfen gibt es außerdem Linienverbindungen nach Lübeck. Privatpiloten können die Flugplätze in Sierksdorf, Grube und Neujellingsdorf auf Fehmarn anfliegen. Regelmäßige **Fährverbindungen** aus dem Ausland gibt es von Rödby in Dänemark nach Puttgarden auf Fehmarn sowie zwischen den schwedischen Städten Trelleborg und Malmö nach Travemünde.

Ausflugsdampfer/Schiffstouren

Im östlichen Holstein gibt es zahlreiche Möglichkeiten, um die Region vom Wasser aus zu erleben. Ausflugsschiffe verkehren auf Flüssen, Seen und auf der Ostsee. Vor allem in der Holsteinischen Schweiz werden Teiletappen der Ausflugsfahrten auch gern mit einer Wanderung verknüpft.

Baden

Die Wasserqualität der Ostsee und der Binnengewässer gilt insgesamt als sehr gut. Die Beurteilung erfolgt nach der EG-Badegewässer-Richtlinie und der Badegewässerverordnung des Landes Schleswig-Holstein. Hierzu entnehmen die zuständigen Gesundheitsbehörden während der Badesaison monatlich Wasserproben und untersuchen diese auf

Rollstuhlgerechter Strandkorb in Grömitz

verschiedene Parameter. Vereinzelt kann es zeitweise zu erhöhten Konzentrationen von Blaualgen kommen. Für diesen Fall werden Badewarnungen oder kurzfristige Badeverbote ausgesprochen. Zur Gewährleistung der Badesicherheit werden die meisten Strände von der DLRG beaufsichtigt. Bei Gefahr, beispielsweise durch ablandigen Wind, wird eine gelbe Flagge gehisst. Eine rote Flagge signalisiert Badeverbot.

Bargeldversorgung

In größeren Orten gibt es personenbesetzte Filialen verschiedener Finanzdienstleister. Insbesondere auf dem Land wurde das Filialnetz in den letzten Jahren ausgedünnt. Die Sparkassen betreiben vielerorts SB-Filialen oder Geldautomaten. In vielen Supermärkten kann man beim Einkauf mit der EC-Karte zusätzlich Geld abheben. Auch in kleinen Geschäften, Restaurants und Cafés werden oft EC- und Kreditkarten akzeptiert.

Barrierefreiheit

Viele Kommunen haben in den letzten Jahren in ihre barrierefreie Infrastruktur investiert, in Form von Rampen, Wegeleitsystemen, barrierefreien Strandzugängen oder Spielgeräten. Kellenhusen verfügt über einen Inklusionsspielplatz, in Eutin gibt es seit Sommer 2022 ein Inklusionshotel.

Camping

Die Ostseeküste ist eine der beliebtesten deutschen Campingregionen. In Ostholstein befinden sich mehr als 70 Campingplätze, viele davon mit drei bis fünf Sternen klassifiziert. Die Plätze liegen häufig direkt am Strand oder an den Seen der Holsteinischen Schweiz. Insbesondere die Insel Fehmarn hat sich zu einem kleinen Camping-Paradies entwickelt. Auch im Herzogtum Lauenburg spielt der Campingtourismus eine wichtige Rolle. Viele schöne Naturcampingplätze liegen hier ebenfalls in Seenähe, teilweise sogar mitten im Wald. In den vergangenen Jahren hat der Campingtourismus einen enormen Zulauf erfahren, weshalb die rechtzeitige Reservierung eines Platzes ratsam ist.

Einkaufen

Nicht nur in den Städten, sondern auch in den größeren Ostseebädern wie Travemünde, Timmendorfer Strand und Grömitz gibt es eine Auswahl an Boutiquen und anderen Geschäften, die auch besonderen Ansprüchen gerecht werden. An der Küste gilt außerdem die sogenannte Bäderregelung. Hier darf der Einzelhandel von Mitte März bis Ende Oktober sowie vom 17. Dezember bis 8. Januar auch an Sonn- und Feiertagen von 11 bis 17 Uhr öffnen. Die Versorgung mit Grundnahrungsmitteln ist auch auf dem Land gut möglich. In einigen Dörfern gibt es noch kleine Bäckereien und Schlachtereien, die allerdings über die Mittagszeit häufig geschlossen haben. Viele Landwirte verkaufen ihre Erzeugnisse und weitere regionale Produkte in hofeigenen Läden. An einigen Stellen gibt es auch Warenautomaten und Milchtankstellen zur Selbstbedienung.

Essen und Trinken

Das gastronomische Angebot im östlichen Holstein ist vielfältig. Es reicht von der einfachen Imbiss- und Fischbrötchenbude über den typischen Landgasthof bis zum Sterne-Restaurant und zur angesagten Cocktail-Bar. Auf den Speisekarten finden sich neben Fischspezialitäten und deftiger, traditioneller Kost auch internationale und modern inspirierte, kreative Gerichte. Viele Betriebe setzen auf die Verwendung regionaler Produkte. Allerdings sollte man bei der Restaurantwahl auch berücksichtigen, dass ›beste Lage‹ nicht immer automatisch ›beste Qualität‹ oder ›bestes Preis-Leistungsverhältnis‹ bedeutet. Eine Fahrt in die ›zweite Reihe‹ kann sich durchaus lohnen. Die Tipps im Reiseteil geben hierzu eine kleine Orientierungshilfe.

Klima und Reisezeit

Das Klima in Ostholstein ist maritim geprägt. Die Winter sind überwiegend mild. Drückende Sommerhitze ist selten, absolute Windstille ebenfalls. Gerade am Meer weht stets eine frische, manchmal auch ›steife‹ Brise. Selbst nach heißen Tagen kühlt es an der Küste abends deutlich ab. Das Wetter ist oft unbeständig, Regen und Sonne können sich binnen weniger Stunden abwechseln. Regenkleidung und eine wärmende, gegebenenfalls winddichte Jacke gehören daher auch während der Sommermonate ins Gepäck. Allerdings verzeichnet Ostholstein im Schnitt weniger Regentage als das übrige Schleswig-Holstein. Die feuchten, von Westen kommenden Luftmassen regnen sich häufig schon über den natürlichen Erhebungen in der Landesmitte ab. Die am östlichsten Punkt gelegene Insel Fehmarn ist sogar eines der sonnenreichsten Gebiete Deutschlands.

Hauptreisezeit sind die Ferienmonate Juni bis August, wenn die Ostsee Badetemperaturen von 18 bis 20 Grad erreicht. Naturfans und Aktive schätzen jedoch auch andere Jahreszeiten. Die Rapsblüte im Mai und bunt gefärbte Wälder im Herbst verleihen der Natur einen besonderen Reiz. Die Temperaturen sind dann zudem mild genug für Unternehmungen im Freien. Selbst die Wintermonate, in denen oft ein kalter Ostwind weht, sind vor allem an der Küste durchaus attraktiv. Sich am Strand durchpusten zu lassen und den Spaziergang mit einem heißen Tee oder Glühwein und anschließendem Saunagang abzurunden, ist ein gleichermaßen erfrischendes wie entspannendes Erlebnis. Die Tage um Weihnachten und Silvester gelten inzwischen sogar als zweite Hauptsaison. Die meisten Küstenorte haben ihre Tourismussaison in den letzten Jahren deutlich verlängert und ihre Angebote den Jahreszeiten angepasst. Die Zeiten, in denen während des Winters ›die Bürgersteige hochgeklappt‹ wurden, sind lange vorbei.

Kurabgabe/›ostseecard‹

Alle Ostseebäder und einige Urlaubsorte in der Holsteinischen Schweiz kassieren von Übernachtungsgästen während der Saison eine Kurabgabe. Sie beträgt je nach Jahreszeit und Ort zwischen 1,50 Euro und 3,50 Euro pro Übernachtung und Person. Kinder bis zum vollendeten 18. Lebensjahr sind davon befreit. Im Gegenzug erhalten die Gäste eine Kurkarte oder - zwischen Glücksburg und Travemünde - die ›ostseecard‹ und profitieren von Vergünstigungen bei zahlreichen Freizeiteinrichtungen, Veranstaltungen und im ÖPNV. Auch der Aufenthalt an den Stränden ist kostenlos. Nähere Informationen bietet die ›ostseecard‹-Broschüre oder die Internetseite www.ostseecard.de. Mit den Einnahmen aus der Kurabgabe werden die Unterhaltung der touristischen Infrastruktur, der Rettungsdienst an den Stränden und das Veranstaltungsprogramm finanziert.

Öffentliche Verkehrsmittel

Das ÖPNV-Netz in Ostholstein ist gut ausgebaut. Die Holsteinische Schweiz, die Insel Fehmarn, die Stadt Oldenburg sowie die Bäderorte zwischen Neustadt und Travemünde sind mit der Regionalbahn im Stundentakt erreichbar. Die übrigen touristisch relevanten Orte sowie viele Dörfer werden von Regionalbuslinien angefahren. Auf Fehmarn verkehrt von Frühjahr bis Herbst ein Bürgerbus, der auch touristisch interessante Ziele ansteuert. Durch das Herzogtum Lauenburg führt die Bahnlinie von Lübeck nach Lüneburg, mit Haltepunkten in Ratzeburg, Mölln, Büchen und Lauenburg. Die Schaalseeregion ist an das Regionalbusnetz angeschlossen.

Paddeln

Es gibt eine Reihe von Flüssen und Seen, die gut mit dem Kanu zu befahren sind. Vor allem der Schwentine-Wasserwanderweg, die Wakenitz und die Seen im Herzogtum Lauenburg sind bei Paddlern beliebt. In vielen Orten gibt es Kanuverleihe. An der Küste werden an mehreren Stellen, unter anderem in Grömitz, Scharbeutz und Timmendorfer Strand, Seekajaks verliehen.

Pilgern

Der Pilgerweg ›Via Scandinavica‹, der Skandinavien mit den Jakobswegen in der Mitte und im Süden Deutschlands verbindet, führt von Fehmarn über Lübeck bis Lauenburg durch das östliche Schleswig-Holstein. Das Symbol der Jakobsmuschel kennzeichnet die Route.

Radfahren

Ostholstein ist eine Fahrradregion und verfügt über ein gut ausgeschildertes Radwegenetz von insgesamt 1400 Kilometern. Die Wege verlaufen überwiegend auf verkehrsarmen Straßen oder auf Radwegen durch besonders schöne Landschaften. Der Ostseeküstenradweg, einer der beliebtesten Radfernwege, verläuft durch den Kreis Ostholstein und durch Travemünde. Außerdem durchquert der Mönchsweg die Region auf den Spuren der mittelalterlichen Mönche von Bosau über Eutin, Neustadt, Oldenburg und Großenbrode bis nach Fehmarn. Entlang des Elbe-Lübeck-Kanals verläuft der Radfernweg Alte Salzstraße, der in Lauenburg auf den Elberadweg trifft. Darüber hinaus wurden in den letzten Jahren viele regionale Themenrouten erarbeitet und teilweise ausgeschildert. Informationen und Kartenmaterial hierzu sind in den örtlichen Tourist-Informationen erhältlich. In allen Tourismusorten gibt es mindestens einen Fahrradverleih. Die Verleihe haben inzwischen häufig auch E-Bikes im Sortiment.

Strandnutzung

Für die Strandnutzung zahlen erwachsene Tagesgäste von Mai bis September um die 3 Euro, ab 15 Uhr vielerorts die Hälfte. Eine gültige ›ostseecard‹ berechtigt zur kostenlosen Strandnutzung. In allen Gemeinden gibt es auch Strandabschnitte, an denen keine Gebühr erhoben wird. Hunde- und Pferdebesitzer dürfen ihre Vierbeiner in der Regel vom 1. Oktober bis 31. März mit an den Strand nehmen. In der übrigen Zeit sind Hunde nur an ausgewiesenen Hundestränden erlaubt.

Viele Radwege führen direkt an der Küste entlang

Außergewöhnliche Übernachtungsmöglichkeit: Schlafcube in Großenbrode

Tanzen

In mehreren Ostseebädern werden während der Saison kostenlose Tanzveranstaltungen angeboten, teilweise direkt am Strand. Beliebt sind vor allem die Salsa-Tanzabende in den Orten der Inneren Lübecker Bucht.

Telefon und Internet

Grundsätzlich ist der Handyempfang in Schleswig-Holstein gut. In dünn besiedelten Gegenden können jedoch Funklöcher auftreten. Die meisten Unterkünfte bieten einen kostenlosen WLAN-Zugang an. WLAN gibt es auch an einigen Strand- und Promenadenabschnitten sowie an öffentlichen Plätzen und Gebäuden.

Unterkünfte und Preisniveau

Das Beherbergungsangebot ist vielfältig: von einfach bis luxuriös, von naturnah bis mondän. Ob Campingplatz, Jugend- oder Heuherberge, Appartement, Ferienhaus, Pension, Hotel oder Schlafstrandkorb, für jeden Wunsch gibt es ein passendes Angebot. Ferienhäuser für mehr als sechs Personen sind allerdings selten. Für eine Übernachtung in direkter Küstenlage fallen während der Sommermonate schnell zwischen 50 und 100 Euro pro Person an. Entspannter ist es in der zweiten Reihe und im Binnenland, wo die Übernachtung in guten Unterkünften auch für weniger als 50 Euro pro Person zu haben ist. Wer eine besondere Lage, Größe oder Ausstattung wünscht, sollte sein Feriendomizil für den Sommer spätestens im Januar buchen. Für Juli und August sind die Quartiere schnell ausgebucht. In den Ferienhäusern und -wohnungen an der Lübecker Bucht wird von Juni bis August sowie um Weihnachten und Silvester oft ein Mindestaufenthalt von fünf bis sieben Nächten gefordert. In der übrigen Zeit locken die Betriebe mit Rabatten und Pauschalangeboten für Kurzreisen. Einen Überblick geben die Internetseiten der lokalen Tourismusorganisationen. Buchungen sind hierüber ebenfalls möglich. Einige Orte geben Gastgeberverzeichnisse in Katalogform heraus, die auf Wunsch zugesandt werden.

Wandern

Vor allem die Holsteinische Schweiz und der Kreis Herzogtum Lauenburg verfügen über ein sehr gut ausgeschildertes Wanderwegenetz. Es gibt Rundwanderwege um zahlreiche Seen sowie mehrere ausgeschilderte Themenrouten. Durch Ostholstein und das Herzogtum Lauenburg verläuft außerdem der Europäische Fernwanderweg E1. Der 53 Kilometer lange Holsteinische-Schweiz-Weg führt von Plön nach Eutin und lässt sich in drei bis vier Tagesetappen gut bewältigen. Besonders in der Holsteinischen Schweiz gibt es vielfältige Möglichkeiten zur individuellen Routenplanung, beispielsweise durch die Kombination von Wander-, Zug- und Schiffsetappen.

Wassersport

In Ostholstein gibt es mehr als 20 Segel- und Surfschulen, dazu ebenfalls mehr als 20 Sportboothäfen, von denen viele einen außergewöhnlich hohen Standard aufweisen. Die Segel- und Surfreviere sind vielfältig und bieten ideale Bedingungen für Anfänger und Fortgeschrittene. Besonders beliebt bei Surfern sind Pelzerhaken und die Insel Fehmarn.

Glossar

Agrarreformen Parzellierung der landesherrlichen Domänen und Privatisierung ehemals in Feldgemeinschaften genutzter Flächen (›Verkoppelung‹), Aufhebung der Leibeigenschaft sowie Beseitigung der Gutsherrschaft kennzeichneten die Agrarreformen des 18. und 19. Jahrhunderts in Schleswig-Holstein. Die Agrarreformen gestalteten das Landschaftsbild grundlegend um und schufen die Voraussetzung für die Entstehung einer modernen Landwirtschaft.

Barock Von Italien ausgehender Kunst- und Architekturstil zwischen Ende des 16. Jahrhunderts und Mitte des 18. Jahrhunderts. Kennzeichnend sind bewegte Linien in Grundriss und Aufbau sowie prachtvolle Formen.

Basilika Kirchenbautyp, gekennzeichnet durch ein Langhaus, das durch Pfeiler oder Säulen in drei oder mehr Schiffe geteilt ist. Das Mittelschiff ist breiter und höher als die Seitenschiffe.

Belt Meeresstraße.

Biosphärenreservate sind national wie international repräsentative Modellregionen für ein ausgeglichenes Zusammenleben von Mensch und Natur. Sie stehen sowohl für den Erhalt der biologischen Vielfalt als auch für eine nachhaltige wirtschaftliche, soziale und kulturelle Entwicklung. Demonstrationsprojekte, Umweltbildung, Forschung und Beobachtung komplettieren das Konzept.

Bruch Meist mit Vegetation bestandenes Sumpfgelände oder sumpfiges Niederungsbebiet.

DLRG Deutsche Lebensrettungsgesellschaft e.V., die weltweit größte Wasserrettungsorganisation. Zu ihr gehören die zahlreichen ehrenamtlichen Rettungsschwimmer, die während der Saison die Badestrände an Nord- und Ostsee sowie an den Binnengewässern bewachen.

DGZRS Deutsche Gesellschaft zur Rettung Schiffbrüchiger.

Donnerkeil Versteinertes Innenskelett eines ausgestorbenen Kopffüßers.

Endmoräne Von Gletschern transportiertes und abgelagertes Material, das den Eisrand markiert.

Findlinge Große Gesteinsblöcke, die von eiszeitlichen Gletschern aus Skandinavien in den norddeutschen Raum transportiert wurden, dort also ursprünglich nicht vorkommen.

Geschiebe Von Gletschern transportiertes Gesteinsmaterial.

Gotik Europäischer Architekturstil, in Deutschland etwa von 1230 bis 1500. Vor allem im Kirchenbau verbreitet, erkennbar an hochstrebenden Bauten und spitzbogigen Fenstern.

Groß-Hamburg-Gesetz Bereits seit den 1920er Jahren viel diskutierte und 1937 vollzogene Vereinigung der Städte Altona, Harburg und Wandsbek mit der Stadt Hamburg. Unter das Gesetz fielen auch weitere territoriale Umstrukturierungen, beispielsweise die Eingliederung der Stadt Lübeck in die preußische Provinz Schleswig-Holstein.

Grundmoräne Von Gletschern transportiertes und abgelagertes Geschiebe, das sich im Bereich der Gletschersohle befand.

Haff Ehemalige Meeresbucht an einer Flachküste, die durch eine Nehrung weitgehend vom offenen Meer abgeriegelt ist.

Hallenkirche Kirche, deren Mittel- und Seitenschiffe die gleiche Höhe aufweisen.

Hühnergott Stein, meist aus Feuerstein, mit einem natürlich entstandenen Loch. Der Name könnte sich von dem slawischen Glauben ableiten, dass Lochsteine, die im Hühnerstall aufgehängt wurden, das Federvieh vor bösen Geistern schützten und dessen Fruchtbarkeit und Gesundheit sicherten. Hühnergötter gelten als Glücksbringer und sind am Strand zu finden.

Hünengrab Steinzeitliche Grabanlage, die aus unbearbeiteten Steinblöcken auf der Erde errichtet wurde und meist von einem Erdhügel bedeckt war. Die auch als ›Megalithgrab‹ bezeichneten Anlagen wurden in der Regel für Kollektivbestattungen genutzt.

Hyper Coaster Achterbahn mit einer Höhe von mindestens 61 Metern, jedoch mit weniger als 91 Metern, ohne Looping. Charakteristisch ist ein erster Drop (›first drop‹) vom höchsten Punkt.

(Räucher)kate Besonders im 18./19. Jahrhundert im ländlichen Raum Norddeutschlands häufig vertretener Gebäudetyp. Räucherkaten dienten zum Räuchern von Lebensmitteln, wie zum Beispiel Schinken.

Klassizismus Europäischer Architektur- und Kunststil, etwa 1770 bis 1830. Typisch für klassizistische Architektur ist die Anlehnung an die Formen antiker Bauwerke.

Knick Mit Sträuchern und Bäumen bepflanzte Erdwälle (›Wallhecken‹), die als Abgrenzung von Feldern und Wiesen dienen und eine wichtige Rolle im Natur- und Landschaftshaushalt spielen. Knicks sind ein typisches Element der schleswig-holsteinischen Kulturlandschaft.

Kogge Im Nord- und Ostseeraum verbreiteter Segelschiffstyp des 13. bis 15. Jahrhunderts mit bauchiger Form, als Handels- oder Kriegsschiff benutzt.

Küstenfischerei Fischfang in Küstennähe mit Kuttern von bis zu 16 Metern Länge.

Langbett Steinzeitliche Grabanlage in Form eines rechteckigen oder trapezförmigen Hügels, umrahmt von einer Randsteinkette. Im Innern befinden sich mehrere, ebenfalls aus Steinen errichtete Grabkammern.

Lettner Abtrennung zwischen dem Chor und dem Mittelschiff in mittelalterlichen Kirchen. Zum Chor hatte früher nur die Geistlichkeit Zutritt.

Lingua franca, Verkehrssprache, die Handelspartner unterschiedlicher Nationalitäten zur Verständigung nutzen

Lübisches Recht, Von der Bürgerschaft und dem Rat der Stadt Lübeck geschaffenes Gewohnheitsrecht, mit dem alle holsteinischen Städte bewidmet wurden. Das Lübische Recht, das insbesondere als Kaufmanns- und Handelsrecht Vorbildcharakter hatte, wurde von rund 100 Städten im Ostseeraum übernommen.

Monopterus Rundbau mit Säulen, ohne geschlossenen Innenraum.

NABU Naturschutzbund Deutschland. Der älteste und mitgliederstärkste Umweltverband wurde 1899 als ›Bund für Vogelschutz‹ gegründet.

Naturparke bewahren und entwickeln Kulturlandschaften für die Erholung von Mensch und Natur.

Nehrung Schmale Landzunge, die durch Strandversetzung entsteht und eine Meeresbucht ganz oder fast ganz abschließt.

Redder Weg, der auf beiden Seiten von einem Knick begrenzt wird.

Refektorium Speiseraum der Mönche in einem Kloster.

Renaissance/Rokoko Europäischer Architektur- und Kunststil, in Deutschland etwa von 1500 bis 1620 vorherrschend.

Retabel Altaraufsatz mit Bild oder Schnitzfiguren.

Romanik Europäischer Architekturstil, in Deutschland etwa von 1000 bis 1250. Erkennbar an rundbogigen Fenstern und Türen sowie flachgedeckten Dächern.

Sund Meerenge, die durch zwei gegenüber liegende Landmassen gebildet wird.

Toteis Eismassen, die nach dem Rückzug von Gletschern in einer Rinne oder Senke zurückblieben und häufig mit Moränenschutt bedeckt waren. Nach dem Abschmelzen des Eises füllten sich die Hohlformen mit Wasser und bildeten Toteisseen, nach Verlandung auch Moore.

Twiete Der im norddeutschen Raum verbreitete Begriff bezeichnet eine kleine, nicht befahrbare Verbindungsgasse zwischen zwei Straßen oder Grundstücken.

UNESCO **U**nited **N**ations **E**ducational, **S**cientific and **C**ultural **O**rganization, in Deutschland ›Organisation der Vereinten Nationen für Bildung, Wissenschaft und Kultur‹. Die rechtlich selbstständige Sonderorganisation der Vereinten Nationen hat ihren Sitz in Paris.

Urstromtal Breite, flache Täler des nordmitteleuropäischen Tieflandes, die von Schmelzwasserströmen der letzten Kaltzeiten als Abflussbahn genutzt wurden und vornehmlich nach Nordwesten, zur Nordsee, führten. Die heutigen Flüsse nutzen diese Urstromtäler, füllen diese jedoch nicht vollständig aus. Das bekannteste Urstromtal in Norddeutschland ist die Elbe.

Vitalienbrüder Gruppe von Seeräubern, die Ende des 14. Jahrhunderts zunächst in der Ostsee, dann in der Nordsee Handelsschiffe angriffen. Die Vitalienbrüder entstammten allen Gesellschaftsschichten und kooperierten zum Teil mit lokalen Machthabern. Ihr bekanntester Anführer war Klaus Störtebeker. Er wurde 1401 in Hamburg hingerichtet.

Vogelfluglinie Straßen- und Schienenverbindung zwischen Hamburg und Kopenhagen, die sich an der Flugroute der Zugvögel orientiert. Zentrale Elemente der Vogelfluglinie, die 1963 eröffnet wurde, sind die Fehmarnsundbrücke und die Fährverbindung über den Fehmarnbelt.

Votivschiff Von einem Seemann als Dank gestiftetes Schiffsmodell in einer Kirche.

Zungenbecken Große Hohlform im Bereich einer Gletscherzunge, meist gegliedert in ein Stammbecken und mehrere Zweigbecken.

Literaturhinweise

Belletristik

Eva Almstädt, Ostseefalle, Bastei Lübbe, Bergisch Gladbach 2021. Einer von mehreren Ostseekrimis mit Kommissarin Pia Korittki, spielt unter anderem am Brodtener Ufer und in Niendorf.

Ella Danz, Trugbilder, Gmeiner-Verlag, Meßkirch 2021. Einer von mehreren Kriminalromanen der Autorin mit Handlung im Raum Lübeck und Ostholstein.

Hans Franck, Johann Sebastian Bachs Pilgerfahrt nach Lübeck. Eine musikalische Reise zu Dietrich Buxtehude, Gütersloher Verlagshaus 2007. Die Novelle führt auf die Spuren des jungen Johann Sebastian Bach, der sich zu Fuß nach Lübeck begibt, um den großen Organisten Dietrich Buxtehude zu treffen und von ihm zu lernen.

Lena Johannson, Das Marzipanmädchen, Knaur, München 2007. Die Handlung des Romans spielt im Lübeck des 19. Jahrhunderts und knüpft an die berühmte Tradition des Marzipans an.

Thomas Mann, Buddenbrooks. Der Klassiker der Weltliteratur erschien 1901 und erzählt den Verfall einer Lübecker Familie Ende des 19. Jahrhunderts.

Derek Meister, Rungholts Ehre (2017), Rungholts Sünde (2018), Blanvalet Taschenbuch Verlag. Zwei von mehreren historischen Kriminalromanen, deren Handlung im mittelalterlichen Lübeck um das Jahr 1400 spielt.

Elisabeth Plessen, Mitteilung an den Adel, Suhrkamp, Frankfurt 1976. Autobiographisch beeinflusster Roman. Im Mittelpunkt steht der Konflikt zwischeneinem adligen Gutsbesitzer und seiner 27jährigen Tochter, die in München als Journalistin arbeitet. Die Autorin entstammt der Adelsfamilie Plessen und wuchs auf Gut Sierhagen auf.

Petra Pfänder, Im Schatten der Bräutigamseiche, Mira Taschenbuch 2016.

Laurin Ruben, Das weiße Gold der Hanse, Lübbe 2019. Ein historischer Lübeck-Roman, dessen Handlung im 13. Jahrhundert angesiedelt ist.

Jobst Schlennstedt, Weißer Sand, Emons Verlag, Köln 2021. Der neueste von mehreren Küstenkrimis, die an der Lübecker Bucht spielen.

Burkhardt Schmidt, Tage des Sturms, Hamburg 2021. Roman über das Love-and-Peace-Festival 1970 auf Fehmarn, mit viel Lokalkolorit. Das Buch erschienen anlässlich des 51. Todestages von Jimi Hendrix.

Jan Steinbach, Das Café der kleinen Kostbarkeiten, Rütten und Loening, Berlin 2018. Liebesgeschichte im weihnachtlichen Lübeck.

Sabine Weiß, Hansetochter, Bastei Lübbe 2014. Historischer Roman über die Blütezeit der Hanse. Immenhof-Trilogie: ›Die Mädels vom Immenhof‹, ›Hochzeit auf Immenhof‹, ›Ferien auf Immenhof‹. Die Kinoklassiker um die Abenteuer von Dick und Dalli und das Ponygestüt von Oma Jantzen wurden 1955–1957 unter anderem auf Gut Rothensande bei Malente gedreht. In Buchform nur noch antiquarisch erhältlich, ansonsten als DVD.

Sachbücher

Kurt-Wido Borchard, **Volker Schönle**, **Ottfried Wiese**, Der älteste Flügelaltarschrein. Cismar und seine Sehenswürdigkeiten, Bildband und Führer durch das Kloster Cismar, Dialog-Verlag 1996.

Claudia Czellnik, Das Fehmarn Kochbuch. Eeten und Drinken holt Liev und Seel tosam. 170 traditionelle und moderne Rezepte, gewürzt mit Geschichten, Anekdoten und Gedichten, Edition limosa 2011.

Jürgen Eigner, Holger Gerth, Das grüne Netz. Unsere Knicklandschaft in Schleswig-Holstein, Schleswig-Holsteinischer Heimatbund/ NaturFreunde Landesverband Schleswig-Holstein (Hrsg.), KJM Buchverlag 2020. Die Autoren beleuchten Vielfalt, Komplexität und landschaftsökologische Wichtigkeit der Knicklandschaft Schleswig-Holsteins.

Anna-Therese Grabkowsky, Das Kloster Cismar, Karl Wachholtz Verlag, Neumünster 1982.

Jürgen Vogler, Ostholstein gestern. 100

Literaturhinweise

Geschichten über Land und Leute, Boyens Buchverlag, Heide 2007. Kurzweilige historische Betrachtung der wichtigsten landeskundlichen Themen.
Klaus Dürkop, Küste im Wandel. Naturschutzgebiet Graswarder-Heiligenhafen, Eggers 2015.
Silke Hunzinger, Bernd Perlbach, Plön entdecken, Stadt und Schloss, Marius-Böger-Stiftung (Hrsg.), Plön 2009. Interessanter Streifzug durch die Plöner Stadtgeschichte und Beschreibung der kulturhistorischen Sehenswürdigkeiten.

Karten, Wanderführer, Broschüren
Holsteinische Schweiz Fehmarn. Zwei Karten im Set. Wanderkarte und App, Maßstab 1:40000, Kompass-Verlag, ISBN 978-3-99044-241-8. Anleitung und Informationen zur Nutzung der App unter www.kompass.de/app/karte
Wassersportkarte Holsteinische Schweiz, Auf der Schwentine von Eutin bis Kiel, Maßstab 1:30000. In den Tourist-Infos vor Ort erhältlich.
Erlebnistouren für Entdeckungslustige – 22x unterwegs an der Lübecker Bucht. Hrsg. LAG AktivRegion Innere Lübecker Bucht e.V., Maßstab 1:42000. Kartenset mit thematisch sortierten Tourenvorschlägen für Radfahrer und Wanderer und großer Übersichtskarte, inkl. Touren-App. Erhältlich in den Tourist-Informationen in Neustadt, Sierksdorf, Scharbeutz und Timmendorfer Strand.
Regionalkarte Lauenburgische Seen. Offizielle Karte des Amtes Lauenburgische Seen, Maßstab 1:35000. Übersichtskarte mit vielen Informationen zur Region sowie 20 Faltblätter mit Tourenvorschlägen und Tipps zu Einkehr- und Übernachtungsmöglichkeiten. Erhältlich unter anderem in den Tourist-Informationen in Ratzeburg und Mölln.
Hamburgs Osten, Lübeck, Fahrradkarte, Maßstab 1:70000, Kompass-Verlag.
Tonia Körner, Lauenburger Seen, 22 Wanderungen zwischen Elbe und Ostsee. Conrad Stein Verlag, Welver 2018.
Jan Peter Gehrckens, Michael Zapf, Die Bille. Was sonst. Eine Entdeckungsreise von der Quelle bis ins Herz Hamburgs. Ellert & Richter Verlag, Hamburg 2021. Beschreibung von Wanderungen und Radtouren entlang des Billeufers mit Abstechern in die Umgebung, illustriert durch ansprechende Fotografien.
Landwirtschaftskammer Schleswig-Holstein, Gemütlich Kaffeetrinken auf dem Land. Kostenlose Broschüre mit Informationen zu Bauernhofcafés und Festscheunen in ganz Schleswig-Holstein. Das Heft liegt in den verzeichneten Betrieben sowie in vielen Tourist-Informationen aus. Interaktive Karte und Download der Broschüre unter www.lksh.de/bauernhofcafes

Internethinweise

Orte und Regionen

www.schleswig-holstein.de
Offizieller Internetauftritt des Landes Schleswig-Holstein.

www.ostsee-schleswig-holstein.de
Informationen zu Urlaubsorten, Aktivitäten und Veranstaltungen an der Küste und in der Holsteinischen Schweiz.

www.holsteinischeschweiz.de
Informationen und Urlaubstipps zu den Orten der Holsteinischen Schweiz.

www.ostseespitze.de
Informationen und Urlaubstipps zur Region zwischen Heiligenhafen, Großenbrode, Wangels und Oldenburg.

www.ostseeferienland.de
Informationen und Urlaubstipps zu den Orten Lensahn, Grube, Dahme, Kellenhusen und Grömitz.

www.luebecker-bucht-ostsee.de
Informationen und Urlaubstipps zu den Orten Neustadt, Pelzerhaken, Rettin, Sierksdorf und Scharbeutz.

www.luebecker-bucht.guide
Der digitale Reisebegleiter für die Küstenregion zwischen Niendorf und Grömitz bietet nützliche Informationen zu den Angeboten der einzelnen Orte, wie Restaurants, Geldautomaten, Parkplätze für E-Autos, Veranstaltungen und Wanderempfehlungen. Die App beinhaltet auch eine Karte mit Geolokalisierung und steht kostenlos als Download für das Smartphone und den PC zur Verfügung. (www.luebecker-bucht-ostsee.de/luebecker-bucht-guide)

www.luebeck-info.com
Übersicht zu Lübecker Sehenswürdigkeiten, allerdings sind die Öffnungszeiten nicht immer aktuell.

www.welterbedeutschland.de
Informationen zu allen deutschen UNESCO-Welterbestätten

www.herzogtum-lauenburg.de
www.naturpark-lauenburgische-seen.de
www.stecknitz-region.de
www.lauenburg.de

Aktivitäten und Kultur

www.badewasserqualitaet.schleswig-holstein.de
Informationen zu Badegewässern und ihrer Wasserqualität, Badestellen-Finder mit Kurzcharakteristik.

www.ostseekuestenradweg.de
www.moenchsweg.de
www.jakobswege-europa.de
Informationen zu Jakobswegen in Deutschland. https://e1.hiking-europe.eu Informationen zum europäischen Fernwanderweg E1.

www.meeresangeln-sh.de
Informationen zum Angeltourismus in Schleswig-Holstein sowie zu den gesetzlichen Rahmenbedingungen.

www.ostseemagazin.sh
Download von Broschüren zu Urlaubsangeboten und Aktivitäten.

www.events-ostsee.de
Digitaler Veranstaltungskalender.

www.shmf.de
Schleswig-Holstein-Musik Festival

museen-nord.de
Museumsverband Schleswig-Holstein und Hamburg. Guter Überblick über die regionalen Museen und ihre Angebote.

www.abenteuer-ostholstein.de
Historische Stätten verraten Geheimnisse um Macht, Mord, Liebe und Schicksal, insbesondere für Kinder konzipiert.

www.gartenrouten-sh.de
Streifzug durch die Gartenkultur Schleswig-Holsteins.

www.offenergarten.de
Informationen zur Aktion ›Tag des offenen Gartens‹ jährlich am dritten Juniwochenende.

www.geopark-nordisches-steinreich.de
Exkursionen zu erdgeschichtlichen Themen.

www.wir-fischen.sh
Interessante Informationen rund um die Fischerei(kultur) in Schleswig-Holstein

Service

www.ostseecard.de
Informationen rund um die ostseecard.
www.camping-schleswig-holstein.de
Übersicht aller Campingplätze mit Kurzbeschreibung.
www.strandschlafen-ostsee.de
Übernachtungsmöglichkeiten am Strand, zum Beispiel Schafstrandkörbe.
www.bettundbike.de
Verzeichnis fahrradfreundlicher Unterkünfte.
www.gutes-vom-hof.sh Portal für regionale Produkte (Hofläden, Märkte, Aktionen und Rezepte).
www.kaesestrasse-sh.de
Käsereien in Schleswig-Holstein mit Informationen zum Angebot.
www.fischvomkutter.de
Infoportal für Direktkäufer zu Anlandungen regionaler Fischer.

www.plattdeutsches-woerterbuch.de
Übersetzungshilfe ›Platt för Plietsche‹
www.nah.sh
Fahrpläne und Streckennetze des ÖPNV in Schleswig-Holstein (Bus- und Bahnverkehr).
www.sparkasse-holstein.de/de/home/service/filiale-finden.html
Der Filialfinder der Sparkasse Holstein bietet eine Übersicht aller Filialen, SB-Filialen und Geldautomaten in Ostholstein.
www.postbank.de/privatkunden/services/filiale.html
Der Filialfinder der Postbank informiert über Bank- und Postdienstleistungen.
www.strandticker.de
Informationen zur aktuellen Auslastung der Strände zwischen Rettin und Niendorf.

Tanja Schridde

Die Autorin

Tanja Schridde ist in Neumünster/Schleswig-Holstein geboren und aufgewachsen. Etliche Urlaubsreisen und Tagesausflüge führten sie bereits als Kind mit ihrer Familie an die Lübecker Bucht. Nach dem Studium der Geographie und Romanistik in Kiel, wo sie viele Jahre lebte, zog sie 2009 nach Ostholstein und arbeitet dort als Projektmanagerin in der Regionalentwicklung. Sie hat an mehreren Publikationen zu landeskundlichen und touristischen Themen mitgearbeitet, überwiegend den schleswig-holsteinischen Raum betreffend, wobei ›Ostholstein‹ ihr erster Reiseführer ist.

Danksagung

Mein Dank gilt allen Personen aus dem privaten und beruflichen Umfeld, die wertvolle Informationen und Tipps zu diesem Buch beigesteuert haben. Besonderer Dank für die außerordentliche Hilfsbereitschaft und Unterstützung bei der Recherche gilt darüber hinaus: den Tourismusorganisationen in Dahme, Sierksdorf, Plön und Eutin, der Gemeindeverwaltung Timmendorfer Strand, der NABU Station auf dem Graswarder Heiligenhafen, dem Umweltrat der Stadt Fehmarn, dem HANSA-PARK Sierksdorf, der Presseabteilung des Schleswig-Holstein Musik Festivals, der Stiftung Herzogtum Lauenburg, der Herzogtum Lauenburg Marketing & Service GmbH und der Buchhandlung Bücherliebe in Stockelsdorf. Bedanken möchte ich mich auch bei allen abgebildeten Personen, die ihre freundliche Einwilligung zur Veröffentlichung der Fotos gegeben haben.

Register

A
Aalbeek-Niederung 194
Altenkrempe 170
Alte Salzstraße (Radfernweg) 243
Architektur 41
Arp, Peter 80
Aumühle 254

B
Bach, Johann Sebastian 219
Backsteingotik 42
Badeleben (historisch) 35
Bad Malente-Gremsmühlen 78
Bad Schwartau 202
Bad Segeberg 100
Bannesdorf 117
Barlach, Ernst 49, 246
Behlendorf 244
Berufsfischer 39
Besiedlung, slawische 29
Bevölkerung 19
Billetal (Naturschutzgebiet) 257
Biosphärenreservat Schaalsee 24, 27
Bismarck, Otto von 49, 255
Blocksberg 201, 208
Blüchereiche 200
Bosau 96
Brandt, Willy 227
Bräutigamseiche 73
Brodtener Ufer 195
Bungsberg 76
Burg 107, 117
Burgtiefe 109
Buxtehude, Dieterich 216, 219

C
Cap Arcona 169
Christianisierung 30
Cismar 149

D
Dahmeshöved 157
Dahmeshöved (Leuchtturm) 139
Dallin, Rudolph Matthias 68
Dernath, Johann Georg Graf von 172
Dunkelsdorf 208

E
Elbe-Lübeck-Kanal 243
Elisabethturm 76
Erlebnis Bungsberg 76
Esel- und Landspielhof Nessendorf 136
Essen und Trinken 56
Europäisches Hansemuseum 227
Eutin 65

F
Fehmarn 104
Fehmarnbeltquerung 112
Feininger, Lyonel 108
Feste 52
Festivals und Märkte 52
Findlingsgarten 83
Fischerei 37
Fischerei im Wandel 39
Fläche (Schleswig-Holstein) 18
Flügge (Leuchtturm) 116
Flügger Strand 114
Friedrichsruh 254
Füchting, Johann 225

G
Geibel, Emanuel 48, 74
Geschichte 29
Gesundheitswirtschaft 36
Gewerbe, Verarbeitendes 37
Glambek (Burg) 110
Glandorp, Johann 225
Gleschendorf 185
Gletscher 20
Gliederung, administrative 18
Goedtke, Karlheinz 50, 251
Görtz (Gut) 142
Grass, Günter 227, 244
Graswarder (Naturschutzgebiet) 127
Greggenhofer, Georg 74
Grömitz 149
Großenbrode 122
Großer Segeberger See 102
Grube 140, 157
Gruber See 140
Gutsanlagen 43
Gutsherrschaft 31

H
Haffkrug 181
Hansa-Park 179
Hasselburg (Gut) 170
Heckel, Erich 108
Heiligenhafen 124
Heimatschutzarchitektur 43
Hellbachtal 252
Hemmelsdorfer See 194, 195
Hendrix, Jimi 115
Hobbersdorfer Mühle 208
Holsteinische Schweiz 64
Holzbergturm 83
Hübner, Zacharias 165

I
Ihlsee 102
Innere Lübecker Bucht 162
Internethinweise 272

J
Jensen, Wilhelm 205

K
Kallmorgen, Georg 177
Karl-May-Spiele 102
Katen 43
Kellenhusen 146, 157

Kellenhusener Forst 147, 157
Kirchner, Ernst Ludwig 46, 108, 116
Klingberg 184
Klostersee (Hof) 157
Klosterseeniederung 157
Knicks 28
Kultur und Lebensart 41
Küste 22

L
Landesausbau, mittelalterlicher 30
Landkirchen 117
Landschaft und Natur 20
Land und Leute 17
Landwirtschaft 36
Lauenburg (Herzogtum) 242
Lauenburg (Ort) 244
Leber, Julius 49
Lemkenhafen 115
Lensterstrand 157
Lindenberg, Udo 193
Literaturhinweise 270
Lübeck 212
  Buddenbrookhaus 226
  Burgkloster 222
  Burgtor 222
  Dom 220
  Gänge 224
  Geschichte 213
  Heiligen-Geist-Hospital 223
  Holstentor 221
  Marktplatz 223
  Museum Behnhaus Drägerhaus 226
  Museum für Natur und Umwelt 228
  Museum Holstentor 227
  Museumsquartier St. Annen 226
  Rathaus 223
  St. Aegidien 219
  Stiftshöfe 224
  St. Jakobi 218
  St. Marien 216
  St. Petri 219
  Willy-Brandt-Haus 227
Lübecker Umland 162
Ludwig, Peter Friedrich 66
Lüttge, Gustav 251

M
Machemehl, Günter 47
Mann, Heinrich 48
Mann, Thomas 48, 227, 235
Marienleuchte 116
Mitbringsel 60
Mölln 250
Müller, Otto 108
Museumshof Lensahn 136

N
Naturparke 24
Naturpark Holsteinische Schweiz 25
Naturpark Lauenburgische Seen 26
Naturparkzentrum Uhlenkolk 252
Naturschutzgebiete 24
Neustadt 162, 163
Niendorf (Ort) 191
Niendorf (Vogelpark) 195
Notke, Bernt 47, 97, 217

O
Oldenburg 131
Oldenburger Graben 134
Orth 115

P
Pahlhuus 260
Pansdorf 201
Pariner Berg 206, 208
Pelzerhaken 163
Persönlichkeiten, berühmte 45
Peterich, Paul 47, 204
Petersdorf 117
Plattdeutsch 51

Plomin, Karl 80
Plön 87
Pönitz 185
Pönitzer Seenplatte 181
Puttgarden 111

R
Ratekau 199
Ratzeburg 245
Reisetipps von A bis Z 262
Religion 19
Rettin 163
Rezepte 59
Ritterburgen 31
Rosenberg, Johann Gottfried 90
Rothensande (Gut) 83
Ruppersdorfer See 201, 209

S
Sachsenwald 254
Sakralbauten 41
Schaalseeregion 258
Scharbeutz 181
Scharbeutzer Heide 184
Scheel-Plessen, Louise von 172
Schmidt-Rottluff, Karl 46, 108, 178
Schnitger, Arp 68
Schwartautal 208
Schwentine 99
Seebrücken 189
Sierhagen (Gut) 172
Sierksdorf 175
Siggeneben 142
Staberhuk (Leuchtturm) 116
Steinlabyrinth 84
Stolberg, Friedrich Leopold Graf zu 45
Storm, Theodor 100, 127
Strukkamphuk 116
Sturmflut von 1872 145

T
Tatz, Melchior 154

Till Eulenspiegel 250
Timmendorfer Strand 191
Tischbein, Johann Heinrich Wilhelm 45, 71
Tönnies, Evers der Jüngere 219
Tourismus 33, 36
Travemünde 235

U
Ukleisee 74
Ukleisee (Sage) 75
Unterwegs mit Kindern 14

V
Vogelwelt 24
Von Dernath (Familie) 171
Voss, Johann Heinrich 45

W
Wagrien 104
Wälder 23
Wallnau (Wasservogelreservat) 114
Weber, A. Paul 50, 246
Weber, Carl Maria von 45, 67
Weißenhäuser Strand 136
Westermarkelsdorf (Leuchtturm) 116
Westphal, Christian 152
Wintershagen (Gut) 179
Wirtschaft 36
Wirtschaftszweige 19
Wortmann, Anton 217
Wulfener Berg 110

Z
Zarrentin 260

Bildnachweis

Titelbild: Markue/shutterstock.com

Alle Bilder stammen von Tanja Schridde, mit Ausnahme von:
Andreas Krumwiede/shutterstock.com: S. 260;
Bevisphoto/shutterstock.com: S. 100;
Brauhaus Eutin: S. 58;
Christian Schwier/shutterstock.com: S. 245;
Femern A/S: S. 113;
foto-select/shutterstock.com: S. 246;
Gemeindearchiv Timmendorfer Strand: S. 35, 169;
hecke61/shutterstock.com: S. 56;
Jens Heimendahl: S. 25, 144, 274;
Juergen Wackenhut/shutterstock.com: S. 109;
Karl-May-Spiele/Claus Harlandt: S. 55, 102;
Sina Ettmer Photography/shutterstock.com: S. 183;
SLindenau/shutterstock.com: S. 132;
Thorsten Nieder/shutterstock.com: S. 227.

Kartenregister

Übersichtskarten
Ostholstein/Übersicht Vordere Umschlagklappe
Fehmarn 104
Herzogtum Lauenburg 242
Holsteinische Schweiz 64
Lübecker Bucht 162
Sachsenwald 255

Stadtpläne
Eutin 66
Grömitz 149
Heiligenhafen 126/127
Lübeck Hintere Umschlagklappe
Mölln 250
Neustadt 164
Oldenburg 131
Plön 88
Timmendorfer Strand 192
Travemünde 235

MEHR WISSEN. BESSER REISEN.
REISEFÜHRER AUS DEM TRESCHER VERLAG

TRESCHER VERLAG

trescher-verlag.de

FISCHLAND DARSS ZINGST

Mit zahlreichen Hinweisen für Aktivurlauber, mit Hansestadt Stralsund

» Alle Sehenswürdigkeiten auf 180 Seiten
» Umfassende reisepraktische Hinweise
» Ausführliche Hintergrundinformationen
» Tourenvorschläge für Wanderer und Radwanderer
» Extra-Kapitel zur Hansestadt Stralsund
» 95 aussagekräftige Fotos und historische Abbildungen
» 11 Stadtpläne, Übersichtskarten und Grundrisse

TRESCHER VERLAG

MEHR WISSEN. BESSER REISEN.
REISEFÜHRER AUS DEM TRESCHER VERLAG

FISCHLAND DARSS ZINGST

Mit zahlreichen Hinweisen für Aktivurlauber
Mit Hansestadt Stralsund

Grażyna und Wolfgang Kling

trescher-verlag.de

DIE SCHLEI

Mit Schleswig, Eckernförde, Angeln und Schwansen

» Alle Sehenswürdigkeiten auf 212 Seiten
» Ausführliche Informationen zu Natur und Geschichte
» Zahlreiche Empfehlungen zu Unterkünften und Gastronomie
» Übersichtskarten und Stadtpläne
» Mehr als 150 Fotos und Abbildungen

MEHR WISSEN. BESSER REISEN.
REISEFÜHRER AUS DEM TRESCHER VERLAG

TRESCHER VERLAG

SCHLEI
Mit Schleswig, Eckernförde, Angeln und Schwansen

Franz-Josef Krücker, Jutta Lietsch, Andreas Lorenz

trescher-verlag.de

DAS GRÜNE BAND
Auf dem Fernwanderweg der ehemaligen innerdeutschen Grenze

- » **Mit detailgetreuen Beschreibungen der Tagesetappen**
- » **Maßstabgerechte Karten und Höhenprofile**
- » **Ausführliche Informationen und Tipps zur Einkehr, Übernachtung, Anreise usw.**
- » **Hinweise und Beschreibungen zu Sehenswürdigkeiten am Wegesrand**
- » **Grenzgeschichte und Geschichten am Wanderweg**
- » **Zahlreiche Varianten für die Tourengestaltung und Ausflugsmöglichkeiten**

Kartenlegende

- Aquarium
- Autofähre
- Bahnhof
- Bar
- Brunnen
- Burg/Festung
- Burgruine
- Busbahnhof
- Café
- Campingplatz
- Fahrradweg, -verleih
- Fährhafen
- Flughafen
- Freibad
- Hafen
- Hallenbad
- Höhle
- Hotel
- Jüdischer Friedhof
- Jugendherberge
- Kino
- Kloster
- Klosterruine
- Krankenhaus
- Leuchtturm
- Markt
- Moschee
- Museum
- Naturschutzgebiet
- Oper, Konzerthaus
- Parken
- Pension
- Post
- Restaurant
- Ruine/Ausgrabungen
- Segeln
- Seilbahn
- Strand
- Supermarkt
- Synagoge
- Theater
- Tor
- Weinbar, Weinladen
- Windsurfen
- Wildgehege
- Wohnmobilstellplatz
- Zoo
- Aussichtspunkt
- Berggipfel
- Burg
- Denkmal
- Friedhof
- Kirche
- Kirchenruine
- Kloster
- Sehenswürdigkeit
- Seilbahn
- Touristeninformation
- Turm
- Zeltplatz
- Personenfähre
- Hauptstadt
- Stadt/Ortschaft
- Grenzübergang
- E 65 Europastraße
- A 65 Autobahn
- 243 Bundesstraße
- Autobahn
- Schnellstraße
- Bundesstraße
- Hauptstraße
- sonstige Straßen
- Eisenbahn
- Staatsgrenze

Zeichenlegende

- allgemeine Informationen, Reisebüros, Tourismusämter
- Naturschutz-Infozentren
- Zugverbindungen
- Fährverbindungen
- Hotels und Pensionen
- Wohnmobilstandplätze
- Campingmöglichkeiten
- Restaurants
- Cafés
- Museen, Gedenkstätten
- Einkaufsmöglichkeiten, Souvenirs
- Jachthäfen, Segelmöglichkeiten
- Surfschule
- Schwimmbäder
- Reiterhof
- Golfplatz
- Sonstige Sportmöglichkeiten
- Fahrradverleih
- Festivals und sonstige Kulturveranstaltungen
- Sonstige Aktivitäten